PAUL TILLICH

BRIEFWECHSEL UND STREITSCHRIFTEN

Theologische, philosophische und politische Stellungnahmen
und Gespräche

ERGÄNZUNGS- UND NACHLASSBÄNDE ZU DEN
GESAMMELTEN WERKEN VON PAUL TILLICH

BAND VI

PAUL TILLICH

BRIEFWECHSEL UND STREITSCHRIFTEN

Theologische, philosophische und politische
Stellungnahmen und Gespräche

Herausgegeben von
Renate Albrecht und René Tautmann

EVANGELISCHES VERLAGSWERK FRANKFURT/M.

Lektorat: Walter Schmidt

ISBN 3-7715-0207-1
Erschienen 1983 im Evangelischen Verlagswerk Frankfurt/Main
© Alle Rechte vorbehalten
Druck: J. F. Steinkopf Druck + Buch GmbH, Stuttgart
Bindearbeiten: Ernst Riethmüller & Co. Stuttgart

INHALT

Vorwort des Verlags

Mit dem vorliegenden Band VI der „Ergänzungs- und Nachlaßbände zu den Gesammelten Werken von Paul Tillich" schließt der Verlag die Ergänzungsreihe seiner Tillich-Edition ab. Mit den 13 Hauptbänden (I–XIII, erschienen 1959–1972), dem Register- und Bibliographieband (Bd. XIV, 1975) und den nun 6 Ergänzungs- und Nachlaßbänden (1971–1982) sind die vom Evangelischen Verlagswerk herausgegebenen „Gesammelten Werke" von Paul Tillich zu ihrem Ende gekommen. Zu diesen 20 Bänden kommen außerdem die vorliegende dreibändige „Systematische Theologie" und die drei Folgen der „Religiösen Reden". Mit diesen insgesamt 26 Bänden hat das Evangelische Verlagswerk in möglichst umfassender Weise Paul Tillichs schriftliches Werk in deutscher Sprache innerhalb von zwei Jahrzehnten geschlossen vorgelegt und der Nachwelt erhalten.

Die Ergänzungsbände durften in diesem großen Gesamtwerk nicht fehlen. Allein schon die sporadische Herausgabe der einzelnen Bände innerhalb von mehr als 10 Jahren zeigt, daß es dem Verlag nicht auf Quantität ankam. Mit den „Vorlesungen über die Geschichte des christlichen Denkens" (Bände I und II) und dem Band „Korrelationen" sind die wichtigsten Bücher, die nach dem Tode Tillichs in den USA erschienen sind, auch dem deutschen Leser nahegebracht worden. Und mit den Radioansprachen Paul Tillichs während des Zweiten Weltkrieges an seine deutschen Freunde über die Stimme Amerikas (Bd. III der Ergänzungsreihe) ist uns Deutschen ein unschätzbares Dokument und unüberhörbares Testament gegeben.

Die abschließenden Nachlaßbände V (Ein Lebensbild in Dokumenten – Briefe, Tagebuchauszüge, Berichte) und VI gehören zusammen. Der nun vorliegende Band VI wird nach langer und sehr sorgfältiger Vorbereitung von Renate Albrecht, der Herausgeberin der „Gesammelten Werke", in Zusammenarbeit mit René Tautmann, einem ebenso profunden Tillichkenner wie gelehrten Theologen vorgelegt. Ihm vor allem sind die Einleitungen und Kommentare zu danken.

Der Dank des Verlags gilt *allen*, die in den vergangenen zwei Jahrzehnten geholfen haben, dieses umfangreiche Werk herauszubringen und im deutschen Sprachbereich bekanntzumachen.

August 1982   Evangelisches Verlagswerk

Vorbemerkung des Herausgebers

Im Ergänzungs- und Nachlaßband V zu den „Gesammelten Werken" Paul Tillichs wurden vor allem wesentliche Züge der Persönlichkeit Tillichs durch Briefe, Urkunden und Erinnerungen von Zeitgenossen aus den einzelnen Lebensabschnitten erschlossen. Der vorliegende Band will erstmals solche Briefe und Dokumente vorlegen, die den Rahmen eines normalen Briefes sprengen und der Erörterung von philosophisch-theologischen Sachfragen dienen. Dem verständlichen Wunsch einer Edition des wissenschaftlichen Briefwechsels können die in diesem Band aufgenommenen Zeugnisse allerdings nicht entsprechen. Hierfür reicht die Quellenbasis leider nicht aus. Die Anzahl der vorhandenen und auch hier nur teilweise aufgenommenen Dokumente steht zu der tatsächlich geführten wissenschaftlichen Korrespondenz Tillichs in keinem ausgewogenen Verhältnis. Vielleicht wird diese Edition zum Anlaß, bisher nicht bekannte Manuskripte, die einem sogenannten wissenschaftlichen Briefwechsel zuzuordnen wären, zur Verfügung zu stellen, um dem Desiderat eines wissenschaftlichen Briefwechsels näher zu kommen. Aber auch die Aufbereitung des vorliegenden lückenhaften Materials rechtfertigt vollauf eine Publikation im engen Zusammenhang mit dem Ergänzungs- und Nachlaßband V. Das Fragmentarische ordnet sich so in den dort gegebenen zeitlichen Rahmen mit den Einführungen ein.

Da philosophische und theologische Einzelfragen erörtert werden, erwies es sich als unumgänglich, theologiegeschichtliche Sachverhalte und Zusammenhänge zu erläutern. Eine Interpretation oder Kommentierung wurde dagegen in der Regel nicht angestrebt.

Da der Korrespondentenkreis außer Emanuel Hirsch einer breiteren Öffentlichkeit kaum bekannt sein dürfte, mußten in den Einführungen biographische Hinweise gegeben werden.

An dieser Stelle obliegt es dem Bearbeiter und Mitherausgeber, denjenigen zu danken, die durch Beiträge zu den Biographien der Korrespondenten wertvolle Hilfe leisteten; vor allem Frau Renate Albrecht, Düren, der Herausgeberin der „Gesammelten Werke", die den Briefwechsel aus den Archiven zusammentrug, zur Verfügung stellte und für biographische Zusammenhänge viele Informationshilfen lieferte. Ein ganz besonderer Dank gilt Herrn Pfarrer Walther Pachali, Wiesbaden. Er hat monatelang an der Entzifferung schwierigster handschriftlicher Briefe gearbeitet und durch diffizile literarische Vergleiche kaum lesbare Stellen entziffert. Aus einigen Anmerkungen ist erkenntlich, daß es ihm gelungen ist, auch Ungenauigkeiten des Briefschreibers sinnvoll zu eliminieren bzw. aufzuklären. Außerdem konnte er dank seines ausgezeichneten Archivs viele bibliographische Zitate nachweisen. Angehörige und Freunde der Korrespondenten, (Alfred Fritz, Hermann Schafft und Emil Blum) teilten wichtige biographische Einzelheiten mit. Ihnen sei ebenfalls herzlich gedankt.

Die Zusammenstellung der Korrespondenzen in der Reihenfolge Friedrich Büchsel (I), Alfred Fritz (II), Richard Wegener (III), Emanuel Hirsch (IV), Hermann Schafft (V), Eugen Rosenstock-Huessy (VI) und Kurt Leese (VII) orientiert sich am Lebensgang Tillichs und bietet insbesondere vom werdenden Theologen und vom Kritiker des nationalsozialistischen Ungeistes interessante Aufschlüsse. Andere Lebensetappen wie die Berliner Privatdozentur, die wichtigen Marburger oder Dresdener Jahre und schließlich die reife Schaffensperiode nach 1945 werden kaum oder überhaupt nicht dokumentiert. Hinwegfallen mußte auch hier die dienstliche und englischsprachige Korrespondenz. Hier besteht ein unumgänglicher Mangel der Edition. Das Vorhandene jedoch zeigt, daß der geführte Gedankenaustausch oft sehr intensiv und umfangreich war. Eine Rekonstruktion gelingt auch hier wegen der fehlenden Stücke nur bruchstückhaft.

Die Briefe Tillichs und die seiner Briefpartner werden ungekürzt wiedergegeben. Ohne Streichungen sollen auch die Äußerungen Emanuel Hirschs abgedruckt werden, um dessen Rechtfertigung der nationalsozialistischen Machtergreifung zu dokumentieren.

So kann und will diese Edition folgenden Weg beschreiten: Ausgehend von den vorhandenen und datierbaren Stücken sollen die theologischen, philosophischen oder auch politischen Fragen sichtbar gemacht werden, die aus den hierher gehörenden Veröffentlichungen Tillichs und aus dem zeitgenössischen Hintergrund bekannt sind. Die Texte sprechen für sich. Sie bestätigen, was Kollegen und Freunde von der schöpferischen Rezeptionsfähigkeit Tillichs überliefern. Max Horkheimer hebt den „nicht ... festen, unveränderlichen Charakter" Tillichs hervor, „daß er ansprechbar war in einem schönen Sinne. Wenn Sie mit ihm sprachen, so war nicht von vornherein sicher, daß er am Ende der Unterhaltung noch genau dasselbe denken würde wie am Anfang."[1]

Theodor W. Adorno spricht von der „fast grenzenlosen Impressionabilität", von „seine[r] selbstvergessene[n] Fähigkeit, andere Menschen auf sich einwirken zu lassen. Er war wie ein wandelndes System von Antennen."[2]

9

In dem Widerstreit theologischer Entwürfe und Standpunkte dieses Jahrhunderts hat sich diese Charaktereigentümlichkeit Tillichs eher befruchtend als nachteilig ausgewirkt. Hervorgehoben werden muß allerdings Tillichs kompromißlose Haltung gegenüber dem Nationalsozialismus und seiner Ideologie. Hat nicht gerade Tillich bei Hermann Schafft und Kurt Leese letzte Unklarheiten über den dämonischen Charakter des nationalsozialistischen Systems angesprochen? Teilweise zustimmend war er doch mehr ein Gegner der Theologie Karl Barths. Das bedeutete für die Anhänger eines freien Protestantismus, daß das Nein zur Theologie Karl Barths auf keinen Fall ein Nein gegenüber den bekennenden Gemeinden sein darf und daß ihr Platz dort sein könnte.

Aber auch andere Züge aus dem Schaffen Tillichs werden beleuchtet. Der Kundige wird die erstmalige Publikation der vielfach zitierten 128 Thesen von 1911: Die christliche Gewißheit und der historische Jesus, begrüßen, die biographisch zum Briefwechsel mit Friedrich Büchsel gehören. Auch hat sich der Herausgeber entschlossen, eine Frankfurter Diskussionsrunde aus dem Jahr 1931 in diesen Band aufzunehmen.

Dem Bearbeiter stand nicht in jedem Fall eine Originalkopie zur Verfügung. So richten sich Orthographie und Interpunktion nach der heute geltenden Rechtschreibung.

Die jeweils benutzten Photokopien oder Xerokopien sind von Originalen abgenommen, die teilweise aus privater Hand, teilweise aus dem Deutschen oder Amerikanischen Paul-Tillich-Archiv zur Verfügung standen. Bei der Entzifferung wirkte maßgeblich Frau Gertraut Stöber mit, der an dieser Stelle herzlich gedankt wird. Sie unterzog sich insbesondere der Mühe, die im Amerikanischen Paul-Tillich-Archiv selbst hergestellten Kopien sofort nach dem vorliegenden Original handschriftlich zu ergänzen, wenn die Kopie durch das Gerät nicht exakt herauszubringen war.

Besonders gedankt sei auch Herrn Walter Buff für seine Korrekturarbeit an dem Briefwechsel „Hirsch–Tillich".

Berlin, im August 1981   René Tautmann

---

[1] Vgl. Erinnerungen an Paul Tillich. In Gesprächen mit Max Horkheimer, Theodor W. Adorno, Ernst Bloch u. a. Eine Sendung des Süddeutschen Rundfunks Stuttgart am 21. August 1966, in: Werk und Wirken Paul Tillichs. Ein Gedenkbuch, Stuttgart 1967, S. 17.

[2] Vgl. Theodor W. Adorno, in: Werk und Wirken Paul Tillichs. Ein Gedenkbuch, a.a.O., S. 25.

I.

PAUL TILLICH – FRIEDRICH BÜCHSEL
und „Kasseler Pfingstkonferenz 1911"

LEBENSLAUF VON FRIEDRICH BÜCHSEL (1883–1945)

Friedrich Büchsels Werdegang gleicht in vielem dem des drei Jahre jüngeren Tillich. Büchsel wurde am 2. Juli 1883 in Stücken/Brandenburg geboren, wo der Vater Pfarrer war. In Münster besucht er das Gymnasium Paulinum, um dann in Tübingen 1901 mit dem Studium der Theologie zu beginnen. Wie später Tillich geht er nach zwei Semestern nach Halle und lernt nach Schlatter, Häring und Holl in Martin Kähler und Wilhelm Lütgert die Theologen kennen, die wie bei Tillich die weitere theologische Entwicklung nachhaltig beeinflußten. Wie Kähler und Lütgert entwickelt sich Büchsel zum „systematisch" arbeitenden Exegeten auf dem Gebiet des Neuen Testaments, d.h. seine Auslegung und Interpretation orientiert sich weniger an einer radikalen Geschichtskritik, sondern vielmehr an theologischen Zusammenhängen, die die neutestamentliche Begriffswelt, die Person Jesu, das Evangelium mit der Kirche als der Gemeinschaft der Gläubigen verbinden. Dabei verachtet Büchsel die historische Arbeit keineswegs; sie erhält für ihn nur einen anderen Wert als in der bisherigen liberalen Theologie.

Das von Lütgert angeregte Promotionsthema beschäftigt sich mit der Christologie der Apokalypse (1907 Lic. theol.). Als junger Lizentiat wird Büchsel Inspektor am Predigerseminar Soest (Herbst 1907 bis Ostern 1909). Danach geht er zurück nach Halle, wo er in näheren Kontakt zu dem Privatdozenten der Philosophie, Fritz Medicus, tritt.

Im Frühjahr 1910 wird er Inspektor am Tholuckkonvikt in Halle. Im Juni 1911 habilitiert er sich mit einer Arbeit über den johanneischen Wahrheitsbegriff und wird in Halle Privatdozent.

Er widmet sich intensiv der Lehrtätigkeit, deren lebhafte Art gerühmt wird, sowie seiner Fähigkeit, auf geistige Probleme einzugehen, den Horizont zu erweitern – besonders im Austausch mit Freunden wie Paul Tillich. Im Jahr 1918 erhält er einen Ruf für Neues Testament nach Rostock, dem er bis zu seinem Tod treubleibt. Durch

11

Plünderer wird er am 5. 5. 1945 angeschossen und stirbt an dieser schweren Verletzung.

Fichtes Philosophie trat gewichtig in den Vordergrund seines philosophischen Interesses, das auf weitausgedehnten Kenntnissen auf dem Gebiet der klassischen deutschen Philosophie beruhte. Er hält Übungen über Fichtes Auffassung vom Johannes-Evangelium in dessen „Anweisung zum seligen Leben", daneben religionsphilosophische Publica, wie sie der meditativen Art seiner exegetischen Arbeit entsprach. Wie Tillich wird Büchsel im Ersten Weltkrieg Militärpfarrer, dessen Ende er wie jener als tiefgehende Krise erlebt.

So wie Tillich auf dem Gebiet der systematischen Theologie, so wird Büchsel für die neutestamentliche Disziplin neue Fragestellungen aufwerfen. Die Hinwendung zu einer theologischen Interpretation des Neuen Testaments wird von Büchsel neben Karl Barth, Karl Girgensohn („pneumatische Exegese"), Rudolf Bultmann, Ernst Lohmeyer, Martin Dibelius, Charles Harold Dodd, Karl Ludwig Schmidt oder Sir Edwin Hoskyns entschieden mitvollzogen.

Während die meisten Forscher für die Darstellung des Lebens Jesu und seiner Lehre nur die synoptischen Evangelien benutzen, möchte Büchsel entschieden das Gewicht auf das Johannes-Evangelium legen. Der ins palästinensische Judentum gehörige Verfasser sei als Augenzeuge zu verstehen, der die erfahrene Wirklichkeit in der Form bezeugt, wie er sie später zu verstehen gelernt hat. Im Kommentar zum Johannes-Evangelium (1934) zieht Büchsel dann die Folgerung: Johannes sei an Kenntnis der Geschichte Jesu, an Einsicht in sein eigentliches Wesen, den Synoptikern überlegen.

Die Position Büchsels wird gemeinhin als konservativ bezeichnet. Doch sie erwächst nicht aus einem fundamentalistischen Biblizismus. Die Bevorzugung des vierten Evangelisten korrespondiert der fortwährenden Beschäftigung mit dem Geistproblem in der klassischen deutschen Philosophie. 1926 befaßt sich Büchsel mit dem „Geist Gottes" im Neuen Testament. Das Geistproblem gehört zu den Problemen, die Büchsel in religionsphilosophischer und philosophischer Hinsicht ständig begleiten. Mit dieser Arbeit wird Büchsel in der Theologenwelt bekannt. Nachhaltiger geschieht das jedoch mit den Schriften, die dem johanneischen Schrifttum gewidmet sind, dem Kommentar zu den Briefen mit dem Kurzgefaßten zum Evangelium, wozu als Vorstudien „Johannes und der hellenistische Synkretismus" (1928) trat. Ein während des zweiten Weltkrieges fertiggestellter Kommentar größeren Umfanges zum Johannes-Evangelium vertritt die These, daß

Johannes keine Christologie vorlege, sondern ein Evangelium, das den Menschen Jesus zum Gegenstand der Darstellung nimmt. Für Büchsel ist die Geschichte, die sich zwischen Jesus und den Juden und zwischen Jesus und den Jüngern abspielt, das Entscheidende. An irgendeine dogmatische Christologie könne man kein Interpretament für das Johannes-Evangelium anschließen. Das Verstehen einer Schrift sei zunächst das Verstehen ihrer Absicht. Diese Erkenntnis setzte sich im Rahmen der formgeschichtlichen Betrachtungsweise allgemein durch und wurde zum Gemeingut in der weiteren neutestamentlichen Forschung. Büchsels große pädagogische Fähigkeiten lenkten sofort den Blick auf den Skopus einer neutestamentlichen Schrift. Eine kurzgefaßte Darstellung der Theologie des Neuen Testaments (1935 und 1938) und eine Streitschrift über die Hauptfragen der Synoptikerkritik (1939) zeigen mit erstaunenswerter didaktischer Klarheit, was das Neue Testament von allen anderen Schriften unterscheidet. Der Theologe müsse hauptsächlich die biblische Überlieferung selbst, nicht nur deren subjektive Auffassungen in den Blick bekommen; er müsse sich für oder gegen Gottes Wort entscheiden.

Bereits in den Briefen der jungen Theologen Büchsel und Tillich, wie sie uns aus den Jahren 1907 bis 1911 überliefert sind, wird von Büchsel die Forderung erhoben, daß Tillich von den philosophischen Interpretamenten des deutschen Idealismus zu den objektiv vorgegebenen Tatbeständen der biblischen Überlieferung gelangen müsse. Der biblischen Überlieferung dürfe man nicht mit jener historischen Skepsis gegenübertreten, wie Tillich sie vortrage.

Die abgedruckten Briefe enthalten so im Ansatz viel von dem, was im Schaffen beider nach dem Ersten Weltkrieg entfaltet wird. Insofern sind sie sehr aufschlußreich für die weitere Entwicklung der beiden Theologen und untermauern die allgemeine Feststellung, daß die Krise in der protestantischen Theologie nicht erst nach dem Ersten Weltkrieg, sondern bereits um 1910 einsetzt.

I, 1 Friedrich Büchsel an Paul Tillich

Stettin, Kronenhofstr. 17a, d. 12. Okt. 1907

Lieber Paul,

animus fert, der Geist treibt mich, zwar nicht die Verwandlungen, die
die Götter mit alten Formen vornahmen, zu besingen, aber Dich von
den Verwandlungen meiner Ideen in Sachen des irrationalen und des
rationalen Mystizismus[1] in Kenntnis zu setzen. Es wird besser sein,
wenn wir jene methodische Grundlegung der Theologie zum alten
Eisen legen. Ich fürchte nämlich, daß der rationale Mystizismus, unser
gemeinsamer Feind, nicht anders als „ein hölzernes Eisen" genannt zu
werden verdient. Er scheint mir eine Waffe, die nicht schneidet, gegen die wir uns daher auch nicht mit einem irrationalen Saulspanzer[2]
zu schützen brauchen, der uns doch auf die Dauer nur hinderlich
wäre. Verschanzen wir uns lieber einfach hinter den Mystizismus und
argumentieren *e concesso*[3], daß es sich hier eben um *mysteria* handelt.
Das muß uns Medicus[4] und alle seinesgleichen zugeben. Eine Religionsphilosophie, die das *Mysterium* aus der Religion streicht, ist ja
möglich, kann uns aber nach dem Auftreten der Kritik der reinen
Vernunft nicht mehr imponieren. Diesen Grundgedanken des seligen
Kant, den er ja nicht zuerst gehabt hat, können wir immer festhalten:
Alles kategoriale Denken reicht an eine erschöpfende Darstellung des
religiösen Erlebnisses nicht heran, und dies Zugeständnis ist ein we-
sentliches Stück der Religion, so daß keine Religionsphilosophie sich
ihnen entziehen darf; auf ihm beruht die Selbständigkeit und Möglichkeit einer Religionsphilosophie gegenüber den empirischen Wissenschaften. Haben wir das aber erst einmal fest ins Auge gefaßt, so wird
eine Unterscheidung zwischen rationalem und irrationalem Mystizismus einigermaßen schief, insofern das erste eine *contradictio in adiecto*[5]
und das zweite eine Tautologie[6] bedeutet. Du könntest mir gegen
diese letztere Behauptung einwenden, daß *ratio* hier eben die Vernunft
im Unterschied von *intellectus,* dem Verstand, bedeute und so jene
oben genannte Unterscheidung von *mysticismus rationalis* und *mysticismus irrationalis* möglich sei. Nun gut. Dann will ich mich jedenfalls,
wie schon angedeutet, nicht in Gegensatz zur „*ratio"* setzen und über-
lasse den *mysticismus irrationalis* andern Leuten. Die Finsternis eines
mysticismus irrationalis wird mir zu dick, da kann ich mich nicht drin
bewegen. Ich möchte versuchen, „Medicus" von einer andern Seite

14

aus beizukommen. Dir ist bekannt, daß es sich zwischen „Medicus" und mir um das Persönliche in der Religion handelt: Gebet und Schuldbegriff. Seine Religion ist orientiert am Seinsbegriff, meine am Persönlichkeitsbegriff. (Ich kann es nicht unterlassen, hervorzuheben, daß der in meiner Religionsphilosophie als Gegner figurierende Medicus mit dem lebendigen Privatdozenten nicht einfach identifiziert werden darf; Du verstehst mich ja.) Der Seinsbegriff scheint zum Grundbestandteil des Gottesbegriffs deswegen gewählt, weil ein Sein dem Ich immanent gedacht werden kann. Das ergibt anscheinend keine großen Schwierigkeiten, mich mit einem Gehalt, einem „reinen Sein" erfüllt zu denken. Von hier aus ergibt sich aber ebenso klar die Ablehnung des Schuldbegriffs, der die Schuld als Vergebungsbedürftigkeit, als etwas Seiendes betrachtet, und des Gebetsbegriffs, der im Gebet etwas anderes als Selbstbesinnung sieht. Denn beides zeigt eben, daß die Verbindung zwischen Gottheit und Mensch nicht nur auf der menschlichen Seite persönlich ist, sondern auch auf [der] göttlichen, daß nicht menschlicher Wille göttlichem „Sein", sondern göttlichem Willen gegenüber steht. Ich habe ja an diesem Punkte keine ausführlichen Auseinandersetzungen „Medicus's". Jedenfalls sind sie schon sehr lange her. Aber hier scheint mir das *punctum saliens*[7] [zu liegen]. „Medicus", vom Ich ausgehend, macht Gott zum Korrelat des Ichs. Bei Fichte in den Atheismusstreitschriften[8] ist das deutlich. Später findet sich formal auch die umgekehrte Konstruktion (Wissenschaftslehre von 1810, vgl. Medicus, „Fichte" [1905], S. 241 ff.[9], aber, wie Medicus S. 243[9] zeigt, ist das im Grunde nur äußerlich: „der *Ichcharakter* der Lebensinhalte garantiert deren Herkunft aus dem absoluten Ich, aus Gott". Diese Wertung des „Ichs" ist charakteristisch für „Medicus"-Fichte.[10] (Hierbei möchte ich anmerken: ob „Medicus"-Fichte der größte, der einzige, d.h. die Konsequenz aller Gegner ist, wie wir damals feststellten, ist mir zweifelhaft, jedenfalls ist er der, den ich am besten kenne.) Was fangen wir nun mit dieser Autonomie an? Jedenfalls ist sie nicht die Rationalität, das treibende in „Medicus's" Gedanken. Die Rationalität ist durchaus der Autonomie untergeordnet, sie – die Rationalität – empfängt von der Autonomie ihre Macht und wird nötigenfalls aufgegeben (im ontologischen Gottesbeweis), wenn nur die *Autonomie* gerettet wird! Die Autonomie ist eine Forderung der praktischen Vernunft, d.h. des sittlichen Willens, sagt „Medicus". Daß diese Forderung aus dem Willen hervorgeht, ist deutlich; wie kommt aber dieser Wille dazu, für sich das Prädikat: „sittlich" in Anspruch zu nehmen? Warum ist *Freiheit göttlich?* Es ist ja natürlich unmöglich, jemand an dieser Meinung zu behindern, der sagt:

„sic volo, sic jubeo, stat pro ratione voluntas."[11] Aber gegenüber den Prädikaten: „Freiheit", „Wollen", sollen ja auch die: „sittlich", „göttlich", „ratio" zur Geltung kommen; beide Prädikatreihen sollen als zusammenstimmend, „einträchtig", würde Schlatter sagen, zusammengeordnet werden. Gibt es nun aber einen anderen Maßstab für „Sittlichkeit", „Göttlichkeit", „Vernünftigkeit", als Autonomie? Das ist die Frage, um die es sich Kollege „Medicus" gegenüber handelt. Hier hat uns der alte Kant mit seiner praktischen Vernunft, die blind wie die jungen Hunde ist, obwohl sie Königin der Welt sein will, in arge Verlegenheit gebracht. Vollständig zugegeben, daß man zu: „sittlich", „göttlich", „vernünftig" nur auf Grund einer Gewissensentscheidung kommt, daß Wollen dabei die *conditio sine qua non* bildet; aber zwischen der *conditio sine qua non* und dem eigentlichen Konstitutiven, das Wesen eines „Gegenstandes" Bildenden, ist noch ein Unterschied. Aber was ist nun das Konstitutive? Wie bringen wir Vernunft und Freiheit zusammen? Wir sprachen damals vom Risiko und waren geneigt, uns dabei zu beruhigen. Freilich, wenn man als Ferienmensch in Wald und See herumstreift, dann mag man sich dabei beruhigen; aber steht der ernste Schreibtisch und die Größe des Theologenberufs als Studieninspektor vor einem, so mag man nicht[s] riskieren. Hier muß es besser sein! Ich vergleiche die Anfänge der Wissenschaftslehre, die sogenannte zweite Einleitung (bei Medicus, Fichte, S. 127), wo die intellektuelle Anschauung als Princip der Philosophie auftritt. Leben und Tun der Vernunft wird durch dieselbe vom Philosophen „beobachtet". Hier geht Fichte deutlich über die reine Tätigkeit hinaus, er faßt sich so in der ihm gegebenen Organisation auf. Er entdeckt sich selbst, das heißt, *er macht „Erfahrung" zur Grundposition.* Freilich, er grenzt diese Erfahrung als Selbsterfahrung gegen alle Dingerfahrung ab, worin ich ihm natürlich zustimme, da ich nicht gesonnen bin, mich mit Spinoza in den *Deus sive natura*[12] zu verlieren. Aber soll mit der intellektuellen Anschauung wirklich etwas gesagt sein, dann ist *Selbst*erfahrung (ich gestatte freilich nicht, über dem Selbst die Erfahrung zu streichen) die Grundlage. Jedenfalls ist nicht mehr die junge-Hunde-Blindheit die Grundlage, sondern das geöffnete Auge für das Selbst. Ich schaue mich selbst an. Das ist etwas konkreter, als: ich besinne mich auf mich selbst. Die Idee in mir kommt zu sich selbst, mit Hegel zu reden. Das mir immanente göttliche Sein gewinnt Dasein in mir. (Das ist die theologische Formel für diesen Vorgang.) Verwundert erkenne ich meine trotz allem vorhandene Einheit mit Gott. Aber ist dies die tiefste Interpretation dieses Vorganges, dieses angeschauten „Tuns und Lebens der Vernunft"? Ist dies hier überhaupt an seinem tiefsten, in-

nerlichsten, wesentlichsten Punkt erfaßt? Die Wissenschaftslehre ist erkenntnistheoretische Logik. Soll die Lehre vom Erkennen die Grundlage der Theologie abgeben? Ich meine, es findet eine Verflachung statt, wenn man, wie es ja seit Kant Brauch ist, die Methodologie des Erkennens zur führenden Wissenschaft macht. Die größten Probleme des Lebens liegen nicht im Erkennen. Erfassen wir den Vorgang der Offenbarung und Religion in der Erkenntnissphäre, wie ich es oben zu beschreiben versuchte, so werden wir ihn doch nicht erschöpfen. Was wir erkennen, haben wir um das ihm eigentümliche Leben gebracht, uns assimiliert auf Kosten seiner Eigenexistenz. Dein Vater verglich das Erkennen dem Essen; aber der Hase, den ich esse, der ist nur noch der Leichnam des wirklichen Hasen[13], und das Lebendige, Wirkliche zu identifizieren haben wir kein Recht. Das Gewußte ist das mit Hilfe unserer Kategorien Umgebildete; das Lebendige, Wirkliche hat seine Eigenexistenz. Daß die Dinge eine Eigenexistenz im strengen Sinne des Wortes haben, will ich nicht behaupten, sie gehen [„wohl" ist gestrichen vom Autor] unter in dem Gesamtzusammenhang des Seins. Bei den historisch wirksamen Persönlichkeiten stellt sich die Frage nach der Eigenexistenz. „Medicus" scheint sie mit seinem ‚pleroma'-Begriff zu beseitigen. Hier stoßen wir wieder an das große Problem: wem kommt die Eigenexistenz zu, der menschlichen Persönlichkeit oder Gott. „Medicus" löst die Frage so: Die erstere hat ihre Eigenexistenz in der letzteren (sie ist ‚enhypostatos'); das heißt, wir haben hier wie[der] die Kategorien der Immanenz. – Aber setzen wir diese ab, so bleibt nichts übrig als die Eigenexistenz (falls wir nicht in den Illusionismus eines Feuerbach versinken wollen, um Gott zum Produkt des Menschen zu machen) beiden zuzuerkennen (unbeschadet [dessen, daß] sie der Mensch als empfangene hat, während sie Gott „a se"[14] besitzt). Wir stellen uns also das Gottesverhältnis analog vor unserm Verhältnis zu dem einzigen, das uns seine Eigenexistenz kundgibt, zu den Persönlichkeiten. Unsern Gottesbegriff gewinnen wir also entweder durch Kategorien der Immanenz oder aus der Analogie der Persönlichkeit.

Denn daß das Spinozasche Ding[15] über uns herrsche, dulden wir nicht. Die Immanenz-Kategorien müßten wir auf uns nehmen, wenn tatsächlich dieselben das Tun und Leben der Vernunft, das wir in uns beobachten, richtig wiedergäben. Tun sie das? Haben wir Grund, ihre eigentümlich nebelhaft berückenden, aber auch verwirrenden Resultate anzuerkennen? Wir wissen unsere Eigenexistenz. Sollen wir sie so drangeben, daß wir uns nur als existierend in Gott, als zeitliche Ausgestaltungen seines *pleroma'*, ihn widerspiegelnde, aber wie das Abendrot auf den Wolken vergängliche Abbilder seines [seiner „Majestät" gestrichen] Lichtes erkennen? Oder sollte es uns einfallen, an Gottes Eigenexistenz zu rühren, Ihn zum *ordo ordinans,* der [„sich" gestrichen] in unserer sittlichen Tat erwüchse, zu machen? Fassen wir den tiefsten Eindruck, den wir von Tun und Leben der Vernunft haben, ins Auge: den, welchen wir haben, wenn wir dem gegenüber treten, der von sich gesagt hat *„ho heorakos eme heoraken ton patera"*[16]. Es handelt sich zunächst noch nicht um ihn, sondern nur um den Eindruck, den *wir in uns erhalten* von dem, was er uns zu sagen hat. Daß dies Erlebnis nicht mit den Immanenz-Kategorien zu erschöpfen ist, scheint mir klar. Denn in ihm erleben wir Gottes rettendes und richtendes Reden zu uns. In ihm erleben wir den persönlichen, lebendigen Gott. Hier spitzt sich alles zu, die christologische wie die „theo"logische Frage, denn beides hängt ja letztlich ineinander, in der Frage: hat die Grundnorm seines persönliche[n] Gottesverhältnisses für uns zwingende Macht? Freilich hier ist ein Risiko nicht zu umgehen, nämlich das: an einer Stelle etwas sagen zu müssen, wo man schweigen möchte wegen der Schwierigkeiten, die *jede* positive Aussage hier drücken. Aber hier auf eine Aussage überhaupt verzichten, ist zu bequem modern und noch einiges mehr, aber unser unwürdig. Also sagen wir etwas. Tun wir dies, dann riskieren wir mit unserer Persönlichkeitsanalogie nicht mehr als „Medicus", sind nicht irrationaler als er. Wir haben aber zwei Vorzüge: 1) einen religiös-sittlichen: Das Leben ist beherrscht von persönlichen Kategorien, die in größere Tiefen hinabreichen als die Immanenz-Kategorien. Dies kann ich freilich hier nicht ausführen, aber ein Vergleich einer (etwa der Kählerschen) Dogmatik[17] mit „Medicus's" praktischer Philosophie müßte das zeigen und könnte es meines Erachtens auch unschwer. 2) einen ontologisch erkenntnistheoretischen Vorzug. Ich habe mich nie damit befreunden können, daß „Ich" die *reale* Voraussetzung der Existenz der Dinge bin. So wenig ich, wie Dir bekannt, die Dinge an sich schätze, diese Basierung des Seins auf die uns immanente Vernunft übersteigt meine Begriffe insofern, als eben ihr uns-immanent-Sein ein unfaßbares bleibt. Persönlichkeit und Vernunft als Trägerin aller gedachten Gesetzmäßigkeit stimmt zusammen, aber *unsere* Persönlichkeit und Vernunft als Trägerin aller realen Gesetzmäßigkeit nicht nur, sondern alles Seins; diese Auflösung des Weltalls in Gedachtes übersteigt mein Vermögen. Der ontologische Idealismus ist mir zu viel, er ist mir nur faßbar als Solipsismus Gottes, das heißt als idealistischer „Spinozismus", und so ist er ja auch von „Medicus" nicht gewollt.

Aber nun will ich schließen mit dem Ausdruck meines doppelten Bedauerns, 1) daß Du all dies lesen mußt, 2) daß die Schwierigkeit der Probleme, die ich aufs neue ganz empfinde, mich zu nicht mehr als dieser Stümperei kommen läßt. Aber was wir in Misdroy begonnen, durfte doch nicht unter dem Niveau der erreichten Erkenntnis unvollendet liegen bleiben.

Mit herzlichen Grüßen auch an die Deinen
Dein getr. F. B.

ANMERKUNGEN

1 Vgl. Ovid, Metamorphosen, I, S. 1f.
2 Vgl. I. Sam. 17, 38f.
3 aus dem Zugestandenen.
4 Tillich schreibt über ihn in seinem autobiographischen Aufsatz: Auf der Grenze, G.W. 12, S. 31: „Mein philosophischer Lehrer wurde der damalige Hallenser Privatdozent und spätere Züricher Professor Fritz Medicus. Seine Schriften über Fichte gaben den Anlaß zu der Fichterenaissance im ersten Jahrzehnt dieses Jahrhunderts, die sich bald zu einer Renaissance des deutschen Idealismus erweiterte." Medicus verfaßte: Johann Gottlieb Fichte, 1905; Fichtes Leben, 2. Aufl. 1922, und gab Fichtes Werke in einer 6bändigen Ausgabe heraus, Leipzig 1908–1912. Im folgenden beziehen sich alle Angaben auf diese Ausgabe. – Medicus wurde 1901 Privatdozent in Halle, 1911 Professor in Zürich.
5 Widerspruch im Beiwort.
6 Wort gleicher Bedeutung.
7 Der springende Punkt.
8 Vgl. Fichte: „Über den Grund an eine göttliche Weltregierung", jenen Aufsatz, mit dem Fichte im sog. Jenenser Atheismusstreit Position bezog. Fichte verteidigte sich gegen den Vorwurf des Atheismus mit der: Appelation an das Publikum, 1799. Vgl. Fichtes Werke, Bd. 3.
9 Diese Seitenangaben beziehen sich auf Fichtes Werke (vgl. Anm. 4). Die Wissenschaftslehre von 1810 befindet sich in Bd. 5, S. 6–64.
10 Hier wird Bezug genommen auf Fichtes: Grundriß des Eigentümlichen der Wissenschaftslehre in Rücksicht auf das theoretische Vermögen..., Jena und Leipzig 1795. Vgl. Fichtes Werke, Bd. 1.
11 Vgl. Juvenal VI, S. 223. (Das will ich, so ist's Befehl, statt vernünftigen Gründen mein Wille.)
12 Für Spinoza ist die „Substanz" der Urgrund alles dessen, was ist; sie ist dieses alles selbst. Er kann zwischen Substanz, Natur und Gott *(substantia sive natura sive Deus)* deshalb Gleichheitszeichen setzen, weil für die Substanz folgende Bestimmungen gelten:
1. unendlich und unbegrenzt,

2. zeitlos, weder endlich noch unendlich der Zeit nach,
3. eine einzige; es kann nicht mehrere geben, weil sie sich sonst begrenzen müßten,
4. unteilbar; sonst müßte es Grenzen geben,
5. frei, d.h. sie handelt nach Gesetzen ihrer eigenen Natur, von niemand gezwungen; deswegen handelt sie aber nicht willkürlich oder gesetzlos.

13 Hier folgt eine von Büchsel gestrichene Stelle, die aber lehrreich ist: „Erkennen wir die Welt, so lösen wir sie auf in einen toten, mathematisch wirksamen Atomhaufen, wo sie doch die Fülle des Lebens ist."
14 von sich.
15 Da der Verlauf der Welt nach den Gottes Intellekt immanenten unabänderlichen Gesetzen des logischen Denkens erfolgt, ist jeder Zweck in der Welt ausgeschlossen. Spinoza muß die teleologische Betrachtungsweise der Welt negieren. Mit Einzeldingen kann kein Zweck verknüpft sein.
16 Joh. 14,9: Wer mich sieht, der sieht den Vater.
17 Vgl. Martin Kähler: Die Wissenschaft der christlichen Lehre, 1893, 2. Aufl. 1905; und Martin Kähler: Dogmatische Zeitfragen, I und II, 1898, 2. Aufl. 1907.

I, 2 Paul Tillich an Friedrich Büchsel

Berlin, d. „vierten Feiertag" [1907][1]

Lieber Friedrich!

Nun ist ein ganzes Vierteljahr vergangen seit jenen Tagen, wo die Probleme gleich den Meereswogen sich zwischen uns dahinwälzten und Du dann die Kritik unserer „Resultate" auf 12 Seiten entwickeltest. Wenn ich gehofft hatte, daß ein Verdauungsprozeß, der längere Zeit in Anspruch nehmen würde, meine Kritik am selben Objekt und an Deiner Kritik ans Licht bringen könnte, so habe ich mich bis zu einem gewissen Grade getäuscht. Meine Speise war so andersartig in der Zwischenzeit, daß eine bedeutende Förderung jenes Prozesses ausgeschlossen war. Wenn ich mich trotzdem an eine gewaltsame Verarbeitung in Form dieses Briefes mache, so geschieht es in der Meinung, daß so immer noch mehr für mich herauskommt, als wenn ich jene ganze mir im Grunde doch wichtigste Gedankenwelt bei Seite liegen und einrosten lasse. Mein „Bedauern, daß Du dies lesen mußt" wird natürlich größer sein als Deins; doch tröste ich mich mit dem Gedanken, daß jeder Zwang, Dich in andere Gedanken hineinzuversetzen und Deine eigenen anderen und damit Dir selbst klar zu machen, eine Berufsvorübung für Dich ist. Und nur aus diesem Grunde wage ich,

20

um Antwort in Wechselwirkung zu bitten – *praefatio ex* –. Deine Pro-
lese[2] gegen den irrationalen Mystizismus tat mir wohl; ich konnte
mich auch nie recht damit befreunden. Nicht verstanden habe ich dagegen Deine Kritik an der fundamentalen Notwendigkeit einer erkenntnistheoretischen methodologischen Grundlegung überhaupt; es
soll sich doch um eine Wissenschaft handeln; wie kann da die Frage
nach ihren Erkenntnismitteln außer Acht gelassen werden? Doch
scheinst du es selbst nicht befolgt zu haben, denn die Zersetzung des
Vernunftbegriffs, die Du mir neulich andeutetest, ist doch wohl das
Resultat längeren Nachdenkens über diese Frage; und wenn diese
Frage wirklich auf die Dauer von untergeordneter Bedeutung wäre,
jetzt steht sie zweifellos an der Spitze; denn nicht die Soteriologie und
nicht die Pneumatologie steht im Vordergrunde der Debatte, sondern
die Christologie und Pisteologie; und die Tatsache, daß hier die Verschiedenheit der Methode im Grunde die Gegensätze in den Resultaten erzeugt hat, zeigt sich charakteristisch darin, daß die Namen unserer Theologenschulen sämtlich von ihrer methodologischen Stellung
hergenommen sind: die Religionsgeschichtler, die Ritschlianer, die
„kritische" Schule, die Modern-positiven,[3] die Biblizisten usw. Dieser
Tatbestand ist zweifellos insofern bedauerlich, als er die Abhängigkeit
übersieht, in der die Methode schließlich doch vor dogmatischen Stellungen steht und dadurch die Debatte leicht fruchtlos und das gegen-
seitige Verstehen schwierig macht. Überwunden kann der Zustand
aber erst dadurch werden, daß an allen Punkten diese Abhängigkeit
oder besser Wechselwirkung nachgewiesen wird, etwa im Stil von
Schlatters „atheistischen Methoden".

Nun eine Vorerwägung, die mehr in Fragen, als in Darlegungen besteht: Haben wir es nicht an der nötigen Scheidung von theologischem und religiösem Erkennen fehlen lassen? Und inwieweit ist
diese Scheidung überhaupt durchzuführen? Gibt es nicht 1. Ein religiöses Erkennen, wie es die Unterwerfung unter Jesus im ersten Akt
und in allen Fortschritten mit sich bringt? 2. Eine Theorie dieses Erkennens, d. h. die theoretische Betrachtung der Bedingungen und des
Inhalts dieses Erlebens? 3. Eine Theorie des theologischen Erkennens, von dem 2 ein Teil ist; d. h. die Betrachtung des Zwecks und
der Mittel des theologischen Erkennens?

Ad 1: Du schreibst: Religion ist nicht in erster Linie Erkennen;
zweifellos; aber es ist eine Tat der Persönlichkeit, durch die auch das
Wahrheitsbewußtsein befriedigt werden soll, also auch die Bejahung
eines Urteils, verbunden natürlich, oder besser gegründet in einer Beziehung dieses Urteils auf die Person.

Ad 2: Manche Dogmatiker nennen diesen Teil Pisteologie. Dorner[4] entwickelt darin in hegelscher Weise die Entwicklung der Persön-lich[keit] durch Heteronomismus, Autonomismus, Skeptizismus hin zum Glauben. Ad 3: Es ist die Debatte über „Quellen und Normen" der theologischen Erkenntnis, die nun zu den Gegensätzen Biblizis-mus, Bewußtseinstheologie etc. geführt hat.

Unter welche dieser drei Kategorien gehört nun unsere Debatte über Rationalismus und Mystizismus? Ich denke unter die zweite: Wir nahmen das religiöse Erlebnis als gegeben an und suchten zu erken-nen, welcher Art es ist. Wir einigten uns weiter darüber, daß es ein mystisches Element enthielte, was rational nicht darstellbar sei. Nun kommt hier aber sofort die Beziehung zu 1 und 2 zum Vorschein; denn 1. ist ein solches Suchen selbst ein religiöser Akt, insofern es in Wechselwirkung mit dem religiösen Wollen tritt und dieses nicht un-beeinflußt läßt und (3) ist diese Tätigkeit keine rein deskriptive, son-dern sie wird eine kritische, insofern sie das normale religiöse Erleb-nis von dem unnormalen unterscheidet; und hier spielen die Normen der jeweiligen theologischen Erkenntnistheorie eine Rolle, wie Du z. B. immer auf das AT zurückkommst als Biblizist. Diese ganze Er-wägung soll der erkenntnismäßige Ausdruck sein für das Gefühl, das mich bei den Debatten nie verließ, „auf Eiern zu tanzen", d. h. mit einer Menge logisch unbearbeiteter Begriffe zu wirtschaften und man-cherlei zu vermischen, was auseinandergehalten werden muß. „Das Wort, das zur rechten Zeit sich einstellt", ist der Teufel des Debattie-rens, der eventuell eine lange Debatte fruchtlos machen kann, wie ich das häufig beobachtet habe. Andererseits ist es ja richtig, daß der erste und wichtigste Zweck alles Debattierens ist, die Begriffe zu klären, allseitig zu beleuchten, um so eindeutig zu machen. Aber im allgemei-nen wird hier viel zu viel vorausgesetzt. Wir wollen über die im reli-giösen Erleben zum Vorschein kommende Art des Erkennens debat-tieren und bringen die Begriffe rational und mystisch heran. Zweifel-los habe ich ein Begriffsgefühl dabei, etwa in assoziativer Anlehnung an die alte Konfirmandenstundenunterscheidung von Glauben und Wissen, oder an die bekannten Gedanken von der Unerkennbarkeit Gottes etc ... aber worin sich jene Formulierung von diesen unter-scheidet und selbst was diese eigentlich sagen wollen, würde ich kaum darstellen können. Alle diese Begriffe sind Stenogramme für umfas-sende Gedankenreihen; aber ich fühle mich in der philosophischen Stenographie noch sehr unbewandert; die beste Methode, sie zu erler-nen, dürfte eine genaue Kenntnis ihrer Geschichte sein; doch zeigen die meisten Geschichten der Philosophie und Dogmengeschichten

22

nur, wie diese Begriffe hin- und hergeschoben wurden, weniger, wie sie entstanden sind. Das wäre eine Aufgabe für Dich; bis dahin mußt du aber immer – und ich glaube auch in Soest – Dich erst vergewissern, inwieweit das zu behandelnde Problem eigentlich verstanden ist. Trotzdem will ich nun Dir nicht vorenthalten, wie sich mein Verständnis des Problems der Rationalität entwickelt hat. Nachdem der formal logische Intellektualismus sich im Solipsismus eingefangen und vergeblich versucht hatte, durch einen ontologischen Sprung ihm zu entrinnen; nachdem dann der Autonomismus seine Unfähigkeit, Taten zu erzeugen, durch das Postulat erwiesen hatte: Erst das System, dann die Tat; nachdem dann unter dem unbewußten Einfluß dieser beiden Gedankenwelten der Versuch, an irgend welchen einzelnen Punkten anzuknüpfen immer wieder durch die Kreuzung der theoretischen Schwierigkeiten, die aus der faktischen Irrationalität der Wirklichkeit und der praktischen Unfähigkeit, die aus dem Versagen der Autonomie stammten, gescheitert war, kam mir die Möglichkeit eines anderen Ausgangspunktes lebendig zum Bewußtsein. Der Gedanke stellte sich mir etwa so dar: Der minderwertige religiös-sittlich-philosophische Zustand des *„noch* nicht" kann doppelt beurteilt werden; entweder bejaht, mit der Motivierung, daß eine persönliche Entscheidung in irgend einer Richtung noch nicht möglich ist, da die notwendig vorausgehende Abwägung der Gedanken und Möglichkeit noch nicht zum Abschluß gebracht ist. Die Normen wären dann im Ich begründet, also autonom und rational, selbst wenn sie sich logisch als denknotwendige Paradoxien herausstellen sollten. Die unbewußte Voraussetzung: Das Ich setzt sich selbst, auch wenn es im Verlauf dieser Setzung die mittelbare Hilfe Gottes in Anspruch nehmen müßte: Er wäre immer nur ein Korrelat des Ich, wie Du es ausdrückst. *Oder* obiger Zustand wird verneint mit der Motivierung, daß er nur das Sträuben gegen Gott ist; dann tritt alles unter die Norm des lebendigen Gottesgedankens, und die Voraussetzung, die sich in allen Einzelheiten durchsetzen muß, ist: Ich setze mich als von Gott gesetzt oder: Gott setzt mich für ihn; die Frage ist dann immer: Inwiefern genüge ich dieser Setzung?

Das Entweder – Oder fordert eine Entscheidung heraus, die nicht mehr rational, denn dagegen wird ja gerade entschieden, zu begründen ist, sondern nur geschichtlich, in unserer eigenen und der größeren, von der unsere abhängt.

In dieser Ausführung ist jedoch noch ein Punkt, der weiter geführt werden muß: Wie verhält sich der Wahrheitsgedanke einerseits zur Vernunft, andererseits zu Gott? Gott soll die Wahrheitsnorm sein; wie ist das möglich? Und die Vernunft soll abgesetzt werden; ist der Dualismus erträglich? Wird er sich nicht daran als Illusion erweisen, daß unbewußt die Vernunft sich des Gottesgedankens und der Gottesoffenbarung bemächtigt und so doch schließlich regiert? Ich glaube, es wäre nicht schwer, hier eine Reihe von theologischen Beispielen anzuführen. Hier nun scheint mir der Gedanke, den Du neulich aussprachst, einzusetzen: Es gibt überhaupt keine „Vernunft". Dann würde obige Entscheidung keine zwischen Vernunft und Geschichte sein, sondern zwischen verschiedenen Momenten der Geschichte. Ist Dein Gedanke derart? Die Beantwortung dieser Frage, an der mir viel liegt, mag der Haken sein, an dem Du Deinen Antwortbrief aufhängen kannst. Falls Du also hier auf Deiner Durchfahrt keinen Aufenthalt machen kannst, hoffe ich diese Form eines Lebenszeichens von Dir in Bälde zu sehen. Empfiehl mich bitte Deinen Eltern und Deiner Schwester.

Herzlichen Gruß
Dein dankbarer Paul

ANMERKUNGEN

1 Aus dem Inhalt des Briefes geht hervor, daß er die Antwort auf den Brief von Büchsel vom 12. 10. 1907 ist. Demzufolge ist er am 28. 12. 1907 geschrieben.
2 Verbalhorntes Wort für „Vorlesung".
3 „Modern-positiv": Theologische Losung von Reinhold Seeberg und seinen Anhängern.
4 Isaak August Dorner, Vertreter der spekulativen Vermittlungstheologie, sucht mit Schellingschen und Hegelschen Kategorien das altkirchliche Dogma neu zu begründen.

I, 3 Paul Tillich an Friedrich Büchsel

[August 1908]

Lieber Friedrich!

War mein Gewissen schon sehr bedrückt, als ich neulich entdeckte, daß Du im Juli geboren bist, so wurde der Druck noch viel stärker, als Dein Brief ankam; und um ihn zu erleichtern, sollst auch Du als erster der Gratulanten beantwortet werden. Hoffentlich erwirkt mir das Verzeihung. – Die unangenehme Tatsache, schon 22 Jahre alt zu sein, wurde durch Deinen nebst etwa 20 anderen Geburtstagsbriefen versüßt, meist von lieben Brüdern, z. Teil in rührender Nächstenliebe, wie z. B. Daniel Schubert und Häfele[1], andere in Form von glühenden Kohlen wie Du – hab herzlichen Dank. Außerdem: Ein Möller-Schubert I.[2], ein Schlatter: Jüdische Geschichte[3], ein Weizsäcker: Apostolisches Zeitalter[4]. (An Sepp[5]: Endlich auch der in Kassel vermißte Bakel[6]). Daß Du in Homberg bist und Dich psycho-physisch so wohl fühlst, freut mich sehr; ich rechne es mir z. Teil als Verdienst an. Daß Eure geistige Nahrung allein das Berliner Tageblatt ist, traue ich Euch doch nicht zu; also: Schlemmerei, neidisch etc. Manzels[7] Verlobung war mir neu: Auf ihn bin ich noch neidischer, also vorläufig nichts zu erwarten.

Nun habe ich schon 14 Tage meine Arbeiten[8] und fühle mich noch sehr rückständig. Die erste ist in der Tat umfassend, nämlich die ganze johanneische Theologie. Nach einer Übersicht über die historische Situation der Debatte suche ich zu zeigen, daß der Logosbegriff kein „theo"logischer, sondern ein christologischer ist, um dann in der Christologie eine Synthese zwischen Holtzmann[9] und Schmuhl[10] [= Lütgert] durchzuführen; gegen Holtzmann scheint mir richtig zu sein, daß der Logosbegriff kein auf fremdem Boden gewachsener ist, der einen Antagonismus in die ganze johanneische Theologie bringt, gegen Schmuhl, daß der hellenistische Einfluß in Ton und Formulierung der Gedanken nicht auszuschließen ist. Also etwa: Die Logoskonzeption ist im Zusammenhang der johanneischen Intuition organisch erwachsen, im einzelnen sind ihre Motive nachweisbar. Die Konzeption selbst ist in ihrem Sosein nur durch hellenistischen Einfluß auf Ton und Form, aber nicht als urchristlichen widersprechend zu verstehen und ihr Einfluß auf die Gesamtstimmung des Evangeliums unbestreitbar; wie auch sonst hellenistische Färbung unverkennbar ist. Die Weise, in der Holtzmann Widersprüche sucht, finde ich eben gesucht; aber die Leichtigkeit, mit der Schmuhl die Synoptiker in Johannes wiederfindet, genügt zur Erklärung der Eigenart nicht. Im Wesentlichen wird man allerdings auf die johanneische Intuition zurückgehen müssen. Ich bin durch die Arbeit und die umfangreiche Literatur so ziemlich in alle Probleme, die darum hängen, sehr gut hereingekommen und merke, daß ich vom apostolischen Zeitalter und Neuen Testament noch rein nichts kapiert hatte. Daher bin ich für die Arbeit sehr dankbar, zumal ich dadurch in Johannes tüchtig hineinkomme, der mir doch im Neuen Testament am nächsten steht.

25

Über die andere Arbeit habe ich noch kaum nachgedacht. Ich denke sie dogmen- und theologiegeschichtlich zu beginnen und bis zur Gegenwart durchzuführen. Dann die Debatte so fortzuführen, daß ich die Gegenwart u. a. als Renaissance des Idealismus betrachte und dann die entscheidende Debatte mit Medicus führe. Ob die Berliner dafür reif sind, ist mir egal. Mir ist das Problem, wie Du weißt, immer noch eins der brennendsten und ich bin froh, *ex officio* darüber nachdenken zu müssen.

Was meine Geistesfreiheit betrifft, so ist sie durch die beiden Arbeiten in einer Weise erwacht, die bis an Willkür grenzt. Ich hoffe, daß sie in den 2 Monaten nach dem Schriftlichen noch einmal wieder abgetötet wird, zu Gunsten des unendlich Kleinen, das bis auf die unsterbliche Makrina[11] zusammengeschmolzen ist. Gesundheitlich geht es mir bei diesem faulen Leben recht gut, dank der Energie meiner Schwester und allerhand von Schaffts importierten Eisenpräparaten. Im September kommen die offiziellen Misdroyer 14 Tage, die sich vielleicht noch um 8 vermehren. Ich werde dort die Predigt machen. *Quae mutatio!* Sagst Du mit Recht. Ob ich den „Bärentöter" wiederfinde? Sage Sepp, er könnte nur durch das Doppelte eines normalen Briefes Verzeihung erlangen! Und nur, wenn sofort!

Leb wohl und sei herzlich gegrüßt von
Deinem treuen Paul T.

Auf Wiedersehn im Dezember, wo ich Dich in Examens-Frack- und-Zylinder vom Bahnhof abholen werde.

ANMERKUNGEN

1 Wingolfiten (Häfele = Friedrich Banzhaf).
2 Wilhelm Möller: Lehrbuch der Kirchengeschichte, Bd. 1, 1899, 2. Aufl., bearbeitet durch Hans von Schubert, 1902.
3 Adolf Schlatter: Geschichte Israels von Alexander dem Großen bis Hadrian, 1901, 3. Aufl. 1925.
4 Karl Heinrich v. Weizsäcker: Das apostolische Zeitalter der christlichen Kirche, 1886, 3. Aufl. 1901.
5 Hermann Schafft.
6 Nicht ermittelt.
7 Gerhard Heinzelmann.
8 Tillichs Examensarbeiten waren:
    1. Die Stellung des Logosbegriffs im Johannes-Evangelium.

2. Welche Bedeutung hat der Gegensatz von dualistischer und monistischer Weltanschauung für die christliche Religion?
3. Die Predigt hatte 1. Kor. 3, 21–23 zum Thema.

9 Heinrich Julius Holtzmanns Christologie ist in seinen Werken über das Neue Testament enthalten. Vgl. Die synoptischen Evangelien. Ihr Ursprung und ihr geschichtlicher Charakter, Leipzig 1863; ders.: Lehrbuch der Neutestamentlichen Theologie, T. I und II, Freiburg u. Leipzig 1897. Die von Holtzmann verfeinerte Zweiquellentheorie ging von einer durch das Messiasbekenntnis von Caesarea zweigeteilten Jesus-Biographie aus. Mit dieser Annahme von den zwei Stadien in der Wirksamkeit Jesu verband sich eine völlige Leugnung der Parusie. Jesus habe ein Gottesreich im idealen Sinne gründen wollen. Die Christologie Holtzmanns knüpfte einseitig an den „irdischen Jesus" an. Sein historisierendes und psychologisierendes Jesusbild war seinerseits von den Anregungen des Philosophen Christian Hermann Weiße, dem eigentlichen Begründer der Zweiquellentheorie, abhängig. Dieser hatte u. a. im Bannkreis Hegels geschrieben: Philosophische Dogmatik oder Philosophie des Christentums, 3 Bde., 1855–62; ders.: Die Evangelienfrage in ihrem gegenwärtigen Stadium, 1856; ders.: Psychologie und Unsterblichkeitslehre, 1869. Ausgehend von Hegels Theismus wird Christus der Gipfelpunkt der ethischen Menschwerdung Gottes und offenbart kraft übergenialer Begabung das Wesen der Gottheit und gründet die Gemeinde des Himmelreiches.

10 Als konservativer Forscher hielt Wilhelm Lütgert trotz einer Befürwortung der Zukunftserwartung Jesu (durch Johannes Weiß) an der Betonung des gegenwärtigen Charakters des Gottesreiches Jesu fest. Vgl. Wilhelm Lütgert: Das Reich Gottes nach den synoptischen Evangelien. Eine Untersuchung zur neutestamentlichen Theologie, Gütersloh 1895. Er handelt ausführlich vom „gegenwärtigen Reich" und vom „verborgenen Reich". Lütgert setzte sich seit seiner ordentlichen Professur in Halle (bis 1912) als Systematiker und Nachfolger M. Kählers mit der zeitgenössischen, theologischen Rezeption der klassischen deutschen Philosophie auseinander und knüpfte – Schelling nachfolgend – an Hamann, Baader und den späteren Schelling selbst an und gibt somit wesentliche philosophisch-theologische Bezugspunkte für Tillichs weitere systematisch-theologische Entwicklung. Bis 1907 schrieb Lütgert u. a.: Die Methode des dogmatischen Beweises in ihrer Entwicklung unter dem Einfluß Schleiermachers, eine Arbeit, auf die Tillich in: Die christliche Gewißheit und der historische Jesus, 1911, Bezug nimmt. Ders.: Die johanneische Christologie, 1899, 2. Aufl. 1916; für diesen Briefwechsel ebenfalls von Bedeutung.

11 „Makrina" ist ein Eigenname. So hießen die Großmutter und die Schwester der berühmten „Kappadozier" = Brüder: Bischof Basilius der Große von Caesarea († 379) und Bischof Gregor von Nyssa († um 394). Tillich scheint die Großmutter zu meinen, die ebenso wie die Schwester als Heilige galt. Zu Tillichs Zeiten gab es Prüfungsfragen, die sich auf die genannte „Makrina" bezogen.

(Walther Pachali)

I, 4 Paul Tillich: Die christliche Gewißheit und der historische Jesus.

Materialien und Briefe zur Kasseler Pfingstkonferenz 1911

EINFÜHRUNG

In seiner Autobiographie schrieb Tillich 1936: „Ein für meine Entwicklung maßgebendes Dokument sind die Thesen, die ich Pfingsten 1911 einer Gruppe befreundeter Theologen vorlegte und in denen ich die Frage stellte und zu beantworten suchte, wie die christliche Lehre zu verstehen wäre, wenn die Nichtexistenz des historischen Jesus wahrscheinlich würde. Ich halte den Radikalismus dieser Frage gegenüber Kompromissen, wie sie mir schon damals begegneten und jetzt von Emil Brunner wieder versucht worden sind, auch heute aufrecht. Nicht der historische Jesus, sondern das biblische Christusbild ist das Fundament des christlichen Glaubens. Nicht das täglich sich wandelnde Kunstprodukt historischer Technik, sondern das in realer menschlicher Erfahrung wurzelnde Realbild des kirchlichen Glaubens ist das Kriterium menschlichen Denkens und Handelns."[1] In den „Erinnerungen an den Freund Hermann Schafft", geschrieben 1960[2], berichtet Tillich, wie jener zum Schirmherr der Zusammenkunft geworden war: „Nach den Examina... blieben wir in ständiger theologischer Diskussion. Ich erinnere mich, wie er oft, wenn ich scharfe Antithesen formulierte, mit großer Betonung ‚et-et‘, ‚sowohl als auch‘ sagte. Darin kam seine praktisch-seelsorgerische und kirchlich-gemäßigte Haltung zum Ausdruck, die sich von meiner eigentlichen Neigung zu theologisch zugespitzten Formulierungen unterschied. Der Gegensatz zeigte sich in einer von ihm arrangierten Konferenz jüngerer Theologen unseres von Kähler beeinflußten Kreises, in der wir mehrere Tage auf Grund meines radikalen Referats das Problem des ‚historischen Jesus‘ debattierten und er eine vermittelnde, kirchlich akzeptablere Stellung einnahm als ich."

---

[1] Paul Tillich: Auf der Grenze, in: G.W. 12, S. 32 f.
[2] Paul Tillich: Erinnerungen an den Freund Hermann Schafft, in: G.W. 13, S. 29 f.

Bei den jüngeren Theologen handelte es sich neben Tillich und Hermann Schafft um Hans Balke, Hermann Strathmann, Gerhard Heinzelmann und Friedrich Büchsel.

Zwei verschiedene Texte aus dem Jahr 1911 tragen die Überschrift *„Die christliche Gewißheit und der historische Jesus".* Das Konzept neben den Thesen stellt augenscheinlich die Ausarbeitung des Referats dar, das die Thesen erläutern soll.

Die Thesen und das Referat – bisher unveröffentlicht – sind ein sehr aufschlußreicher Beitrag in der Debatte um den historischen Jesus vor dem Ersten Weltkrieg. Sie beleuchten sowohl aus historischer als auch aus systematischer Sicht ein Zentralproblem damaliger protestantischer Theologie. Die historische Jesusforschung – inauguriert durch die Bestreitung der Historizität Jesu im Gefolge der radikalen Geschichtskritik der linken Hegelschüler – war im zeitgenössischen Kontext des Historismus der apologetischen Illusion erlegen, sie könne durch das Darlegen bestimmter historischer Fakten, sofern man sie vom Rankenwerk der Mythologie befreit, dem immer schwächer werdenden christlichen Glaubensbewußtsein neuen Auftrieb verschaffen. Philologie und Geschichtswissenschaft hatten Anregungen für ein methodologisches Netz aus literarkritischen und historisch-kritischen Prinzipien (Religionskritik) geliefert, das man der Überlieferung, d. h. den biblischen Schriften, überwarf, um zu einem Endresultat zu gelangen, das jedem Zweifel an der Grundlage des christlichen Glaubens standhalten sollte. Der Beginn des 20. Jahrhunderts brachte dieses Netz sehr schnell zum Reißen, denn es zeigte sich, daß sich dieser Weg als Aporie erwiesen hatte (Albert Schweitzer). Die Leben-Jesu-Forschung war an ihr Ende gekommen, nachdem die Skepsis der religionswissenschaftlichen Forscher den Optimismus der Literarkritiker hinsichtlich einer Jesusbiographie beträchtlich gedämpft hatte. Das liberale Jesusbild hatte nicht nur die religionsgeschichtlich arbeitenden Theologen innerhalb der historisch-kritischen Theologie gegen sich. Stimmen aus der konservativen Theologie, vor allem im Gefolge der systematischen Theologie (M. Kähler), hatten stets gegenüber dem neutestamentlichen, historisch-kritischen Archäologentum ihre warnende Stimme erhoben. Sie wollten neben den drei ersten Evangelien auch das Johannesevangelium als Quelle für das Leben Jesu nicht unberücksichtigt lassen. Die gesamte Geschichte der Leben-Jesu-Forschung war seit den Tagen der Aufklärung in den Zugzwang geraten, Offenbarung und natürliche Vernunft auf eine geeignete Weise in Beziehung zu setzen. Alle Aporien dieses historischen Suchens mußte die Leben-Jesu-Forschung mitgehen, um am

Ende mit Albert Schweitzer zu erkennen, daß Analyse und Synthese in den neutestamentlichen Disziplinen den Weg zur Glaubensgewißheit nicht eröffnen.

Den eigentlichen Hintergrund für die Thesen Tillichs bildet die Tatsache, daß seit 1909 der Streit um die Geschichtlichkeit Jesu die engeren Grenzen der Theologie sprengte und zum Streitobjekt weltanschaulicher Auseinandersetzungen wurde. 1909 war Arthur Drews „Christusmythe" erschienen. Vorher hatte bereits A. Kalthoff die Geschichtlichkeit Jesu bestritten (Das Christusproblem, 1902; Die Entstehung des Christentums, 1903). 1908 veröffentlichte K. J. Kautsky: Der Ursprung des Christentums, und 1909 W. Maurenbrecher: Von Nazareth nach Golgatha. Es hatte sich also gezeigt, daß die verschiedenen weltanschaulich-kontroversen Positionen ein einseitig-historisches Herangehen an die Aufrichtung der Glaubensgewißheit unmöglich machten.

Der junge Tillich, während seines Theologiestudiums mit diesen Auseinandersetzungen konfrontiert, versucht auf Grund seines theologischen und philosophischen Bildungsganges, Position zu beziehen. Ausgehend von Martin Kähler und Wilhelm Lütgert möchte Tillich in den Glaubensaussagen die Aporien der bisherigen Jesusforschung vermeiden und die Glaubensgewißheit auf Prinzipien gründen, die von denen des ausschließlich rationalen Herangehens unabhängig sind. In diesem Sinne betritt er 1911 theologisches Neuland und bereitet den Boden für die theologischen Neuansätze nach dem Weltkrieg.

Der Versuch letztlich, die christologische Problematik durch eine lutherisch adaptierte Identitätsphilosophie zu lösen (These 115: „Autonomie ist Rechtfertigung auf dem Gebiet des Denkens"; These 125: „Die autonome Fassung des christologischen Problems ersetzt die Zweinaturenlehre durch eine Lehre vom Verhältnis des absoluten zum individuellen Geist, wie es in Christo angeschaut und dadurch realisiert wird."), blieb singulär und wurde bereits vom Freund Büchsel zurückgewiesen. Die Hauptwege des philosophischen Denkens nach dem Weltkrieg verliefen konträr zu denen der klassischen deutschen Philosophie und kamen als Denkinstrument der systematischen Theologie in dieser Form nicht mehr in Frage. Allerdings hat Tillich bestimmte Kategorien aus dieser Tradition später dennoch mit seinem Denken verbunden. Hierzu gehören die Umwandlung geschichtsphilosophischer Konstruktionen in heilsgeschichtliche (*Kairos*-Gedanke), die Übernahme von „Autonomie" und „Heteronomie" als „Dogmatisches Formal- und Materialprinzip". Schließlich ist das „Verhältnis des absoluten zum individuellen Geist", „das dialektische

Verhältnis von Abstraktem und Konkretem in der Anschauung Gottes im Allgemeinen und Anschauung Gottes im Besonderen" (These 127) trotz aller von Tillich rezipierten Transformationen philosophischen Denkens im 20. Jahrhundert ein immerwährendes Thema Tillichscher Theologie.

Die Diskussion mit Büchsel kreist hauptsächlich um das perennierende theologische Problem, inwiefern philosophische Denkmittel zur Interpretation rational nicht deduzierbarer Glaubensaussagen verwendet werden können. Lutherische Rechtfertigungslehre und die Entwicklung des philosophischen Denkens in Deutschland, so unvereinbar sie auch ihrem Wesen nach sind, haben ihre gemeinsame Wurzel in Luthers Gotteslehre. An die Entgegensetzung von Zorn und Liebe in Gott, die Betonung des Ockhamschen Willens gegenüber dem aristotelisch-scholastischen Sein und an die protestantisch-aristotelische Schulphilosophie Melanchthons hat sich in Deutschland ein Philosophieren bis zum Ausgang der klassischen Philosophie angeschlossen, das sich in Denkern wie Weigel, Böhme, Leibniz, Wolff, Kant, Herder, Hamann, Hegel, Fichte, Schelling, bis hin zu Ludwig Feuerbach, mit einigem geschichtlichen Recht auf Luther beruft, so daß Tillich in Anlehnung an Martin Kähler durchaus in einer bekannten Tradition steht, wenn er Denkkategorien des Idealismus mit der lutherischen Rechtfertigungslehre in Beziehung setzt.

128 Thesen: Die christliche Gewißheit und der historische Jesus

Einleitung: Die Fragestellung und ihre logischen Voraussetzungen

1. Der christliche Glaubenssatz: „Jesus ist der Christus" muß unterschieden werden von dem historischen Urteil: „Jesus, der Christus [ist,] hat existiert".
2. Der erste Satz setzt die Vorstellungen „Jesus" und „Christus" gleich, der zweite Satz spricht dieser als wahr vorausgesetzten Gleichung historische Wirklichkeit zu.
3. Die Vorstellung Christus umfaßt alle Formen des Glaubens an Christus, die ihn auf Seiten Gottes stellen, der in absoluten Kategorien von ihm redet.
4. Die Vorstellung „Jesus" umfaßt den wesentlichen Gehalt des evangelischen Jesusbildes, sowohl seinen sittlich-religiösen Inhalt als auch seine messianische Form.

5. Das, was als wesentlich am Jesusbild gilt, wechselt mit dem jeweiligen Inhalt der Christusidee, ausgenommen die absoluten oder göttlichen Kategorien, wie vollkommene Gotteserkenntnis und Gottesgemeinschaft.

6. Die also bestimmte Gleichung zwischen Jesus und dem Christus [wird] als Basis des Christentums in allem Folgenden vorausgesetzt.

7. Von dieser Voraussetzung aus wird die Frage gestellt, ob dem Satz: „Jesus, der Christus, ist", Gewißheit zukommt.

8. Der Beweis jenes Satzes kann entweder von der Vorstellung „Jesus" oder von der Vorstellung „Christus" aus versucht werden. Das erste ergibt den historischen, das zweite den dogmatischen Beweis.

Erster Teil: Die tatsächliche Ungewißheit über den historischen Jesus: Empirische Kritik

A. Kritik des historischen Beweises

I. Der Kampf der Schulen um den historischen Jesus

9. Den Schulen unter Herrschaft des Immanenzprinzips[1] ist gegenwärtig gemeinsam: die Bestreitung der Wunder, die Ablehnung des Johannesevangeliums, die Bevorzugung des Markus.

10. Die *literarkritische Schule* bildet eine Linie, an deren einem Endpunkt die selbst den absoluten Kategorien gegenüber konservativen älteren Ritschlianer stehen, deren anderen Endpunkt die radikale, die messianische Form des Jesusbildes streichende Kritik Wellhausens[2] und die nahe an die Bestreitung des historischen Jesus überhaupt streifende Kritik Wredes[3] bildet.

11. Daß an keinem Punkt dieser Linie Gewißheit erwachsen kann, ist deutlich. „Menschensohn" und „Messiasgeheimnis" sind z. B. Zentral-Probleme, die eine wirklich evidente Lösung aus den vorliegenden Quellen kaum zulassen.

12. Die *religionsgeschichtliche Schule* ist den Texten gegenüber konservativer, da sie die messianische Form des Jesusbildes energisch bejaht – freilich in einer Art, welche die absoluten Kategorien schlechterdings ausschließt (Phantastik – Ekstase).

13. Auch hier kann keine Evidenz entstehen, da einerseits die eschatologische Auffassung die Überlieferung nicht restlos erklärt, andrerseits die ganze Auffassung an der Ungewißheit über die spätjüdische Eschatologie teilnimmt.

14. Die supranaturalistischen Forscher sind einig in der Bejahung der Wunder, der Anerkennung des Johannesevangeliums und der Bevorzugung des Matthäus.
15. Obwohl die historische Kritik prinzipiell bejahend, wenden sie dieselbe nur in geringem Maße und in keinem grundlegenden Punkte an, da die supranaturalistische Position keine Veranlassung dazu gibt.
16. Aber das Zusammentreffen einer dogmatischen Möglichkeit (z. B. Wunder) mit einem historischen Bericht ergibt noch keine Gewißheit.
17. Die altsupranaturalistischen Beweise[4] aus der Zuverlässigkeit der Schriftsteller ergeben keine Gewißheit, da sie einerseits ein modern-historisches Wahrheitsbewußtsein bei den Schriftstellern voraussetzen, andrerseits die Gesetze der historischen Anschauung außer acht lassen.

II. Die Psychologie der historischen Anschauung

18. Daß der in I beschriebene Tatbestand nicht zufällig ist, beweisen die Gesetze der historischen Anschauung, freilich mit dem Rest Ungewißheit, der induktiv gewonnenen Sätzen wesentlich ist.
19. Was die Feststellung von äußerlichen Daten betrifft, so ist sie mit einer doppelten Fehlerquelle behaftet: a) die rein psychologischen und physiologischen Beobachtungsfehler der ersten Berichterstatter. b) Die Unsicherheit des Schlusses von historischen Überresten auf die sie verursachenden Daten und die Möglichkeit bewußter Korrekturen der Wirklichkeit.
20. Was die Feststellung der kausalen Zusammenhänge betrifft, so ist ihre mangelnde Gewißheit in der Tatsache begründet, daß a) der unvergleichlich größte Teil der Vergangenheit untergeht, b) die Subjektivität bei der Beurteilung und der Schluß von der Wirkung auf die Ursache bei der Feststellung des kausal Wirksamen eine entscheidende Rolle spielen.
21. Für die Anschauung einer historischen Persönlichkeit (auch Gemeinschaft, Zeitalter) gilt das Gesetz der Wechselwirkung zwischen Angeschautem und Anschauendem. Das Anschauungsbild ist das unauflösbare Resultat dieser Wechselwirkung.
22. Die Notwendigkeit dieses Gesetzes liegt in der Tatsache der Individualität, welche nicht zuläßt, daß eine Individualität sich schlechterdings identisch mit der anderen setzt.

33

23. Kein Gebiet der Geschichte liefert für die Wahrheit des Gesetzes der Wechselwirkung so reiches Material wie die Kirchengeschichte, insbesondere die Geschichte der Anschauung Jesu.

24. Die historische Anschauung steht auf einer Linie mit der poetischen und mythologischen Anschauung, insofern alle drei Darstellungen des Vernünftigen im Zufälligen sind und alle drei die Einheit einer notwendigen und einer freien Tätigkeit zur Voraussetzung haben.

25. In keinem der drei Fälle handelt es sich um rein willkürliche, sondern um eine innerlich gebundene und äußerlich veranlaßte Phantasie.

26. In allen drei Fällen hat das Zufällige, die äußere Veranlassung, die Bedeutung des Mittels der Anschauung und ist als solches zwar unentbehrlich, aber nur mittelbar Gegenstand der Anschauung: Das schlechthin Individuelle, jeder Allgemeingültigkeit Entbehrende, kann nie Gegenstand der Anschauung werden.

27. Daher kann auch aus der Wahrheit einer Anschauung niemals auf die Wirklichkeit des mitangeschauten Zufälligen geschlossen werden, zumal da ein großer Teil des Zufälligen einer historischen Erscheinung ausgeschieden werden muß, damit eine Anschauung möglich ist und der Rest durch diese Ausscheidung faktisch verändert wird.

28. Die Gesetze der historischen Anschauung bestätigen also den wissenschaftlichen Tatbestand, daß auf historischem Wege eine Gewißheit über den historischen Jesus nicht zu erreichen ist.

B. Kritik des dogmatischen Beweises

I. Zirkelbeweise

29. Der dogmatische Beweis schließt von dem Wesen des Christus und seiner Wirkungen auf seine Wirklichkeit, und da die Gleichung „Jesus ist der Christus" in Kraft bleiben soll, auf die Realität der ganzen Gleichung.

30. Von vornherein also bleiben außer Betracht und kommen auch sachlich nicht in Betracht diejenigen Formen der Dogmatik, welche jene Gleichung nicht bejahen.

31. Abzulehnen sind ferner alle Beweise, die einen anderen Ausgangspunkt als den Christusbegriff haben, da sie sich als Zirkelschlüsse erweisen.

32. Es handelt sich um folgende Beweise:

a) Die Autorität der Schrift verbürgt die historische Richtigkeit ihres Jesusbildes.

b) Das Walten des Heiligen Geistes schließt den Irrtum der Kirche in einem so zentralen Punkte aus.

33. Der Beweis aus der Autorität der Schrift setzt voraus, daß der Satz „Jesus, der Christus, ist" zu dem autoritativen Inhalt der Schrift gehört, was aber nur aus dem Christusbegriff, auf dem die Bibelautorität ruht, erschlossen werden kann.

34. Der Beweis aus dem Walten des Geistes setzt voraus, daß der Satz „Jesus, der Christus, ist", eine ausdrückliche These der christlichen Verkündigung sei; es besteht aber die Möglichkeit, daß er, ebenso wie das Ptolemäische Weltbild, eine ebenso selbstverständliche, weil unbestrittene, eine falsche Voraussetzung ist, was ebenfalls nur aus dem Christusbegriff entschieden werden kann.

35. Der Beweis aus dem Christusbegriff, der also allein übrig bleibt, kann entweder aus der Person oder aus dem Werk Christi geführt werden, ersteres wiederum entweder aus dem Bild des historischen oder aus den Wirkungen des erhöhten Christus. Alle drei Beweisarten haben die a priori mangelhafte Form eines Schlusses von der Wirkung auf die Ursache.

36. Kombinationen der drei Arten ergeben keine neue Gewißheit, da jede Analyse sofort auf die drei Elemente zurückführen würde.

II. Der Schluß aus der Wirkung des evangelischen Jesusbildes

37. Typischer Vertreter dieses Beweises ist Herrmann, insofern er a) den historischen Jesus zum Grund seines Gottesglaubens macht, b) aus der Glauben schaffenden Kraft des evangelischen Jesusbildes auf seine wesentliche Realität schließt, c) der historischen Kritik die gesamte Tradition bedingungslos überliefert.

38. Den Widerspruch der beiden letzten Punkte sucht Herrmann durch die These auszugleichen, daß a) die überragende sittliche Kraft Jesu, b) die Überzeugung von der auf ihn gerichteten Liebe Gottes von der Kritik nicht widerlegt und vom Glauben bestätigt würden.

39. Aber die erste der beiden Seiten ist durch Nachweisung von Parallelen, sowie durch Verweisung großer Teile an die Gemeinde von Seiten der Kritik so stark reduziert, daß sie einen Schluß auf das Innenleben Jesu nicht mehr tragen kann; und die andere Seite wird von der Kritik aufs heftigste bestritten.

40. Soll das Glaubensurteil sich jedoch im Gegensatz zur Kritik behaupten, so kommt Herrmann in diejenige Spannung zwischen Glaube und Geschichtsforschung, der zu entgehen er sein System aufstellte.

41. Bis zur Unerträglichkeit verschärft wäre diese Spannung, wenn Herrmann von seiner Behauptung der religiös-sittlichen Normativität des evangelischen Jesusbildes aus einen Schluß auf die schlechthinnige Normativität des Innenlebens Jesu gemacht hätte, was bei seinem Interesse an der Wirklichkeit des Angeschauten notwendig gewesen wäre; er vermeidet aber diesen Schluß und bleibt bei schwebenden Werturteilen.

42. Zur Begründung seines Schlusses behauptet Herrmann, daß es unmöglich sei, das evangelische Jesusbild für ein Erzeugnis der Phantasie zu halten.

43. Aber die geschichtliche Anschauung ist kein Produkt einer willkürlichen, sondern einer innerlich gebundenen Phantasie; und eine Eigenschaft dieser Phantasiegebilde ist gerade ihre konkrete Anschaulichkeit, die keineswegs ein sicheres Kriterium der Geschichtlichkeit ist; endlich wird jeder besonnene Historiker eine, wenn auch kaum abgrenzbare, historische Grundlage zugeben, aber daran liegt Herrmann nichts.

44. Die Hauptbegründung seines Schlusses aber gibt Herrmann[5] mit dem Satz, daß nur das unleugbar Wirkliche uns helfen könne.

45. Dieser Satz widerspricht jedoch der Erfahrung, welche die eminente positive Wirksamkeit von Ideen, Mythen, Kunstwerken, vor allem aber Idealpersönlichkeiten (Erzväter) beweist.

46. Selbst in dem Sinne gefaßt, daß Ideen nur durch überragende Persönlichkeiten wirksam werden, hat der Satz den Massenbewegungen gegenüber bedingte Bedeutung.

47. Vor allem aber steht der Satz in schärfstem Widerspruch zu Herrmanns System selber. Denn das religiös Wirksame bleibt hier immer das evangelische Jesusbild, und zwar auch in der Fülle derjenigen Züge, wie Herrmann ausdrücklich bemerkt, die historisch zweifelhaft sind. Der historische Jesus ist vom Standpunkt der Gegenwart nicht wirklich; nicht in seiner Gemeinschaft, sondern unter dem Eindruck seines Bildes glauben wir.

48. Nicht die menschliche Wirklichkeit, sondern die göttliche Wahrheit in den anschaulichen Formen eines konkreten Menschenlebens auf der Höhe der religiösen Menschheitsentwicklung ist das Wirksame des evangelischen Jesusbildes. Weiter reicht der

Herrmannsche Schluß nicht; so weit aber hat er sein Recht und seinen Wert.

49. Wollte sich Herrmann jedoch von der Mittelbarkeit des Schließens auf das unmittelbare Überwältigtwerden zurückziehen, so zerbräche er das Fundament seines Systems, die sittliche Autonomie. Denn „überwältigt werden" ist genau so eine physische heteronome Kategorie, wie „sich zu historischen Urteilen zwingen", und ist der Skepsis gegenüber gleich wehrlos.

50. Der Satz, daß es vom historischen Jesus keinerlei Gewißheit gibt, zieht also die Konsequenzen des Herrmannschen Systems und führt zugleich über dasselbe hinaus, wenn die verloren gegangene historische Wirklichkeit ersetzt wird durch eine übergeschichtlich-göttliche: der Standpunkt der Christusmystik.

III. Der Schluß aus der Gemeinschaft mit dem erhöhten Christus

51. Die Grundlage der religiösen Christusmystik ist das dialektische Verhältnis von Absolutem und Individuellem, abstraktem Gottesbegriff und konkreter Gottesanschauung.

52. Die Religionsgeschichte beginnt mit der Anschauung des Konkreten oder dem Polytheismus, sie entwickelt sich in der Richtung auf einen abstrakten Monotheismus, verbindet dann in der Form von Zwischenwesenspekulation beide Momente.

53. Die paulinische Christusmystik beruht durchaus auf dieser Entwicklung und bedeutet den Kampf der Anschauung Gottes in Jesu Christo gegen seine Anschauung in den übrigen Zwischenwesen; nicht ein formeller, sondern ein sachlicher Gegensatz liegt vor.

54. In dem Maße, in welchem die kirchliche Trinitätslehre die Christusanschauung in monotheistischem Sinn verabstrahierte, hielten neue konkrete Mittelwesen, die Heiligen, ihren Einzug in die Gottesanschauung.

55. Die Reformation verwarf den Heiligenkult als Götzendienst, konsequent freilich nur die Reformierten mit ihrem Grundsatz „finitum non capax infiniti" und ihrem Verbot, die σάρξ = Fleisch des erhöhten Christus anzubeten.

56. Als Ersatz hatten die Reformierten einen durch den Prädestinationsgedanken und alttestamentliche Züge verlebendigten, konkreten Gottesbegriff, die Lutherischen ein starkes, mystisches Interesse an der σάρξ Christi.

57. Aus letzterem entwickelte sich die modern-pietistische Jesus-mystik, die in ihrer konkreten Lebendigkeit immer in Gefahr steht, der Absolutheit Gottes zu nahe zu treten und in Kreatur-dienst zu verfallen.
58. Diese Entwicklung zeigt, daß es sich hier nirgends um histori-sche Probleme, sondern allein um innerlich-religiöse Notwendig-keiten handelt.
59. So würde z. B. eine Bekämpfung des Marienkultes durch Bestrei-tung der historischen Grundlage schlechterdings wirkungslos bleiben. Der Protest muß entweder vom Monotheismus oder von der religiösen Minderwertigkeit des Marienideals ausgehen. Denn Erfahrungen von der Wirklichkeit und Wirksamkeit der himmlischen Jungfrau, die den Erfahrungen der evangelischen Jesusmystik durchaus entsprechen, liegen zweifellos vor.
60. Die Basis des trinitarischen Problems ist demnach nicht die Tat-sache des historischen Jesus und die Frage nach dem Verhältnis des Erhöhten zu Gott – dies ist nur Form –, sondern Basis ist das dialektische Verhältnis von Abstraktem und Konkretem in der Gottesanschauung.
61. Dennoch legt die Christusmystik ein entscheidendes Gewicht auf die Identität des Erhöhten mit dem Subjekt der evangelischen Geschichte bis in die individuellsten Züge.
62. Motiviert ist dieses Postulat nicht durch das Interesse an der Ge-schichte an sich, sondern insofern sie bleibende Charakteristiken oder Erlebnisse Christi sind, die auf dem Gebiet der Empfindung eine Gemeinschaft zwischen ihm und dem Christen herstellen.
63. Aber sowohl der Satz: „So hat Christus gehandelt, so wird er auch jetzt handeln", als auch der Satz: „Dies hat Christus emp-funden, so wird er auch meine Empfindung verstehen", verlan-gen nur dann eine historische Realität der Geschichten, wenn ein abstrakter Gottesbegriff vorausgesetzt ist, dem das So-Handeln und So-Empfinden abzusprechen wäre. Damit aber wäre der Mo-notheismus verletzt.
64. Die Gemeinschaft mit dem erhöhten Christus ist also die Ge-meinschaft mit Gott, insofern er angeschaut wird in der konkre-ten Form des evangelischen Jesusbildes als der Norm der christli-chen Gottesanschauung.
65. Die gereinigte Christusmystik, welche sich ebenso frei von einem nur abstrakten Gott wie einem nur individuellen Christus zu hal-ten hat, läßt also keinen gewissen Schluß auf den historischen Je-sus zu; nur auf Grund jener Verfälschungen entsteht ein solcher.

66. Wird aber auf die unwiederholbare Bedeutung einzelner Erlebnisse Jesu hingewiesen, so ist damit das Gebiet eines anderen Schlusses betreten, des vom Werk Christi auf seine Wirklichkeit.

IV. Der Schluß aus dem Werke Christi

67. Es handelt sich hier nicht mehr um die Wirkung des Werkes Christi auf die Menschen; diese Wirkung ist unmittelbar das evangelische Jesusbild, mittelbar die Anschauung Gottes im erhöhten Christus, sondern um die Wirkung des Werkes Christi auf Gott.
68. Diese Wirkung darf freilich nicht als ein Abhängigkeitsverhältnis Gottes von Christus gedacht werden, da dies die Absolutheit Gottes zerstören würde, sondern nur als eine Wirkung Gottes durch Christus auf sich selbst, d. h. als Selbstbestimmung Gottes.
69. Und zwar handelt es sich um diejenige Selbstbestimmung Gottes, durch welche er die Sünden vergibt, d. h. um die Einigung des Zornes mit der Liebe oder des den Sünder abweisenden mit dem den Sünder annehmenden Willen.
70. Für das tiefere religiöse Bewußtsein ist diese Einigung nicht vorstellbar ohne den Gedanken eines göttlichen Leidens, gewöhnlich als Stellvertretung vorgestellt.
71. Die religiös-sittlichen Bedenken gegen den Stellvertretungsgedanken und der Widerspruch des Versöhnungsmechanismus gegen die Paradoxie der Rechtfertigungslehre werden behoben, sobald Gott selbst mit voller Bestimmtheit als Subjekt der Stellvertretung gedacht wird, insofern die innergöttliche Spannung durch göttliches Leiden überwunden wird.
72. Die Versöhnungslehre wird auf diese Weise die anschauliche Darstellung der im Rechtfertigungsakt enthaltenen Momente, die Rechtfertigungslehre aber wird über jeden Rationalismus hinausgehoben.
73. Eine notwendige Beziehung auf die äußere Geschichte liegt hier nirgends vor, zumal der Rechtfertigungswille Gottes überzeitlich gedacht werden muß, sondern das dialektische Verhältnis zwischen Absolutheit und Konkretheit Gottes ist auch hier der eigentliche Grund der Anschauung des Rechtfertigungsaktes als Versöhnungstat.
74. Was die Beziehung des Stellvertretungsgedankens auf die Sünder betrifft, so wird er unsittlich, sobald das Verhältnis der Sünder

zum Stellvertretungsakt *äußerlich* gedacht wird, so z. B. beim Äquivalenzgedanken. Von hier aus erhellt nun der Sinn des Satzes vom göttlichen Leiden im Rechtfertigungsakt:

75. Da die innere, wirksame Beugung des Sünders unter das im Kreuz ausgesprochene göttliche Gerichtsurteil Bedingung einer ethischen Aneignung der Stellvertretung ist und da dieser Akt der Selbstverneinung des Sünders nur als Tat des absoluten Geistes im Individuellen aufgefaßt werden kann, so ist hier der Ort des göttlichen Leidens in der Rechtfertigung zu suchen:

76. Natürlich ist das nicht im Sinn einer einfachen Identifizierung des göttlichen und der Summe des menschlichen Leidens gemeint, da dies den Rechtfertigungsgedanken zerstören würde; sondern das Verhältnis ist auch hier dialektisch: Der einheitliche göttliche Akt, durch welchen er die bis zur sündlichen Selbstbehauptung sich steigernden Individuen setzt, d. h. den Widerspruch in sich selbst realisiert und durch Selbstopferung in den Individuen überwindet, ist überzeitlich. Er geht logisch und dynamisch allen einzelnen Akten voran.

77. Beide Seiten dieses dialektischen Verhältnisses werden konkret angeschaut in dem Kreuze Christi, insofern das Leiden des Sündlosen für die Sünder die Priorität des göttlichen Handelns, das Gericht über die Sünder im Kreuze die Durchsetzung des göttlichen Handelns in den Individuen veranschaulicht.

78. Einen Schluß auf den historischen Jesus läßt demnach der religiös-vertiefte Stellvertretungsgedanke in keiner Richtung hin zu.

79. Noch weniger kann ein solcher Schluß vom Werke Christi aus gemacht werden, wenn der Stellvertretungsgedanke gefallen ist und die Sündenvergebung wie nach Analogie des menschlichen Verzeihens als höchste Form der sittlichen, d. h. Gemeinschaft stiftenden Aktivität gedacht wird, denn dann fällt das Werk Christi mit seiner Wirkung auf die Menschen zusammen.

80. Da sich auf die besprochenen drei Formen des dogmatischen Beweises alle vorhandenen zurückführen lassen, so ist die dogmatische Kritik und damit die empirische Kritik überhaupt abgeschlossen.

Zweiter Teil: Die notwendige Ungewißheit über den historischen Jesus:
Systematische Kritik

A. Die erkenntnistheoretische These

I. Die Identität als Prinzip der Gewißheit

81. Aufgabe der systematischen Kritik ist es, die empirische Kritik
ihrer Zufälligkeit zu entnehmen durch Nachweis ihrer prinzipiellen Notwendigkeit.

82. Die Grundlage jeder kritischen Untersuchung der Gewißheits-
frage bildet die Aufstellung des erkenntnistheoretischen Prinzips.

83. Dieses darf nicht anders als aus dem Wahrheitsgedanken selbst
entnommen [werden], da es nur dann in dem Sinne voraussct-
zungslos ist, daß es nichts anderes voraussetzt als die Tat der Bejahung des Wahrheitsgedankens.

84. In dieser nicht weiter ableitbaren Tat der geistigen Selbstsetzung
liegt die Behauptung der Einheit der Wahrheit und der Identität
von Subjekt und Objekt im Erkenntnisakt.

85. Der erste Satz bedeutet einen Protest gegen die Setzung mehrerer qualitativer Realen[6], für die eine höhere Einheit nicht vorhanden ist; er protestiert damit zugleich gegen einen Individualismus, der das Einzelne zum metaphysischen Prinzip macht.

86. Der zweite Satz beschreibt die aktuelle Wahrheit als Akt der
Synthesis des Mannigfaltigen in der Einheit des Bewußtseins.

87. Der Übergang von der Einheit in die Mannigfaltigkeit ist irrational; er wird am besten vorgestellt als Widerspruch des irrationalen Willens gegen das Wesen und stufenweise Reaktion des Wesens gegen den Widerspruch.

88. Rational ist das Einzelne nur insofern und insoweit, als es zur
Einheit gebracht, d. h. in die Synthesis des Bewußtseins aufge-
nommen ist. Gewußt wird nur, was die Gewißheit des Satzes
„Ich bin Ich" hat.

89. Jedes Einzelne verhält sich dialektisch zur Wahrheit, insofern es
als Reales teilhat am Wesen, als Individuelles unter der Bestimmung des Widerspruchs zum Wesen steht.

90. Dementsprechend gibt es Gewißheit über das Einzelne nur, insofern es in Identität mit dem Wesen steht, nicht aber, insofern es
Einzelnes ist, d. h. aus der Identität herausgetreten ist.

91. In der Natur sind es die Gattungsbegriffe und Naturgesetze,
durch welche die einzelnen Naturgegenstände und -vorgänge in

Identität mit dem Wesen stehen. Ihnen kommt daher Gewißheit zu, nicht dem Einzelnen als solchem. – In der Geschichte ist es der in den einzelnen Fakten realisierte geistige Gehalt, durch welchen sie in Identität mit dem Wesen stehen und in bezug auf welchen sie Gewißheit schaffen.

II. Die Philosophie der Geschichte

92. Die unlösliche Verbundenheit des Allgemeinen und Individuellen in der Geschichte ermöglicht eine dreifache Stellung zu ihr: die rationalistische, historistische, geschichtsphilosophische.

93. Der Rationalismus bedeutet eine völlige Negation des Individuellen in der Geschichte zu Gunsten der individuellen Begriffe des Historikers: eine letztlich sich aufhebende Stellung.

94. Damit hängt weiter zusammen, daß der Rationalist nur Gedanken in der Geschichte findet, keine Anschauungen. Dieses aber ist darin begründet, daß er die Geschichte als Kampf des richtigen gegen das falsche *Denken* auffaßt, anstatt, wie oben geschehen, als Kampf des rationalen und irrationalen *Willens*.

95. Der Historismus bedeutet eine Ablehnung des Allgemeinen in der Geschichte zu Gunsten der Allgemeingültigkeit jedes Einzelnen: eine ebenfalls sich aufhebende Stellung.

96. Der Historizist bemüht sich um die unbegrenzte Fähigkeit, sich mit jeder Individualität identisch zu setzen. Dadurch entsteht ebenfalls eine Verabsolutierung der eigenen Individualität, aber unter Verzicht auf den Wahrheitsgedanken.

97. Die Geschichtsphilosophie faßt die Geschichte als fortlaufenden Kampf des Wesens mit dem Widerspruch auf, dessen Resultat eine Reihe konkreter Gestaltungen ist, zu deren Erfassung geschichtsphilosophische Kategorien zu bilden sind.

98. Da aber diese Kategorien unter ganz individuellen Umständen realisiert und nur aus ihnen heraus ganz verständlich sind, so gehört zur geschichtsphilosophischen Aufgabe noch die historische Lokalisation.

99. In der Doppelheit dieser Aufgaben, ihrer Verschiedenheit und doch Unscheidbarkeit, spiegelt sich das dialektische Verhältnis von Allgemeinem und Individuellem in der Geschichte.

100. Gewißheit ergibt allein die historische Kategorienbildung, die Lokalisierung ist abhängig von der Unsicherheit der historischen Forschung. Historische Kategorien können ihre Wahrheit behal-

ten, auch wenn ihre ursprüngliche Lokalisierung sich als falsch erweist.

101. Innerhalb des dogmatischen Systems ist es Aufgabe der geschichtsphilosophischen Kategorienbildung, diejenige Gewißheit über den absoluten Charakter des Christentums zu geben, welche historische Untersuchungen über die Absolutheit des historischen Jesus nicht geben können; und die geschichtsphilosophische Lokalisierung hat die Aufgabe, durch Charakterisierung der Fülle der Zeiten[7] sie in ihrem Nachweis zu unterstützen, wenn auch nur mit Wahrscheinlichkeitssätzen.

B. *Die dogmatische These*

I. Die Autonomie als dogmatisches Formal- und Materialprinzip

a) Autonomie und Gemeinschaft

102. Ist der Satz „Ich gleich Ich" oder die Identität des Selbstbewußtseins Prinzip der Gewißheit, so gibt es über der Autonomie des sich selbst setzenden Ich kein Erkenntnisprinzip.

103. Das bedeutet einen totalen Protest gegen jede Form der Heteronomie oder prinzipiellen Autorität, die das Bejahen von Sätzen verlangt, welche nicht in der Einheit der Synthesis stehen.

104. Auch in dem Sinne ist die prinzipielle Autorität zu verwerfen, daß bestimmte Orte der Geistesgeschichte – etwa Papst, Bibel, historischer Jesus – umschrieben werden als Gebiet, aus dem die Wahrheit angeeignet werden soll, denn diese Umschreibung ist ein Akt der Heteronomie.

105. Bedingung der Autonomie ist dagegen die faktische Autorität, d. h. die Gemeinschaft und die Geschichte, da dieses die Formen sind, in denen die selbstisch gewordene Individualität durch Synthesis zur Identität zurückgeführt wird; und nur soweit das geschehen ist, können autonome Gewißheitsakte zustande kommen, denn die Basis des vernünftigen Erkennens ist der vernünftige Wille.

106. Autonomie und Gemeinschaft bedingen sich gegenseitig: Die Autonomie des bloßen Individuums ist, wie dieses selbst, etwas Naturhaftes, nicht „Ich = Ich". – Die Gemeinschaft ohne Autonomie wirkt mit Zwangskategorien, d. h. ebenfalls naturhaft, nicht als „Ich = Ich".

107. Zwischen der einzelnen Gemeinschaft und der Gesamtgemeinschaft der Geschichte findet das gleiche Verhältnis statt und zwar

nach dem Gesetz der Wechselwirkung in der geschichtlichen Anschauung.

108. Die Geschichtsphilosophie hat diejenigen Gemeinschaften kenntlich zu machen, in denen das Gleichgewicht von Autonomie und Gemeinschaft in vollendetster Form hergestellt war, d. h. aber, in denen die Autonomie Materialprinzip war.

b) Autonomie und Glaube

109. Die Autonomie kann nur Formalprinzip sein, wenn sie auch Materialprinzip ist, da eine Zweiheit der Prinzipien der Identität und damit der Autonomie widersprechen würde.

110. Die Aufstellung der Autonomie als Materialprinzip reflektiert auf das Verhältnis von absolutem und individuellem Geist und bestimmt es als ein Verhältnis der Identität, sofern und soweit die Aktualität des Individuums eine Aktualität Gottes im Individuum ist.

111. Störungen der Autonomie liegen überall da vor, wo das Individuum als solches, abgesehen von seiner Identität mit dem Absoluten, Bedingungen dieser Identität schaffen soll. Derartige Handlungen, die − religiös gesprochen − dem Rechtfertigungsgedanken zuwider sind, zerstören die Autonomie, weil sie nicht aus der Identität mit dem Wesen heraus geschehen sind.

112. Diese Störungen treten immer dann ein, wenn eine mit faktischer Autorität infolge ihres Wertes verbundene Offenbarung innerhalb der Gemeinschaft zur prinzipiellen Autorität erhoben wird, z. B. wenn der Papst unfehlbar, die Bibel inspiriert, der historische Jesus schlechthin verabsolutiert wird.

113. In allen diesen Fällen wird der Glaube an Gott abhängig gemacht von dem Glauben an eine geschichtliche Offenbarung Gottes; es entsteht ein doppelter Glaube, und der autonome wird abhängig vom heteronomen, statt daß die Offenbarung Gottes nur insoweit für den Glauben Bedeutung gewinnt, als sie den Gläubigen mit Gott direkt in Gemeinschaft bringt.

114. Die Unmöglichkeit dauernder Heteronomie bringt es dazu, daß die zu prinzipieller Autorität erhobenen Offenbarungsmittler auch ihre faktische Autorität verlieren und heteronome Antithesen schaffen.

115. Autonomie ist Rechtfertigung auch auf dem Gebiet des Denkens.

116. Der Satz von der notwendigen Ungewißheit über den historischen Jesus ist die letzte Konsequenz der Rechtfertigungslehre, insofern er von dem Gesetz des doppelten Glaubens, des an den

historischen Jesus und des an den in Christus angeschauten Gott, befreit.

117. Insofern ist dieser Satz auch die letzte Konsequenz der Befreiung vom Papst, während umgekehrt die Aufrichtung des Glaubens an den historischen Jesus mit unvermeidlicher Konsequenz zum Papst zurückführt.

118. In diesen Konsequenzen des Autonomieprinzips kommt schließlich sein schlechthin antisupranaturalistischer Charakter zum Durchbruch. Da nämlich der Supranaturalismus von einem prinzipiellen Dualismus zwischen göttlichem und menschlichem Geistesleben ausgeht, steht er in einem notwendigen und unversöhnlichen Gegensatz zum Wahrheitsgedanken und zur Identität.

II. Autonomie und Christologie

119. Diejenige Christologie, welche die Gewißheit des historischen Jesus voraussetzt, behandelt mit Hilfe von Kausalität und Substanz die Frage nach der metaphysischen Möglichkeit der Person Jesu. Ihre Probleme sind Trinität und Zwei-Naturen-Lehre.

120. Die hierfür verwendeten Kategorien stammen sämtlich aus der Naturbetrachtung, wie denn auch die ganze Fragestellung eine physische ist: Ein einzelnes Naturphänomen soll durch allgemeine Begriffe erklärt werden.

121. Das eigentlich religiöse Interesse ist dabei freilich nicht diese Erklärung, sondern der Versuch, die absolute Bedeutung der Person Jesu nach supranaturalistischer Methode zu sichern.

122. So wurde die Bejahung dieser eingestandenermaßen ein Mysterium schaffenden Erklärung Bedingung des Glaubens und wirkte schlechthin heteronom.

123. Der moderne Modalismus mit seiner Forderung eines Verzichtes auf das kausale Problem und seiner Identifizierung Gottes mit Christo in Form eines Werturteils liegt auf dem Wege zu der hier vertretenen These.

124. Durch den Satz von der notwendigen Ungewißheit des historischen Jesus ist das alte christologische Problem definitiv unmöglich gemacht.

125. Die autonome Fassung des christologischen Problems ersetzt die Zweinaturenlehre durch eine Lehre vom Verhältnis des absoluten zum individuellen Geist, wie es in Christo angeschaut und dadurch realisiert wird.

126. Über die autonome Fassung der Soteriologie siehe These 37–80.

127. Die Trinitätslehre wird ersetzt durch eine Lehre über das dialektische Verhältnis von Abstraktem und Konkretem in der Anschauung Gottes im Allgemeinen und der Anschauung Gottes in Christo im Besonderen.

128. Alle diese Probleme sind durch das Identitätsprinzip lösbar und ergeben dementsprechend Gewißheit. Der Satz von der notwendigen Ungewißheit des historischen Jesus befreit die Dogmatik von der Ungewißheit heteronomer, physischer Kategorien und gründet sich auf die Selbstgewißheit des autonomen, weil geschichtlichen, Geistes.

ANMERKUNGEN

1 Gemeint sind die um 1900 einflußreichen Richtungen der liberalen Theologie, die die christliche Überlieferung auf Grund der linkshegelianischen Religionskritik mit wissenschaftlichen Methoden zu untermauern suchen, die den in der zweiten Hälfte des 19. Jahrhunderts zur Entfaltung gekommenen philologischen und historischen Wissenschaften entlehnt werden. Die historisch-kritische Forschung vollzog sich zunächst in einer *konsequent geschichtlichen Betrachtung* des Neuen Testaments. In der Auseinandersetzung mit David Friedrich Strauß und F. C. Baur war das Hegelsche Geschichtsbild durch eine grundlegende Lösung der Quellenfrage vertreten. Diese Bemühungen gelangten bei dem durch Albrecht Ritschl beeinflußten Heinrich Julius Holtzmann zum Abschluß, von dem ihrerseits die Systematiker Wilhelm Herrmann und Adolf v. Harnack ausgehen. Harnack vertrat das liberale Jesusbild, indem er einseitig die Lehre des synoptischen Jesus akzentuierte. Da die philologischen Methoden in Kontinuität und Diskontinuität zu den Hegelschen Prämissen zu einer Isolierung des Urchristentums von seiner Umwelt geführt hatte, erfolgte im Gegenzug oder als Ergänzung der historisch-kritischen Methode die *religionsgeschichtliche Betrachtung* des Neuen Testaments. Im Vergleich mit dem religiösen Vorher, Zugleich und unmittelbarem Nachher soll die Eigenart des Auftretens Jesu hervorgehoben und damit gleichzeitig als theologisch relevant ausgegeben werden. Zur religionsgeschichtlichen Betrachtung des Neuen Testaments gehören als Anreger und Vorläufer Emil Schürer: Neutestamentliche Zeitgeschichte, 1874; Otto Pfleiderer: Das Urchristentum, seine Schriften und Lehre, in geschichtlichem Zusammenhang beschrieben, Berlin 1887; Wilhelm Baldensperger: Das Selbstbewußtsein Jesu im Lichte der messianischen Hoffnung seiner Zeit, Straßburg 1888; Gustaf Dalman: Die Worte Jesu..., 1898; Adolf Deißmann: Licht vom Osten..., 1908; ferner die Vertreter der *konsequenten Eschatologie* (Johannes Weiß: Die Predigt vom Reiche Gottes, 1892; Wilhelm Bousset: Jesu Predigt im Gegensatz zum Judentum, 1892; Albert Schweitzer: vgl. seine Geschichte der Leben-Jesu-Forschung, die 1906 zum

ersten Mal unter dem Titel „Von Reimarus zu Wrede" erschien) und schließlich die eigentliche *religionsgeschichtliche Schule* mit solchen Hauptvertretern wie Hermann Gunkel: Schöpfung und Chaos in Urzeit und Endzeit ..., 1895; Zum religionsgeschichtlichen Verständnis des Neuen Testaments ..., 1903; Wilhelm Heitmüller: Im Namen Jesu. Eine sprach- und religionsgeschichtliche Untersuchung zum Neuen Testament ..., 1903; Wilhelm Bousset: Die Religion des Judentums im neutestamentlichen Zeitalter, Berlin 1903; ders.: Die jüdische Apokalyptik, ihre religionsgeschichtliche Herkunft und ihre Bedeutung für das Neue Testament, Berlin 1903 u. a.

2 Als Johannes Weiß, Hermann Gunkel und Wilhelm Bousset mit ihren Arbeiten die konsequent eschatologische und die religionsgeschichtliche Forschung begründeten, wandte sich der geniale Alttestamentler und Arabist Julius Wellhausen auch neutestamentlichen Problemen zu. Seine „Israelitische und jüdische Geschichte" (1894) endete mit einem Kapitel über „Das Evangelium". Hier erscheint Jesus als Verkündiger des als Gemeinschaft der Liebe in der Gegenwart beginnenden Gottesreichs. Erst in der Urgemeinde entsteht der Glaube an den Messias Jesus. „Menschensohn" im Sinne einer messianischen Prädikation sei eine spätere, nicht ursprüngliche Übersetzung des von Jesus gebrauchten Wortes „Mensch". Erst durch Kreuz und Auferstehung *wurde* Jesus Sohn Gottes, d. h. „Messias", „als den er sich im Leben nicht gezeigt hatte". Die ersten Christen hätten den wahren Gehalt der irdischen Geschichte Jesu entstellt, „indem sie seine Person mit der Eschatologie in Verbindung brachten". (Vgl. J. Wellhausen, a.a.O. S, 312, 318.) Später suchte Wellhausen zu beweisen, daß die Evangelien als Quellen für eine Geschichte Jesu nicht in Frage kommen, sondern nur als „Zeugnis für den Messiasglauben der Urchristenheit" dienen können. Vgl. J. Wellhausen, Das Evangelium Marci ..., 1903; Das Evangelium Matthaei ..., 1904; Das Evangelium Lucae ..., 1904. In: Einleitung in die drei ersten Evangelien, 1905, geht Wellhausen von der dogmatischen Intention der Überlieferung aus. Der Zusammenhang in den Evangelien gehe ganz auf das Konto der Evangelisten. Jesus habe sich nur für einen Lehrer gehalten und nicht an seine Wiederkunft als Messias gedacht. Folgerichtig wurde die „konsequente Eschatologie" von Wellhausen völlig zurückgewiesen.

3 Als Schüler Albert Eichhorns veröffentlichte William Wrede 1901 sein aufsehenerregendes Buch „Das Messiasgeheimnis in den Evangelien". Er will nachweisen, daß die von der liberalen Jesusforschung angenommene Entwicklung des Messiasbewußtseins Jesu (H.J. Holtzmann) sich im Markus-Evangelium nicht nachweisen läßt. Dieser Evangelist benutze vielmehr die theologische Gemeindevorstellung des „Messiasgeheimnisses", von der aus das Messiasbewußtsein ins Leben Jesu zurückgetragen sei. An D. F. Strauß erinnernd, will Wrede nachweisen, daß die kritischen und die konservativen Versuche einer psychologisierenden Nachzeichnung des Lebens Jesu sich aus dem Text des Markus-Evangeliums nicht vornehmen läßt: „Die Wissenschaft vom Leben Jesu krankt an der psychologischen Vermutung,

und diese ist eine Art des historischen Ratens". Die Überlieferung handle nur von Jesus als Lehrer und Wundertäter. Markus schaffe mittels seiner dogmatischen Vorstellung einen Zusammenhang zwischen den Einzeltatsachen, „aber es ist der Zusammenhang des Gedankens, nicht der geschichtlichen Entwicklung". Der Gedanke der geheimen Messianität entstehe in einem Moment, „wo man als den Beginn der Messianität die Auferstehung dachte". Das älteste Evangelium übermittelt uns also ein Bild von Jesu, wie es der Gemeindeglaube hervorbrachte. Die dahinterstehende Gestalt des geschichtlichen Jesus sei nur in ganz undeutlichen Zügen erkennbar. – Vgl. William Wrede, Das Messiasgeheimnis in den Evangelien. Zugleich ein Beitrag zum Verständnis des Markusevangeliums, Göttingen 1901.

4 Der Kern der Inspirationslehre besteht darin, die Mitwirkung der menschlichen Schriftsteller zu bestreiten und Gott streng als alleinigen Verfasser hinzustellen. Die von Gott erteilte Lehre ist dann identisch mit der Offenbarung. Folgerichtig darf jedes Wort als inspiriert gelten. – Vgl. zur Entwicklung der Inspirationslehre im alten Protestantismus O. Ritschl: Dogmengeschichte des Protestantismus Bd. 1, 1908, S. 55–192. Sie geht in ihren Anfängen auf reformierte Ursprünge zurück. Seit 1534 wird sie von Calvin vertreten.

5 Die Jesusauffassung W. Herrmanns ist von seinem Geschichtsverständnis bestimmt. „Geschichte" ist für Herrmann nicht einfache Fortsetzung der Natur, sondern etwas von den Naturprozessen radikal Verschiedenes. Das Wesen der Geschichte sei das innere Leben von Personen. Demnach muß uns in unserer eigenen Geschichte derjenige begegnen, der uns selbst zu einem Leben in Wahrheit hilft. Diesen Lebendigen finden wir in Jesus von Nazareth. Dieser Jesus als der Lebendige kann nun von der historischen Forschung weder entdeckt noch eliminiert werden. Wie alles eigentliche Leben ist er nur „erlebbar". Dieses Vermögen Jesu geht vom „inneren Leben" aus, nicht von seinem Natursein. Dieses „innere Leben" ist für die kritische Wissenschaft ebenso unantastbar wie unser eigenes inneres Leben für alle Naturwissenschaft. Herrmann führt den von Ritschl eingeschlagenen Weg fort, die Offenbarung Gottes im Menschen zu betonen. Dem dient die noch über Ritschl hinausgehende Beschreibung des Glaubensaktes als personale Relation. Gegenüber spekulativem Idealismus möchte Herrmann das ganz personal gefaßte *extra nos* des Heils verteidigen. Unter den Bedingungen eines konsequent immanentistischen Denkens wird die Heilszueignung in der personalen Begegnung („Verkehr") gesehen. Von seinen weltanschaulichen Voraussetzungen her möchte Herrmann das Entstehen des Glaubens und sein Festhalten an ihm in der Anfechtung beschreiben. Alle traditionellen christologischen Aussagen werden reduziert und konzentriert auf ein Ereignis, das die Form einer existentiellen Begegnung annimmt. Sie wird zum Kriterium dogmatischer Aussagen. Damit schaut Herrmann Heilsgeschehen und Heilszueignung zusammen und gelangt zur Unterscheidung zwischen Glaubensgrund und Glaubensgedanken. Alles, was die

Grenzen möglicher menschlicher Empirie und Erkenntnis überschreitet, erhält von Herrmann eine nicht weiter reflektierte sekundäre Bedeutung zugesprochen. Es handelt sich um „Glaubensgedanken" auf Grund des im Begegnungsakt entstehenden und erhaltenen Glauben. Für den Vorgang der Heilsaneignung sind sie irrelevant.

6 In der Handschrift Tillichs steht: „Der erste Satz bedeutet einen Protest gegen die Setzung mehrerer qualitativer Realen, für die eine höhere Einheit nicht vorhanden ist." Neben diesem handschriftlichen Original von Tillich existiert noch eine handschriftliche Abschrift, anscheinend von einem der Teilnehmer der Konferenz verfaßt. Sie befindet sich im Hessischen Staatsarchiv im Nachlaß von Hermann Schafft. Die Handschrift ist aber weder Schaffts noch Büchsels Handschrift. Jedoch nimmt Büchsel in seiner Erwiderung vom 30. 9. 1911 darauf Bezug. In dieser Abschrift ist die betreffende Stelle verbessert in: „... eine Mehrheit qualitativer Realer ...". Dies zeigt zuerst, daß wir in Tillichs Handschrift das groß geschriebene Wort „Realer" zutreffend entziffern. Ob das Wort mit einem „n" oder einem „r" enden sollte, läßt sich nur aus dem Sinn des Satzes entnehmen. In These 84 behauptet Tillich zwei Sätze: „die Einheit der Wahrheit" und die „Identität von Subjekt und Objekt im Erkenntnisakt". In These 85 erläutert er den ersten, in These 26 den zweiten Satz aus These 84. – Mit dem ersten Satz protestiert er gegen die Lehre von doppelter, dreifacher oder noch weiter vervielfachter Wahrheit und zugleich gegen einen zum metaphysischen Prinzip erhobenen Individualismus. Als geschwinder Denker war Tillich oft unbekümmert um korrekte Formulierung und Rechtschreibung. So setzte er den Gedankengang in der These 85 fort: „Der erste Satz bedeutet einen Protest gegen die Setzung mehrerer qualitativer Realen, für die eine höhere Einheit nicht vorhanden ist". Die Abschrift verbessert stillschweigend in: „Setzung mehrerer qualitativer Realer". Für heutige Leser darf das Wort „Wahrheiten" in These 85 nicht fehlen; „qualitativ" gehört als nähere Bestimmung zu dem Begriff „real", ist von Tillich und Büchsel aber als Eigenschaftswort zu „Wahrheiten" gezogen. Daß Büchsel Pluralis setzt, ist korrekter; Tillichs Form „die Setzung mehrerer qualitativ realen" Wahrheiten könnte heute passieren. Das Adjektiv „real" mußte eigentlich schon damals kleingeschrieben werden; 1911 hätte Tillich also korrekt schreiben müssen: „Der erste Satz bedeutet einen Protest gegen die Setzung mehrerer, qualitativ realer Wahrheiten, für die eine höhere Einheit nicht vorhanden ist..." (Walter Pachali).

7 Diese Gedanken Tillichs werden von ihm nach dem Weltkrieg zur *Kairos*-Theologie ausgebaut. Vgl. Kairos (1922), in: G.W. 6, S. 9–28. Es sind die Theorien Troeltschs von der *Absolutheit* des Christentums (1902). Nachdem eine dogmatische und supranaturalistische wie eine Hegelsche Lösung dieses Problems nicht mehr möglich ist, kann nur noch durch religionsgeschichtliche Arbeit die faktische Höchstgeltung des Christentums im Vergleich mit anderen Religionen und auf Grund einer letzten persönlichen Entscheidung festgehalten werden. Tillichs systematische Theologie ver-

sucht, diese Gedanken weiterzuführen. Es ist biographisch wichtig, daß die 1925 herausgegebene Glaubenslehre von Troeltsch 1911/12 als Vorlesung gehalten wurde. In ihr ist „Dogma" nur noch als „bewegliche Glaubensvorstellung" aufgefaßt. Die dogmatischen Zentralbegriffe werden religiös-philosophisch verallgemeinert. Der dogmatische Relativismus Troeltschs wird somit eine der Veranlassungen, über das Problem der „christlichen Gewißheit und den historischen Jesus" nachzudenken. Zu berücksichtigen ist dabei der *geschichtsphilosophische* Ansatz Troeltschs: Es geht ihm immer wieder um den Maßstab zur Wertung geschichtlicher Gebilde. Troeltsch kommt dabei zu dem Resultat: Es ist weder Deduktion noch Konstruktion eines allgemeinen Wertsystems möglich, weil das historische Einzelgebilde zu individuell, der Gesamtprozeß aber verwickelt und ohne eindeutig erkennbares Ziel ist. Da die Weltgeschichte – schon bei Hegel – kein sinnloses Chaos ist, muß eine *Kultursynthese* gewagt werden. Die persönliche Entscheidung für ein bestimmtes Wertsystem wird aus letzter Glaubensüberzeugung getroffen, die Troeltsch als Verallgemeinerung der lutherischen Rechtfertigungslehre interpretiert. Troeltschs religionsphilosophische Theorien müssen als wichtige Quelle für das Werden der Theologie Tillichs angesehen werden.

I, 5 Paul Tillich: Die christliche Gewißheit
und der historische Jesus.

Vortrag auf der Kasseler Pfingstkonferenz 1911

I. Die logisch-erkenntnistheoretischen Voraussetzungen des Problems

„Jesus ist der Christus". In diesen Satz läßt sich die christliche Verkündigung zusammenfassen, und dieser Satz ist die erste und grundlegende Voraussetzung unseres Problems, ganz gleich, inwieweit Jesus an seiner Entstehung bewußt beteiligt war. Der logischen Form nach ist dieser Satz prädikativ, d. h. er verknüpft zwei Vorstellungen durch das Zeichen der Identität, die *Kopula,* ohne darauf zu reflektieren, ob der Gleichung resp. einem der beiden Glieder Realität zukommt oder nicht. So ist z. B. der Satz: Herakles ist ein Halbgott, ein zweifellos richtiger und doch unwahrer Prädikativsatz. Die Vorstellungen Herakles und Halbgott werden verknüpft, ganz gleich, ob die Ursache dieser Vorstellungen historische Wirklichkeit oder poetische resp. religiöse Phantasie ist. So könnte, logisch betrachtet, die Vorstellung Jesus der legendären und die Vorstellung Christus der religiösen

Phantasie entsprungen sein, ohne daß jener Satz unrichtig wird. Sobald dagegen von einer der beiden Vorstellungen die Realität festgestellt ist, ist auch die der anderen bewiesen, oder die ganze Gleichung fällt hin. Z. B. ist der Satz: „Alexander ist ein Göttersohn" falsch, weil Alexander historisch ist, Göttersöhne unwirklich sind. Ebenso ist der Satz: „Romulus ist ein römischer König" falsch, weil Romulus legendär ist, römische Könige historisch sind. Dagegen kommt dem Satz: „Jesus ist der Christus" die christliche Glaubensgewißheit zu; er ist nicht aufzulösen ohne Auflösung des Christentums. Sobald daher die historische Realität einer der beiden Vorstellungen bewiesen wäre, würde auch die andere für historisch real zu halten sein. Sobald dagegen die Unwirklichkeit einer der beiden Vorstellungen erkannt wäre, würde auch die Unwirklichkeit der anderen feststehen, da ja die Gleichung in Kraft bleiben soll. Also: Gewißheit kommt dem Satze zu: Jesus ist der Christus. Problematisch bleibt der Satz: Jesus, der Christus, ist (existent).

Ehe ich auf das erkenntnistheoretische Verhältnis der beiden Sätze eingehe, ist es nötig, den Inhalt des ersten Satzes zu verdeutlichen. Unter der Vorstellung Jesus ist hier, wie im Folgenden, niemals das kahle Subjekt Jesus von Nazareth gemeint, etwa in dem Sinne der letztverhandelten törichten Fragestellung, ob Jesus gelebt habe, sondern der volle Gehalt der in den Evangelien fixierten Tradition, auf Grund dessen ja allein jenes Urteil zustande gekommen ist. Dazu gehört ein doppeltes: Der in den Worten und Werken Jesu zutage tretende sittlich-religiöse Persönlichkeitsgehalt und die messianische Form, in der er zum Ausdruck kommt: das auf ungetrübter, sündloser Gottesgemeinschaft beruhende, im Wunderwirken und Jüngerberufen sich betätigende messianische Bewußtsein, das freie Sterben und die Auferstehung. – In der Vorstellung Christus sollen hier die wichtigsten Formen der gläubigen Anschauung Jesu zusammengefaßt sein: Christus ist Begründer des Gottesreichs, sei es im transzendenten, sei es im immanenten Sinn; er ist der sterbende und auferstehende Gottessohn, der die Erlösung wirkt, er ist der Gottmensch, der das ewige Leben mitteilt, er ist die Persönlichkeit, in deren Gemeinschaft wir den gnädigen Gott haben; kurz, er ist der Gegenstand des Glaubens (an Gott). – Die Gleichsetzung dieser beiden Vorstellungen, Jesus und Christus im dargelegten Sinn, ist also das Grundbekenntnis der Christenheit. Dabei ist jedoch zu bemerken, daß von der Vorstellung Jesus gewisse Merkmale wegfallen können, ohne daß die Identität zerstört wird. So kann z. B. das Wunderwirken und die Auferstehung bestritten werden, ohne daß das messianische Prädikat notwendig wegfallen muß. Sehr zweifelhaft ist dies schon bei der Frage des messianischen Selbstbewußtseins. Ein Messias, der nicht weiß, daß er es ist, ist eine kaum mögliche Vorstellung. Unentbehrlich aber ist die vollkommene Sündlosigkeit (das freie Sterben) und die absolute Wahrheit der sittlich-religiösen Aussagen und Handlungen des Messias, denn darauf beruhen die absoluten Kategorien, d. h. die Göttlichkeit, die den Messias zum Messias macht. Der Sündlose, der Träger des Geistes und der Wahrheit, der für uns gekreuzigt ist. Er ist der Gegenstand unseres Glaubens: das ist der Sinn des Satzes „Jesus ist Christus".

Erkenntnistheoretisch betrachtet enthält dieser Satz eine Aussage über Gott, die etwa folgendermaßen umschrieben werden kann: Es entspricht dem Wesen Gottes, sich uns in dem gekreuzigten Gottessohn zu offenbaren. Zweifellos bewegen wir uns mit diesen Sätzen noch nicht auf dem Boden der Existenz, sondern es sind lauter Prädikativsätze; freilich solche, die sich auf Gott beziehen, aber – und das ist die erkenntnistheoretische Voraussetzung für alles Folgende: Sätze über Gott sind niemals Existentialsätze, denn Gott existiert nicht. Er ist Wesen, aber nicht Existenz; wäre er existent, so wäre er aus seiner Wesentlichkeit herausgetreten, der Zeit, dem Werden und Vergehen preisgegeben; er wäre ein Einzelwesen, ein Bedingtes oder ein Ding, von dem es keine Gewißheit gäbe. Denn von Einzelwesen gibt es keine Gewißheit. Nur insofern können Aussagen über sie gemacht werden, als sie im Absoluten begründet sind und Offenbarungen des Absoluten enthalten. Ein Einzelwesen steht als solches dem anderen schlechthin fremd gegenüber; die Identität ist aufgehoben: denn das ist ja das Wesen der Einzelheiten. Nur insofern ist Identität da, als sie gemeinsam im Absoluten ihr Wesen haben, aber eben nur ihr Wesen, ihre Existenzform ist das, was sie vom Absoluten trennt. Und darum gibt es keine Gewißheit von Existentialsätzen. Für die Naturphilosophie hat das folgende Bedeutung: Ihr Gegenstand ist niemals die einzelne Erscheinung als solche, sondern nur als Exemplar einer Gattung oder als Moment eines Gesetzes. Das Einzelne bleibt als solches immer irrational und darum problematisch. Nur dem in den einzelnen Erscheinungen sich realisierenden geistigen Gehalt kommt Gewißheit zu. Der Naturphilosoph erhebt sich über das Naturprodukt und sucht die intellektuelle Anschauung der produzierten Tätigkeiten zu erreichen. Nun ist dies freilich ohne Anschauung des Naturproduktes nicht möglich. Aber diese Anschauung hält nicht bei sich fest, sondern führt sofort über sich hinaus in das Reich der absoluten Tätigkeiten. Die Beobachtung einiger Organismen, die niemals ein adäquater Ausdruck der Idee des Organismus sein könnten, führt uns sofort hinauf zu einer intellektuellen Anschauung dieser Idee, eben weil unser Geist *a priori* in Identität steht mit der Idee des Organismus: dies der ewig bleibende Sinn der platonischen Lehre von der 'ἀνάμνησις.

Was die Geschichte betrifft, so ist zweifellos, daß sämtlichen historischen Daten, Zusammenhängen, Beurteilungen, nicht mehr als approximative Gewißheit zukommt. Auch bei den allergewissenhaftesten Ergebnissen bleibt ein problematisches Moment. Über einen höchsten Grad von Wahrscheinlichkeit kommt die Geschichte nicht hinaus, wenn auch praktisch Gewißheitsgefühle sich einstellen. Sobald aber die skeptische Reflexion sich im allgemeinen oder einzelnen gegen diese vermeintliche Gewißheit richtet, zergeht sie. Die Kluft von der höchsten Wahrscheinlichkeit zur Gewißheit ist prinzipiell ebenso groß wie die von der geringsten Wahrscheinlichkeit zur Gewißheit.

Ganz anders verhält es sich dagegen mit den geistigen Werten, die uns als Ertrag der Geschichte entgegentreten und die unser eigenes geistiges Leben konstituieren. Eben weil sie in meinen Geist eingehen können und so das Gesetz der Identität erfüllen, schaffen sie Gewißheit. Den Erträgen der Geschichte, der Kunst, Philosophie, Ethik, Religion gegenüber habe ich, soweit sie in mein Geistesleben eingehen, mit voller Gewißheit verbundene bejahende Urteile. Die äußeren Umstände dagegen, unter denen sie entstanden sind, Ort, Zeit, Individualität der Schöpfer bleibt problematisch. Und es darf problematisch bleiben, da es als das Individuelle zugleich das Unwiederholbare bleibt. Aber die Dinge liegen noch komplizierter. Das Individuelle und Allgemeingültige sind niemals räumlich zu scheiden. Wenn also die Aneignung geschichtlicher Werte stattfindet, so ist dies nicht möglich ohne Umgestaltung. Diese Umgestaltung geschieht aber im Allgemeinen nicht durch Reflexion, sondern schon von vornherein bei der Anschauung einer geschichtlichen Persönlichkeit. Es gibt hier also keine einfache Kausalität: Die Wirkung, die eine Persönlichkeit auf mich ausübt, ist schon das Resultat einer Wechselwirkung zwischen ihr und meinem geistigen Besitz. Das ist der der 'ἀνάμνησις entsprechende Hergang. Die Wechselwirkung schließt nun eine doppelte Gefahr in sich, je nachdem die Kausalität auf der einen Seite überwiegt. So entstehen Rationalismus und Historismus, Verneinung des Individuellen der Geschichte und Sklaverei darunter. Für unsere Frage kommt vor allem die zweite Gefahr in Betracht, zumal der Historismus noch immer eine starke Macht in der Theologie ist. Religiös wirksam wird diese Auffassung in der Form des Heroenkults,[1] der möglichst in die Individualität seines Heroen eindringt und dadurch zu völliger Unfreiheit verurteilt wäre, wenn er sein Ziel erreichen würde. Aber ebenso gewiß, wie wir dafür dankbar sein müssen, daß uns die Zukunft verschlossen ist, müssen wir uns über den Untergang des bei weitem größten Teils der Vergangenheit freuen. Nur unendlich kleine Bruchteile vergangener Vorgänge werden aufbewahrt, und auch sie werden nur mit dem ganz geringen Teil wirksam, in dem sie die Basis allgemein gültiger Produktionen bilden. Dazu kommt, daß wir von einzelnen großen Persönlichkeiten keine Dokumente haben, wir also von vorneherein auf das Resultat der Wechselwirkung zwischen ihnen und ihren Biographen angewiesen sind. Es ist in solchen Fällen bekanntlich eine kaum durchführbare Arbeit, das Gewebe aufzulösen und die Fäden reinlich zu scheiden. Aber auch wenn dies einmal gelänge, so würde an die Stelle der Anschauung des Biographen die des Historikers treten und das Resultat wäre wesentlich gleich. Nun gibt es jedoch Unterschiede in dem Verhältnis des Individuellen zum Allgemeingültigen. So könnte das Lebenswerk des Euklid wirksam werden, ohne daß auch nur der Name des Verfassers bekannt wäre. Ähnlich verhält es sich auch mit den Philosophen, wenn auch hier schon individuelle Verhältnisse mitspielen. Das ist stärker der Fall bei den Dichtern, obwohl auch hier mit Unterschieden. So können wir z. B. Homer genießen, ohne von dem Dasein dieses Dichters etwas zu wissen, nicht aber Goethe. Und doch hat bei der Goetheforschung der philologische Kleinkram ebensoviel geschadet wie genützt. Wir können also zusammenfassend sagen: Das Konkrete der Geschichtsforschung ist Mittel zum Verständnis des Allgemeingültigen. Aber Wirkung und Gewißheit des Allgemeingültigen ist nicht an das Konkrete gebunden. Die notwendige Unsicherheit alles Individuellen in der Geschichte ändert an der Gewißheit des Allgemeingültigen nichts. Da das Verständnis eines historischen Wertes immer das Resultat einer Wechselwirkung zwischen dem Faktum und dem Anschauenden ist, so kann auch mangelhaftes oder falsches Verständnis sich mit der Erfassung der Gewißheit eines allgemeingültigen Wertes verbinden. Das hier zu vermeidende Extrem ist der Rationalismus. Andererseits kann die auf das Individuelle gerichtete Geschichtsforschung neues Verständnis und damit neue Werte – natürlich wirksam nach dem Gesetz der Wechselwirkung – schaffen, mit denen sich die jeweilige Gegenwart auseinanderzusetzen hat. Dabei kann ein eingehendes Verständnis der historischen Erscheinung sich mit Wirkungslosigkeit der in ihr realisierten Werte verbinden. Das hier drohende Extrem ist der Historismus. Entwicklungstheoretisch aber bleibt unter allen Umständen der Satz in Kraft, daß die Gewißheit nicht dem Tatsächlichen, sondern dem Vernünftigen in der Geschichte zukommt und daß das Tatsächliche als der ewig problematische Anlaß des Vernünftigen der Geschichte des Selbstbewußtseins oder der Identität entbehrt. Existenzialurteile haben keine Gewißheit. Die ganze Erörterung könnte den Eindruck machen, prinzipiell auf rationalistischem Standpunkt zu stehen, insofern das Wesen der Geschichte in der Produktion von Vernunftwerten gesehen wird statt in Taten. Demgegenüber ist ein Dreifaches zu bemerken: 1. Nur durch Taten werden Vernunftwerte produziert, aber für uns haben Interesse nicht die Taten, sondern Vernunftwerte, zumal wir zur Erfassung dieser Werte selbst tätig sein müssen und dabei die Werte verändern. 2. Unter Vernunftwerten sind nicht Abstraktionen und Gedankengebilde zu verstehen, sondern Bestimmtheiten des menschlichen Geistes, die ihren Ausdruck unmittelbar in Taten finden. So ist z. B die Religionsgeschichte nicht die Geschichte produzierter Gottesgedanken, wie es bei Troeltsch[2] klingt, sondern die Geschichte der Stellung des Menschen zu Gott, oder besser Gottes zu den Menschen, wovon der Gottesgedanke *noch* ein Ausdruck ist. Daraus folgt 3., daß das Produkt der Tätigkeit unter Umständen die tätige Persönlichkeit selbst sein kann und daß der Vernunftwert in diesem Falle in der wirkungskräftigen Anschauung dieser Persönlichkeit realisiert wird. Man denke an die Sagengestalten, in denen ein ganzes Volk sich anschaut oder an die zu Typen erhobenen Heldengestalten aus der Geschichte eines Volkes. Hier gewinnt die Geschichte eine enge Beziehung zur Kunst, speziell zum Epos. In beiden verbindet sich innere Notwendigkeit mit Freiheit der Produktion. In der Kunst ist das Notwendige das Allgemeinmenschliche, in der Geschichte das Individuelle. Insofern steht die Kunst dem Wesen näher und hat mehr Freiheit, die Geschichte der Existenz und hat mehr Notwendigkeit. Wie groß demnach die Freiheit, kann *a priori* aus dem Verhältnis zwischen der ungeheuren Fülle der Wirklichkeit und der geringen Auswahl des Dargestellten geschlossen werden und wird *a posteriori* bestätigt durch die Ungleichheiten zweier Dichter, die denselben Stoff, und zweier Historiker, die denselben Gegenstand behandeln. Der Unterschied ist hier kaum geringer als dort. Demnach ist auch die wertvollste historische Darstellung nicht unmittelbar brauchbar zur Anschauung eines Vernunftwertes, sondern wird dies erst durch einen typisch-poetischen Verklärungsprozeß. Eine besondere Art der Anschauung ist die Mythologie. Auch sie insofern poetisch, als sie die Notwendigkeiten des inneren geistigen religiösen Zustandes der Menschen mit Freiheit zur Anschauung bringt. Ihr Gegenstand ist also nicht das Allgemein-Menschliche, auch nicht das Individuell-Menschliche, sondern das Übermenschlich-Absolute. Mythologie ist die Anschauung des Absoluten im Individuellen. Diese Anschauung ist ebensowenig willkürlich wie die poetische oder historische und andererseits ebensowenig an das Tatsächliche gebunden wie diese beiden. Alle drei Formen der Anschauung haben für die Christologie Bedeutung: 1) die historische, insofern es zum Wesen des Christus gehört, in die konkrete Beziehung der Geschichte einzutreten. Die vereinseitigte historische Anschauung ergibt das andere Christus-Persönlichkeitsideal. 2) die poetische, insofern, als Christus als Haupt der Menschheit die Idee des Menschen zu reiner Ausprägung bringt. Vereinseitigt führt diese Auffassung zur griechischen Idee der Gottmenschheit oder der Kant-Schleiermacherischen des Idealmenschen. 3) die mythische, insofern in dem Werk Christi das Werk Gottes realisiert wird. Hier liegen die Wurzeln der einseitig paulinisch-orthodoxen Würdigung des Werks Christi, abgesehen von seiner historischen konkreten Persönlichkeit.

II. Das historische Problem

Die dogmatische Arbeit der Kirche hat sich um die Ausbildung des Satzes: „Jesus ist der Christus" in dem Sinne gedreht, daß der Inhalt des Christusgedankens festgestellt wurde. Die stillschweigende Voraussetzung war natürlich immer der Existentialsatz „Jesus ist"; die Gleichung hat also nicht nur Wahrheit, sondern auch Realität. Das war im Protestantismus schon durch das Inspirationsdogma verbürgt. Aber auch als dieses gefallen war, löste sich mit der Ablehnung des Paulinismus zwar die Gleichung: „Jesus ist der Christus" auf, aber der Satz „Jesus ist", und zwar im rationalistischen Sinne des Evangeliums Jesu blieb als letzte sichere Autorität bestehen. Dieser setzt der Realismus gerade die entgegengesetzte entgegen: Er hält den Satz „Jesus ist der Christus" aufrecht, läßt aber den Satz „Jesus ist" problematisch. Beide Richtungen bekämpften sich bis jetzt. Die historische Kritik reißt Stück für Stück von dem rationalistischen Aufbau ab, so daß Herrmann[3] zu dem verzweifelten Schritt gezwungen wurde, sich auf das Innenleben Jesu zurückzuziehen. Die Spekulation ist bei der Bestreitung der Existenz Jesu angekommen.[4] Ihr wurde von Seiten der pietistischen Neu-Orthodoxie die Antwort: Jesus lebt, was sie nie bestritten hatte, von der Kritik die Antwort: Jesus hat so sicher gelebt wie Cäsar; auch wissen wir einiges von ihm. Aber die Situation ist damit noch nicht erschöpfend beschrieben. Im Mittelpunkt des historischen Interesses steht augenblicklich der Kampf im kritischen Lager selbst zwischen Literarkritikern und Religionsgeschichtlern.[5] Während dort mit der Leugnung des messianischen Selbstbewußtseins Jesu bei Wellhausen[6] und Wrede[7] der vernichtendste Schlag gegen die Tradition geführt ist, sammelt man sich hier um die Behauptung eines phantastisch transzendent aufgefaßten Reiches Gottes und eines ekstatischen Messiasbewußtseins bei Jesus. Die zweite Richtung hat den Vorteil, den Übergang von dem religiös-sittlichen Lebensgehalt Jesu zu dem christologischen Wesen verständlicher zu machen, zugleich hat sie die Ehrlichkeit, historische Bejahung mit dogmatischer Verneinung offen zu verbinden, während die Literarkritiker immer noch von dem Wunsche geleitet wurden, ihn dogmatisch in dem historisch eruierten Jesus wiederzufinden. Beide Richtungen stehen 1. auf dem liberalen Standpunkt der Negation des Wunders im gesamten Jesusbilde und 2. auf dem Weißeschen Standpunkt der Priorität des Markus[8] die totale Ablehnung des Johannesevangeliums als Geschichtsquelle. Offenbar kann innerhalb dieser ganzen Richtung von einem mit völliger Sicherheit historisch zu eruierendem Material, das damit Grundlage der Religion werden könnte, nicht die Rede sein. Alles ist hier im Fluß, und zwar so, daß auf der einen Seite, der literarkritischen, immer mehr hinweggeschwemmt, auf der anderen, der religionsgeschichtlichen, lauter unbrauchbares Material angeschwemmt wird. Hierauf ein dogmatisches Sytem oder auch nur die einfachsten Grundsätze des Gottesglaubens aufbauen, hieße nicht nur auf Sand, sondern auf Wasser bauen.

Ihren Voraussetzungen nach unterscheidet sich der Biblizismus von den genannten Richtungen durch die Bejahung des Wunders, ferner durch Anerkennung des Johannesevangeliums und der Priorität des Matthäus. Der entscheidende Punkt ist die Wunderfrage. Nun verbindet sich aber mit diesen verschiedenen Voraussetzungen eine Gleichwertigkeit der Methode, insofern auch hier kritische Erwägungen eine Rolle spielen. Aber die Kritik hält sich doch in den engsten Grenzen, da sie von der supranaturalistischen Voraussetzung aus tatsächlich ihre Notwendigkeit einbüßt. Aber eben hier steckt der methodische Fehler dieser Richtungen. Nicht das ist der Fehler, daß sie die Tradition in weitgehendstem Maße konservierten und zwar in allen zentralen Punkten, sondern daß sie dieser historisch gewonnenen Überzeugung religiös-dogmatische Bedeutung und damit Gewißheitswert zusprechen. Aber das Zusammentreffen einer dogmatischen Möglichkeit mit einem historischen Bericht ergibt niemals historische Gewißheit. Die dogmatische Möglichkeit des Wunders kann zugestanden und doch sämtliche Wunderberichte bestritten werden. Die dogmatische Möglichkeit der Sündlosigkeit Jesu kann behauptet und im historischen Bericht kein Gegenbeweis gefunden werden; und doch ist die Wirklichkeit damit noch nicht gegeben. Es kann historisch wahrscheinlich gemacht werden, etwa durch die Zuverlässigkeit der Berichterstatter nach altsupranaturalistischer Methode,[9] aber irgendwelche Gewißheit ergibt das alles nicht. Der Versuch, durch historische Arbeit ein sicheres Fundament für die christliche Gewißheit zu gewinnen, muß also in jeder Form mißlingen.

III. Der dogmatische Beweis

Die Entscheidung, ob es eine Gewißheit des Satzes gibt: „Jesus der Christus ist"[10], liegt also allein in den Händen der Dogmatik. Dabei sind jedoch von vorneherein alle Beweise auszuschließen, die einen reinen Zirkel ergeben. 1) Der Beweis aus der Autorität der Schrift; denn diese empfängt ihre Autorität aus ihrem wirksamen Inhalt und hat nur so viel Autorität, als dieser reicht. Ob aber neben dem Satz: „Jesus ist der Christus", den die Autorität der Schrift begründet, auch der andere: „Jesus der Christus ist", zu diesem Inhalt gehört, steht eben in Frage. 2) Der Beweis aus dem Vorsehungsgedanken: Es sei undenkbar, daß Gott zugelassen hätte, daß so viele historische Mängel der Bibel anhaften. Aber ein Blick auf die Kirchengeschichte mit ihren ungeheuren religiösen Mängeln und Verirrungen würde selbst die größten historischen Mängel der Bibel als geringfügig erscheinen lassen. Im übrigen handelt es sich hier nicht um einen ausdrücklichen Grundsatz des Neuen Testaments, der in Zweifel gezogen wird, sondern um eine selbstverständliche Voraussetzung entsprechend der des zeitgenössischen Weltbildes. Wer aber diesen Charakter des Problems bestreitet, setzt voraus, was er geben will: den dogmatischen Beweis. 3) Ebenso ist es ein Zirkelschluß, wenn von der Wirkungskraft des Tatsächlichen gesprochen und von dieser seiner Wirkung auf seine Realität geschlossen wird. Denn ehe es als Tatsächliches wirken kann, muß es als solches feststehen. Dies geschieht aber faktisch durch seinen Inhalt, so daß die Wirksamkeit des geistigen Gehaltes das Primäre ist, nicht die der Tatsächlichkeit, abgesehen davon, daß das wirksam gewordene Tatsächliche nach dem Gesetz der Wechselwirkung schon nicht mehr das Tatsächliche ist.

Somit bleibt nur eine Form des Beweises, die zureichend wäre, nämlich folgende: Es gehört zum Wesen des Christus, wirklich zu sein. Soll nun die Gleichung „Jesus ist der Christus" zu Recht bestehen, so muß dieser Jesus auch wirklich sein. Während also der historische Beweis bei der Vorstellung Jesus beginnt, nimmt der dogmatische die Vorstellung Jesus zur Grundlage. Die sich nun ergebenden dogmatischen Möglichkeiten lassen sich auf zwei Gruppen zurückführen, je nachdem die Person als solche oder das Werk Gegenstand des Glaubens ist. Natürlich ist diese Unterscheidung relativ. Als Typus der ersten Gruppe will ich Herrmann behandeln und zwar im Anschluß an seine Ausführungen in der Ethik.[11] Er gibt hier zunächst mit Energie den problematischen Charakter der gesamten Tradition zu, gewinnt dann aber auf Grund des Eindrucks der Person Jesu die Gewißheit ihrer Wirklichkeit im doppelten Sinn: 1. Die überragende in keiner Situation versagende, sittliche Kraft und Schärfe der sittlichen Begriffe. 2. Eine so gewaltige Überzeugung der auf ihn gerichteten Liebe Gottes, daß er in sich den Messias zu sehen gezwungen ist. Diese Zweiheit entspricht genau der oben aufgestellten Zweiheit, die die Vorstellung Jesus in sich zusammenfaßt: der religiös-sittliche Inhalt und das messianische Bewußtsein. Der Begriff der Sündlosigkeit wird nicht genannt, sondern durch den anderen der Überzeugung der auf ihn gerichteten Liebe Gottes umschrieben oder verhüllt. Ich habe die Meinung Herrmanns in diesem Punkt nicht erkennen können, zumal die Werturteilsmethode ihm die Möglichkeit gibt, darüber zu schweigen. Soviel ich sehe, würde er auf eine Bestimmung in diesem Sinne verzichten mit der Bemerkung, daß ein derartiges entschlossenes Seinsurteil für die religiöse Stellung zu Jesus bedeutungslos wäre. Damit aber wäre die Schwäche seiner Position in Bezug auf die Wirklichkeitsfrage in einem entscheidenden Punkt deutlich; denn wenn auf die Tatsächlichkeit des Innenlebens Jesu ein solches Gewicht fällt, so ist es allerdings entscheidend, ob dieses Innenleben schlechthin normativ ist oder nicht. Sollte aber Herrmann anders, bejahend antworten, so würde zu dem Beziehungsurteil ein Seinsurteil hinzukommen, das erschlossen sein müßte: damit würde aber die Gewißheit des Werturteils hinfallen. Abgesehen von dieser Erwägung muß jedoch die Frage gestellt werden, wie Herrmann zu jener Zweiheit der sicheren Urteile gekommen ist. Doch keineswegs ohne die Überlieferung. Wenn aber die Kritik dieser Überlieferung die messianische These prinzipiell bestreitet? Gibt es ein Werturteil, welches Jesus messianisches Selbstbewußtsein zuspricht? Offenbar kann ein Werturteil nie weitergehen als bis zu der These: Jesus ist mir der Christus. Somit fällt der zweite Teil der Herrmannschen These hin. Der erste Teil sagt entweder etwas Selbstverständliches oder etwas Unbeweisbares. Der religiös-sittliche Lebensgehalt in der Vorstellung ist vor aller Augen und für die Geschichte der Sittlichkeit der Religion grundlegend. Unbeweisbar aber ist, wieviel davon einer Person zukommt, wieviel überliefert, resp. hinzugesetzt ist. Vollends unmöglich ist es, von hier aus irgendwelchen sicheren Schluß auf das persönliche Leben des Redners und Täters zu machen. Herrmann weist, um den unmittelbaren Eindruck von der Wirklichkeit Jesu zu erklären, auf zweierlei hin. Es sei unmöglich, das evangelische Jesusbild mit seiner anschaulichen Kraft für ein Ergebnis der Phantasie zu halten, und nur das unleugbar Wirkliche könne uns helfen. Darum müssen wir zunächst nicht an ihn glauben, sondern ihn einfach sehen wollen. Das letzte klingt in einer Herrmannschen Schrift sehr merkwürdig und bleibt auch bedeutungslos, da das Sehen tatsächlich mit Hilfe von Glaubensurteilen beschrieben wird. Wichtiger ist der Satz über die Unmöglichkeit, daß das evangelische Bild ein Phantasiebild sei. Dazu ist zu bemerken, 1) daß jeder besonnene Historiker eine Reihe konkreter Berichte für historisch halten wird, 2) daß eine Grenze aber nicht sicher zu fixieren ist und sagenhafte Berichte höchst anschaulich und konkret sein können, ja ästhetisch betrachtet sein müssen, vgl. die Erzvätersagen; 3) daß nach dem oben über Poesie und geschichtliche Anschauung Gesagten von einem Phantasiebilde gar nicht die Rede ist, auch bei weitgehendster Kritik. Der Satz, daß uns nur das unleugbar Wirkliche helfen könne, würde, wenn Wirklichkeit gleich äußerer Tatsächlichkeit sein soll, schon den Erzvätersagen gegenüber schwer aufrecht zu erhalten sein. Aber er scheitert vor allem am Gottesgedanken: Gott ist die höchste Wirklichkeit, aber er ist nicht tatsächlich, d. h. kategorial. Zwar scheitert diese These an der Tatsache der historisch wirksamen Ideen. Dagegen ist zuzugeben, daß die Einkleidung der Ideen in eine konkrete Situation für ihre Wirkungskraft von unschätzbarer Bedeutung ist. Aber die Wahrheit liegt nicht in der Tatsächlichkeit. Wir empfinden die Frage: Ist das wirklich wahr?, die auf eine poetische Erzählung folgt, als kindlich, weil auf der Unfähigkeit beruhend, Wahrheit und Wirklichkeit zu unterscheiden. Nicht die unleugbare Wirklichkeit, sondern die unleugbare Wahrheit des evangelischen Jesusbildes, das heißt seine unleugbare Göttlichkeit, die sich bis in die einzelnsten Züge durchsetzt, hält uns bei diesem Bilde fest und gibt uns die Kraft, uns Gott in ihm schauen zu lassen. Die Herrmannsche Scheidung von Glaubensgrund und Glaubensobjekt fällt damit hin. Der im evangelischen Christus angeschaute, zugleich heilige und gnädige Gott ist Grund und Gegenstand des Glaubens zu gleicher Zeit. Diese Korrektur von Herrmann hilft dem Wesentlichen seiner These sogar erst zur konsequenten Auswirkung. Denn jenes Überwältigende an der Wirklichkeit ist genauso gut eine physische wie heteronome Kategorie, wie die willkürliche Anstrengung, die Wirklichkeit zu beja-

hen, die Herrmann so sehr bekämpft. Und sie teilt, wie jeder rein ge-
fühlsmäßige Eindruck, mit der Willkür die Unsicherheit und Variabili-
tät, ist also schon deshalb außerstande, zuverlässiger Glaubensgrund
zu sein. Wollte man aber einen doppelten Glauben konstruieren,
einen Glauben an den Glaubensgrund und einen an den Glaubens-
inhalt, so wäre der Nerv der Herrmannschen These zerschnitten. Das
führt uns aber zur Betrachtung der zweiten Gruppe, zu denen, die aus
dem Werke Christi Gewißheit über den Satz schöpfen: Jesus, der Christus ist.[12]

ANMERKUNGEN

1 Thomas Carlyle wirkte mit Schriften wie „Helden und Heldenverehrung"
  (1841) und dem Gebot der Volksdienstarbeit der geistigen Führer in
  Deutschland stärker als in England für eine christlich-aristokratische Ge-
  sellschaftsethik. „On Heroes and Herowship" stellt sich mit seiner Geschichtsphilosophie der historisch-materialistischen Geschichtsauffassung von der
  Rolle der Volksmassen entgegen (vgl. Karl Marx u. Friedrich Engels). In
  der deutschen liberalen Theologie nach 1900 spielten diese Gedanken eine
  Rolle. Vgl. Heinrich Weinel: Jesus im 19. Jahrhundert, 3. Aufl. Tübingen
  1914, S. 145.
2 Religion ist für Troeltsch subjektiv ein unmittelbares Gottesverhältnis und
  objektiv ein geschichtliches Wertgebiet. Christliche Religionsgeschichte gelangt zu einer faktischen Höchstgeltung des Christentums im Vergleich
  mit anderen Religionen und auf Grund einer letzten persönlichen Entscheidung. Tillich rezipiert im Methodologischen sehr viel von Troeltsch
  – besonders die „Methode der Korrelation" –; er setzt aber dem Subjekti-
  vismus der Werte die Objektivität des Christusgeschehens entgegen.
3 Vgl. Anm. 5, zu I, 4.
4 Vgl. Albert Kalthoff: Das Christusproblem, Leipzig 1902; ders.: Die Entstehung des Christentums, Leipzig 1904; Karl J. Kautsky: Der Ursprung
  des Christentums, Stgt. 1908; Arthur Drews: Die Christusmythe, 1909.
5 Vgl. Anm. 1, zu I, 4.
6 Vgl. Anm. 2, zu I, 4.
7 Vgl. Anm. 3, zu I, 4.
8 Hermann Christian Weiße ist der Begründer der Zweiquellentheorie.
9 Vgl. Anm. 4, zu I, 4.
10 Die Worte „Jesus der Christus ist" stehen in der Vorlage nicht in Anfüh-
   rungszeichen.
11 Vgl. Wilhelm Herrmann: Ethik, 5. Aufl., Tübingen 1913, Teil II, Abschnitt 1: Die Entstehung des christlichen Lebens, S. 88 ff.
12 Hier bricht das Konzept ab.

I, 6 Friedrich Büchsel an Paul Tillich

Halle/Saale, 30. 9. 1911

Lieber Paul,

hiermit bekommst du *Deine Thesen*[1] zurück, und ich will versuchen nachzuholen, was in Kassel versäumt wurde, ordentlich auf sie einzugehen. Ich habe das Gefühl, als hätte ich allen Grund, das zu tun und muß mich obendrein bei Dir entschuldigen, daß Du in Kassel statt dieses Eingehens einer ziemlich schnellen und dabei sogar oft recht schroffen Ablehnung begegnet bist. Ich habe mich eingehend in Deine Gedanken vertieft, meine Ablehnung bleibt zwar dieselbe, aber ich hoffe, Dich besser würdigen und fruchtbarer mit Dir debattieren zu können. Ich denke, wir setzen die Unterhaltung schriftlich fort. Ich habe von Deinen Thesen ein Exemplar und von diesem Brief eine Durchschrift (deshalb der Bleistift!), wir können also ordentlich aufeinander eingehen.

1. Die zwischen uns bestehende Differenz

In Deinem letzten Brief[2] hast Du sie im Ganzen richtig formuliert. Doch meine ich es nicht so, die Einheit Gottes mit der Menschheit (Welt) auf einen einzelnen Fall, die Person Jesu, zu beschränken. Ich stimme dir darin zu, daß (die Person Jesu) die Menschheit, mit der Gott eins ist, nicht ein Individuum, sondern eine Vielheit ist. Ich definiere diese Vielheit als Gemeinschaft, deren Glieder durch den Anfänger der Gemeinschaft die Gotteinheit zu nicht aufhörendem Besitz erhalten (vgl. Joh. 4, 14 b). Du definierst diese Vielheit als eine unendliche Reihe, in der jedes Glied einen endlichen (aufhörenden) Anteil an der Einheit mit Gott hat. (Die Menschen gleichen den Fackelläufern, bei denen einer am anderen das Licht entzündet, so daß das Licht nicht aufhört zu leuchten, aber bei jedem verlischt es, wenn die Fackel sich verzehrt hat,) *finitum non capax infiniti*.[3] Oder von einer anderen Seite: Wir reden beide von einer Erlösertat Gottes. Dir fällt sie in die Innerlichkeit der Individuen, in ihr unmittelbares Verhältnis zu Gott, die geschichtlich-gemeinschaftlichen Beziehungen, in denen die Individuen stehen, bieten nichts mehr als die Auslösung für die Wirkung, mit der Gott sich mit den Individuen eint. Ich sehe nicht, wie die Individuen durch die Erlösung über ihre Einzelnheit (im Verhältnis zueinander, nicht im Verhältnis zu Gott) hinauskommen. Mir gehören die geschichtlich-gemeinschaftlichen Beziehungen so sehr zu diesen, den Individuen, daß ich die Wirklichkeit der Individuen nicht abgesehen von ihnen, in der reinen Innerlichkeit, denken kann. In diese Beziehungen greift die Erlösertat Gottes ein, durch sie vermittelt sie sich. Autonomie ist Dir nur die, wo das Ich = Ich ist, mir, wo die Freiheit in den geschichtlich-gemeinschaftlichen Beziehungen vorhanden ist, die die Liebe gibt. Dein Standpunkt erscheint mir als eine Abstraktion, Deine Ausführungen oft formal und leer. Der meine wird Dir wohl als Verworrenheit erscheinen. Der zwischen uns bestehende Gegensatz reicht so tief, so sehr in die unmittelbar gewissen Grundsätze alles Denkens hinein, daß ich nicht daran denken kann, Dir etwas vordemonstrieren zu wollen, das Dich von der Richtigkeit meiner Anschauung überführt. Die Schätzung des Unmittelbaren, die ich habe, ist eben unmittelbar begründet. Hier steht jeder für sich. Aber trotzdem glaube ich, fruchtbar mit Dir debattieren zu können. Ich glaube, ich kann Dir zeigen: Die von mir vertretene Position fordert von Dir nicht die Preisgabe Deiner Grundsätze, nichts als Modifikationen, denen zuzustimmen nicht außerhalb logischer Möglichkeit liegt.

2. Die Grundlagen (These 81–91)

Hier habe ich zunächst geltend zu machen: m. E. sind erkenntnistheoretische und metaphysische Gedanken hier nicht sauber genug geschieden. Th. 82–84, 86 sind erkenntnistheoretisch, Th. 85 und 87 metaphysisch. Für mich bilden den Anfang der Wissenschaft nicht erkenntnistheoretische Sätze. Denn die Erkenntnis ist nur eine Betätigungsweise der Vernunft. Das sittliche Handeln und die Kunst gehören auch zum Leben der Vernunft. Den Anfang bilden die Sätze, in denen sich das Wesen der Vernunft ausspricht. Nach dem Vorbild der Wissenschaftslehre[4] kenne ich deshalb 3 Grundsätze, nicht nur zwei, wie das in Th. 84 (vergl. 85 und 86) dargestellt ist. Der erste handelt von der absoluten Selbstgewißheit der Vernunft (Einheit der Wahrheit bei Dir), der zweite vom Dasein als dem unendlichen Prozeß (fehlt bei Dir), der dritte von der Vernünftigkeit des Daseins, das in der Tat der Freiheit begründet ist (Identität von Subjekt und Objekt im Erkenntnisakt). Diese drei Grundsätze sind nicht ableitbar, sondern unmittelbar; auch der zweite und dritte ist nicht aus dem ersten und zweiten ableitbar, sie enthalten zwar Elemente, die dem ersten und zweiten entstammen, aber nicht nur solche. Den zweiten Grundsatz vermisse ich bei Dir. Er ist in Deinem zweiten Satz vorausgesetzt. Wie kommst Du sonst zu dem Objekt, das dem Subjekte entgegengesetzt ist, bis es in der *Synthesis* mit ihm eins wird? Der zweite Grundsatz redet vom Gegensatz überhaupt. (Der Begriff des Prozesses ist nur im Gegensatz zur Selbstgewißheit der Vernunft denkbar.) Deutlich ausgesprochen ist der Begriff des Gegensatzes von Dir erst in Th. 87. Da redest Du nun vom irrationalen Willen, d. h. vom Sündenfall. Der Gegensatz von Subjekt und Objekt (Th. 84) und der vom Wesen und irrationalen Willen concurrieren, da aus beiden die Mannigfaltigkeit abgeleitet wird. Hier konkurrieren zugleich erkenntnistheoretische und metaphysische Formulierung des Gedankens; i. g. scheinen mir die metaphysischen Formulierungen unkritisch, nicht zur Evidenz gebracht. Hier scheint mir eine Dunkelheit bei Dir zu stecken. Sie hat zur Folge, daß Du die Einheit des Bewußtseins als Identität des Identischen (Ich = Ich) formulierst. Sie ist aber Einheit des Entgegengesetzten. Du nennst den Inhalt des Erkenntnisaktes die aktuelle Wahrheit. Da hast Du schon den Gegensatz von Aktualität und Potentialität vorausgesetzt (ich rede statt von Aktualität und Potentialität von Dasein und Sein). Du siehst deshalb, weil Du diesen Gegensatz nicht als solchen zur Klarheit bringst, nicht deutlich, daß nicht nur das Einzelne dialektisch (Einheit des Entgegengesetzten) ist (so sagst Du in Th. 89), sondern schon die Einheit des Bewußtseins. Ich kann auch so sagen: das Absolute ist die Potentialität der Wahrheit, ist Gott, nicht die aktuelle Wahrheit, nicht das Bewußtsein. Das Leben ist mehr als Bewußtsein. Der synthetische Charakter *aller* Gewißheit wird von Dir verdunkelt, da Du die analytische Formel: Ich = Ich zum Prinzip der Gewißheit machst. Du redest viel von der Identität als dem Prinzip der Erkenntnis. Du verstehst darunter meist, das Ich = Ich. Die Identität ist aber Einheit des Entgegengesetzten. Das ist das eigentlich Lebendige an ihr. Gott ist nicht Ich = Ich (Selbstischheit), er ist Liebe, sich selbst im anderen haben (seiner selbst im anderen gewiß sein). Ich leugne nicht, daß Deine Identität auch Einheit des Entgegengesetzten sein soll und ist (vgl. Th. 84 und 86), aber Du bringst das nicht hinreichend zur Geltung. Deshalb geht für mein Verständnis durch Dein Denken ein abstrakter, die Tiefe des Lebens entleerender Zug. Gegensatz ist für Dich Ergebnis eines irrationalen Willens; ich leugne nicht, daß sich der Gegensatz zur Stufe der Irrationalität des Willens, der Sünde, steigert. Aber zunächst ist der Gegensatz gesetzt von dem seiner selbst gewissen Ich, das Liebe ist. Denn Liebe setzt Gegensätze, um sich im anderen besitzen zu können. Einzelnes gibt es nicht, nur durch die Tat des irrationalen Willens, die im Heraustreten aus der Identität besteht, sondern der Gegensatz ist ursprünglich, d. h. in dem Wesen des Absoluten, das Liebe ist, begründet. Deshalb ist Th. 90 und 91 nicht absolut richtig. Es gibt eine Gewißheit um das Einzelne, nicht nur, sofern es unter Allgemein-Begriffen gedacht wird, sondern auch, insofern es einzeln ist. Das ist eine unmittelbare Gewißheit. Damit ist nicht das Einzelne zum metaphysischen Prinzip gemacht, oder, was m. E. dasselbe ist, eine Mehrheit qualitativer Realen[5] gesetzt, für die es keine höhere Einheit gibt (Th. 85). Über allem Einzelnen steht die göttliche Liebe als Prinzip der Einheit. Deshalb kann jedes Einzelne seiner selbst bewußt und froh sein. Es hat den Grund seiner Existenz in der unendlichen Liebe Gottes, die dadurch dem Einzelnen A nicht verkürzt wird, daß das Einzelne B aus ihr seine Existenz ableitet, es immer wieder schöpft. (Religiös gesagt: die Majestät Gottes besteht nicht nur in seiner Ewigkeit, durch die er sich selbst gleich bleibt, sondern ebensosehr in seiner Unerschöpflichkeit, mit der er immer neue Gestaltungen des Daseins schafft.) Fragst Du mich: woher weißt Du, daß das Absolute Liebe ist, so verweise ich auf den 3. Grundsatz: Das ist die Liebe, daß es ein vernünftiges *Dasein* gibt; da ist Gott im andern. Wenn Du fürchtest, daß mein Zutrauen zum Unmittelbaren die Normalität ins Schwanken bringe, den Gegensatz von Gut und Böse, Lüge u. Wahrheit usw. verwische, so bemerke ich: das Unmittelbare *ist* freilich unmittelbar, aber es hat die Form der Vernünftigkeit. Damit legitimiert es sich und muß es sich legitimieren vor der Reflexion. Diese Legitimation ist aber immer etwas Nachträgliches.

3. Der Begriff der Geschichte

Th. 97 erscheint mir sehr arm. Die Geschichte ist nicht Kampf Gottes mit der Welt, sondern die Liebe Gottes zur Welt. Hier zeigt sich Deine Verwandtschaft mit dem Rationalismus, für den auch die Geschichte Kampf ist. Hier wurzelt auch Deine Schätzung des reformierten Wesens mit seiner (jüdischen) Gesetzlichkeit (Th. 56) und Deine Verwandtschaft mit dem Kantischen abstrakten Autonomismus, der im Moralismus Kants wurzelt (vgl. Th. 102 ff). Hierher gehört auch, daß für Dich das Werk Christi das Kreuz, aber nicht die Auferstehung, das Leiden und das Gericht über die Sünde, aber nicht der Triumph des Lebens (Th. 77) ist. Hier wurzelt es, daß für Dich die Individuen alle in den Tod sinken und Gott für sie alle zuletzt nur das Todesurteil hat. Ich empfinde diese Züge Deines Denkens als Härte, Kälte, wie ich oben von Leere und Abstraktheit (Nr. 1) redete. Ich verkenne nicht, daß Größe in diesen Gedanken liegt. Aber die größte Größe ist die Liebe. Sonst bieten mir die Th. 92 bis 101 nichts.

4. Die Autonomie als Prinzip der Dogmatik

Nach dem Ausgeführten wirst Du hierzu keine Zustimmung von mir erwarten. Was Du da sagst, erscheint mir als sehr unzureichend. Ich verstehe es auch nicht. Was heißt: Autonomie und Gemeinschaft bedingen sich gegenseitig (Th. 106), oder was bedeutet die faktische Autorität (Heteronomie) neben der Ablehnung der prinzipiellen Autorität, der Jedermann-Glaube neben dem autonomen (Th. 113)? Zu Th. 116–117 bemerke ich: die geschichtliche Wirkung und Wirklichkeit Jesu in seiner Gemeinde ist etwas anderes als ein Gesetz und eine rechtlich zwingende Autoritätsperson (Papst). Zu Th. 118 vgl. das über den Gegensatz in Nr. 2 Bemerkte. Der reine Monismus ist unmöglich. Die Kritik des Dogmas in Th. 119–128 ist mir zu aphoristisch, und ihren Prämissen stehe ich nach dem Ausgeführten zu fern, um auf sie näher einzugehen.

5. Die historische Anschauung

Der Hauptthese (Th. 22) kann ich nicht zustimmen, wie in Nr. 2 gezeigt ist. Zu Th. 23–28 habe ich mich deshalb nicht zu äußern, wohl zu Th. 10–21. Hier haben wir über den Begriff der historischen Überlieferung und Urkundlichkeit zu verhandeln. Du hast in Th. 19 und 20 die historischen Fehlerquellen genannt. Aber, daß ich mich irren *kann*, beweist noch nicht, daß ich mich irre. Eine historische Urkunde beweist solange den Vorgang, dem sie entstammt, bis das Gegenteil *bewiesen* ist. Eine gute Überlieferung, bzw. Urkunde ist durch viele Wahrscheinlichkeiten, die nicht die Stufe der Gewißheit haben, nicht zu entkräften; sie hat unmittelbar Beweiskraft, solange nicht der Fehler gezeigt ist, den der macht, der sie zum Beweis verwendet. Shylok hat das Recht, auf seinem Schein zu bestehen, bis sein Schein ins Unrecht gesetzt ist. So behauptet die urkundliche Überlieferung unmittelbar sich selbst, bis sie als fehlerhaft aufgezeigt ist. Wenn nachgewiesen ist, daß die angebliche Urkunde die Form der Vernünftigkeit, die alles Daseiende hat und haben muß (da es aus der Vernunft hervorgegangen ist), nicht hat, dann ist sie ins Unrecht gesetzt, sonst besteht sie zurecht mit ihrem Anspruch, Wirklichkeit zu bezeugen.

Die Verwendung der Prinzipien der Analogie und [der] Kausalität als konstituierender Faktor des historischen Erkennens kann ich nicht für bedenklich halten. Die Vernünftigkeit des Daseins (auch des historischen) garantiert die Einheitlichkeit des Daseins in der Folge von Ursache und Wirkung. Freilich muß aus der Wirkung wirklich nicht mehr als die Ursache und aus der Analogie nur die Analogie geschlossen werden. Das Geschäft des Historikers hat zwei Seiten, er braucht historische Phantasie, um die Tragweite einer Urkunde auffassen zu können, und historische Kritik, um die Gewißheit seiner Schlüsse aufzeigen zu können. Ohne historische Phantasie reden die Steine nicht, ohne Kritik reden sie Unsinn. Gegen Th. 16 sage ich deshalb, ein guter, d. h. in der Kritik bewährter historischer Bericht ergibt Gewißheit. (Den einzelnen Wundern in den Evangelien magst Du sehr kritisch gegenüberstehen; sie sind ja alle nicht urkundlich bezeugt, höchstens die Auferstehung.) Wenn die Biblicisten die historische Kritik nicht anwenden, d. h. nicht die Berichte auf ihren Wert prüfen, so habe ich nichts mit ihnen zu schaffen (zu Th. 15), aber Kritik ist nicht nur da, wo man Überliefertes verneint. Th. 9–13 rühren mich gar nicht. Ich weiß, daß die Eschatologie das Bild Jesu nicht erklärt (Th. 13) und daß wir Vieles nicht verstehen (Th. 11). Aber wir verstehen immerhin einiges, dies genügt. Mögen die Schulen um die Überlieferung von Jesus kämpfen; heute ist nichts unbestritten, das ewigen Wert hat.

6. Kritik der dogmatischen Beweise

Gegen These 29 bis 36 habe ich nichts einzuwenden, auch gegen 37–50 nur einzelnes. Herrmann hat Unrecht, da er von dem Bild Jesu ausgeht statt von seiner geschichtlichen Wirkung: Der Tatsache der Gemeinde, die mit ihrem geistig-sittlichen Gottesdienst und ihrer Darbietung der göttlichen Gnade ein Stück der Wirklichkeit meines Lebens ist, von dessen Recht ich unmittelbar überzeugt bin, denn ohne diese Gemeinde würde meine Gottesgemeinschaft, von deren Recht mich die Spekulation, die Vernunft, nachträglich überzeugt, leer bleiben. Zu Th. 39 möchte ich wissen, ob und weshalb Du dem geschichtlichen Jesus die sittliche Reinheit und Kraft und die Gottesgemeinschaft bestreitest. Zu Th. 45: die Macht der Idee ist zweifellos. Die Idee wirkt aber nur da, wo sie nicht unter dem Zweifel an ihrer Durchsetzbarkeit steht. Die alttestamentlichen Erzählungen wirken nur da, wo man (um Jesu willen) an den Gott Abrahams glaubt. Die griechischen Mythen wirken nur da religiöse und sittliche Erhebung, wo man von ihrem Gehalt anderwärts überzeugt ist. Wirke mal mit einer Idee, an die keiner glaubt, d. h. von deren Undurchsetzbarkeit in der empirischen Wirklichkeit in Gegenwart und Vergangenheit jeder überzeugt ist. Das geht nicht! N. B. *[nota bene]:* Vergangenheit und Gegenwart gehören hier zusammen, denn die Wirklichkeit ist einheitlich, weil vernünftig. Ich behaupte nicht, daß Dein Standpunkt, der zwischen Idee und geschichtlicher Wirklichkeit nur den Gegensatz kennt, ganz unvernünftig ist. Aber er ist nicht absolut vernünftig. Er ist stoisch-jüdisch, kantisch, aber weder christlich noch idealistisch. Ein Bild der Einheit Gottes mit der Menschheit, das ausdrücklich nicht mehr als ein Bild, nicht Wirklichkeit in dem geschichtlich-gemeinschaftlichen Leben ist, erzeugt ein Bild im Individuum. Dies Bild mag die Tendenz der Durchsetzung in der geschichtlich-gemeinschaftlichen Wirklichkeit haben. Die Gewißheit dafür hat es zum mindesten nicht und erweckt es nicht. Das widerspricht für mich dem Wesen der absoluten Religion, weil dem Wesen Gottes (vgl. Nr. 1). Hier erscheint wieder der prinzipielle Gegensatz. Ich kann nicht umhin, Deine Position religiös und sittlich minderwertig zu finden. Doch hier steht und fällt jeder seinem eigenen Herrn. Zu Th. 49 kann ich nur sagen: diese autonomistische Starrheit kann nur beim Kynismus enden; sie macht sich selbst inhaltlos, da sie schließlich jeden synthetischen Akt aufhebt. Zu den Ausführungen über Christusmystik bemerke ich: auch hier ist das Wesen der absoluten Religion verkannt. Es ist natürlich konsequent, anstelle der Gemeinschaft mit Gott in Jesus den endlosen Prozeß zu setzen, in dem sich „das dialektische Verhältnis von Abstraktion und Konkretion in der Gottesanschauung" darstellt (Th. 66), wenn Deine Voraussetzungen gelten, doch dazu vgl. Nr. 1. Der Unterschied zwischen Christus und Marienkult besteht auch für mich. Bei angeblichen Erfahrungen von der Wirksamkeit der Madonna kann ich zeigen, daß sie nicht die Form der Vernünftigkeit haben und deshalb irrig sind (Th. 59). Zu Th. 63 bemerke ich: woher weiß ich, daß bei Gott die sündenvergebende Gnade ist, daß der abstrakte Gottesbegriff nicht gilt. Hat Gott nur eine Idee von solchem Handeln (Gnade) gegeben, so habe ich auch nur eine Idee davon. Ist die Idee nachweislich nicht mehr als ein Gedicht (Th. 24), so kann ich nicht an sie glauben, oder es gehört dazu eine unmittelbare Erweckung des Glaubens durch Gott, die dazu kommt. Das Individuum kommt zum Glauben, für Dich wie für mich, nur aus der Unmittelbarkeit. Diese ist für mich in der Sphäre des Geschichtlich-Gemeinschaftlichen gelegen, für Dich in der reinen Innerlichkeit. Die Wirklichkeit des Individuums scheint mir in dieser nicht gesehen werden zu dürfen. Ich folgere das aus dem Begriff des Individuums. Du scheinst das nicht zu tun. Das ist die prinzipielle Differenz von Nr. 1. Deine Versöhnungslehre ist konsequent, nur zeigt sie, daß Du das Christentum um seinen Lebensnerv gebracht hast, wie ich zu Nr. 1,3 und in dieser Nr. zu Th. 45 gezeigt habe.

7. Schluß

Ich verstehe Deine Skepsis gegen die Historizität Jesu und gegen das Christentum überhaupt (für mich gehört beides zusammen, wie ich dargestellt zu haben hoffe). Ich kann sie wissenschaftlich schätzen; sie treibt vorwärts zur energischen Untersuchung. Ich danke Dir deshalb für die Arbeit, die Du für uns geleistet hast. Ich kann Dir aber nicht zustimmen.

Treulichst Dein Friedrich Büchsel.

ANMERKUNGEN

1 Die 128 Thesen von Tillich: Die christliche Gewißheit und der historische Jesus.
2 Dieser nach der Kasseler Zusammenkunft geschriebene Brief lag dem Bearbeiter nicht vor.
3 „Das Endliche faßt nicht das Unendliche".
4 Vgl. die einzelnen Ausarbeitungen der „Wissenschaftslehre" von Fichte in der von Fritz Medicus besorgten Ausgabe seiner Werke (1908–1912).
5 Vgl. Anmerkung 6 zu I, 4.

I, 7 Paul Tillich an Friedrich Büchsel

Nauen, Freitag [1911]

Lieber Friedrich!
1. Allerdings tat es mir leid, daß in Kassel nicht auf mich eingegangen wurde. So kam es, daß die eigentlichen Zentralpunkte nur flüchtig berührt und nicht im Entferntesten erledigt wurden. Um so dankbarer bin ich Dir, daß Du so eingehend geschrieben hast. Freilich sehe ich daraus auch, daß es noch viel Auseinandersetzungen kosten wird, ehe wir uns ganz verstanden haben. Manches, was Du kritisierst, trifft nur die Form meiner Thesen. 1. So vor allem der Anstoß an dem Satze: Ich = Ich als Prinzip der Erkenntnis. Wenn ich bei den Übrigen die Hegelkenntnis vorausgesetzt hätte, die Du hast, so hätte ich einfach in Form von den Grundsätzen nach Medicus[1] deduziert. Zugestanden „Ich = Ich" ist ungeschickt formuliert. Identität ist Einheit des Entgegengesetzten.

2. Nun aber eine wichtige sachliche Bemerkung: Gibst Du zu, daß Individualität nicht Prinzip sein kann, da mehrere „höchste Prinzipien" die Einheit der Wahrheit zerstören? Sicherlich! Dann fragt sich, wie kommst Du zum Entgegengesetzten? Durch den zweiten Grundsatz! Richtig! Du nennst ihn unableitbar! Richtig! Ich nenne das Unableitbare Irrationales und unterscheide es von der Sünde, wie das unmittelbar gesetzte Irrationale, vom sich setzenden, geistig gewordenen Irrationalen. Du wirst dem auch zustimmen. Ich nenne die Geschichte einen Kampf, in dem sich die Einheit durchsetzt, was natürlich zugleich heißt, in dem die Vielheit zur Realisierung kommt. Statt Kampf könnte ich auch sagen: stufenweise Entfaltung, Offenbarung des Reichtums Gottes. Und was soll nun die Formel „Wesen und Widerspruch", die mein höchstes Prinzip ist? Sie heißt zu deutsch: Liebe. Ich frage nach dem Sinn der göttlichen Liebe, die mir ja als religiösem Menschen Realität ist, und finde, sie besteht darin, daß Gott sich in Ewigkeit als Einheit von Wesen und Widerspruch setzt, den Widerspruch trägt und überwindet, beides aber ewig. Gewiß ist das arm, wie jede höchste Formel arm ist, aber sie trägt allen Reichtum in sich. Der Triumph der Liebe ist auch mir anschaulich in der Auferstehung. Daß ich diese Seite nicht erwähnte, ist Zufall. Wenn wir aber uns in die reine Spekulation begeben wollen, so berufe ich mich auf Hegels Lehre von dem ewigen innergöttlichen Prozeß, des Setzung und Wiederaufhebung des Einzelnen, so daß es zu „keiner Ernsthaftigkeit des Andersseins" kommt.

Du wirst sagen: auch zu keiner Ernsthaftigkeit der Liebe. Gut. Das eben ist das Wesen der *felix culpa,* daß sie diese Ernsthaftigkeit schafft. Aber überzeitlich ewiges Ziel ist doch diejenige Einheit, die einen „ernsthaften" Widerspruch nicht in sich schließt, resp. als überwundenen unter sich hat.

3. Doch zurück auf die Erde: Daß Du meinen Abschnitt über „Autonomie und Gemeinschaft" nicht verstehst, ist mir unverständlich, da Du mir vorwirfst, das nicht zu haben, was ich hier aussage. Ich kenne kein Individuum als solches. Das ist die dümmste der Abstraktionen, und ich würde mich schämen, wenn Dein Vorwurf zuträfe. „Gemeinschaft" ist ein vollkommen selbständiger Begriff, dem eine ebenso selbständige Realität entspricht. Ein Bild:

Die Gemeinschaft ist das Netz, die Einzelnen die Knotenpunkte: Das Netz ist das logisch Primäre. Die Substanz des Netzes sind die Fäden, d. h. in der Gemeinschaft die Geistigkeit von ihren einfachsten Formen, Sprache, Sitte etc. bis hin zur Religion. Denken wir uns das Netz kunstvoll, so gibt es wichtige Knotenpunkte, etwa auch einen

Mittelpunkt, aber prinzipiell ist auch dieser Mittelpunkt ein Teil des Geflechtes, und nur in ihm wirklich. Anders aber die Substanz: Sie ist mit jedem Einzelnen identisch, steht ihm aber auch gegenüber. Dein Bild vom Fackeltanz ist deshalb nicht richtig, weil ich ja dem Einzelnen eine ewige Bedeutung im innergöttlichen Prozeß zuspreche.

Und nun die Autonomie: Ich nenne faktische Heteronomie (ein nicht glücklicher Ausdruck) die Tatsache, daß, wenn ein Knotenpunkt (Individuum) sich aus seinen Zusammenhängen lösen und über das Netz stellen wollte, er ein Nichts würde. Ich nenne prinzipielle Heteronomie den Versuch, ein Stück aus dem Netz abzugrenzen und dieses Stück als einzigen Träger der Substanz anzusehen. Ich nenne Autonomie die Beziehung zu allen Teilen des Netzes, unmittelbar und mittelbar, je nach der Art der Verknüpfung. Dabei wird sich die Bedeutung des Mittelpunktes von selbst herausstellen, aber immer nur in der Art, wie *ich* mit ihm verknüpft bin. Je weiter dagegen meine Beziehungen zum Gesamtnetz sind, desto umfassender auch meine Würdigung des Mittelpunktes. Aber nicht darauf kommt es an, sondern auf mein Verhältnis zur Substanz, zum Geist, zu Gott. Je mehr ich im Mittelpunkt stehe, desto besser ist das möglich! Aber nicht zu dem Mittelpunkt (historischer Jesus) habe ich ein Verhältnis, sondern zur Substanz.

4. Du nennst mich Skeptiker und darum arm wie jeden Skeptiker. Schlatter wundert sich, wie seit Cartesius[2] „der Reichtum der Tradition" so schnell von den aufklärerischen Dürftigkeiten hinweggefegt werden konnte. Ich wundere mich nicht darüber. Lieber *eine* Gewißheit, als eine Welt von Ungewißheiten und ein Meer von Wahrscheinlichkeiten. Ich hasse die Reichen und Satten und Vollen, die den Kampf um jeden Pfennig Wahrheit nicht kennen und mit dicken Bäuchen und harten Schädeln auf den Millionen sitzen, die sie nicht erworben haben. Willst Du sie verteidigen? Willst Du Dich auf ihre Seite gegen uns „Proletarier" stellen? Fast scheint es mir so, wenn Du von der unmittelbaren Gewißheit sprichst, die nur durch strikte Gegenbeweise zu erschüttern sei; oder wenn Du von einer Urkunde sagst, sie gäbe solange Gewißheit, bis sie als falsch erwiesen sei. Also die Gewißheit der *Pseudoisidoren*[3] führst Du gegen mich zu Felde? Diesen Reichtum lasse ich Dir gern! Freilich für die Praxis des Tages ist diese Wahrscheinlichkeitsgewißheit recht brauchbar. Wie sollten wir sonst patriotische Reden halten, erbauliche Exempel erzählen, Geschichtsunterricht erteilen, die Tradition verstehen; aber wenn es sich um „meinen einzigen Trost im Leben und im Sterben" handelt, dann will ich mehr als noch nicht widerlegte Dokumente. Nein: damit fängt

der Geist an, daß er sich in einem einzigen Akt (der 20 Jahre dauern kann) von seiner Unmittelbarkeit losreißt und allem Unmittelbaren sein prinzipielles Nein entgegensetzt; um nun aus dem Material des Unmittelbaren (also nicht rationalistisch) sein Gebäude der Gewißheit aufzuführen

5. Du nennst meine religiöse Stellung minderwertig, erstens, weil eine Idee, an die niemand glaubt, nicht die Kraft hat, sich durchzusetzen. Du machst mir den Beweis leicht, daß ich nicht weniger habe als Du; denn Du hältst doch Christus für das Wunder schlechthin, nicht für ein erreichbares Ideal.[4] Auch Du also kennst keine Realisierung der Idee, die für uns allein Bedeutung haben könnte, der Idee des begnadigten und nun auch völlig sündlosen Sünders. Was nützt uns die Kunde von einem Wunder, das sich bei uns doch nicht wiederholt? Es kann uns doch nur das Ideal zugleich mit dem Postulat seiner Unerreichbarkeit eindrücklich machen. Aber wozu muß es dann realisiert sein? Doch Du wirst diesem Nebengedanken kein Gewicht beilegen. – Zweitens, weil ich die Gemeinschaft mit Gott nur in der Idee hätte. Ich bitte Dich als Idealisten die schülerhafte Verwechslung von Idee und Gedanke auch nicht scheinbar zu vollziehen; denn im Ernst willst Du es ja nicht. Idee ist diejenige Wirklichkeit, in der Denken und Sein, Begriff und Anschauung eins sind, also die höchste, konkreteste schlechthin anti-abstrakte Wirklichkeit. „Nur Idee" heißt also zu deutsch „nur göttlich". Nicht wir haben Ideen, sondern Ideen haben uns, denn nicht wir haben Gott, sondern Gott hat uns. Daß wenn „Gott uns hat", „er *auch* unseren Intellekt hat, d. h. uns *auch* einen Gedanken von sich gibt, wirst Du nicht bestreiten. Nun aber fragt sich, wie ein derartig neues Verhältnis zu Gott zustande kommt. Offenbar kann das Denken hier nicht das Primäre sein, denn es ist der Reflex des inneren Vorgangs. Wie aber kommt dieser innere Vorgang zustande? Zunächst werden wir uns darin einig sein, daß hier, wie bei jedem schöpferischen Akt, ein Geheimnis vorliegt. Das Zunächstliegende ist es wohl, die schöpferische Tat eines Einzelnen für die Hauptquelle zu erklären (Propheten, Religionsstifter). Dabei ist natürlich energisch zu betonen, daß auch diese Größten nichts wären ohne die Gemeinschaft, aus der sie erwachsen sind und mit der sie in Wechselwirkung stehen. Aber ebenso liegen auch Beispiele geistiger Bewegungen vor, bei denen ein Einzelner keine solche Rolle spielt. Was nun die Fortpflanzung derartiger Anfänge betrifft, so geschieht sie durch die persönliche Gemeinschaft in allen Formen, sittlich, intellektuell, ästhetisch.

Aber vielleicht kommen wir dem Ursprung noch näher, wenn wir unterscheiden zwischen Faktum und Deutung. Irgendeine Tatsache wird mit Gott in Beziehung gesetzt. Eine Kombination wird vollzogen, und diese Tat ist das Schöpferische. So würde ich sagen, daß die Kombination von Kreuz und Messianismus (Auferstehung) die Tat Jesu war, die natürlich in erster Linie eine Tat des Gehorsams, dann erst eine des Denkens war. Ebenso ist es in der Gemeinde, die in der Anschauung des Kreuzes diese Tat als Buße immer vollziehen muß und als Glaube immer vollenden kann. Aber was soll das alles? Nur Dir zeigen, daß ich mir die Entstehung und Fortpflanzung der christlichen Stellung zu Gott nicht intellektualistisch denke. Der Geist, der von Christus ausgeht und in der Gemeinde wirkt, ist die Kraft des christlichen Glaubens. Zu den Schöpfungen dieses Geistes gehört auch eine neue, konkrete Gottesanschauung: die Anschauung Gottes als des Gekreuzigten und Auferstandenen und das Gebet zu diesem Gott.

Nun aber kommt dein Einwand: Es war unmöglich, daß im Zusammenhang der Religionsgeschichte der christliche Geist auftrat; er steht in einem totalen Gegensatz zu allem Vorangehenden, er bedeutet eine totale Neuschöpfung.

Der Schöpfer dieses Geistes kommt also *nicht als geschichtliche Persönlichkeit* in Betracht, sondern als das absolute Naturwunder, die Setzung eines neuen Anfangs. Das ist pointiert ausgedrückt und gibt Dir den Vorwurf ungeschichtlichen Denkens zurück. Aber für wen Christus *das* Wunder ist (nicht der Gipfel desjenigen Wunders, das der Geist immer und überall im Gegensatz zur Natur ist), der hebt ihn aus den eigentlich geschichtlichen Zusammenhängen heraus, wenn er auch noch so sehr im Einzelnen Zeitgeschichtliches nachweist. Aber ich will Dir eine supranaturalistische Voraussetzung zugestehen. Ich will Dir das absolute Wunder zugeben. Ist dadurch meine These erschüttert? Nicht im Geringsten! Denn nun ist allein ein neuer (psychologisch recht wirksamer) Satz über den Ursprung aufgestellt. Aber dieser Ursprung kann völlig im Dunkeln bleiben: Ein weiterer Satz als der: In dieser uns unbekannten Persönlichkeit wurde das neue Verhältnis von Gott und Mensch gesetzt − ist aus Deiner These nicht abzuleiten. Oder willst Du mehr ableiten? Die einzelnen Worte? Sie können auf seinen Geist zurückgeführt werden. Seine Auferstehung? Du hast mir selbst zugegeben, daß an einer leiblichen Auferstehung nichts gelegen ist. Also kommt es auf die Fortexistenz seines Geistes, seiner individuell-absoluten Persönlichkeit in Gott an. Und das Sterben? Sicherlich müssen wir den sich im Kreuze Christi darstellenden Willen, Gott bis zum Tode zu gehorchen, in irgendeiner Weise auf ihn zurückführen. Denn eben dieser Wille ist das Wesen des christlichen Geistes. Das aber ist alles. Nicht ein einziger konkreter Zug ist auf diese Weise zu erreichen. Und vor allem: diese ganze Frage hat mit dem Glauben nichts zu tun; es ist eine sekundäre geschichtsphilosophische Frage, eine Frage nach der *Kausalität*, die ganz unwichtig ist. Mir liegt gar nichts daran, vom historischen Jesus irgendwelche herabsetzenden Thesen aufzustellen, aber ich habe auch keinen Grund, mehr zu behaupten, als ich in den Evangelien berichtet und historisch finde. Wenn ich aber auch das Höchste hier berichtet und historisch fände und wenn ich aus meinem Geistbesitz heraus postulieren könnte, daß es auch so gewesen ist: Gegenstand meines *Glaubens* würde es nie sein. Das ist allein Gott und zwar der Gott, der mich in der Gemeinde der Sündenvergebung versichert und der mir in der Geschichte von Jesus und ihrer inneren göttlichen Wahrheit deutlich macht, daß es göttlich ist, dem, der das göttliche Gericht anerkennt, die Sünden zu vergeben. Gewißheit ist der Geist oder die neue, unzerreißbare und darin absolute Gemeinschaft mit Gott. – Genug für diesmal. Antworte bitte bald!

Wenn Du etwas über mich in Halle hörst, schreibe es bitte sofort.

Mit herzlichen Grüßen
Dein tr. Paul.

ANMERKUNGEN

1 Vgl. Anm. 4, zu I, 1.
2 Vgl. Adolf Schlatter: Die philosophische Arbeit seit Cartesius, in: Beiträge zur Förderung christlicher Theologie, Jg. 10, H. 4/5, 2. Aufl. 1910.
3 Die pseudoisidorischen Dekretalen, jene folgenreichen kirchenrechtlichen Fälschungen im Interesse der Stärkung der Stellung von Bischöfen und der kirchlichen Macht des Papstes entstanden 847/852. Ihre Unechtheit wurde durch die Magdeburger Zenturien und durch den reformierten Theologen David Blondel nachgewiesen.
4 Die Positionen der konservativen und liberalen Theologie.

II.

PAUL TILLICH – ALFRED FRITZ

Lebenslauf von Alfred Fritz (1886–1963)

Im Sommer 1913 reist Paul Tillich zu seiner Schwester Johanna und deren Mann Alfred Fritz in dessen erste Pfarrstelle Butterfelde in der Neumark. Tillich hatte Fritz in seinem Tübinger Sommersemester 1905 zusammen mit Hermann Schafft kennengelernt (vgl. G. W. Erg.-Bd. V, S. 27).

Alfred Fritz wurde am 26. 9. 1886 in Stuttgart als Sohn des Missionsinspektors Gottlieb Fritz geboren. Von 1904 bis 1908 studierte er Theologie in Tübingen und Halle/S. Nach dem Sommersemester 1907 kehrt Tillich nach Berlin zurück, während Fritz wiederum seine Heimatuniversität Tübingen aufsucht.

1912 tritt Alfred Fritz seine erste Pfarrstelle in Butterfelde an. Von 1916 bis 1922 ist er Missionsinspektor in Bremen, 1922 bis 1927 Pfarrer an der französisch-reformierten Gemeinde in Frankfurt/M. und Leiter des dortigen „Magdalenenstifts". Ab 1927 wird er verantwortlich für die Fürsorgearbeit im Diakonissenhaus Teltow, dessen Leitung er später übernimmt; er lebte dort bis zu seinem Tod im Jahr 1963.

1912 heiratete er die Schwester Tillichs, Johanna, die 1889 in Starzeddel/Kreis Guben geboren wurde und 1920 in Bremen bei der Geburt ihres dritten Kindes starb. Eine zweite Ehe ging Fritz mit Gertrud Horn ein.

Sie war eine Tochter des Pastors Horn, der in Merzwiese amtierte und Tillich für die Doktorprüfung in Aramäisch vorbereitete. Die Freundschaft mit Paul Tillich entstand in den Studienjahren der beiden „Wingolfiten". Beiden gemeinsam mag eine im weitesten Sinne „missionarische" Hinwendung zum Mitmenschen gewesen sein. Durch seine Arbeit in Bremen, Frankfurt/M. und besonders in Teltow war Fritz, als Sohn eines Missionars, in dieser Weise geprägt. Es ging ihm, dem Michaelsbruder und engen Freund Wilhelm Stählins, um praktisch-geistliche Hilfe am Menschen, um den „Brückenbau" aus der inneren Ratlosigkeit, vor allem junger Menschen, zu den Kräften des Evangeliums.

Um „Brückenbau" aber ging es auch Paul Tillich in der ihm eigenen Art, in dem Bemühen, das Evangelium in Begriffen weiter zu sagen, die der suchende Mensch „auf der Grenze" annehmen konnte. Unter dem Eindruck des Pietismus seiner Heimat hatte Fritz im Laufe seiner Entwicklung in eine „evangelische Freiheit" hineingefunden, die ihre innersten Bindungen in der „agápe" behielt. Hier mag eine weitere, einander ergänzende Gemeinsamkeit der beiden Freunde gesehen werden; denn auch Tillichs philosophisch-theologischem Bemühen wird man nur dann gerecht werden können, wenn man seine wissenschaftliche Arbeit auf dem Hintergrund eben jener „Liebe" versteht, wie sie das Evangelium verkündigt. So trafen sich zwei Menschen, die einander die ihnen eigenen Dimensionen christlichen Denkens und Handelns erschlossen, zu einer Freundschaft, die durch alle theologisch-geistesgeschichtlichen Wirren zweier Kriegs- und Nachkriegsepochen Bestand hatte.

II, 1 Paul Tillich an Alfred Fritz

[1909]

Lieber Alfred![1]

Herzlichen Dank für Deinen Brief, der meine Schweigsamkeit mit praktischer Arbeit entschuldigt; das war richtig bis Pfingsten. Seitdem war der Grund ein anderer: die Unfähigkeit, aus der Fülle des zu Rezipierenden auch nur das Geringste zu produzieren. Wie Du weißt, lese ich seitdem Schelling,[2] den ich mir angeschafft habe. Er drückte mich also völlig nieder; ich hörte und konnte nicht reden, weil ich zu viel hörte; nun bin ich über die Hälfte hinweg und vor allem über die sachlich erste Hälfte, die klassische, und stehe mitten in der romantischen, christlichen. Daß Dir das Recht und die Pflicht zur Philosophie ein Problem geworden ist, freut mich. Falls Autoritäten wie Schlatter und Schmuhl [W. Lütgert] etwas bei Dir vermögen, so teile ich Dir mit, daß ich jetzt an den philosophischen Voraussetzungen beider angelangt bin: dem zweiten Schelling (die übliche Periodeneinteilung ist Unsinn; es gibt nur zwei). Auf jeder Seite entdecke ich einen neuen Grundpfeiler Schmuhlschen Denkens bis in die einzelnsten Psychologumena: Ich bin völlig überrascht, daß wir hier uns wiederfinden. Die Idee der „freien Theologie" wird damit zur Illusion, soweit Schlatter[3] – Schmuhl[4] sie verwirklichen wollen. Der Begriff des Beobachtens stammt aus dem Voluntarismus und Irrationalismus Schellings, keineswegs aus der Naturwissenschaft, wo er einen ganz anderen Sinn hat: „Gott ist, was er will; sein Wille muß erforscht werden", ehe gesagt werden kann, was er sein „muß"? Was sagst Du zu diesem Zitat? Und wo muß er erforscht werden? In der Offenbarungsgeschichte! Ich kann das Material häufen, so viel Du willst (Begriffsdreiheiten, Persönlichkeit). Schmuhl hat es wohl aus Baader[5], der zu Schelling in wechselseitigem Abhängigkeitsverhältnis steht.

Und nun noch einen historischen Überblick, damit Du siehst, daß ich ein Recht habe, mich in die klassische Periode unserer geistigen Selbsterfassung zu vertiefen, die bis jetzt faktisch maßgebend war und noch sehr viel maßgebend sein wird. Die Forderung neuer Produktivität ist unhistorisch nach einer klassischen Periode ersten Ranges, deren Verarbeitung noch in keinem Verhältnis zu der Fülle ihres Materials steht. Was haben wir denn Neues? Naturwissenschaft ist allein quantitativ gewachsen. Ihre Prinzipien und ihre Bedeutung für den Zeitgeist war damals genau so. Was wir wirklich mehr haben, ist das soziale Bewußtsein, das den Idealisten fast ganz fehlt. Ob auf die klassische Periode, wie bei den Griechen, die praktisch-philosophische folgt? Dort Individualethik (Ideal des Weisen), bei uns Sozialethik (Ideal der kulturell basierten religiös-sittlichen Gemeinschaft). Das „kulturell" ist zu betonen: nicht Gemeindeideal. Mit dem sozialen Bewußtsein hängt unmittelbar die Wertung der technischen Kultur zusammen, die ja den Lebensinhalt der meisten bildet und deren Bedeutung dem geistigen Aristokratismus der Idealisten fremd ist.

Der Idealismus selbst bedeutet eine doppelte Renaissance: eine klassische und eine romantische und den Versuch der Versöhnung beider bei Hegel. Fast könnte man denken: Nun ist Zeit zur Selbständigkeit; aber haben wir etwas Eigenes, was weder dies noch jenes ist? Wird's nicht doch immer bei der Synthese bleiben müssen?

Doch mündlich mehr! Wir hoffen, Du kommst auf 14 Tage im September nach Berlin. Ich bin dann auch da. Grüße Wumming! Laß ihr danken für den Brief; extra schreiben geht doch nicht mehr! Mir geht's sehr gut. Auf Wiedersehn!

Dein tr. Paul.

Anmerkungen: Siehe Seite 78 und 79.

ANMERKUNGEN

1 Biographisch ist dieser Brief aufschlußreich, weil er Auskunft darüber gibt, seit wann sich Tillich ausgiebig mit Schelling beschäftigt.

2 In: Auf der Grenze, G.W. 12, S. 31, schreibt Tillich: „Ich selbst wurde teils durch den Zufall eines Gelegenheitskaufs, teils durch innere Affinität zu Schelling geführt, dessen sämtliche Werke ich verschiedene Male begeistert durchlas und über den ich meine philosophische Doktor- und meine theologische Lizentiaten-Dissertation machte." Demzufolge muß der Kauf der Schellingausgabe um das Pfingstfest des Jahres 1909 erfolgt sein. Die Anregung allerdings, sich näher mit Schelling zu beschäftigen, dürfte durch Lütgert erfolgt sein.

3 Zu den philosophischen Voraussetzungen Schlatters vgl. G.W. 1, Einleitung, zu „Mystik und Schuldbewußtsein in Schellings philosophischer Entwicklung", S. 13 ff: Dort beschreibt Tillich den Einfluß des „späteren" Schelling auf Schlatter und beruft sich auf dessen Schrift: Die philosophische Arbeit seit Cartesius, Beiträge zur Förderung christl. Theologie, Jg. 10, H. 4/5, 2. Aufl. 1910, S. 166. Tillich führt aus: „Schlatter weist auf das tragische Element in Schellings Entwicklung hin, auf den Gegensatz zwischen der stürmischen Begeisterung, mit welcher der junge Naturphilosoph aufgenommen wurde, und der spöttischen Mißachtung, die ein Jahrzehnt später dem Religionsphilosophen allenthalben begegnete. Die letzte Ursache dieses tragischen Resultates sieht Schlatter in der Unlösbarkeit des Grundproblems der Schellingschen Religionsphilosophie, in dem unüberwindlichen Gegensatz von ‚Verschmelzungsgefühl' mit dem Absoluten und den sittlichen Kategorien oder von Kantianismus und Christentum. Schellings Versuch, die Kantsche These von der Identität der allgemeinen und individuellen Vernunft am Willensvorgang durchzuführen, sei mißlungen und damit die Katastrophe des kritischen Idealismus entschieden. Diese Auffassung spricht Schelling offenbar eine Bedeutung zu, die ihn selbst über Hegel und Schleiermacher hinaushöbe, wenn die Entscheidung über Gelingen oder Mißlingen der Schellingschen Synthese ausfallen würde." Paul Tillich, a.a.O., S. 13.

Wichtig sind die Schlußfolgerungen, die Tillich dem Thema Schelling und der weiteren Entwicklung der Philosophie widmet:

„Das tragische Moment würde darin liegen, daß Schelling keine führende Stellung im deutschen Geistesleben erlangt hat, *obwohl* er es konnte (während nach Schlatter auch die Möglichkeit dazu gefehlt hat). Der Sturz des Hegelschen Systems, der Pessimismus, die Rückkehr zu einem agnostizistisch aufgefaßten Kant: das alles – müßte man sagen – ist die Folge einseitiger Durchführung Kantscher Prinzipien, oder, Schellingisch gesprochen: das Wirksamwerden der Potenzen in ihrer Zertrennung. Eine geschichtsphilosophische Betrachtung könnte es für durchaus verständlich halten, daß die Fülle der Prinzipien, die sich in den klassischen Tagen unserer Philosophie drängten und ablösten, durch einseitiges Vorherrschen dem Gesamt bewußtsein eindrücklich werden mußten, ehe die große Synthese, die in Schellings zweiter Epoche vorliegt, eine entsprechende Würdigung erfahren konnte." Paul Tillich, a.a.O., S. 13.

4 Zu den philosophischen Voraussetzungen Wilhelm Lütgerts: Als Nachfolger Martin Kählers in Halle (seit 1912) setzte sich Lütgert bereits *vor* dem Ersten Weltkrieg mit jenen theologischen Richtungen auseinander, die die zeitgenössische Philosophie – d. h. besonders den Neukantianismus – rezipierten, und knüpfte statt dessen – Schelling nachfolgend – an Hamann, Baader und den späteren Schelling selbst an. Das Zusammengehen Schlatters und Lütgerts vollzieht sich in der Nachfolge der Theologie Martin Kählers, der im Rückgriff auf den agnostizistischen Determinismus der lutherischen Rechtfertigungslehre den neuralgischen Punkt in der rationalistischen Ableitung von Glaubensaussagen – bes. in der historischen Jesusfrage – aufspürte.

5 Die Naturphilosophie des Benedict Franz Xaver Baader – von Anfang an gegen die Aufklärung gerichtet – knüpfte an Herders Geschichtsphilosophie, an das Denken von Friedrich Heinrich Jacobi, Matthias Claudius, an Kant, seit 1787 an Johann Kaspar Lavater, besonders aber an Louis Claude Saint-Martin an. Von diesem angeregt, widmete sich Baader dem Studium Jakob Böhmes, wodurch er über Herder hinaus, in den Gegensatz zu Kant und auch zu Jacobi kam. Die Natur ist für Baader neben dem Menschen und der Geschichte Offenbarung Gottes und dient ihm als Grundlage seiner Ethik und Religionsphilosophie. Deren innerster Kern ist der Wille. Dadurch geriet er in den Gegensatz zum spiritualistischen Idealismus, vor allem in der religiösen Psychologie, die er durch eine Philosophie der Liebe hindurch als soziale Ethik profilierte. Seine politischen Aktivitäten brachten ihm 1826 eine Honorarprofessur *neben Schelling* an der neueröffneten Münchener Universität ein. Schelling hatte sich unter seinem Einfluß 1809 der Theosophie Böhmes zugewandt, während Baader sich in München von Böhme wieder allmählich entfernte. Am Schluß seines Lebens setzte sich Baader mit dem spinozistischen Element in Hegels Philosophie auseinander. Seine antirationalistische Philosophie wurde von der protestantischen Theologie aufgegriffen, als diese die Bindung an die klassische Philosophie als Aporie zu empfinden begann.

II, 2 Paul Tillich an Alfred Fritz

"Bei Goslar im Speisewagen".[1]

Sonntag Nachmittag. [2. April 1922]

Liebster Frede!

Das waren 4 Tage, seitdem ich Dich verlassen hatte, wie sie nicht allzu häufig sind. Zwei Tage – und Nächte mit H. Schafft und zwei Tage und Nächte mit Hirsch und Barth, mit dem letzteren 2 × 4 Stunden.[2] Dazu mit Rose (Ehefrau von E. Hirsch) allein je 2 Stunden Spazieren, und doch bin ich angeregt und frisch, wie selten. Es war eine Aufmöbelung erster Ordnung, eine Fahrt aus der theologischen „Provinz": Berlin in die theologischen Zentralen. – Mit Hannah[3] ging es äußerlich gut. Wir hatten dauernd Fenstereckplätze. Bis Hannover konnte sie liegen. In den letzten Stunden war sie doch recht wacklig; ich bin gespannt auf ihren Brief, wie sie in Marburg angekommen ist. Es war unsere erste Fahrt und erweckte die Sehnsucht nach weiteren. Dann kam der Vortrag[4], der ziemlich starken Eindruck machte, anscheinend auch auf Hermann, denn er sprach die ganzen Tage in meinen Formeln.

Nach Frankfurt geht er also definitiv nicht[5], daß es zu einem Krach mit dem Konsistorium kommt, glaubt er auch nicht mehr. Dagegen spukt der Rücktrittsgedanke noch mächtig in ihm. Er ist außerordentlich nervös und innerlich kaputt. Er braucht dringend eine ihm gemäße leitende Stelle und – eine Frau(?). Wir standen uns sachlich wieder sehr nahe; er wird in Kassel zerrissen von den Menschen. Über Emanuel, der dort geredet hatte, war er sehr entsetzt; er fand Spuren von jüdischem Haß bei ihm, was wohl nicht ganz richtig ist. Wir waren in der „Alten Drusel" und dachten an die „Kasseler Konferenz" 1912 [1911!] und meine Thesen[6], die damals niemand verstand und die jetzt uns allen längst selbstverständlich sind. Wir fühlten uns doch den anderen (Büchsel[7], Heinzelmann[8], Strathmann[9]) gegenüber sehr einig. Am Abend nach meinem Vortrag waren wir noch mit seinen freideutschen Jungen und Mädchen[10] zusammen, mit denen allen er sich duzt (zu Emanuels Entsetzen); für den Wingolf will er eine Aktion machen auf der Wartburg; eventuell mit Antrag auf Aufhebung von Couleur und Comment, und – wenn oder da es mißlingen wird – eine Spaltung herbeiführen. Ob das einen Sinn hat, ist ja sehr fragwürdig; aber sonst hat eben überhaupt nichts mehr Sinn. – Emanuel wollte das Nationale als notwendige Konsequenz des Christlichen gelten lassen und Sozialisten etc. mit „Hallenser Prinzipauffassung"[11] tragen. Es war aber nicht schwer zu zeigen, daß damit doch zwei Prinzipien nebeneinander stehen. Hermann wird noch über die Wartburg an uns schreiben. Emanuel kommt nicht Ostern zu Euch: Arbeit und Geld. Er hat tatsächlich als Ordinarius[12] jetzt weniger wie ich als Privatdozent. Am ersten Abend kam Barth zu uns. Er sagte: Ich hätte Sie mir anders vorgestellt, mehr modern-positiv; wieso? Ja mehr elegant-großstädtisch!

Der Punkt der Debatte, auf den Emanuel mit Scharfblick führte, war der Barthsche Supranaturalismus, den er als Inkonsequenz in seinem System auffaßte (Christus, Auferstehung, Eschatologie), also alles Blumhardtsche. Demgegenüber wäre ich konsequent und – Heide. Emanuel selbst aber erklärte sich für naiv und dialektisch. Mit Hartnäckigkeit suchte er eine Einigung von Barth und mir zu verhindern; er erklärte es für einen letztlich religiösen Gegensatz, der Barth dazu führen muß, entweder zu mir zu kommen oder einfach orthodox zu werden. Nach Mitternacht schimpfte er nur noch, nannte ihn Rhetoriker und neuerungs-süchtig etc., so daß schließlich Frau Barth ganz und er halb einschnappten. Er hält ihn für gefährlicher als mein „ehrliches Heidentum", das er auch in meinem Kant-Vortrag[13] noch genau so findet. Besonders reizte ihn die Mißachtung der historisch-kritischen Arbeit, deren Vertreter er ehrlicher und im Grunde nicht unfrommer findet. Er fürchtet eine Auflösung des wissenschaftlichen Ernstes, besonders auch von der Theorie des Humors aus, die wir gemeinsam bekämpften; es ist Barth in der Tat dringend nötig, daß er durch das Fegefeuer der ernstesten Wissenschaft hindurchgeht und auf Hohlräume und „unmögliche Möglichkeiten" verzichtet. Übrigens kam an dem gleichen Tag eine außerordentlich scharfe Kritik Schlatters an Barth.[14] Er wird es nicht leicht in Deutschland haben und fühlt es auch; aber es wird ihm gut tun und ihn inhaltsvoller machen.

Am nächsten Tage war ich Nachmittag bei ihm und wir sprachen ohne Emanuel, vor allem über die Geschichtsphilosophie. Auch hier zeigte sich der Gegensatz, daß er als supranaturaler Eschatologe kein Interesse daran hatte, sondern meine „theonomen" Zeitalter schon gefährlich fand. Er mußte dann freilich zugeben, daß sein „Glaubensakt", den er aus allem herausheben wollte, schließlich ebenso gefährlich ist. Über den religiösen Sozialismus sagte er, daß er an unserer Arbeit „warmes Interesse" hätte – wozu Emanuel bemerkte, daß er das viel schlimmer fände, da Barth die sozialistische Gesinnung doch noch hätte. Schließlich machten wir folgenden Pakt: Er will suchen, seine supranaturalen Formeln zu rationalisieren, ich, meine rationalen durch supranaturale zu kompensieren; er will als Bibeltheologe verkünden, was das Wesen des Unbedingten sei, ich als Kulturtheologe.

Den stärksten Eindruck habe ich doch von Emanuel empfangen; er ist so geschlossen und stark, daß ich ihn mit einem nitrischen Mönch verglich, zu dem der alexandrinische Religionsphilosoph [sich] hinausbegeben hat, um sich Kräfte zu holen. Seine Ethik ist im Grunde doch Ethos und nicht Gesetz, es [sie] hat ein ekstatisches Element in sich und ist von da gerechtfertigt.

Äußerlich ist er elend und wüstenhaft. Rose, mit der ich viel sprach, tut alles, was sie kann; aber es gibt auch für sie Unmögliches. So geht er in der herrlichen Göttinger Landschaft nie spazieren, arbeitet bis spät in die Nacht und kennt keine Schonung. „Jugend haben wir eigentlich nicht gehabt", sagte Rose. Sie wohnen sehr schön, im besten Viertel; nur die Küche ist zu klein und das Schlafzimmer auf dem Boden. Rose sorgte unglaublich nett für mich.

Sie sorgt sich sehr, daß Emanuel sich ganz einkapseln wird, und ist sehr dankbar für jeden, der zu ihnen kommt. Mit ihr selbst hatte ich allerhand Gespräche.

Wegen Frankfurt[15] riet Dir Hermann zu; er fand das Haus und Deine Position sehr schön und meint, die Gemeinde würde auf Forderungen eingehen.

Flämming[16] hält er keineswegs für einen zweiten Luther, wie Bluntschli[17], sondern für einen guten Pädagogen. Bluntschli hat ihm geschrieben, daß Du großen Eindruck auf ihn gemacht hättest.

Über meine Professur denkt Emanuel sehr skeptisch; er meint, ich müßte in diesem Jahre Extraordinarius – *titulario* werden; aber auch das geht von der Fakultät aus, ist also unsicher. Vor allem drängt er auf „das Buch".[18] Barth will bei Kaiser anfragen, ob er es verlegen will.

Die kleine Universität hat doch viel für sich; es ist ein dauernder Dialog möglich. *Wie* mir das in Berlin fehlt, habe ich in dieser ganzen Zeit, bei Dir und den andern gesehen; dazu die beglückende Natur. Aber wie lange wird es währen und die Sehnsucht nach dem Strudel kommt.

Bitte schicke mir diesen Brief *gleich* zurück, damit ich ihn Hannah schicken kann und das Materielle nicht wiederholen muß.

Und dann noch einmal Trudchen und Dir Tausend Dank für Alles.

Dein Paul.

ANMERKUNGEN

1 Dieser Brief vermittelt Eindrücke von den Kontakten zu jenen theologischen Freunden, die eine Neuorientierung in der Theologie nach 1918 bestimmten. Vgl. zu diesem Brief den Rundbrief von Karl Barth vom gleichen Sonntag, dem 2. 4. 1922.: Barth-Thurneysen-Briefwechsel, Bd. 2, Zürich 1974, S. 64–68.

2 Zu diesem Zusammentreffen mit K. Barth und E. Hirsch schreibt E. Busch in seiner Barth-Biographie: Karl Barths Lebenslauf, München 1978, S. 150 f.: „Ende März [1922] besuchte er [Tillich] Barth in Göttingen und lernte ihn in zwei ausgiebigen Gesprächen kennen. In dem einen setzten zwei Studenten ‚dem Fremden mit Seitenhieben‘ zu, ‚während ich [Busch zitiert hier aus einem Brief Barths an Thurneysen] mir die Pfeife stopfte oder sonst einen Augenblick nicht weiter wußte‘. ‚Das Bemerkenswerteste an ihm ist sein – anti-orthodoxes Ressentiment – und seine Geschichtsmythologie, in die sich das im übrigen streng unterdrückte – supranaturale – Bedürfnis bei ihm ergießt.‘ In dem anderen Gespräch machte sich Hirsch ‚ein Vergnügen daraus, uns gegeneinander aufzuhetzen, Tillich bei mir als unchristlich und mich bei Tillich als unwissenschaftlich zu denunzieren, auf welche – Typisierung – wir uns natürlich grundsätzlich nicht einließen, obwohl irgend etwas dran ist und ein Friedensschluß zwischen uns nur auf der uns gemeinsamen, etwas schmalen Front gegen Hirsch erzielt werden konnte, im übrigen nur auf der Basis, daß man gegenseitig das Beste voneinander denken und erwarten wolle‘.

3 Tillich lernte seine zweite Frau 1920 auf einem Berliner Kostümfest kennen. Nach vierjährigem Ringen heiraten beide am 22. März 1924.

4 Eventuell die Wiederholung des Berliner Kant-Vortrages, vgl. Anm. 13.

5 Vgl. Hermann Schafft: Lebensbericht.

6 Vgl. Paul Tillich: Die christliche Gewißheit und der historische Jesus. S. 31ff. in diesem Werk.

7 Vgl. Lebenslauf von Friedrich Büchsel.

8 Gerhard Heinzelmann: Priv.-Doz. Göttingen 1910, a.o. Prof. Basel 1914, o. Prof. 1918, dann Halle 1929–1951. Hrsg. der: Theologie der Gegenwart.

9 Hermann Strathmann: Studieninspektor 1906 in Bethel, Priv.-Doz. für Neues Testament 1910 in Bonn, a.o. Prof. 1915 in Heidelberg, o. Prof. 1916 in Rostock, 1918 in Erlangen, em. 1948; 1919/20 u. 1946–50 Abgeordneter des Bayrischen Landtags, 1920–32 des Reichstags.

10 Die freideutsche Jugend entstand als Zusammenschluß der studentischen und älteren Gruppen der Jugendbewegung, die 1913 auf dem Hohen Meißner zusammen mit nahestehenden lebensreformerischen Altersverbänden den ersten freideutschen Jugendtag veranstalteten. Die Ereignisse des Ersten Weltkrieges führten zur Spaltung in eine völkische (Jungdeutscher Bund) und mehrere sozialistische Gruppen.

11 Vgl. hierzu Paul Tillich: G.W. Erg.Bd. 5, S. 30 ff.

12 Als solcher lehrte Hirsch seit 1921 in Göttingen Kirchengeschichte.
13 Vgl. Paul Tillich: Die Überwindung des Religionsbegriffs in der Religionsphilosophie, in: Kant-Studien, Jg. 27 (1922), S. 446–449. – Vortrag, gehalten in der Berliner Abteilung der Kant-Gesellschaft am 25. Januar
   1922; auch in: G.W. 1, S. 367–388.
14 Diese bezieht sich auf die zweite Auflage von K. Barths Römerbrief-
   kommentar 1922.
15 Vgl. Lebenslauf von Alfred Fritz.
16 Flämming ist vielleicht: Georg Flemmig, Lehrer in Schlüchtern, auch füh-
   rend in der Neuwerk-Bewegung.
17 Vermutlich: Hans Bluntschli, Anatom, Dr. med. habil. Zürich 1906, ord.
   Hon.-Prof. Frankfurt a. M. 1914.
18 Paul Tillich: Das System der Wissenschaften nach Gegenständen und Methoden. Göttingen 1923. G.W. 1, S. 111–293.

II,3 Paul Tillich an Alfred Fritz

99 Claremont Avenue, New York City
Montag d. 1. Okt. [1934]

Liebster Frede!

Eben habe ich die beiden Stunden meines ersten Kollegs hinter
mir. Ich habe zwei Vorlesungen, diese über Geschichte der Religionsphilosophie[1], die andere am Mittwoch über Anthropologie.[2] Ich
schicke Euch mal die ausführlichen Dispositionen. Außerdem kommt
jetzt bald mein in Englisch erschienener Aufsatz über Staat und Kirche[3] in Deutsch zu Euch. Vielleicht auch noch ein Rundbrief über den
Sommer[4] hier. Die Disposition über die Lehre vom Menschen ist eine
Art Arbeitsprogramm für die nächsten Jahre. Es ist ja kein Zufall, daß
die Frage nach dem Menschen immer mehr in den Mittelpunkt aller
theologischen und philosophischen Fragen rückt, und zwar individuell
und sozial.[5]

Dein Brief war uns außerordentlich wichtig. Er war so aufschlußreich wie nichts, was Du bisher geschrieben hast, und wie weniges,
was wir überhaupt bisher bekommen haben; ich meine nicht in Bezug
auf Material, sondern hindurchklingende Stimmung. Ich glaube, wir
sind da gar nicht so fern voneinander. Aus meinem Aufsatz wirst Du
sehen, wie tief ich von der Notwendigkeit Eures Geschehens durchdrungen bin. Demgegenüber ist das Abwägen von positiv und negativ
gar nicht entscheidend. Deine positiven Erfahrungen bestätigen voll-

auf meinen Begriff der *„mass-reintegration"*, von dem aus ich die Dinge verstehe. Auch von moralischen Kategorien, so nahe sie liegen, gehe ich nicht aus – kein Vernünftiger unter uns tut das. Sondern ganz im Sinne Deines Fragens in die Zukunft rede ich von einem tragischen Verhängnis, einer Einheit von Schuld und Notwendigkeit, von dessen Konsequenzen nur ein Wunder retten kann. Eine menschliche Möglichkeit hat mir noch niemand sagen können. Nun hast Du ja meinen Geburtstagsbrief, auf den Dein Brief die volle und befriedigende Antwort gegeben hat. Du bist mir hoffentlich so wenig über ihn böse wie ich Dir über Deine Antwort. Bei mir ist das Gegenteil der Fall!

Der Brief an E. [Emanuel Hirsch] ist von K.L.S. [Karl Ludwig Schmidt] sofort für seine Zeitschrift genommen worden.[6] Er hat mit verschiedenen maßgebenden Leuten aus Deutschland gesprochen, und man war allgemein der Meinung, er *müßte* in dieser Form veröffentlicht werden. Durch Hermanns langes Zögern bin ich nun gar nicht mehr imstande, die Sache zu ändern, da sie längst im Druck ist. Ich habe aber eine Vorbemerkung über das Verhältnis des Persönlichen und Sachlichen gemacht, in der ich das sage, was ich auch Dir gegenüber aufrecht erhalten muß, daß es Fälle gibt, in denen beides zusammengehört. Am Tage nach Deinem Brief kam einer von Erika V.[7], in dem sie sich empört über E.'s Verhalten – in seinem Buch mir gegenüber – äußert. Dabei kommt es wirklich nicht auf mich als Person an, sondern allein auf die mit meinem Namen verbundene Kairos-Lehre, die, wie ich zu meinem Erstaunen feststellen muß, in der ganzen theologischen Welt bekannt ist als Ausdruck des religiösen Sozialismus. Was ich mit dem Brief will, ist nichts anderes als der Versuch, sie ihm zu entreißen, historisch und systematisch. Das geht aber nicht ohne Enthüllung der wirklichen historischen Zusammenhänge, und das wieder geht nicht, ohne persönliche Dinge zu berühren.

Dein Vorschlag, daß ich nach einem Jahr dort einige theoretische Aufsätze über theologische Probleme schreiben soll, hat nichts mit dieser Sache zu tun. Das kann oder kann nicht geschehen. Für manche Probleme wird es gar nicht mehr nötig sein, da ihr Anlaß bagatellisiert oder radikalisiert sein wird. Hier aber handelt es sich um eine existentielle Kampfsituation. So wird sie von E. in seinem Buch geschildert, und so muß ich sie in meiner Situation empfinden.

Gern nehme ich dafür in Kauf, daß ich nur von Solchen verstanden werden kann, die zwei Jahre zurückdenken können; immerhin gibt's deren recht viele; alle, die meine Schüler waren oder sonst von mir beeinflußt sind. Ihnen bin ich es schuldig, ganz unmittelbar Stellung zu nehmen. Sie sind und müssen verwirrt sein über diese „Wiederauferstehung" der *Kairos*-Lehre. Und gerade, wenn wir einen Weg suchen müssen, zwischen der „Höhlen"- und der Kasernenhof-Kirche, wie es so viele wollen, so scheint mir nötig zu sein, daß man die Zeichen dieses Weges, die sich der Kasernenhof angeeignet und die er mit einer gräßlichen Farbe übermalt hat, wieder abwäscht und an die richtige Stelle setzt. Das alles aber ist nur „dialektisch" möglich, in einem ganz konkreten, existentiellen Kampf.

Über die Frage, wie man heut dort sprechen muß, kann nicht *nur* von dort aus entschieden werden. Du ahnst ja nicht, wie leicht sich ein geistiges Ghetto ausbildet. Wer draußen sitzt, merkt es mit Staunen. Du weißt kaum, was Deutschland für die gesamte Bildungswelt der Erde gewesen ist, auch und gerade in den letzten 15 Jahren. Jeder war da, jeder hat dort studiert, jeder spricht unsere Sprache und kennt unsere Literatur, besser als viele Deutsche der gleichen Schicht.

Und was kommt jetzt herüber. Es gibt einen literarischen Ghetto-Geruch, den übrigens zeitweise auch die katholische Literatur infolge ihrer Absperrung an sich hatte und die zu dem Satz führte: *„catholica non leguntur"*[8] und jetzt: *germanica non leguntur!*[9]

Schwer an dem Brief ist mir nur, daß ich E. weh tun muß; aber er ist jetzt mehr als ein Professor; er ist ein Symbol. Er ist Symbol für alles, wozu ich Nein sagen muß. Ich wünschte, ich könnte zu ihm fahren und es ihm in die Hand geben.

In Dank und Liebe Dein Paul

ANMERKUNGEN

1 Vgl. Paul Tillich: G.W. 14, S. 287.
2 Vgl. Paul Tillich, ebd.
3 Vgl. Paul Tillich: *The Totalitarian State and the Claims of the Church* in: Social Research (New York). Jg. 3, Nr. 2. 1934. S. 163–173. Deutsche Fassung in: G.W. 10, S. 405–433.
4 nicht vorhanden.
5 Die Anthropologie wurde in den dreißiger Jahren zentrales philosophisches Thema.
6 K. L. S. = Karl Ludwig Schmidt, Herausgeber der „Theologischen Blätter", in denen Tillich seinen offenen Brief an Emanuel Hirsch veröffentlichen wollte. Schmidt wurde 1918 Privatdozent in Berlin, 1921 Professor in Gießen, 1925 in Jena, 1929 in Bonn, 1933–1935 Pfarrer in der Schweiz, 1935 Prof. für Neues Testament in Basel, 1953 emeritiert.
7 Erika V. = Erika Vielhaber, Studentin bei Tillich in Frankfurt/M.
8 Katholisches wird nicht gelesen.
9 Deutsches wird nicht gelesen.

III.
PAUL TILLICH – RICHARD WEGENER

LEBENSLAUF VON RICHARD WEGENER (1883–1967)

Als Tillich vom Frühjahr bis zum Oktober 1909 in Lichtenrade bei
Berlin die dienstlichen Aufgaben des Pfarrers Klein übernimmt, lernt
er in dem geselligen Pfarrhaus Dr. Richard *Wegener* kennen. Er selbst
hatte seinen Freund Emanuel *Hirsch* dort eingeführt. Bruno Theek,
der 1910 ebenfalls in dem gastfreien Hause weilte, schreibt in seinen
„Erinnerungen an Dr. Richard Wegener": „Es kam hier immer zu
ausgedehnten wissenschaftlichen Gesprächen ..., wobei Wegener
trotz seiner Jugend sozusagen dominierte, da er sehr belesen und in
allen theologischen Fragen bewandert war ... So erinnere ich mich
noch an eine ausgedehnte Diskussion über die Taufe im Neuen Testament ..." Ohne Zweifel hat der Freund, der gerade (1908) mit der
Dissertation „Die Transcendentalphilosophie Salomon Maimons
(1754–1800)" den philosophischen Doktorgrad erworben hatte, den
Blick Tillichs auf die erstarkende Arbeiterbewegung gelenkt; denn
beide sehen 1919 den „Sozialismus als Kirchenfrage".[1]
Richard Wegener, der am 22. 9. 1921 notariell erklärt, „meine so-
zialistischen Anschauungen veranlassen mich, meinen Austritt aus der
Kirche zu vollziehen ...", wurde am 3. 8. 1883 in Rostock geboren.
Zunächst hatte er Theologie studiert, 1905 das erste theologische Examen in Güstrow abgelegt, 1905/06 in der Berliner Stadtmission unter
Adolf Stöcker mitgearbeitet und 1906/07 das evang. Predigerseminar
Naumburg am Queis besucht. Anschließend ging er nach Rostock, um
zu promovieren. Nach der Promotion assistiert er Pfarrer Klein in
Lichtenrade; seit dem 19. 12. 1908 war er Hilfsprediger in Hen-
nickendorf bei Strausberg, später in Groß-Lichterfelde. Als Konsisto-
rialrat *Lahusen* zum Generalsuperintendenten von Berlin berufen
wurde, ernennt er bald danach Wegener zum Jugendpastor dieses
Sprengels (1. 6. 1911). In diese Jahre vor dem Ersten Weltkrieg fallen
die „Offenen Abende", die im Winter 1912/13 auf Wegeners Vorschlag in verschiedenen Berliner Privathäusern veranstaltet werden.
Wegener, Tillich und Pastor Le Seur halten die Referate. Ziel ist es,
der christlichen Religion gleichgültig gegenüberstehende Schichten

87

der bürgerlichen Intelligenz wieder für die kirchliche Verkündigung aufzuschließen. Das Weltkriegserlebnis läßt die beiden Freunde zu der Erkenntnis gelangen, daß die bürgerlich-monarchistische Gesellschaftsform durch eine sozialistische abgelöst werden müsse. Die Kirche und ihre Verkündigung müßten sich den gegenwärtigen revolutionären Prozessen stellen. Wegener trennte sich mit der ihm eigenen Kompromißlosigkeit von der verfaßten protestantischen Kirche. Zunächst wurde er 1919 ins Preußische Kultusministerium durch Konrad Haenisch berufen, um die Volkshochschulbewegung in Preußen zu organisieren; 1919 gründete er eine Volkshochschule im Norden Berlins.

Im Oktober 1921 heiratet er die verwitwete Frau Hildegard Appelius, geb. Erbslöh, nachdem die Verbindung zu Tillichs damaliger erster Frau Greti geb. Wever ebenso gescheitert war wie Tillichs Ehe selbst. Die Freundschaft zwischen Tillich und Wegener ist aber an diesen Belastungen im privaten Bereich nicht zerbrochen. Wir finden beide in der religiös-sozialistischen Bewegung engagiert. Im Mai 1919 referieren beide vor der Ortsgruppe Zehlendorf der USPD. Sie müssen sich deswegen vor dem Konsistorium verantworten, und Wegener bezeugt diesem: „Da meine Anschauungen bezüglich der in Frage stehenden Probleme mit denen meines Korreferenten im wesentlichen übereinstimmen, haben wir uns erlaubt, unsere Überzeugung zu gemeinsamem Ausdruck zu bringen." Sie verfassen: „Christentum und Sozialismus. Antwort an das Konsistorium der Mark Brandenburg", woraus dann „Der Sozialismus als Kirchenfrage" entsteht.

Als Tillich 1923/24 nach Marburg berufen wird, geht auch Wegener von Berlin weg (April 1924). Er übernimmt die Leitung des Alumnats an der Staatl. Bildungsanstalt in Naumburg/Saale, studiert nebenher in Halle, legt die Prüfung für das höhere Lehramt ab (25. 7. 1925) und erlangt die Fakultas für Religion, Geschichte und philosophische Propädeutik. Seit 1926 wirkt er als Studienrat an der Bildungsanstalt Naumburg, 1928 in Berlin-Charlottenburg, ab 1. 4. 1930 als Leiter der Aufbauschule und gleichzeitig des Gymnasiums in Fürstenwalde/Spree. Mit Wirkung vom 1. 4. 1932 wird er als „Oberstudiendirektor" Leiter der Staatlichen Bildungsanstalt in Potsdam. Am 15. 5. 1933 wird er auf Grund des „Gesetzes zur Wiederherstellung des Berufsbeamtentums" beurlaubt und in „ein Amt gleichen Ranges" versetzt; 1933 erhält er die Leitung der Aufbau-Schule Kyritz (Ostprignitz). Hier erlebt Wegener den Zusammenbruch der Naziherrschaft. Schon 1945/46 wird er mit dem Wiederaufbau des Schul-

wesens in der Prignitz beauftragt. Von 1946 bis 1948 ist er wieder der
Leiter der Oberschule Kyritz. Er stirbt am 11. 7. 1967 in Neuruppin.

Die Geschichte der Pädagogik in der Weimarer Republik ist hinsichtlich ihrer vorausschauend fortschrittlichen Traditionen mit dem
Namen Wegeners eng verbunden. Ähnliches gilt für die frühe Geschichte der Volkshochschulbewegung nach 1918. Wegeners Bruch
mit der Kirche war kein Bruch mit der christlichen Religion. Sie will
vielmehr als Zeichen verstanden sein. Die Möglichkeiten der Hoch-
schullehrerlaufbahn standen ihm nicht offen. Die Bildungsarbeit unter
breiteren Bevölkerungsschichten war sein ureigenstes Anliegen. Die
Struktur der Theologie Tillichs, ihr Eingehen auf die spezielle Situation des Menschen besonders in der sozialen Dimension darf als
Frucht der Begegnung mit Richard Wegener gelten.

Aus dem mehrsträngigen Bildungsgang Wegeners in den Disziplinen Theologie, Philosophie und Pädagogik resultiert nicht nur ein
profundes Wissen und ein abgewogenes Urteil über Menschen, historische und soziale Vorgänge. Er ist der geeignete Gesprächspartner
für einen hochintellektuellen Menschen, der in der Isolierung durch
den Kriegsdienst auf der Höhe der philosophisch-theologischen Zeit-
diskussion bleiben will.

ANMERKUNG

1 Vgl. Der Sozialismus als Kirchenfrage. Leitsätze von Paul Tillich und Richard Wegener. G.W. II, S. 13–20.

III, 1   Paul Tillich an Richard Wegener

26. 8. 1917

Lieber Dox!

Zuerst meinen herzlichen Dank für Deine Bemühungen in Neu-
kölln! Das sieht ja glänzend aus! Ist es aber wohl nicht in dem Maße,
wie mein Mißtrauen gegen so undefinierbare Arbeiten, wie die des
Pfarrers, mir sagt. Immerhin ist dadurch eine wertvolle *Ultima ratio*
geschaffen, was meine Stimmung wesentlich gehoben hat. Spruchreif
ist die Sache für mich erst dann, wenn ich merke, es geht hier nicht

mehr so, wie es gehen müßte; und zu diesem „muß" gehört auch ausreichende Zeit zu wissenschaftlicher Arbeit. In diesen drei Wochen habe ich sie gehabt und von früh bis spät ausgenutzt, so daß ich gestern schon mit dem ganzen Husserl[1] fertig wurde! Ich habe mancherlei dadurch gelernt; zuerst und vor allem die ganze Tiefe meines Nicht-Wissens in Bezug auf die Probleme und Methoden und auch *wirklichen Leistungen* unserer Philosophie. Da heißt es, Ungeheures nachholen, wenn ich überhaupt mitreden will, und das kann man doch sogar von einem wissenschaftlichen Theologen verlangen, geschweige denn einem modernen Philosophen. Etwas anderes ist, es Kennen, etwas anderes, Abhängig-Sein; und diejenige Abhängigkeit, die man „Stehen in der Zeit" nennt, ist doch wohl zu verlangen, schon damit man verstanden wird.

Weiter habe ich gelernt, den Begriff der „wissenschaftlichen Philosophie" in seiner ganzen Bedeutung zu erfassen! Das ist wirklich Schulwissenschaft und sogar in bestem Sinne Scholastik, nämlich Begriffsklärung. Besonders gilt das für die Phänomenologen, die ihre ganze Arbeit den „Bedeutungen" der aktuellen Begriffe zuwenden; die Kantianer[2] dagegen sind von einer erschütternden formalistischen Klarheit und Inhaltslosigkeit. Husserl nennt alle zitierten Leute „Forscher", was mich merkwürdig anmutete, da man diese Formulierung bisher bei der Maikäfer-Forschung bevorzugte. Was bleibt nun übrig? Philosophische Forschung und Philosophie trennen? Was macht dann aber die schöpferische, gesetzgebende Philosophie? Ist sie bloß Literatur? Muß man philosophische Wissenschaft und philosophische Literatur unterscheiden? Oder gibt es ein drittes, aus dem Inbegriff der Forschungen eine Schöpfung im alten Sinne erstehen zu lassen, die Wissenschaft und Schöpfung ist und − von der Wissenschaft als unreinlich verworfen wird? Man kann sich das ja an den sogenannten normativen Wissenschaften klarmachen: Sind sie Forschung, so sind sie nur angewandte Theorie; sie enthalten keine neuen Schöpfungen, sondern lediglich normativ gewendete Wesenssätze der technischen und geistigen Funktionen. Also Theorie des Schiffsbaus und des Denkens und des Handelns ohne Schöpferisches; das Denken wäre dann überhaupt nur schöpferisch in seinem eigenen Gebiet, d. h. in der Methode oder der Gegenstandsbetrachtung. Eine neue Methode oder eine neue Entdeckung, analog einer neuen Malweise oder einem neuen Bild − der Gegenstand wäre also immer Seiendes, nie Sein-Sollendes, höchstens die *Seins-Wurzelung des Sollenden.*

Das Schaffen wäre in der Wissenschaft immer ein Finden, als Resultat eines Suchens oder Forschens. Ist mit dieser Beschreibung nun die Sachlage bei den großen, schöpferischen Philosophen getroffen? Oder haben diese ganz anderes gewollt? Ich glaube fast! Lütgert sagt in seiner Rektoratsrede[3]: „Methoden machen Schule, Ideen Geschichte!" Kants Kritizismus hat Schule, seine Freiheitsidee Geschichte gemacht. Hegels Dialektik Schule, seine Staatsidee Geschichte! Dann machte also der Philosoph durch Ideen Geschichte, der Forscher durch Methoden oder Entdeckungen Schule! Wie verhalten sich nun Ideen und Entdeckungen? Sind Ideen wissenschaftlich entdeckt? Sicher nicht, aber meistens auch nicht ohne Wissenschaft. Behandelt die Wissenschaft Ideen? Sicherlich! Aber hat sie ein Recht dazu, sie anders als objektivierend, als Tatbestand, zu behandeln? Fragen über Fragen! Doch ich will noch nicht antworten, ich will noch in die Schule gehen und – meine Ideen zur Klarheit und Sicherheit bringen!

Theologische Themata strömen mir nur so zu. Die Beschäftigung mit der katholischen Theologie (z. Zt. Möhler)[4] ist äußerst anregend. Sie treffen in ihrer Kritik fast immer das Richtige und stehen doch weit unter dem Kritisierten. Die ganze Dialektik des Protestantismus ist eminent interessant, jetzt, wo wir im wesentlichen jenseits des historischen Protestantismus stehen.

Die Arbeit über das Formalprinzip ist sicher sehr ergiebig. Es wäre vielleicht nötig, hier den Begriff der „Weisheit" einzuführen; die innere Antinomie zwischen Wahrheit und Weisheit im katholischen System ist bei der Behandlung jedes Problems nachweisbar. Weiter wäre ein interessantes Thema „Theologien der Wahrscheinlichkeit", darunter könnten zusammengefaßt werden:
1. die *Veritabilia* der katholischen Apologetik, (die hinreichenden Gründe zur Annahme einer Offenbarung),
2. die Heils-Wahrscheinlichkeit der katholischen Dogmatik,
3. der dogmatisch-historische Wahrscheinlichkeitsbeweis der älteren Supranaturalisten[5],
4. der historische Beweis der Ritschlianer[6],
5. die relative Religion von Troeltsch[7].
Evtl. könnte noch eingereiht werden: Der moralische Gottesbeweis in seinen Kantischen Formen.

Das Gegenteil sind „Theologien der Gewißheit". Es wäre zu untersuchen und würde sich vermutlich ergeben, daß nach dem Identitätsprinzip alle Gewißheitstheologien „Geistestheologien" sind; daß die Gewißheit aus einem irgendwie formulierten Eintritt des Gegenstandes in das Subjekt abgeleitet würde. Damit hätten wir als primäres Moment eine innere Bestimmtheit, die sich durch Ausscheiden [des][8] Material-Psychologischen zu einer Kategorie eruieren ließe. Die ob-

jektive Religion stände in einem genau bestimmbaren Funktionsver-
hältnis (streng mathematisch) zu dieser Innerlichkeit. Die Innerlichkeit wäre dann als „theologisches Prinzip" anzusprechen, die Funktionen von da aus nach dem zu erforschenden Funktionsgesetz zu bestimmen.

Ich bitte Dich nun, mir etwas Theologisches zu schicken. In erster
Linie die Soziallehren von Troeltsch[9], dann, wenn es irgend geht,
theologische Hegelianer[10], wenn möglich käuflich; sonst, wenn Du es
wagen willst, von Dir geliehen. Ist I.A. Dorners Aufsatz über das
Verhältnis von theologischem Material- und Formalprinzip[11] irgendwie erreichbar? An ihm läge mir sehr viel. Den dritten Band von Husserl[12] sowie seine Phänomenologie habe ich bei Niemann direkt be-
stellt. Im Hallenser Vorlesungsverzeichnis steht meine Vorlesung über
„Einleitung, etc." als erste im ganzen Buch.[13]

Wie ist Gretis Wohnung?

Dein tr. Paul.

ANMERKUNGEN

1 Mit Edmund Husserl strebt die Phänomenologie eine enge Beziehung von
  Anschauung und Begriff an. In seinen bahnbrechenden „Logischen Untersuchungen" (2 Bde. 1900 f; 2. Aufl. 1913) bekämpft er den Psycholo-
  gismus der Auffassung, daß die Psychologie die Grunddisziplin der Philosophie sei. Husserl behandelt die Logik als eine a priori geltende Wissenschaft – unabhängig von der Psychologie. Er erhellt ihr Wesen und die allgemeinen Formen, die jedes theoretische Wissen notwendig besitzt. In
  ihrer Behandlung greift er auf den katholischen Logiker Bernhard Bolzano
  zurück, besonders auf dessen Wissenschaftslehre (4 Bde. 1837). Untersuchungen über Satzbedeutung, Evidenz und Wahrheit, sinnliche und
  „kategoriale" Anschauung zeigen die für Husserls weitere Arbeiten konstitutive *korrelative* Betrachtungsweise von Bewußtseins-Akt und
  -Gegenstand mit dem Bestreben einer erkenntnistheoretischen Aufklärung
  der gegenständlichen Welt durch beschreibende Analyse der Bewußtseinserlebnisse. Allein dieses Verfahren begründe die universelle Methode aller
  Philosophie und die Möglichkeit, diese als „strenge Wissenschaft" zu etablieren. Der Grundgedanke der „Ideen zu einer reinen Phänomenologie"
  (1913) besteht darin, daß „die ganze *räumlich-zeitliche Welt...ihrem Sinne
  nach bloßes intentionales Sein"* ist, „also ein solches, das den bloßen sekundä-
  ren, relativen Sinn eines Seins *für* ein Bewußtsein hat" (vgl. Edmund Husserl: Ideen zu einer reinen Phänomenologie, Halle 1913, neu hrsg. v. Karl

Schumann, in: Husserliana, den Haag 1976, Bd. 3, S. 106). Im Bewußtsein, durch dessen intentionale Leistung die Welt der seienden Dinge uns zur Gegebenheit kommt, haben wir absolutes, unbezweifelbares Sein. Alles Seiende sei relativ auf Bewußtsein, mithin sind Bewußtseinserlebnisse konstitutiv für das ihnen gegebene Seiende. Ohne Zweifel handelt es sich hier um eine subjektiv-idealistische Konzeption, zumal jede Art von Seiendem, reales und ideales, nur verständlich wird als eben in dieser Leistung konstituiertes Gebilde der transzendentalen Subjektivität. Jedoch weist Husserl das Mißverständnis ab, als existierte die reale Außenwelt überhaupt nicht. Es geht ihm darum, die objektiv gegebene Welt in ihrem Sinn zu verstehen. Er will „den Sinn auslegen, den diese Welt für uns alle vor jedem Philosophieren und offenbar nur aus unserer Erfahrung hat" (Edmund Husserl; Cartesianische Meditationen, in: Husserliana, 2. Aufl., den Haag 1973, Bd. 1, S. 177).

2 Tillich denkt hier an den Neukantianismus mit solchen Vertretern wie Wilhelm Windelband, Heinrich Rickert u. ä.

3 Vgl. Wilhelm Lütgert: Gesetz und Freiheit, in: Hallesche Universitätsreden 6, Halle 1917.

4 Vgl. Johann Adam Möhler, Prof. in München. Verfasser einer glänzend geschriebenen, die protestantische Theologenwelt beeindruckenden „Symbolik", Mainz 1832, 10. Aufl. Regensburg 1921.

5 Der Supranaturalismus rezipiert Elemente der vernünftigen Orthodoxie, der Neologie und der pietistischen Bewegung des 18. Jahrhunderts und verbindet sich mit der Erweckungsbewegung. Der ältere Supranaturalismus gedieh hauptsächlich in Württemberg (Gottlieb Christian Storr). In Norddeutschland war Franz Volkmar Reinhard ein bedeutender Vertreter dieser Richtung. In kurzschlüssiger Apologetik machten sich die Supranaturalisten Kants Beschränkung der Vernunft zu eigen und leiteten daraus die Notwendigkeit einer biblischen Offenbarung ab. Die Bibel ist wahr, weil sie der natürlichen Vernunft widerstreitet. Der Glaube sagt in der Bekehrung der Hybris der Vernunft ab und anerkennt die Autorität der göttlichen Offenbarung.

6 Als Albrecht Ritschl 1874 den dritten Teil seines Hauptwerkes „Die christliche Lehre von der Rechtfertigung und Versöhnung" (1870–74) veröffentlicht hatte, wurde er das Haupt einer Schule, die etwa ein Vierteljahrhundert lang teils eine große Anziehungskraft ausübte, teils auch energischen Widerspruch erfuhr. Theologen wie W. Herrmann und A. v. Harnack folgten Ritschl nach in dem Rekurs auf die geschichtliche Offenbarung in dem Personleben Jesu, wodurch die Theologie in apologetischer Hinsicht von weltanschaulich-philosophischen Strömungen unabhängig werden sollte. Sie erlagen der Illusion, bei voller Handhabung der historisch-kritischen Methode die zentralen Offenbarungswahrheiten aus der Schrift erheben zu können. Das gemeinsame Band bestand in dem methodischen Ausgang von der biblisch-geschichtlich erfaßten Person Jesu als dem Offenbarer Gottes und Bringer des Heils.

7 Nach Troeltsch soll die historische Methode die dogmatische Methode überwinden. Typisch sind Wahrscheinlichkeitsurteile und die Anwendung der Prinzipien Analogie und Korrelation auf alle geschichtlichen Erscheinungen. Religion ist ein selbständiges, zentrales Wertgebiet, subjektiv ein unmittelbares Gottesverhältnis. Mit Hilfe des religiösen *a priori* gelangt Troeltsch zur Erörterung der Absolutheit des Christentums. Nachdem eine dogmatische, eine supranaturalistische, aber auch eine Hegelsche Lösung der Absolutheitsfrage nicht mehr möglich sind, kann nur noch eine faktische Höchstgeltung des Christentums im Vergleich mit anderen Religionen und auf Grund einer letzten persönlichen Entscheidung postuliert werden. Das „Dogma" wird relativiert; es ist eine „bewegliche Glaubensvorstellung".

8 In Tillichs Text steht: „*als* Material-Psychologischen"; es muß aber heißen: *des* Material-Psychologischen".

9 Die Soziallehren der christlichen Kirchen und Gruppen, Tübingen 1912 (auch in: Ges. Schr. Bd. 1, 1912).

10 Karl Daub, Philipp Marheinecke, Ferdinand Christian Baur und die Tübinger Schule, zu der zeitweilig auch Albrecht Ritschl gehört oder auch der theologiegeschichtlich wichtige Philosoph Hermann Christian Weiße.

11 Vgl. Isaak August Dorner, in: Alfred Resch: Das Formalprinzip des Protestantismus. Neue Prolegomena zur Dogmatik. Mit einem Vorwort von I.A. Dorner. Berlin 1876.

12 Gemeint ist wohl: Edmund Husserl. Jahrbuch für Philosophie und phänomenologische Forschung. Bd. 3, Halle 1913.

13 Der Titel der nicht gehaltenen Vorlesung lautete: Einleitung in die Theologie und Religionswissenschaft (Wintersemester 1917/18. Vgl. G.W. 14, S. 296).

IV.

PAUL TILLICH – EMANUEL HIRSCH

Die große religionsphilosophische Debatte[1]

EINFÜHRUNG IN DEN BRIEFWECHSEL 1917/1918

Die Briefe, die zwischen Paul Tillich und Emanuel Hirsch am Ende des Ersten Weltkrieges gewechselt wurden, gehören in die Geschichte einer Freundschaft. Sie setzen gemeinsame Erinnerungen voraus, sie zeigen ein gemeinsames theologisches Interesse, und sie lassen, wenn auch äußerst zurückhaltend, den Erfahrungshintergrund anklingen, vor dem ihre Gedanken das Wort suchen.

Paul Tillich ist zur Zeit des Briefwechsels Divisionspfarrer in Frankreich; Emanuel Hirsch empfängt und diktiert die Briefe in einer Bonner Augenklinik. Obwohl die Schatten für beide länger werden, will die Leidenschaft, die Wirklichkeit zu sehen und wahrzunehmen, nicht erlöschen.

Emanuel Hirsch, der eine Briefpartner, stammt wie Paul Tillich aus einem Pfarrhaus. Er wurde am 14. Juni 1888 in Bentwisch/Westprignitz geboren, verbrachte seine Jugend- und Schulzeit in Berlin und begann 1906 an der damaligen „Kaiser-Wilhelm-Universität" das Studium der Theologie. Zu den Lehrern, die er verehrte und deren Freundschaft er später gewann, gehörte Karl Holl, der hochbedeutende Kirchenhistoriker, der damals zugleich mit Adolf von Harnack an der theologischen Fakultät wirkte. Im Frühjahr 1911 bestand er das 1. theologische Examen; in den darauf folgenden Jahren seiner Hauslehrertätigkeit befaßte er sich mit dem Studium der Philosophie J. G. Fichtes. Das Ergebnis dieser Studien liegt in der Dissertation von 1913 über Fichtes Religionsphilosophie vor. Zwei Jahre später habilitierte er sich in Bonn für das Fach Kirchengeschichte mit einer Arbeit über die Geschichtsphilosophie Fichtes.[2]

Paul Tillich und Emanuel Hirsch haben sich erst gegen Ende ihrer Studienzeit kennengelernt. Ein Treffen des Wingolf führte sie 1907 zusammen. In diesem Jahr beginnt die langjährige Freundschaft. Emanuel Hirsch fand damals in Paul Tillich nicht nur einen ebenbürtigen, sondern einen überlegenen Freund. Ihm verdankte er den Hinweis auf die Fichtesche Philosophie, die seinem Studium der systematischen Theologie eine entscheidende Wende gab. Fichte führte ihn aus den Verlegenheiten der kantischen Philosophie heraus und eröffnete ihm die Möglichkeit, den Gottesgedanken so zu bestimmen, daß er der philosophischen Einsicht und der Einsicht des Glaubens gleichermaßen erschlossen blieb.

Die Frage, wie Gott zu denken sei, hat beide über die Jahre hinweg begleitet, und sie drängt in den Briefen zur weiteren Entfaltung. Sie ist nicht nur durch das Bedürfnis nach intellektueller Wahrhaftigkeit ausgelöst, sondern sie stellt sich auch als Frage nach der rechten Lebensführung. Von ihrer Beantwortung hängt die Gewißheit oder die Ungewißheit des eigenen Glaubens ab.

Es ist alles andere als ein Zufall, daß sich in dem Streit um die angemessene Erörterung des Gottesbegriffs der Streit wiederholt, den Fichte und Schelling um denselben Sachverhalt geführt haben. Der Briefentwurf von E. Hirsch, auf den P. Tillich am 20. Februar 1918 reagiert, macht das hinreichend deutlich. Er läßt auch erkennen, daß dort, wo Letztbegründungen zur Debatte stehen, an Einsichten appelliert wird, die sich eines strengen gedanklichen Beweises entziehen.

Der Briefwechsel stellt eine Etappe auf dem Weg dar, die jeweilige Grundeinsicht in zusammenhängender Weise darzulegen. Er zeigt die Richtung an, in der eine Lösung gesucht wird. Das macht seinen eigentümlichen Reiz aus.

Die Briefe geben Einblick in die Entstehungsgeschichte zweier theologischer Entwürfe, die sich sehr eng berühren und die zugleich voneinander fortstreben. Sie sind Ausdruck zweier Frömmigkeitsstile und zweier Denkstile. Was sie zusammenbindet, ist nicht das Ungesagte oder das Unsagbare, sondern das Wunder der Gegenwart Gottes in der vieltönenden Wirklichkeit.[3]

(Hans-Walter Schütte)

ANMERKUNGEN

1 Auf dem Umschlag, in dem E. Hirsch die Abschriften der Briefe E. Hirschs an P. Tillich (Nr. 2, 5, 6) und die Originale der Briefe P. Tillichs an E. Hirsch (Nr. 1b, 3, 4) aufbewahrt hat, steht mit seiner Handschrift die oben gesetzte Überschrift.

2 Emanuel Hirsch: Christentum und Geschichte in Fichtes Philosophie, Tübingen 1920.

3 Für diese Ausgabe ist der Text mit den Manuskripten noch einmal genau verglichen worden. Walter Buff übernahm diese mühevolle Aufgabe. Die Antwort E. Hirschs auf Tillichs Brief vom 12. November 1917 ist weder in den Paul Tillich-Archiven noch im Nachlaß Emanuel Hirschs vorhanden.

IV, 1a Paul Tillich an Emanuel Hirsch

12. Nov. 1917

Mein lieber Emmanuel! Wie ich von Johanna[1] höre, liegst du in Bonn im Lazareth. Leider schreibt sie nicht, was dir fehlt, ich bin recht unruhig und bitte dich, mir Näheres zu schreiben, wenn du irgend kannst! Wir haben überhaupt lange nichts voneinander gehört (was im übrigen relativ unwichtig ist). Johanna schreibt mir, du warntest uns vor zu vielem Denken bezüglich der Religion. Ich verstehe das und bin im Grunde mit dir einverstanden, aber wohl von ganz anderen Voraussetzungen her. Meine Fassung des Rechtfertigungsgedankens hat mich bis zu der Paradoxie des „Glaubens ohne Gott" getrieben[2]. Denn wenn das Denken ein Tun, ein Werk ist (vergl. den Begriff des sacrificium intellectus) und wenn Gott als irgendwie seiend gedacht eben die Setzung eines gegenständlichen Denkens ist, so kann er gewissermaßen das Werk dieses Gedankens nicht von jemand verlangen, den er rechtfertigen will. Das Gleiche anders ausgedrückt: Auch der „Atheist" kann in seinem Atheismus sich „gerechtfertigt" glauben von einer Ordnung oder Realität oder Tiefe, die noch über dem steht, was er als „Sein Gottes" verneint. Jene „Ordnung" ist natürlich nicht als ein Sein zu denken, was ein Circulus wäre, sondern als „Tiefe" oder „Sinn" etc. Ähnliche Gedanken kannst du in Simmels „Rembrandt" in dem Abschnitt über religiöse Kunst finden[3]. Ich spreche sie nicht für mich aus, sondern als Konsequenz und Möglichkeit, aus der sich eine wunderbare Weite ergibt. Und die tut uns Not, wie ich jetzt in Berlin[4] zu sehen Gelegenheit hatte. Lieber Mane! Es ist eine Katastrophe, was ich da sah! Ein hemmungsloses Negieren und Niederreißen mitten in den treusten Kreisen, wo nur Energie des Geistes und Nietzsches Hauch hinweht ... Was soll werden? Der Krieg hat nur destruktiv gewirkt! Wo sind die Gegenkräfte? Ist es vielleicht wirklich ein „Ende", an dem wir stehen? Schreibe mir, was du hoffst und fürchtest. Dein treuer Paul! Grüße herzlich deine Braut![5]

1 Johanna Fritz, geb. Tillich.
2 Siehe dazu GW. Erg.-Bd.V, S. 120.
3 Georg Simmel, Rembrandt Ein Kunstphilosophischer Versuch, Leipzig 1916, S. 141ff.
4 Zu Tillichs Berlin-Aufenthalt im Oktober 1917 vergl. GW. Erg.-Bd.V, S. 119f.
5 E. Hirsch war mit Rose Ecke, Tochter des Bonner Theologieprofessors G. Ecke, verlobt.

IV, 1b Paul Tillich an Emanuel Hirsch

Bremen, Dez. 1917

Lieber Emanuel.

Paul bat mich, seinen für Fremde nicht sehr leserlichen Brief an Dich abzuschreiben.[1] Ich kam bis heute noch nicht dazu, da ich, wie Du Dir denken kannst, jetzt besonders viel zu tun habe. Er ist aber erst ein paar Tage alt:

Lieber Emanuel. Es tut mir sehr sehr leid, daß es Dir so schlecht geht[2], und ich habe nur die Hoffnung, daß keine dauernde Schädigung zurückbleibt; daß Du einmal längere Zeit nicht arbeiten kannst, ist kein Schade, im Gegenteil: es erholt Dein Gehirn und macht es rezeptionsfähiger, wie es auch mir gegangen ist. Ich habe seit August dieses Jahres wieder angefangen zu arbeiten, also nach zwei Jahren völligen Ruhens. Verschiedene Vorgänge veranlassen mich, einen dritten Pfarrer zu beantragen, der mir auch bewilligt wurde, außerdem blieben wir immer ungefähr an derselben Stelle, so daß alles klappt und ich mich weitgehend zurückziehen kann.[3] So habe ich denn begonnen, meine größte Lücke auszufüllen, und habe die moderne Philosophie energisch in Angriff genommen. Unsere damals besprochenen Fragen des „Systems der Wissenschaften" gaben den entscheidenden Anstoß, jetzt bin ich schon so weit, daß mir die Literatur übersichtlich, die Richtungen einigermaßen deutlich, die Hauptprobleme verständlich geworden sind. Am lebhaftesten interessiert mich die von Husserl begründete phänomenologische Schule, die in Scheler einen katholischen und scholastisierenden Anhänger gefunden hat. Wir haben allen Anlaß, unser Augenmerk auf sie zu richten. Daneben hat mich auch Simmel in manchem gepackt, Rickert in seinem „Gegenstand der Erkenntnis" usw. Am energischsten habe ich mich auf die Logik geworfen, Husserl, Lotze, Sigwart, Windelband, Lask. Als neue Wissenschaft habe ich die Ästhetik kennen gelernt in dicken Bänden von Hartmann, Lipps etc. Augenblicklich bin ich bei der 1600seitigen Psychologie von Ebbinghaus[4], die meisten Sachen habe ich gekauft, da ich sie hier nicht anders haben kann und es das beste ist, die Hauptsachen zu besitzen. An Kollegs habe ich angekündigt: S. S. 17 Geschichte der Religionsphilosophie von Kant bis zur Gegenwart. W. S. 17/18 Einleitung in die Theologie und Religionswissenschaft. S. S. 18 Geschichte der Dogmatik seit 1750 (4stündig), Religionsphilosophie und Ästhetik (1stdg. publ.). Ich bin also seit August wieder „gelehrter" geworden und habe mich innerlich weitgehend gegen den Krieg abgeschlossen.

Doch nun zu den Problemen. Dein Widerspruch geht in der Tat von Voraussetzungen aus, die nicht mehr zutreffen. Ich will darum mit der Formulierung des Zentralproblems meines Denkens beginnen: Es heißt: Wie ist mit dem theoretischen Zweifel diejenige Gewißheit vereinbar, die das Wesen des Glaubens ausmacht? Oder: Wie können die aus dem Denken erwachsenden Hemmnisse der religiösen Funktion überwunden werden? Ich sehe in der Lösung von einer den Gegensatz Subjekt—Objekt und damit den Zweifel aufhebenden Mystik ab. Sie scheint mir auf gleicher Stufe zu stehen mit der außerethischen Mystik der „Schwärmer", Romantiker, ästhetischen Pantheisten etc. und ist vielfach kritisierbar, was Dir gegenüber nicht nötig ist. Die zweite Art wäre die intellektuelle Überwindung durch den „wissenschaftlichen Gottesbegriff". Ich vermute, daß Du auch eine Widerlegung dieses Weges nicht nötig hast. Da es aber mein früherer war, so will ich zugleich als Selbstkritik darauf eingehen. Ich akzeptiere den Kählerschen Satz[5]: „das Absolute ist ein Götze", dann nämlich, wenn die religiöse Funktion auf die Vollendung des theoretischen Gottesbegriffs fundiert werden soll. Ist man in dieser oder jener Hinsicht Skeptiker, so wäre damit die Religion selbst schlechterdings zweifelhaft und damit erledigt. Ist man nicht genereller Skeptiker, so ist man doch als „Gewissenhafter des Geistes" verpflichtet, gegen jede spezielle Beweisführung skeptisch zu sein. Ist man „Absolutist", etwa wie die Phänomenologen, so muß doch die Reflektion auf die Relativität auch dieser Schule all ihren Resultaten eine Begrenztheit geben, auf die sich religiöse Gewißheit nicht gründen läßt. Der entscheidende Einwand ist nun der: Es widerspricht dem Centrum des religiösen Lebens, daß das Recht zum Glauben abhängig wird von einem intellektuellen Werk: Entweder kommt dabei eine intellektuelle Gleichgültigkeit oder ein intellektueller Pharisäismus heraus. (Skepsis-orthodoxer Hegelianismus.) Er ist aber wie jeder Pharisäismus Selbsttäuschung: das Ziel, hier die Gewißheit – wird nicht erreicht, und es tritt die tiefe Verzagtheit der religiös skeptischen Stimmung ein. Damit habe ich in Parallele gestellt: Vollkommenheit und Gewißheit, Gesetz und Theorie, Selbstgerechtigkeit und intellektueller Perfektionismus, Sündennot bis zur Unheilsgewißheit mit Zweifel bis zur radikalen Negation. Ich halte diese Analogie für sachgemäß. Der Einwand, daß die Erkenntnistätigkeit nicht ins Innerste der Persönlichkeit reicht, trifft nicht, da sie es in der Tat dann tut, wenn das Innerste in Frage steht. Sonst wäre auch die ganze Qual und Verzweiflung des Zweifels nicht erklärlich. Der tiefste Grund ist – vielleicht – der, daß (nach Rickerts Urteilslehre) jedes Urteil die Erfüllung eines (theoretischen) Wertes oder Unwertes ist, und es innerhalb der Sphäre der theoretischen Gültigkeiten, die mit dem Soll-Anspruch dieser erkenntnistheoretischen Realisierung uns gegenüberstehen, solche gibt, die die Lebenswurzel selbst betreffen, und in denen die Nichterfüllung durch Zweifel eine gleiche fundamentale Bedeutung hat wie Nichterfüllung des primären sittlichen Prinzips (etwa des „guten Willens").

Nun wirst Du aber selbst einen dritten Weg einschlagen, wenn ältere Gedanken von Dir noch gültig sind, nämlich den von dem sittlich-religiösen Realitätserlebnis zu der Überwindung des Zweifels. Auch dieser Weg bietet zwei Möglichkeiten. Die Gottesgewißheit kann als sittliche Forderung auftreten. So sprachst Du früher. Ich halte diesen Weg für verhängnisvoll, und Verstand wie Gefühl lehnen sich gleich energisch dagegen auf. Sittliche Forderungen können sich nur auf der Idee nach praktisch Realisierbares beziehen; ich kann nie von jemand sittlich fordern, daß er etwas theoretisch realisiere. Und theoretisch ist der Gottesgedanke selbst dann, wenn er aus lediglich praktischen Motiven hervorgeht; denn er ist ein „Begriff" und im Verhältnis des Vorstellens „gegenständlich". Er fällt also als Begriff oder Gegenstand unter die Formen des Gegenständlichen überhaupt, selbst wenn er als absolutes Ich gedacht wird; denn auch dann ist er für andere Iche gegenständlich.

Aber auch in dem Sinne ist eine sittliche Forderung nicht möglich, daß etwa die Erfahrung von der unmittelbaren (und als solche evidenten) Realität Gottes gefordert wird: diese Forderung hätte nur Sinn, wenn wir durch bestimmtes als sittlich anerkanntes Verhalten die Gotteserfahrung im evidenten Sinn notwendig machen müßten; welche Forderung das wäre, wüßte ich nicht. Noch weniger sehe ich, welche Art die unmittelbare Evidenz sein sollte. Daß da, wo Gottesglaube in starker oder schwacher Weise vorhanden ist, das Gefühl der Gegenwart und Realität Gottes stark sein kann, ist gewiß, daß es die höchste Überzeugungskraft haben kann, ist Tatsache. Aber die Frage ist ja die, was wird, wenn die Skepsis dieses Band zerrissen hat, dieses Überzeugungsgefühl in Illusionen aufzulösen versucht hat? Jedes Erlebnis, das sich als Gotteserlebnis gibt, bedarf ja der Deutung. Diese Deutung ist Theorie. Es gibt keinen Weg von der Praxis zur Theorie, der ohne volle theoretische Mitwirkung möglich wäre. Was Wissenschaft zerstört hat, kann letztlich nur Wissenschaft wieder aufbauen, sagt Husserl[6], und damit sind wir auf den ungangbaren zweiten Weg gedrängt.

Aber auch dieser dritte Weg hat, wie gesagt, noch eine zweite Möglichkeit, nämlich, nicht fordern, sondern predigen und abwarten. Darin liegt einerseits ein Verzicht auf Lösung (warten), andererseits der Versuch, den Zustand des Zweifels mit bösem Gewissen zu belasten, und damit indirekt eine Forderung zu stellen. Unter allen Umständen aber steht auch diesem ganzen Weg das Prinzip entgegen: der Glaube darf nicht abhängig gemacht werden vom Werk, auch nicht vom sittlichen Werk der Bejahung des Gottesgedankens oder der herbeigeführten Gotteserfahrung (selbst wenn beides auch ohne Suggestion möglich wäre).

Ich glaube, daß hier der entscheidende Punkt zwischen uns liegt. Du hältst den Zweifel für letztlich unsittlich, ich halte ihn von der sittlichen[7] oder der Wahrhaftigkeit aus für sittlich erforderlich unter bestimmten Voraussetzungen. Sind diese Voraussetzungen (Fähigkeit theoretischer Kritik) gegeben, so halte ich ihn in einem bestimmten Sinne für unüberwindlich. Es ist ja nicht schwer, die religiöse Skepsis mit dem bösen Gewissen zu belasten; einerseits steht die Macht einer ungeheuren Tradition gegen sie, andererseits betrifft sie die Absolutheitspunkte des inneren Lebens und hier zu zweifeln ist in der Tat objektive Schuld; aber eine Schuld, die zugleich notwendig ist, da die Überwindung des Zweifels durch Verletzung der Wahrhaftigkeit objektiv und subjektiv schuldig wäre. Du kannst nun dekretieren: die Wahrhaftigkeit stimmt mit dem Glauben überein; der Konflikt ist nicht begründet und darum doppelt schuldig. Aber dieses Dekret ist unerweislich! Und es kann auch dem ernsthaften Zweifel nichts anhaben, da er gerade die Voraussetzungen jedes derartigen Beweises leugnet.

Da es also weder möglich ist, das gegenständliche Moment in der Religion theoretisch durch Beweis, noch praktisch durch sittliche Forderung vom Zweifel zu befreien – falls die Voraussetzungen des Zweifels gegeben sind, so muß sich die religiöse Gewißheit auf ein anderes als das objektive Moment beziehen. Dieses subjektive *urständliche* Moment der Religion zu beschreiben, ist nun die wichtigste Aufgabe der Religionswissenschaft und Theologie. Es enthält sicher mehrere Elemente, alle unter dem Exponenten „absolut", also etwa: Unendlichkeitsbewußtsein, Eigenwertbewußtsein, Bewußtsein einer Wertordnung, Abhängigkeits- und Freiheitsbewußtsein, Totalitätsbewußtsein etc., alles unter dem Exponenten „absolut". Dein Einwand, daß die Skepsis sich auch gegen dieses Bewußtsein richten könne, trifft nicht, da ja in ihr nichts Objektives bewußt wird, sondern das nur die Beschreibung einer reinen Zuständlichkeit ist. Das ist da, oder nicht da, wie Schmerz da ist oder nicht da; man kann aber nicht gegen seinen Schmerz, sondern nur gegen eine Erklärung desselben (ob im Körper oder in der Einbildung) skeptisch sein. So ist die skepsisfreie Religion eine reine Zuständlichkeit, die dem gesamten Erleben eine Färbung gibt; sie ist also kein Erlebnis. Dies widerspräche der Absolutheit, sondern eine Färbung, ein Klang, eine Richtung, eine Form, ein Ausdruck, eine Seele *jedes* Erlebnisses (der Idee nach). Damit ist zugleich ihre Universalität gegeben; es ist natürlich nicht feststellbar, ob jedes Individuum der naturwissenschaftlichen Species Mensch an dieser Bestimmtheit seiner Erlebnisse teilnimmt, wenn auch nur im geringsten Grade. Aber man kann unbedenklich die Menschen als Geistwesen mit dieser Bestimmtheit definieren: das Menschsein fängt mit dieser Erlebnisform an!

Auf diesem innerlich und äußerlich universellen Boden, welcher der Skepsis unzugänglich ist, erhebt sich nun die objektive Religion. Nicht alle Erlebnisse enthalten ja faktisch die religiöse Bestimmtheit und jedes besondere Erlebnis drängt zur Deutung. Deutung ist aber Objektivierung. Und das Erlebnis tritt vermutlich nie ohne diese Deutung oder Objektivierung auf. Die Objektivierung hat verschiedene Stufen: Mythos, Dogma, Philosophie, Selbstbetrachtung. Die wichtigste und im allgemeinen unaufhebbare Stufe ist die erste; die tiefste, mit der ersten oft verbunden, aber ablösbare, die letzte. Auf der zweiten beruht die Kirche, in der dritten einigt sich die Religion mit dem theoretischen Bewußtsein. – Was ich unter der letzten Form verstehe, muß noch deutlicher werden: Es ist das Leben mit nach innen gerichteter Bestimmtheit, das Sich-selbst-Erfassen in bezug auf sich, Welt und Ewigkeit. Es ist auch die bewußte Herbeiführung der religiösen Bestimmtheit durch Konzentration etc. Doch ich suche hier nach Worten und möchte lieber ein Beispiel sagen: Goethe. Gerade in seiner Weltenferne von der mythisch-dogmatischen[8] Objektivation ist er ein reiner Typus der psychisch-immanenten, doch nicht ohne Unterstützung der philosophischen. Ganz rein ist die immanente Objektivation nicht möglich, da sie sonst apathisch-mystisch werden müßte; hier liegen die Wurzeln des Ersatzes der objektiven Religion im kirchlichen Sinne durch die Kunst! – Über die Objektivation ließen sich viele Bücher schreiben. Ihre Notwendigkeit ist in dem subjektiv-objektiven Charakter des Geistes überhaupt begründet. Er ist nur, indem er sich objektiviert. Ihre Wirklichkeit ist das Problem von Dogma, Kirche, Kultus, Frömmigkeit etc. Ihre Bedingtheit und unendliche Relativität ist die Aussage des Rechtfertigungsgedankens. Doch davon genug.

Unsere Grundfrage findet damit eine ganz andere Beantwortung. Ich lasse den mißverständlichen Ausdruck der objektiven Rechtfertigung fallen. Selbstverständlich meinte ich ihn nicht „wirkungslos", sondern seine Grundlage war die Anschauung einer hohen und höchsten Wertbestimmtheit bei Menschen mit religiöser Skepsis bis zur Negation; und nicht nur faktische Wertbestimmtheit, sondern auch bewußtes Leben in dem, was ich religiöses Prinzip der subjektiven und urständlichen Religion nannte, verbunden mit Objektivationen etwa der 4. und 3. Form. Insofern diese Art des inneren Lebens zugleich mit dem tiefen Gefühl der letzten Spannungen einerseits, einer starken inneren Sicherheit andererseits verbunden ist, liegen hier die Phänomene des Rechtfertigungsbewußtseins ohne Objektivation im 1. und 2. Sinne vor. Das ist es, was ich eigentlich meine.

Und nun kommt weiter hinzu die Einsicht in die Stetigkeit des geistigen Lebens. Von dem wertvollsten bis zu dem wertlosesten Menschen gibt es genauso eine stetige Reihe, wie von den Heiligen zu den Gottlosen. Freilich ist die Reihe für unser Auge nicht immer merklich, nach einer Reihe von zarten Übergängen erscheint plötzlich ein neuer Typus usw. Darum ist es, absolut gesprochen, falsch, die abstrakten Wertkategorien – gut–böse, selig–unselig, schön–häßlich, wahr–falsch etc. unmittelbar in reiner Antithetik auf die konkrete Wirklichkeit anzuwenden; andererseits ist auch nicht alles gleichartig, sodann gibt es ein Überwiegen, das cum grano salis die Anwendung dieser Kategorien praktisch erlaubt. Insbesondere gibt es einen sehr wichtigen Übergang, die „Bekehrung". Im älteren Sinne analog, d. h. der bewußten Hinwendung auf die absolute Wertsphäre und die Innerlichkeit des Religiösen. Hier liegt der Skopus meiner Predigt. Und in dieser Sphäre wieder die jenseits der Spannungen befindliche Gewißheit, die dem Lutherschen Rechtfertigungserlebnis analog ist, das letzte Ziel aller Arbeit an sich und anderen.

So vertrete ich also: Einen Universalismus des Menschlichen bezüglich der Wertbezogenheit überhaupt, einen Universalismus des Geistigen bezüglich des Gerichtetseins auf die Werte, und einen Partikularismus des vollkommen Persönlichen. Auf allen drei Stufen aber ist „Religion" im urständlichen Sinn und in irgend einer Form der Objektivation. In der 2. Stufe ringt die „Religion" um die Herrschaft, in der dritten hat sie die Herrschaft. Mit diesen Stufen haben aber die Objektivationsstufen gar nichts zu tun. Diese richten sich lediglich nach der Gestaltung des Kulturbewußtseins einzelner und größerer Kreise.

Damit Schluß für diesmal. Hoffentlich findest Du keine allzu großen Gegensätze zwischen dieser und Deiner Ansicht. Kritisiere die centrale Meinung, nicht die vielen Unsicherheiten, Mißverständlichkeiten usw., die bei dieser Behandlungsweise nötig sind.

Nun leb wohl und vor allem gute Besserung! Grüß Deine Braut.

Dein Paul.

ANMERKUNGEN

1 Abschreiberin ist Johanna.
2 Im Spätherbst 1917 erkrankte E. Hirsch an einer Netzhautablösung des linken Auges. Er befindet sich zur Zeit des Briefwechsels in der Bonner Universitätsklinik und ist auf Vorlesen und Diktieren angewiesen.
3 P. Tillich war während des Ersten Weltkrieges Divisionspfarrer in Frankreich.
4 Hermann Ebbinghaus: Grundzüge der Psychologie, 1. Halbband, Leipzig 1897; 3. Aufl., 2 Bde., bearb. v. Ernst Dürr, ebd. 1911–1913.
5 Martin Kähler, Die Wissenschaft der christlichen Lehre, 1905, vgl. z. B. S. 166, 241.
6 Edmund Husserl, Philosophie als strenge Wissenschaft, Logos I, 1911, S. 289–340, 337.
7 Hinter „sittlichen" fehlt das Hauptwort. Wohl ein Abschreibfehler. Zu ergänzen vielleicht „Erfahrung".
8 Im Text steht „mystisch"; sicher ein Abschreibfehler.

104

IV, 2 Emanuel Hirsch an Paul Tillich

I. Ich kenne zwei geistige Grunderfahrungen von spezifisch verschiedener Art, aber beide vorbegrifflich und darum beide der Skepsis entzogen.

a) Die eine ist die Evidenz, die der Geist als subjektiv-objektive Identität für sich selber hat. In ihr werden wir uns der Allgemeinheit und Absolutheit unseres geistigen Lebensgrundes bewußt. Sie ist die stillschweigende, nie bezweifelbare Voraussetzung alles Lebens und Denkens. Du hast sie in Deinem Brief mit Meisterschaft beschrieben. Der Gehalt, als den sich der Geist in dieser Form versteht, ist die Wahrheit. Den unendlichen Widerspruch, daß der Geist sich nur als einzelnes Bestimmtes und darum Bedingtes, Relatives fassen kann, daß er also die Wahrheit, die er ist, nie findet, würde ich genauso fassen wie Du. Auch ich baue alle Welt- und Selbsterfahrung, das ganze idealistische System auf diese Dialektik auf. Im Prinzip wenigstens. Die Schwäche meiner konstruktiven Begabung überläßt Deiner größeren Denkkraft praktisch hier die Einzelarbeit und beschränkt sich auf die Kritik von Einzelheiten wie z. B. Deiner Auffassung des Ethos.

Es ist für mich ein starkes persönliches Erlebnis gewesen, als ich mir dieser sich selbst evidenten Absolutheit des Geistes bewußt wurde. Ich kann darum wohl verstehen, daß die großen idealistischen Denker, zuletzt Du in Deinem Brief, in diesem Innewerden der absoluten Wurzel unseres Seins das religiöse Erlebnis wiederfanden. Und Du tust in Deinem Brief ja nichts, als daß Du unerbittlich die Konsequenz dieses Standpunktes ziehst. Dein größerer Relativismus betreffend der Ausdeutung des Geistes durch den Geist im Begriff (ich bin geneigt, ihn zu teilen) läßt nur plastischer hervortreten, was schließlich auch Fichtes und Hegels Meinung über Gott ist. Der Euch allen gemeinsame Fehler ist, daß ihr das zweite geistige Grunderlebnis ignoriert, das in scharfem Gegensatz zu dem der Evidenz steht, und aus dem erst die Religion entspringt. Daß es als geistiges Erlebnis natürlich formal innerhalb der Evidenz steht, macht dieses Euer Versehen wohl verständlich, aber nicht entschuldbar.

b) Das zweite ist das Innewerden des „Andern", des „Fremden" als des Göttlichen. Mit unwidersprechlicher Evidenz erkennt er, der sich selbst evidente und in dieser Evidenz absolute Geist seine eigene metaphysische Relativität oder noch schärfer Unrealität. Dies geschieht, indem

a) er durch das Innewerden des Göttlichen ein ihm zunächst geheimnisvolles Neues, Positives jenseits seiner gewahrt, b) diesem Positiven ausschließliche Absolutheit zuspricht, besser als jenem wesenhaft eigen erfaßt. Das Ganze ist unmittelbares geistiges Erleben, ist etwas vor aller begrifflichen Deutung Vorhandenes. Es ist darum als reine Form beschreibbar. Es wird selbstverständlich an einem Inhalt gemacht werden können und sollen. Denn Gott ist ebenso Inhalt wie die Wahrheit einer ist. Aber ebenso wie die Evidenz ablösbar ist von dem einzelnen Satze, bei dem sie mir zuerst aufging, ebenso ist das Innewerden des Göttlichen eine Form, die auch unter Ablösung vom Inhalt beschrieben werden kann und vielleicht kann das Göttliche anders als die Evidenz auch vom naiven Bewußtsein in reiner Formalität erlebt werden. Wenn der Neger eine seltsame Versteinerung zu seinem Gott macht, so hat hier das Göttliche noch keinen Inhalt außer der Form, daß das Andere, das Fremde ist und als solches absolute Unterwerfung findet. Das Mißverständnis, als ob es sich hier um ein Sittliches handle, möchte ich also ausdrücklich ausgeschlossen haben. Es handelt sich nicht einmal notwendig um einen geistigen Wert. Ich persönlich bin freilich Gottes in Verbindung mit einer sittlichen Forderung inne geworden. Ich bin ja auch Christ. Aber ich weiß das noch deutlich: nicht daß mir ein Sittliches entgegentrat, sondern daß dies Sittliche die Gestalt war, in der Gott sich mir vernehmlich machte, war das glaubensgründende Moment, war das unaussprechlich Heilige. Das einfachste und klassischste Beispiel dessen, was ich meine, wird wohl doch 1. Kön. 18 sein: Gott wird Elia gegenwärtig im stillen sanften Sausen, Elia verhüllt sein Haupt und betet an. Aber die Elemente gingen vor Gott her. Gott ist also sicher das Andere und Fremde.

c) Es liegt ein Widerspruch im Innewerden des Göttlichen. Die Evidenz hebt sich durch und in sich selber auf, in einer Betätigung ihrer Absolutheit verneint sie ihre Absolutheit. Oder von dem Gotte aus, dessen sie inne wird, das gleiche gesagt: indem Gott sich der Evidenz als des ausschließlich Absoluten verständlich macht, hat er sie schon als Teil in sein absolutes Leben hineingenommen, noch schärfer: hat er sie als das, was von jeher Moment seines absoluten Lebens war, bestätigt. Was Gott berührt, hat an seiner heiligen Absolutheit teil. (Dieser Widerspruch ist ja charakteristisch für alles fromme Leben. Ich stelle mich Gott gegenüber, ich handle mit ihm, ich denke ihn. Auch der Gegensatz zwischen Pelagianismus und Augustinismus ruht auf diesem Widerspruch.) Die schärfste Zuspitzung des Widerspruchs ist die Rechtfertigung. In ihr ist aber auch die Lösung nicht formaler, aber sachlicher Natur gegeben. Das religiöse Erlebnis will in der Betrachtung dem Profanen übergeordnet sein. Nicht vom Standpunkt der Evidenz, sondern vom Standpunkt des ihr erst Leben verleihenden Gottes will das Verhältnis Geist–Gott angesehen sein, d. h. man darf nicht die Evidenz zum Erklärungsprinzip des Gottinnewerdens machen. Das ist eine gottlose Theorie. Sie postuliert, daß es nur eine geistige Grunderfahrung geben könne, und bemüht sich, die zweite als seltsame Verschränkung der ersten wegzudeuten. Das wird dem, der die zweite deutlich gemacht hat, ebenso geistreich klingen als die Behauptung, der Schmerz ist nur eine eigentümliche Art Freude, dem vorkommt, der Schmerzen hatte oder hat. Man darf auch nicht von der formalen Prinzipheit des Geistes im Erlebnis Gottes ausgehen, das führt zu Verworrenheiten. Daß ich Gottes inne werde, ist Gottes Werk. Ich werde von Gott in metaphysischer Unmittelbarkeit berührt. Das allein ist das aus dem religiösen Erlebnis abzuleitende Prinzip.

Das tiefe spekulative Recht dieser Systematisierung liegt darin, daß sie den Einheitsgrund beider geistigen Grundgewißheiten faßt, also *beiden* gerecht wird, auch dem Geiste. Der Geist ist unter Gott, d. h. nur in beugender Gemeinschaft mit Gott hat er Absolutheit. Aber der Geist ist auch vor Gott geheiligt und bestätigt. D. h. er wird Erkenntnisprinzip Gottes. Das *sacrificium intellectus* ist ausgeschlossen. Nur das dem Geist sich als evident Bezeugende ist wahr. Er ist freilich von Gott geheiligt als der zugleich von Gott Gerichtete. Des Geistes Absolutheit wird ja von Gott verneint, d. h. der Absolutheitsanspruch des Geistes als Anmaßung und Sünde beurteilt.

Das so entstehende System ist freilich kein genetisches. Es hat die *Projectio per hiatum* irrationalem an sich.[1] Jenes Gottinnewerden haut eben eine tiefe Quarte in das System der reinen Immanenz. Die Immanenz ist nur formal. Das Transzendente tritt mit dem Herrentritt der Thesis in die Immanenz hinein.

Soviel als Versuch, Dir zu zeigen, daß es eine unmittelbare Gewißheit Gottes gibt, und daß Religion als unmittelbar Gewisses nicht der Entgegensetzung Gott–Mensch zu entbehren braucht.

II. Nun muß ich Dir freilich noch eins zeigen, wie nämlich das sich im religiösen Erlebnis bezeugende Göttliche zu einem bestimmten Inhalt kommt. Deine Kritik des gehaltvollen Gottesbegriffes habe ich doch mit meiner Rettung der allgemeinen Gottesanschauung noch nicht umgestoßen. Allerdings nicht. Ich habe aber ganz andere Voraussetzungen gewonnen innerhalb meines Systems. Die neuen Voraussetzungen machen die bei Deiner Gedankenbildung zwingenden Einwände für mich hinfällig. Es liegt im Wesen des Gottinnewerdens selbst, daß das Göttliche als positiver einzigartiger, höchster, dem Geist aufgehender Gehalt mit Geistesevidenz verstanden werden muß. *Positiv*, d. h. unbegründbar und unableitbar, das, was rein logisch auch anders sein könnte, das absolut Qualitative. Die Möglichkeit skeptischen Widerspruchs oder direkten Irrtums ist hier nicht ein Zeichen der Relativität, sondern der Absolutheit. Zweifel und Irrtum liegen ja nicht in dem absoluten Prinzip, sondern außerhalb seiner. Im System des Geistes freilich liegen sie im Geiste, darum widerlegen sie in diesem System allerdings die Absolutheit des Bestimmten, Einzelnen, aber eben dies System habe ich zu entwurzeln mich bemüht.

Es liegt in dem Gesagten mit drin, daß der Inhalt des Göttlichen, Gottes Wesen, nicht auf wissenschaftlichem Wege gefunden wird. Er erschließt sich nur der mit Intuition verbundenen persönlichen Entscheidung. Die Kritik einer Religion an der andern kann stets nur darin bestehen, daß sie die fremde an dem für jene doch ganz unmaßgeblichen eigenem Wesen mißt. Darum ist die Religionskritik im missionarischen Kampf nur unter einer von folgenden zwei Voraussetzungen für den Kritisierten überzeugend.

a) Die kritisierende und kritisierte Religion haben einen für beide wichtigen Punkt, wo die erste sich der zweiten als Erfüllung des von ihr nur unvollkommen Erfaßten verständlich machen kann. Deswegen wird die universale Religion allein gute Aussicht im missionarischen Kampf haben.

b) Die Anhänger der kritisierten Religion erleben intuitiv die neuen religiösen Maßstäbe, die ihr die Vertreter der neuen Religion vorleben, nach. Das Nachleben ist um so eher möglich, als die eigene religiöse Bildung nur tiefstehend war, also die Gemüter nicht schon anderweit belastet waren. Darum hat diese Art zu zahlenmäßig größeren Erfolgen nur gegenüber primitiven Völkern geführt.

Doch kann man zeigen, daß die intuitive Gewissensentscheidung nicht reine Willkür ist. Unter den von mir genannten Prädikaten der Gottheit waren zwei, die sich wie Thesis und Antithesis verhalten. Gott soll sein a) das dem Geist als höchstes Evidente, d. h. er ist absoluter geistiger Wert. Der Geist erkennt Gottes Wesen als absoluten Geistgehalt. b) Der Geist erkennt Gott als das dem Geist schlechthin Überlegene. In Thesi sieht sich der Geist als reich aus Gott, in Antithesi als arm vor Gott. Die konkrete Erkenntnis des Göttlichen in den außerchristlichen Religionen zeigt die Disharmonie dieser Elemente, Bevorzugung des einen auf Kosten des andern. Bei Bevorzugung des ersten entsteht eine praktische Auflösung der Religion in das Kulturbewußtsein, und dieser sachlichen Auflösung folgt dann meist auch die formale, d. h. das Gottinnewerden verflüchtigt sich in die Evidenz. Typ: *die* Mystik, die die Philosophen gern als Wesen der Religion definieren. Ich nenne das die Bildungsreligion. Bei Bevorzugung des Zweiten entsteht die bildungsfeindliche Religion. Typ: der Islam.

Die Synthesis beider Sätze ist die Fassung Gottes als des unbedingt, durch und durch guten persönlichen Willens. Das sittlich persönliche Wesen ist ein Geistwert, der zum Geiste sich anders verhält als andere Werte. Er leuchtet dem Geiste ein. Man muß sich der sittlichen Forderung unbedingt beugen. Sie ist in ihrem Rechte evident. Aber der Geist kann sie nicht aus sich verwirklichen. Das Wesen des Geistes ist, sich absolut zu sein. Er ist sich selbst das Höchste. Das Wesen der Sittlichkeit ist die Liebe, die Hingabe. Nur wo der Geist in sich selber gebrochen wird durch Höheres, kommt es in ihm zur Liebe.

Also das Gute ist derjenige Geistwert, der dem Geiste wahrhaft fremd ist. Darum ist es der gegebene Inhalt für das Göttliche. Das Göttliche wird nur da recht verstanden, wo es als persönlicher Gott der Gutheit, als Inbegriff des vollkommen sittlichen Willens gefaßt wird.

Diese Konstruktion hebt nicht auf, daß die Erkenntnis Gottes nur durch intuitive Entscheidung gewonnen werden kann. a) Es ist dem sittlichen Ideal der hingebenden heiligen Liebe eigen, daß es eine irrationale Konkretheit hat. Es ist ein Qualitatives. Man muß es wahrnehmen und sich von ihm überzeugen. b) Das Göttliche kann auch ohne Synthesis mit dem Ethischen erlebt werden. Es wird dann freilich mißkannt. Die Synthesis des Göttlichen mit dem Ethischen ist formal persönliche Tat.

Von Gott aus systematisch geurteilt, ergibt sich nun: Gott berührt den Geist formaliter in der religiösen Grunderfahrung des Innewerdens der Gottheit, materialiter darin, daß der Geist in sich das Sittlich-Persönliche findet als ein Ideal, das er wohl erzeugen, aber nicht realisieren kann, ja dem er sich nicht einmal beugen kann außer durch irrationale Entscheidung. – Die formale Berührung durch Gott ist theologisch vernachlässigt, die materiale wird theologisch unter den Gesichtspunkt der Offenbarung gestellt. Mit nicht ausschließlichem Rechte, auch das andere ist Offenbarung.

Ist nun das zum bestimmten Inhalt gewordene Göttliche, ist nun der persönliche Gott und Vater unseres Herrn Jesu Christi (das ist doch der Gott der heiligen Liebe) noch unmittelbar gewiß? Es ist nicht ein Einfaches mit Evidenz Gottinnewerden, also hat es nicht die schlichte Selbstverständlichkeit jener analytischen Gewißheiten. Es ist aber auch nichts Verwickeltes und Reflektiertes, es ist und bleibt persönliche Intuition, darum ist es wohl anfechtbar, und nur durch Vertrauen und Treue kann es festgehalten werden. Es ist aber kein Werk, sondern ein *Geschenktes* und etwas von außen absolut *Unkritisierbares.* Wenn der Heide seine eigene Erkenntnis von Gottes Wesen mit der christlichen vertauscht, so ist das stets eine *Umgesinnung,* kein dialektischer Prozeß. Diese Art der Gewißheit nennt man die *persönliche.* Wer sie an der philosophischen Evidenz mißt, wird sie stets als unvollkommen verachten. Wer in den Geist der Frömmigkeit eingedrungen ist, stellt sie höher. Evidenz und formales Gottinnewerden sind unpersönliche rein allgemeine Akte. Ich in meinem konkreten Wesensbestand bin nicht Träger der Evidenz noch des Gottinnewerdens. Der Geist ist sich evident, und wird des Andern inne. Aber ich in meiner Konkretheit bin Träger der Entscheidung und des Vertrauens. Nicht so, daß ich sie im subjektiven, der Skepsis unterworfenen Sinne vollzöge, wohl aber so, daß ich allein als sich ganz zusammenfassende Individualität dieser Akte fähig bin. Es handelt sich nicht um ein Ablassen, sondern um ein Steigern der Intensität der Gewißheit.

Gott gewinnt auf diese Weise auch nicht die Art eines Begriffes. Wir haben ein außerreligiöses Analogon, das das deutlich macht, das ist die intuitive Erfassung einer andern Persönlichkeit in ihrer besonderen Art. Wenn sich unserem Verständnis ein anderer Mensch erschließt, so ist das Fremde, das doch geschaut wird, gerade das, das wir als feierliches Geschenk empfinden. Daß es sich dabei nicht um begriffliche Erkenntnis handelt, wird Dir jeder Biograph versichern und geht daraus hervor, daß wir hinterher noch das Bedürfnis begrifflicher Durchdenkung und Abklärung des Geschauten empfinden. Der Fromme hat eine Gottesanschauung, der Theologe durchdenkt sie und sucht sie auf die Stufe des Begriffs zu heben. Darum hat der Theologe hier allerdings eine Aufgabe, die mit der empirischen Wissenschaft etwas Analoges hat. Nur darf man nicht an die Naturwissenschaften denken, sondern an die Biographie. – Daß Gottesanschauung noch etwas Anderes ist als Gottesvorstellung, das brauche ich nach all dem Gesagten nicht mehr breitzutreten.

III. a) *Der Zweifel.* Er ist als Unruhe von der zur Ruhe gekommenen Negation scharf unterschieden. Man muß auch scharf unterscheiden, ob er in jemandem ist, der die zweite geistige Grunderfahrung *kennt* oder *nicht.* Im zweiten Falle ist er nichts als *gratia praeveniens.* Das Göttliche macht sich von ferne fühlbar, indem der Geist nicht aufhören kann, danach zu fragen. Im ersten Fall ist er ein Zeichen, daß noch nicht entschieden ist, ob er die Evidenz *gegen* das Göttliche behaupten, d. h. das Göttliche aufzulösen versuchen wird. Die Evidenz kämpft gegen die Gotteserfahrung. Ob dieser Kampf auf dialektischem oder auf sittlichem Gebiet geführt wird, ob das, was uns in den Geist verguckt macht, seine Evidenz oder seine Selbstheit ist, ist für die systematische Beurteilung des Wahrheits- oder Unwahrheitsgehaltes dieses Kampfes völlig gleich. Auch die Lösung ist in beiden Fällen gleich: sie heißt Beugung unter das Recht des Göttlichen. Ein Bann liegt da wie dort auf dem Menschen. Sittlich falsche Urteile sind nicht weniger dämonische und lebenszerstörende Mächte als dialektische Schwierigkeiten und Irrtümer. Dieser Bann wird nicht gebrochen durch den, auf dem er liegt, er wird gebrochen von Gott selbst, indem er Gnade gibt, d. h. indem er sich so stark oder den Geist so mutig macht, daß er es auf ihn wagt.

Deine Karikatur meiner Anschauung besteht darin, daß Du mich den Gottesglauben als Werk fassen läßt. Mir liegt nichts ferner als das. Er ist nichts als ein Sichbezeugen Gottes am Herzen. Daß dies Bezeugen in innerer Sammlung ernst genommen werden muß, daß viele die Gnade, die sie haben, verschleudern, weil sie es nicht zur Unterwerfung bringen, ändert daran nichts. Eine sittliche Tat der Unterwerfung ist etwas anderes als eine der Erschaffung. Ein Gott, den man sich durch „sittliche" Anstrengung fabriziert, oder den man, nachdem andere ihn fabrizierten, in „sittlicher" Anstrengung übernähme, ist ein Götze, und ich würde dies Fabrizieren oder Erhandeln von Götzen nie sittlich nennen.

Wir „fordern" nur eins: Ernst machen mit dem, was am Herzen sich bezeugt. Das Wesen der Predigt ist Zeugnis vom lebendigen Gott. Gott soll durch mich hindurch die Herzen der anderen rühren, daß sie seiner innewerden. Auch der Liebesdienst ist solch Zeugnis von Gott. Der Sinn des ersteren Zeugnisses ist der, daß das Leben sich gleiches Leben wirkt. Der Sinn des Zeugnisses durch Dienst in Liebe ist der, daß Gottes Wesen uns berührt. Der Inhalt weckt nach geistigen Gesetzen leicht die zu ihm gehörende Form.

111

Das böse Gewissen lege ich nicht auf den Zweifel. Ich suche ihn nur dahin zu bringen, daß er sich versteht als das, was er ist: als angstvoller Ausdruck der Unerlöstheit dessen, der noch nicht in dem „Andern" die ewige Heimat fand.

b) *Die Menschen ohne Gottesglauben und mit geistigem Wert.* Ich gebe Dir Deine Schilderung als treffend zu, auch dies, daß sich im reinen geistigen Leben, im Leben aus der Evidenz und mit Richtung auf alle Werte Analoga des Gott-Geist-Verhältnisses finden (Bekehrung, Sünde, Rechtfertigung usw.). Es beweist, daß man nicht fromm sein braucht, um tief und reich zu sein. Luther hat einmal konstatiert, daß die größten Geister der Menschheit oft geneigt sind, das Joch des Gottesglaubens[2] abzuschütteln. Wo die Evidenz ihre höchsten Leistungen vollbringt, da hat sie Neigung, den Menschen so zu besitzen, daß er für die andere geistige Grunderfahrung keinen Sinn mehr hat.

Am stärksten scheint diese Besessenheit durch die Evidenz bei derjenigen geistigen Funktion zu sein, die am stärksten unmittelbare evidente Absolutheit hat, bei der Kunst. Fromme Künstler sind selten.

Alledem stelle ich nun entgegen: „Er erbarmt sich, wessen er will".[3] Es ist ein Geheimnis Gottes, warum er sich nicht allen sichtbar macht in solcher Stärke, daß sie sich ihm beugen müssen. – Im einzelnen glaube ich, daß die Grunderfahrung des Andern als des Göttlichen jedem Menschen gegeben ist, aber oft nur blaß und als Voraussetzung, als Bestandteil ihres Lebens. Es gibt ja auch Menschen, welche geistig nur vegetieren. Warum soll bei manchen die religiöse Erfahrung nicht kümmerlich sein. Doch auf diese Details kommt's nicht an.

Wichtiger ist dies, der grundsätzliche Unterschied im Charakter unfrommer und ernsthaft frommer Menschen. Dem von Dir geschilderten Typ des nach innen gerichtet lebenden Geistmenschen gehört nach Deiner Beschreibung zu das „Eigenwertsbewußtsein". Und Dein Beispiel war Goethe. Du wirst also kaum bestreiten, daß der Gott nicht wissende Mensch egozentrisch ist. Erhöhung, Bereicherung, Veredelung der eigenen Persönlichkeit – das ist das Ziel. Der Fromme wird eine solche Existenz als unedel und verkehrt beurteilen. Es ist eine fromme Forderung, daß das Selbstgefühl seinen Mittelpunkt in Gott habe und von diesem Mittelpunkt her der Mensch die Art Gottes, zu lieben und sich hinzugeben, gewinne. Wenn ich persönlich reden darf: ich weiß, daß ich ohne Gottesglauben ein ganz anderer und sehr viel härterer Mensch sein würde. Ich bin zum Egozentrischen von Natur besonders stark veranlagt, und es ist gut, daß ich mich von Gott stets neu brechen lassen kann.

112

Ich glaube damit ganz deutlich gesagt zu haben, worin Gotteskinder von Weltkindern unterschieden sind. Die Stetigkeit des geistigen Lebens ist mir bekannt. Sie zeigt sich auch hier. Es gibt Gotteskinder mit sehr wenig wirklichem Gottesglauben und sehr gutartige Weltkinder, mit denen vielleicht viel angenehmer zu leben ist. Es gibt auch mittelbares Bestimmtsein durch Gottes Wesen. Der grundsätzliche Unterschied ist dennoch klar.

Holl hat neulich gesagt, selbst Kants Ethik sei nichts als eine Form sich mit sich selbst beschäftigender menschlicher Selbstsucht.[4] Das ist wahr trotz alles Ernstes und Edlen, das in Kant liegt.

c) *Religion und Kunst.* Es lohnt, das flüchtig Berührte näher auszuführen. Kunst ist ursprünglich irreligiös, sofern sie geistiges Leben in seiner Absolutheit (in dem, was der Geist sich nach frommem Urteil nur anmaßt) schildert. Sie ist gerechtfertigt, wenn sie sich als (ebenso wie die Evidenz des Geistes überhaupt) von Gott geschenkt und bestätigt weiß. D. h. die Kunst ist nur da, wo sie Spiel im edleren Sinne ist, religiös unbedenklich. Wir dürfen uns frei ihr hingeben, und in ihr uns vergessen, sofern wir woanders wurzeln und woanders zu Haus sind. Kunstgenuß als Wurzel des geistigen Lebens und Kunst als Metaphysik genommen ist beides gottlos. Du siehst, nicht so sehr das, was der Künstler tut, als die Art, wie wir sein Werk benutzen, entscheidet über den religiösen Wert der Kunst.

Das religiöse Erlebnis unmittelbar ist der Kunst schwer zugänglich. Form und Inhalt sind spröde gegeneinander. Da auch die religiöse Grunderfahrung formal geistiges Erlebnis ist und teil hat an der Evidenz des Geistes, so ist religiöse Kunst an sich möglich.

Am leichtesten von religiösen Gegenständen der Kunst zugänglich ist der Geist, der von Gottes Art bestimmt und dadurch erlöst worden ist. Hier ist das Andere so zum Eigenen des Geistes geworden, daß die Hemmung wegfällt. Darum gibt es zwei Höhepunkte religiöser Kunst (auf christlichem Gebiet):

a) Das katholische Bild vom Heiligen und seinem Leben und seiner Verklärung. Der Heilige ist der *homo divinus,* der Mensch mit Art der anderen Welt.

b) Der evangelische Choral, am deutlichsten, soweit er der dankbaren, anbetenden, lobenden Freude an Gott Ausdruck gibt. Die Seele hat sich ganz auf Gottes Standpunkt gestellt, ist dadurch erlöst und kann preisen. Die innige Einheit mit Gott drückt sich aus darin, daß man von ihm in der 3. Person spricht. (Er statt Du.) Das Du ist Ausdruck von Gegensatz, das anbetende Er geht näher an Gott heran.

Unsere Lob- und Danklieder, auch unsere Vertrauenslieder, sind darum die ästhetisch schönsten. „Nun lob, mein Seel, den Herren, was in mir ist, den Namen sein", ist ein Kunstwerk, „Sieh, hier bin ich, Ehrenkönig" ist mehr fromm als ästhetisch befriedigend.[5]

ANMERKUNGEN

1 Johann Gottlieb Fichte, Die Wissenschaftslehre 1804, Ausgewählte Werke in sechs Bänden, Hrsg. F. Medicus, Bd. 4, S. 278 ff., 294 ff.
2 Martin Luther, WA 19, S. 560.
3 Röm. 9,18.
4 K. Holl, Luther[3], S. 64.
5 Evgl. Kirchengesangbuch, Lied 188: „Sieh, hier bin ich ..." ist nicht aufgenommen.

IV, 3   Paul Tillich an Emanuel Hirsch

20. Februar 1918
Lieber Emanuel!
Verzeih, daß ich mit einem Kompliment beginne: Dein Brief ist das Tiefste, was seit Schellings „positiver Philosophie" ein Theologe geschrieben hat! Wie zwerghaft erscheinen zwischen solchen Höhen die dazwischenliegenden Geschlechter der systematischen Theologen, Troeltsch nicht ausgenommen! Ich bin stolz, daß ich die Ehre habe, als erster gegen diese Höhe anrennen zu dürfen, ganz gleich, ob es zum Sieg oder zur Niederlage oder zu einem Dritten führt! Ich fühle mich berechtigt, gegen Dich zu kämpfen, denn nicht umsonst stand mein bisheriges wissenschaftliches Leben unter der Führung Schellings[1]. Ich denke noch daran, wie ich, aus der Frühlingsstimmung und dem Frühlingszauber der Naturphilosophie kommend, von der düsteren Kraft der „positiven Philosophie" gepackt wurde, und wie mich der große Satz, der diese ganze Philosophie beherrscht: „*Deitas est dominatio dei*", „Gott ist der Herr" tief religiös erschütterte. Und dann kam die ratio, und erst deutete ich Schelling II aus Schelling I, dann verließ ich ihn, ging zu Hegel – und schließlich zu Nietzsche. Aus Deinem Brief wehte der Hauch jener Tage mir entgegen, darum ver-

114

stehe ich ihn so tief! – Es war gut so; erst mußte das Prinzip des ersten Schelling sich ganz in mir auswirken, es mußte die Formen der modernen Philosophie annehmen und sich zu dem Prinzip der autonomen Lebens-Immanenz verdichten, wie es in der ganzen modernen Literatur und Dichtung widerklingt.

Ich lebe in diesem Prinzip und suche mich immer tiefer hineinzuleben in seinen drei wichtigsten Momenten: Autonomie statt Beugung, Leben statt Selbstaufgabe, Immanenz statt Transzendenz! Und nun kommst Du und rufst mir zu: Vergiß nicht Schelling II! Habe ich ihn vergessen? Niemals ganz, sonst hätte ich schon vor Jahren, d. h. zur Zeit meiner Ausarbeitung der „Dogmatik" (1914) da gestanden, wo ich jetzt stehe, und würde nicht auch heute noch dem Mißtrauen von Wegener[2] und v. Sydow[3] gegenüberstehen oder vielmehr etwas ihnen Fremdes in mir fühlen. Als ich in diesem Januar mit Wegener bei „Trabach"[4] eine große Debatte über meine religionsphilosophische Stellung hatte, versuchte ich auch ein „relatives Transzendieren" zu statuieren, das in einer negativen Stellung zur gesamten Kultur gipfelt, und seine Begründung allein in dem „Über-Geistesbewußtsein" der Persönlichkeit hat. Auch wirst Du Dich an die eschatologische Stimmung der ersten Kriegsjahre erinnern, wo ich Dir schrieb „Ich habe die Persönlichkeit gefunden" und Du mir antwortetest: „dann habe ich Dir nichts mehr zu sagen". Du siehst, in mir selbst ist etwas, das dem rationalen Prinzip zuwider ist, dagegen anrennt und doch Schritt für Schritt weichen mußte. Und gleichsam bist Du mir die Objektivation dieses Prinzips, das auch bei Dir besser aufgehoben ist, zumal in der gegenwärtigen Lage. Wenn ich also jetzt gegen Dich kämpfe, so ist es die Objektivation dieses Kampfes in mir, und was ich gegen Dich sage, sind die machtvollen Waffen, mit denen das rationale Prinzip sich in mir Sieg auf Sieg errungen hat! – Es gibt eine flachköpfige Rede, daß die menschliche Vernunft aus architektonisch-ästhetischen Gründen monistisch sei. Sie ist es aber so notwendig, daß ihre Existenz daran hängt. Angenommen, sie bejahte die denkbar größte Dualität, so würde doch sie es immer sein, die bejaht, und, da sie nicht über ihre Schatten springen kann, nach ihres Wesens Gesetz bejaht. Das „Gedachtsein" ist das „monistische" Land, das selbst noch größere Gegensätze als die von Himmel und Erde verbinden würde. Was das im einzelnen heißt, habe ich in meiner Supranaturalismus-Arbeit[5] durchgeführt. Ich habe dort versucht, eine „Dialektik des Supra" zu geben. Der Gedankengang war folgender: Das Supra ist erstens eine Negation, ein non-A; ist nun A die Totalität alles Immanenten, so wird das „Supra" inhaltslos; einen Inhalt gewinnt es nur durch die Anleihe des von ihm negierten A; dadurch wird es nun entweder ein verblaßtes Abbild von A (die transzendente Welt), oder es wird selbst ein Teil von A durch Eingehen in die Gesetze der Immanenz (Wunder–Inspiration–Offenbarung) oder es wird eine Beurteilungsform von A (Gott – die Welt als Unbedingtes betrachtet). Kein theologischer Gedanke hat sich mir so gleichmäßig seitdem bestätigt wie dieser. Obgleich jene Arbeit formell so schlecht gelungen ist, daß ich sie nicht veröffentlicht habe, ist es die einzige, deren Positionen ich unverändert anerkenne. Fast ungewollt haben sie sich mir überall aufgedrängt, und die ganze Kritik von Feuerbach hat mir nicht nur nichts Neues gegeben, sondern mich von der größeren Schärfe und Systematik meiner Kritik überzeugt. – Du wirst natürlich die Bezeichnung des Supranaturalismus im üblichen Sinne mit Recht ablehnen. Aber es ist etwas, worin ihr übereinstimmt, und was unter meine Kritik fällt: Das „zweite" Erlebnis, das Erlebnis des „Fremden", das erste subjektiv, das zweite mehr objektiv.

Zwei Erlebnisse können sich so verhalten, daß sie in einer Reihe stehen, die prinzipiell noch mehrere zuläßt, oder sie sind einzigartig und stehen unter einem Gesichtspunkt, von dem aus verständlich wird, daß sie notwendig und zugleich einzig möglich sind. Die erste Reihe ist rein empirisch, die zweite transzendental-deduktiv, aber auch die erste Reihe hat einen Gesichtspunkt, der es notwendig macht, aus den verschiedenen Erlebnissen eine *Reihe* zu machen. Fiele auch diese Möglichkeit hin, so wäre die Einheit des Bewußtseins gesprengt, zwei Heterogenitäten hätten es zerstört; dann bliebe aber nicht einmal die Möglichkeit, von Erlebnissen zu reden, da diese Rede die Einheit des erlebenden Bewußtseins voraussetzt. Unter allen Umständen muß also ein Punkt da sein, von dem aus beide Erlebnisse zu betrachten sind. Nun ist laut Deiner Definition das erste das der Totalität des Geisteslebens, jedes andere stände dazu in dem Verhältnis des „Supra" und verfiele der Dialektik des „Supra". In doppelter Beziehung kann ich das in Deinen Worten zeigen. Du sagst, der Geist sei nur die Form, die das Gotteserlebnis aufnehme, der Inhalt stamme nicht von ihm. Diese Trennung von Form und Inhalt aufgehoben zu haben, ist nun das Verdienst der modernen philosophischen Entwicklung, insonderheit Kants. In den Geist kann nichts hinein, was nicht aus ihm kommt, denn er ist niemals leere Form, sondern immer lebendige Aktualität. Er ist in sich unendlich und zieht alles in sich hinein.

Deutliche Analogie zu Deiner These (die natürlich sehr viel höher steht), ist der Inspirationsgedanke, der faktisch den Geist entweder zerbricht oder von ihm überwunden wird. Die Inspiration geschieht in Begriffen, sind diese nicht leere Wortbildungen, so sind sie sinnvolle Zusammenhänge, die stetig fortleiten zu dem Gesamtzusammenhang des Begreifens. – Aber dieser Gedanke zerbricht nicht nur die intellektuelle Seite des Geistes, sondern – ausdrücklich – auch die sittliche Autonomie. Und doch könnte dieses „Beugen", von dem Du sprichst, nie sittlich sein, wenn es sich dem Gewissen nicht bezeugte, d. h. wenn es nicht selbst die Form der Autonomie annähme. Dann ist also diese doch die letzte Instanz und der Geist, vor dem „Fremden" sich beugend, bleibt doch in sich. – Hier ist die Analogie das Wunder, das äußere und innere: das Gesetz der Natur oder der Seele wird aufgehoben, um einem anderen Platz zu machen, was dann doch wieder Natur und Seele ist. Das gleiche gilt nun für die objektive Seite: Gott ist das „Fremde", das dem Geist Fremde, das An-Sich; aber von diesem Fremden macht der Geist Aussage; er nennt es Gott, und er versteht etwas unter diesem Wort, es ist ein Begriff im System der Begriffe: Bei Dir der Begriff des „anderen Absoluten". Du sagst vielleicht, das ist nicht Begriff, sondern Erlebnis. Ich kann mir dabei nichts denken; denn jedes Er-lebnis hat doch einen Charakter, einen Unterschied, also ein Verhältnis zum Begriff; und Du präzisierst es ja auch ganz scharf, ja gerade sein Unterschiedsein macht sein Wesen aus. Soll nun dieser Begriff als caput mortuum im Strom der Begriffe, des Geisteslebens herumschwimmen? Du verlangst es nicht, sondern constituierst das Verhältnis von absolut und relativ zwischen Gott und dem Geist, damit bist Du mitten im Geist, er hat, wie alles, auch das ihm wesensgemäß Fremde in sich eingesogen; dagegen gibt es kein Mittel! ja, das Verhältnis wird noch enger. Du machst gleichsam Gott zum Subjekt, zu dem personalen Träger des absoluten Geistes (ähnlich Schelling: Gott hat den Geist als 2. Potenz in sich, seine erste Potenz aber ist sein reines Sein). Damit hast Du de facto eine Philosophie des Geistes gegeben. Die dritte Potenz wäre für Dich der sittliche Wille, nun ist auch nach Deiner Meinung der sittliche Wille dem Geist evident, d. h. Geisteswert; aber nicht erfüllbar; was heißt das? „Der Geist" ist eine Abstraktion, also ethisch indifferent. Sittliches Handeln gibt es nur in Personen. Die Person hat aber das „Fremde" als Existentialprinzip in sich selbst; die Person hat nicht nur Freiheit, sondern sie ist definiert durch Freiheit. Diese letzten Erwägungen führen nun zu der Darstellung meines positiven Standpunktes: Ich erkenne Dein doppeltes Erlebnis an, aber als Ausdruck der Polarität im Geiste selbst.

117

Doch ehe ich darauf eingehe, noch einige kritische Bemerkungen:

I. Du sagst, der Geist erkenne sich in seinem zweiten Erlebnis als relativ gegen das Absolute, Fremde, nun hast Du schon eine Relativität statuiert, nämlich die zwischen der absoluten Evidenz und dem individuellen Geist. Sollte das nicht darin seinen Grund haben, daß Du eine realistische Begriffsmythologie mit dem Geist-Begriff treibst. Ist es nicht auch im zweiten Falle der individuelle Geist, der seine Realität erkennt und dem eben dadurch die Absolutheit des Geistes zu etwas Fremden wird? Dann wäre das erste und zweite Erlebnis identisch. Jedenfalls wüßte ich nicht, wie sich in einem Individuum „der Geist" gegenüber einem Dritten als relativ erleben soll. Was ist überhaupt *der* Geist? Welch schwieriger Begriff, und von diesem werden Erlebnisse ausgesagt, die in Wahrheit das Individuum hat!

II. Du beschreibst Dein zweites Erlebnis als vor aller begrifflichen Deutung stehend. Das ist einfach ein Irrtum. Ich habe in den letzten Wochen das Verhältnis von Unmittelbarkeit und Evidenz zu analysieren versucht. Da ist mir zunächst klar geworden, daß eine Beschreibung niemals nur unmittelbar ist. Sie erfolgt in Begriffen, und jeder Begriff ist eine „Zurechtmachung" und führt über die Unmittelbarkeit hinaus. Ich gehe noch weiter, schon das Erleben selbst, vom sinnlichen Eindruck anfangend, ist nicht mehr unmittelbar, sondern hat, insofern es in das Licht des Bewußtseins tritt, seiner selbst Deutung in sich. *Wir erleben Sinn- und Wertbelastetes.* Sinn und Wert sind aber Schöpfungen des Geistes. So ist auch Dein zweites Erlebnis Deutung und Schöpfung.

Das erste ist überhaupt kein besonderes Erlebnis (wenigstens nicht, insoweit es evident ist), sondern das jedem Erlebnis immanente Identitätsbewußtsein. Nimm nun von diesen Voraussetzungen einen Satz wie den: „daß ich Gottes inne werde, ist Gottes Werk". Hier sind vorausgesetzt die Kategorien des Seins, der Kausalität, es ist vorausgesetzt eine bestimmte Erkenntnistheorie: das An-Sich macht sich bemerkbar durch Tätigkeit im Ich – und das soll noch unmittelbare Evidenz sein! –

III. Du sagst: die Immanenz ist „nur" formal. Siehst Du die Welt von Voraussetzungen und Problemen, die in diesem „nur" stecken? –

IV. „Nur wo der Geist in sich selber gebrochen wird, kommt es in ihm zur Liebe", denn das Gute ist derjenige „Geisteswert", der dem

Geiste wahrhaft fremd ist, – so sagst Du! Siehst Du die Paradoxie des letzten Satzes? Wie kannst Du sie rechtfertigen? Nur dadurch, daß Du den Geist intellektualisierst zu νόησις - νοήσεως und das Handeln von ihm abtrennst. Aber mit Unrecht von beiden Seiten her. Ich erinnere an die Rickertsche Urteilslehre, nach der jedes richtige Urteil der Vollzug eines Wertes ist, andererseits an intuitionistische Philosophien, bei denen alles Intellektuelle, nicht nur das religiös-sittliche intuitiv begründet ist.

Doch nun zur positiven Seite: Ich ignoriere das doppelte Erlebnis nicht, aber ich deute es anders. Ich sehe in ihm den Ausdruck der Polarität im Geistesleben, die ich durch die beiden Begriffe: Wertbewußtsein und Unendlichkeitsbewußtsein bezeichnen möchte. Das eine Quelle der sittlichen Religion, das andere Quelle der Naturreligion. Beide ergeben eine grundverschiedene Transzendenz, das eine die absolute Transzendenz der Persönlichkeit, das andere die relative Transzendenz des Mythos. Das Unendlichkeitsbewußtsein ist dem Geist immanent im Verhältnis zu allem Gegenständlichen, nichts ist seine Grenze, über alles geht er hinaus über alle Oberfläche und in immer tiefere Tiefen der Dinge. Unter dem Bilde der quantitativen und qualitativen Unendlichkeit können wir uns dieses Wesen des Geistes denken. Weil der Geist das Unendlichkeitsbewußtsein hat, darum „transzendiert" er notwendig; er setzt Transzendentes als gegenständlich voraus, denn die Reflexion auf seine eigene Transzendenz bleibt auch für den abstrakten Philosophen eine Abstraktion, die, sobald sie aktuell wird, sich in mythisches Gewand kleidet. Er setzt etwas Endliches transzendent; es entsteht so die faktische Immanenz jedes konkreten Gottesgedankens, die verbunden ist mit dem Ideal, ihn transzendent zu denken, welches unmöglich ist. Daraus entsteht dann die Dialektik jedes Gottesgedankens, die in Kants berühmten Satz[6] gipfelt, in dem er das Absolute zu sich selber sprechen läßt: „Und woher bin ich?"

Innerhalb dieser Dialektik steht nun die Kultur. Die Wissenschaft, welche die quantitative Unendlichkeit betrachtet und Begriffe bildet, die Kunst, welche die qualitative Unendlichkeit betrachtet und Anschauungen bildet, das Gemeinschaftsleben, das die Unendlichkeit der Freiheit zum Ausdruck bringt. Für alle drei gilt die Dialektik des Negativen und Positiven, die im Unendlichkeitsbewußtsein liegt; ihre positive Einheit ist die „Schöpfung", ihre negative der „Zerfall". In jeder Kulturschöpfung liegen die negativen Elemente und in jeder Zerfallserscheinung die positiven. In diesem, Geburt und Grab, Blüte und Dekadence, Optimismus und Pessimismus umfassenden Kreislauf liegt aller Reichtum und aller Gehalt des Lebens beschlossen. – Deine Auffassung der Kunst scheint mir recht exoterisch zu sein! Ob man mit den Idealisten das Schöne als das Durchscheinen der Idee in der Erscheinung, oder mit den Impressionisten als die dem Begriff gleichwertige Bemächtigungsform der Anschauung, oder mit den Expressionisten als den Ausdruck der bewegten Innerlichkeit in Linie, Farbe, Ton und Wort auffaßt, immer ist die Kunst offenbarerisch und hat als solche den gleichen Ernst wie die Wissenschaft, ist Schöpfung; die Analogie mit dem Spiel beruht auf einer der Kunst äußerlichen Ähnlichkeit, daß sie formal Schein ist. Und doch sehen wir durch diesen Schein mehr Wirklichkeit als durch die Wahrnehmung des ganzen Lebens. Die gesamte Ästhetik hat sich von der Analogie mit dem Spiel deshalb abgewendet. –

Das Transzendieren enthält ein positives und ein negatives Urteil, doch so, daß das negative überwiegt, wofür der Tod der konkrete Ausdruck ist. Dies ist die Leere der Kultur, die Leere des reinen Unendlichkeitsbewußtseins, die Leere der reinen Naturreligion. Aber das *ist* ja gar nicht, das ist nur eine Idee, ein Pol, der nie ist ohne den anderen Pol, das Wertbewußtsein.

Damit tritt etwas völlig Neues, etwas wahrhaft Transzendentes in die Sphäre des Unendlichkeitsbewußtseins, durchdringt diese Sphäre, und gibt dem Ja das Übergewicht, löst sich von ihr los und behauptet sich gegen jede ihrer Negationen und hat die Kraft des reinen In-sich-Ruhens! Nun sind Wertbewußtsein wie Unendlichkeitsbewußtsein zugleich als Genitivus objektivus und subjektivus gemeint. Das Unendliche wie der Wert sind als Gegenstände und als Eigenschaften des Subjekts gewußt: In seiner Unendlichkeit ist sich der Geist des Unendlichen bewußt, und als absolut wertvoll ist sich die Persönlichkeit des absoluten Werts bewußt. Das läßt sich beidemale nicht trennen, ist reine Identität. Zugleich aber ist in beiden Fällen der individuelle Geist sich seiner Endlichkeit und Unwertigkeit bewußt. Das ergibt die Grundparadoxie, deren Lösung die Rechtfertigung ist.

Durch diese Paradoxie entsteht nun eine neue Objektivierung im Wertbewußtsein; es tritt das Gefühl der absoluten Verantwortung auf, und dieses kann nicht die Form der Selbstverantwortlichkeit annehmen, denn dann wäre es entweder Willkür oder es zwänge zu einer Spaltung vom Ich, wobei die eine Seite, das absolute Wertbewußtsein, erhoben und daselbst objektiviert würde. Diese aus dem Wertbewußtsein stammende Objektivierung trifft nun zusammen mit der aus dem Unendlichkeitsbewußtsein und gibt dieser die „Fremdheit" und ungeheure Wucht der religiösen Objektivierung. So verbindet sich im

Gottesgedanken die ontologische Objektivierung des Unendlichkeitsbewußtseins mit der axiologischen des Wertbewußtseins. Die Trägerin der Transzendenz ist die Geltung der Werte, nur ihre Geltung, ihr „daß", nicht ihr „was", denn das System der Werte selbst ist intuitives Geistesprodukt, ist „Schöpfung" und steht unter der Rechtfertigung, auch die „Liebe". Nietzsches Kampf gegen die „Liebe" geht aus einer ungeheuren Kraft des Wertbewußtseins hervor; sein Wert heißt „Wahrhaftigkeit". Die Entscheidung ist für unsere Frage gleichgültig; Dein Einwand, daß der Geist von sich zur Liebe unfähig ist, könnte genauso von der Wahrhaftigkeit gelten. In beiden Fällen ist es nicht der Geist, der unfähig ist, sondern die Person, die „schwach" ist.

Wie wird sich nun der Gottesgedanke inhaltlich gestalten? Er ist bestimmt durch die beiden Pole des Geistes, die Unendlichkeit und den Wert. Die Anschauung des Unendlichen als ein Endliches gipfelt in der Idee des absoluten Geistes, die Anschauung des Wertes als aktuell in der Idee der absoluten Persönlichkeit. Darum ist in dem immanentesten Gottesbegriff, etwa „Leben" eine Personalisierung: „Hymne an das Leben", in dem es als „Du" empfunden wird. Das „Du" in Rilkes[7] Gedichten; und umgekehrt kommt selbst Ritschl[8] nicht über eine Ontologisierung und damit logisch Immanentisierung des Gottesgedankens hinaus. Dies Schweben zwischen der Transzendenz des Wertbewußtseins mit seiner Schroffheit, Weltabgewandtheit, Überlegenheit des personalen Bewußtseins über Kultur, Dekadence und Tod auf der einen Seite, und der Hingabe an den Reichtum, die Anschauung Gottes als Lebensimmanenz macht den Inhalt unserer Religiosität aus. Gott ist die Liebe, d. h. Gott läßt sich finden in der Lebensimmanenz, in der Unendlichkeit des Geistes, und Gott ist der Zorn, d. h. Gott läßt sich finden in der Negativität des Lebens, in Unfall und Tod; und Gott ist der Heilige, d. h. er fordert und gibt zugleich das absolute Wertbewußtsein, und beides vereinigt, die letzte Vertiefung der Unendlichkeit durch das Wertbewußtsein ist vielleicht am besten ausgedrückt in dem Wort Gott ist *der* Ewige und *das* Ewige. Nur so läßt sich das Problem des „Supra" lösen; sobald dagegen der Wert als ontologisch realiter transzendent gedacht wird, wie bei Dir, entsteht die unabwendbare Dialektik des „Supra".

Wo bekommst Du eigentlich die ethischen Normen her? Durch Intuition! Einverstanden! Subjekt und Objekt der Intuition ist aber der Geist, woher bekommt nun der Geist die Norm des Sich-Beugens vor einem Fremden? Weil er ohne dieses Fremde „nichtig" ist, d. h. weil dieses Fremde zu ihm gehört, nicht etwas Fremdes ist; und weiter: In welchem Sinne sich beugen vor Normen, die aus dem Fremden stammen? Aber alle Normen stammen aus dem Geist, sonst könnte er sie nicht „anschauen"; nur wo Subjekt und Objekt zur Identität kommen, ist Evidenz! Das Fremde bringt also gar nichts Neues; es ist nur der Ausdruck für die „Existenz" des Geistes; denn nur weil der Geist „existiert", gibt es Tod, Dekadence und absolutes Wertbewußtsein. Gott als das Fremde ist nichts anderes als der Ausdruck für die Urparadoxie der Existenz des Geistes – worüber noch vieles zu sagen wäre, z. B. daß Existenz auch eine Kategorie des Geistes ist usw.

Doch nun sind wir weit von unserem Ausgangspunkt abgekommen, dem Problem des Zweiflers. Der Zweifler befindet sich auf dem Wege von einer Objektivation zur anderen, denn einen Atheisten gibt es nicht, es ist nur ein Grenzbegriff. Eine genaue Analyse aller Begriffe, wie Absolutes, Leben, Natur, Entwicklung, Kultur, Kosmos, Totalität usw. zeigen deutlich, daß Wert- und Unendlichkeitsbewußtsein in ihnen objektiviert sind. Auch diese Begriffe sind Dogmen, und wer an ihnen zweifelt, glaubt doch noch an die Wahrheit, die ihn zweifeln läßt, und hat darin seine Objektivation. So kann man sagen: An Gott zu zweifeln ist unmöglich und an Gott nicht zu zweifeln ist unmöglich. Das erste bezieht sich auf den Gehalt, das zweite auf die Objektivationsform. Die Frömmigkeit wächst intensiv mit der Kraft des Wertbewußtseins, extensiv mit dem Reichtum und der Tiefe des Weltgefühls. Die Gefahr vergangener Zeiten war der Verlust des zweiten, unsere Gefahr ist der Verlust des ersten. Das erste treibt zu immer schärferer Personalisierung Gottes, bis zur Christologie, das zweite zu immer stärkerer Immanenz bis zu Nietzsche. –

Der Katholizismus ist der weltgeschichtliche Versuch, aus der Transzendenz Gottes einen selbständigen, den „immanenten" Geist beugenden Gehalt abzuleiten. Daher Kirche gegen Staat, Dogma gegen Wissenschaft, Wunder gegen Naturgesetz, geistliches gegen weltliches Leben! Hier beugt sich der Geist und zerbricht: Jesuitismus und Wahrheitsbewußtsein. Hier ist der Zweifel unreligiös, im Protestantismus, soweit er nicht die Halbheit des Übergangs ist, ist der Zweifel religiös normal, d. h. das Bewußtsein geht über *jede besondere* Form des Gottesgedankens und Erlebens hinaus, wie im Rechtfertigungsgedanken enthalten! –

Zuletzt liegt all meinen Ausführungen der Gedanke des Fichteschen Atheismusstreites zu Grunde, daß es logisch wie religiös unmöglich ist, Gott unter die Gegenstände einzureihen, und daß der Satz: „Gott ist" nur per paradoxiam möglich ist. Nun leb wohl! Ich habe den Eindruck, daß wir nicht so weit voneinander entfernt sind, als ich zuerst dachte! Die „Quarte" in das System der Kultur will auch ich schlagen, nur nicht durch eine Supra-Kultur. –

Dein Paul

ANMERKUNGEN

1 „Die religionsgeschichtliche Konstruktion in Schellings positiver Philosophie, ihre Voraussetzungen und Prinzipien." Philos. Dissertation, Breslau 1910.
„Mystik und Schuldbewußtsein in Schellings philosophischer Entwicklung." Theol. Dissertation, Gütersloh 1912. Abgedruckt in: G.W. 1, S. 13–108.
2 Vgl. G.W. 13, S. 61 f. und Lebenslauf von Richard Wegener, S. 87 ff. in diesem Band.
3 Eckart von Sydow: Der Gedanke des Ideal-Reichs in der idealistischen Philosophie von Kant bis Hegel im Zusammenhange der geschichtsphilosophischen Entwicklung, Leipzig 1914. Von Sydow war ein Jugendfreund Tillichs. S. Erg.-Bd. V *passim*.

4 Bremer Café.
5 Der Begriff des Übernatürlichen, sein dialektischer Charakter und das Prinzip der Identität, dargestellt an der supranaturalistischen Theologie vor Schleiermacher, theol. Habilitationsschrift, T. 1 Königsberg/Neumark 1915; T. 2 ungedruckt.
6 Immanuel Kant, Kritik der reinen Vernunft B. 5, 641.
7 Rainer Maria Rilke: „Stundenbuch" Leipzig 1903.
8 Albrecht Ritschl. Die christliche Lehre von der Rechtfertigung und Versöhnung, 3 Bde., Bonn 1870–1874, 3. Aufl. ebd. 1888–1889.

IV, 4 Paul Tillich an Emanuel Hirsch

9. V. 1918

Lieber Emanuel!
Vor etwa acht Tagen bekam ich das Buch von Otto.[1] Es weht darin ein kräftiger Geist, etwas von dem, was ich an Schlatter–Lütgert so schätze, was Schäder[2] mit seinem Macht-Gedanken für Gott sagen will, es weht auch der Geist der Mystik und meines geliebten Jakob Böhme und vor allem der Geist darin, den der spätere Schelling in die Formen seiner „positiven Philosophie" gebracht hat. Wie ich Dir schon schrieb, hat dieser Geist etwas Anheimelndes für mich! Mein alter Sinn fürs Irrationale, fürs Paradoxe, das Erlebnis Gottes als „Vi-

123

schnu" in die Formen des unerhörtesten Grausens, wie es dieser Krieg mir immer wieder gebracht hat, mein praktischer Irrationalismus, Antilogismus und Antimoralismus – all das kommt Ottos Gedanken mit offenen Armen entgegen. Ich weide mich an dem Bild der sich immer senkrechter sträubenden Haare sämtlicher Ritschlianer beim Lesen dieser Lästerungen wider den heiligen Geist Kants und freue mich, daß ein Marburger Professor so Unerhörtes wagen darf! –

Sachlich erkenne ich zunächst an, daß Otto bewußter Antisupranaturalist ist; damit ist der Boden gegeben, auf dem ich überhaupt verhandeln kann: das Numinöse ist weder positiv noch negativ am Naturbegriff orientiert. Es ist freilich zweifelhaft, ob diese Position haltbar ist. Gehen wir einmal vom Wunderbegriff aus, den er gleichfalls mit erfreulicher Deutlichkeit antisupranaturalistisch faßt, so zeigt sich sofort, daß er ihn naturalisiert: das Wunder wird zum „Zeichen", und Zeichen kann alles werden, vor allem der Tod, für den, der das Gefühl des Numinösen schon in sich trägt! Einverstanden, aber dieses Gefühl nun! Er nennt es eine Kategorie a priori im Geistesleben. Auch richtig! Das Religiöse gehört also in den Haushalt des Geisteslebens, aber damit ist es – wenigstens als Kategorie – naturalisiert. So käme es denn auf den Gegenstand, auf den „Inhalt" der Kategorie an; ich habe Dir schon meine Bedenken gegen das formal Naturale, inhaltlich Ex-Naturale geschrieben; doch lassen wir einmal diese Bedenken! Das Numinöse soll über den Gegensatz von Natürlichkeit und Übernatürlich stehen, wie bei Schelling das Über-Seiende jenseits des Gegensatzes von Sein und Nichtsein steht!

Aber auch Schelling kann ja nicht anders als sagen: „das Überseiende ist", der Zwang der Kategorialisierung führt zur Naturalisierung. Und Otto muß sagen: „das Numinöse ist", eben damit ist es aber ein Moment in der Sphäre des Seienden (die einzige, die „es gibt", die „ist"). Der Vergegenständlichung durch das Existentialurteil entgeht nichts! Das Gleiche gilt nun für das, was Otto den „Seelengrund" und Schelling die „Seele" im Unterschiede vom Geist nennt, das Organ für das Numinöse in uns. Es wird erlebt in Bewußtseinsvorgängen, vor allem in Gefühlen, und ist damit ein Gegenstand der Gefühlspsychologie, die es einordnen muß in den Komplex des Seelenlebens überhaupt. Hier gibt es kein Entweichen. Damit tritt auch hier eine (psychologische) Naturalisierung ein (die natürlich mit naturalistischer Psychologie gar nichts zu tun hat). – Aus all dem ziehe ich nun den Schluß: das Erlebnis, das Otto, die Mystik, die Schelling etc. beschreiben, ist *entweder* ein natürlich-psychologischer Vorgang, veranlaßt durch eine natürliche Ursache, die prinzipiell erklärbar und ein-

fügbar ist in das natürliche Universum (etwa im Hegelschen Sinne) –
wie wir es auch von telepathischen oder dgl., zweifellos tatsächlichen
Dingen behaupten, *oder* es handelt sich überhaupt nicht um einen besonderen Gegenstand, sondern um einen besonderen *Sinn,* den Sinn
des Gegenstandes „Welt". Eben dieses ist nun meine Meinung. Geistiges Leben ist Leben im Sinn oder unablässige schöpferische Sinngebung. So geben wir der Welt einen logischen – ethischen – ästhetischen, so auch einen religiösen Sinn. Diese Sinngebung ist bei der
Mehrheit der Menschen und bei allen in der meisten Zeit unmittelbar.
Bewußt wird sie nur in einzelnen Momenten, schöpferisch nur in einzelnen Persönlichkeiten. Wir müssen also auch auf religiösem Gebiet
unterscheiden zwischen unbewußter, bewußter und schöpferischer
Religiosität. Unbewußt ist jeder religiös, bewußt der Fromme, schöpferisch der Prophet. (Davon zu unterscheiden der „Heilige", der nicht
Prophet, nicht einmal Frommer zu sein *braucht).*

Soweit gehen die Analogien; nun aber liegt es im Sinn des Religiösen, sich in einem Doppelverhältnis des Gegensatzes und der Einheit
zu den übrigen Kategorien zu wissen. Ich hatte in meinem vorigen
Brief Wertbewußtsein und Unendlichkeitsbewußtsein als primär religiöse Gefühle bezeichnet, und das Wertbewußtsein mit dem „Fremden" von Dir gleichgesetzt. Ich glaube, daß dies Deine Meinung nicht
ganz getroffen hat. „Wert" und „Sinn" ergeben sich bei tieferer Analyse als identische Begriffe. Wertbewußtsein betrifft also die ganze geistige Sphäre. Dennoch war es richtig, auch dies Sinn- oder Wertbewußtsein als etwas „Fremdes" zu bezeichnen, fremd nämlich dem
bloß Faktischen! Das, was Du meinst, wird zweifellos eher getroffen
durch das von mir zögernd angewandte „Unendlichkeitsbewußtsein"
– zögernd wegen seines fatalen negativ-supranaturalistischen Klanges.
Es wären demnach drei Sphären zu unterscheiden: die des Tatsächlichen, die des Sinnes oder Wertes und die des Religiösen oder Unendlichen oder Numinösen! Es handelt sich immer um dasselbe Sein, aber
jedesmal mit einem anderen Charakter. Das erstemal das rein Gegebene, Gegenständliche, das zweitemal das Sinn- und Wertvolle, das
drittemal das innerlich Unendliche oder Numinöse. Also nicht eine
neue Gegenständlichkeit ist das Numinöse, sondern eine neue Tiefe
oder Offenbarung des Seins.

Nun kann die höhere Stufe niemals von der niedrigeren aus erfaßt
werden, der Wert ist der Tatsächlichkeit ebenso unfaßbar, wie das Numen dem Wert. Die Abbild-Theorie im Logischen sowie die Lust-
Theorie im Ethischen, Ästhetischen (und Religiösen) sind Versuche,
dem Wert vom Gegenstand aus beizukommen. Kantianismus, Hege-

125

lianismus Versuche, das Religiöse vom Wert aus zu verstehen. Das meint wohl Otto damit, wenn er alles Außerreligiöse „rational" nennt. Mir ist dieser Ausdruck problematisch, da in aller Wertwissenschaft schon ein irrationales intuitives Moment enthalten ist, und der Wert vom Standpunkt des Faktischen genau so irrational ist wie das Numen vom Standpunkt des Wertes! Daraus ergibt sich nun der Zwang zur Rationalisierung des Numinösen, erstens vom Faktischen aus: „das Numinöse ist" die Vergegenständlichung; dann vom Wert aus: „das Numinöse ist absoluter Wert". Aus diesen beiden Sätzen ergibt sich dann der ganze Mythos, der in fortgeschrittener Rationalisierung Dogma und schließlich Metaphysik ist. Die Inadäquatheit dieser Erfassungsformen kommen zum Ausdruck in den logischen Widersprüchen, die jedem Dogma charakteristisch anhaften und die durch Machtsprüche des religiösen Bewußtseins zur Wirkungslosigkeit gebracht werden; vor allem auch in Ausdrücken wie Fichte: Gott „ist" nicht, Schelling: Gott ist der Überseiende, Mystiker: Gott ist überschwengliches Sein usf. –

Von hier aus wird nun auch mein scharfer Protest gegen jeden Supranaturalismus verständlich: Der Mythos ist die unmittelbare und notwendige Objektivierungsform des religiösen Erlebens; er ist naiv supranaturalistisch oder vielmehr er hat diesen Gegensatz noch gar nicht in sich. Das Numen gehört zur Welt, wenn es auch ein anderes als alles in ihr ist! Im Dogma wird der Supranaturalismus bewußt und damit verzerrt; es entsteht die neue Gegenstandswelt der göttlichen Dinge über den natürlichen; es werden logische Verbindungen und Gegenstände konstatiert, die alle dialektisch möglich sind, aber ihre Unmöglichkeit nicht durchschauen. Daraus entsteht dann die dogmenkritische Philosophie, die das Göttliche zur höchsten immanenten Kategorie, zur „Kategorie der Kategorien" macht, und damit zwar die Wertsphäre des Erkennens zum Abschluß gebracht hat, aber das Göttliche verloren! Dagegen wandte sich vornehmlich mein letzter Brief. Denn diese Entwicklung ist eine notwendige Konsequenz der logisch gemeinten Vergegenständlichung des Göttlichen in einem Seienden. Das Göttliche ist Sinn, nicht Sein, und es ist „anderer Sinn". Damit ergibt sich nun die Frage nach dem Verhältnis des religiösen Wertes zu den übrigen. Um das zu verstehen, muß zunächst das Verhältnis von Sein und Sinn noch einmal beleuchtet werden: Auch das Sein, das rein „Tatsächliche" ist ja ein Begriff, ist also gesetzt vom logischen Sinnzusammenhang, ist Sinn- oder Wertprodukt. Der Sinn setzt das Sein als sein „anderes", an dem er sich realisiert. Ebenso setzt der Sinn das Göttliche als sein „anderes", von dem er sich realisiert weiß. So begrenzt sich der Sinn durch das Sein und das Überseiende! Beide aber sind Sinn-Setzungen. Das Sein kann nicht wieder „sein", und das Überseiende hat sein Wesen darin, nicht zu sein! Ich lehre also den Monismus des Sinnes, der sich nach zwei Seiten den Widersinn, das Irrationale entgegensetzt, das Sein und das Übersein! Wie nun das Existentialurteil allen anderen immanent ist, und nur durch Abstraktion ein Urteil für sich wird, so ist das Religiöse keine Kategorie neben den anderen, sondern ihnen immanent als ihr Widerspruch und ihre Voraussetzung zugleich. Es ist das absolute Existentialurteil entsprechend dem absoluten Sinn-Bewußtsein. So schließen sich, wie zu fordern war, die beiden Irrationalitäten zu der einen des Existentialurteils zusammen, das für den Sinn zugleich Erfüllung und Widersinn ist. Daher die überwältigende, sinn- und wertvernichtende Faktizität des Göttlichen, daher das Religiöse als „Philosophie des Todes", daher auch das Nachlassen der Religion in kulturell bewußten Zuständen und das ungeheure Problem der Religion „außerhalb" der Grenzen der reinen Vernunft. So weit dieses Mal. Ich glaube, wir sind uns näher gekommen! Dem Buch danke ich viel! Dir alles Gute und vielleicht bald auf Wiedersehen!

Dein Paul.

ANMERKUNGEN

1 Rudolf Otto: Das Heilige, Breslau 1917.
2 Erich Schaeder: Theozentrische Theologie, Bd. 1 Leipzig 1909, Bd. 2, ebd. 1914.

IV, 5 Emanuel Hirsch an Paul Tillich

Bonn, am 22. Mai 1918

Lieber Paul!

Ich danke Dir für Deine beiden Briefe. Ich will versuchen, Dir zu antworten, obwohl ich zur Zeit nur einen kleinen Rest meiner Kraft zur Verfügung habe und gegen Dich stets meinen ganzen Geist gebrauchen mußte. Ich habe das Gefühl, daß Du Dich mir bedeutend genähert hast. Ja, wir sind vielleicht noch näher beieinander, als Du glaubst. Denn Du hast mich nach der philosophischen Seite nicht ganz verstanden. Otto[1] gebe ich Dir für jede philosophische Kritik preis. Sein religiöses Apriori ist psychologistisch gemeint. Die menschliche Vernunft ist eine große Schatzkammer. Durch Selbstbeobachtung findet sie ihre ursprünglichen, nicht weiter ableitbaren Ideen. Das Selbstvertrauen, das sie zu sich hat, und über das man nicht weiter diskutieren kann, verbürgt ihr die Wahrheit all dieser Ideen. Das Religiöse als solche nicht weiter ableitbare Idee aufzuweisen, ist die Aufgabe, die er sich im Heiligen gestellt hat. – Eine Widerlegung dieses philosophischen Standpunktes ist unter uns nicht nötig. Nur soviel darf ich sagen: Die psychologistische Fragestellung hat Ottos Beschreibung des Religiösen ungünstig beeinflußt. Die Religion ist ihm doch etwas recht Paganistisches. Die Stellungnahme der individuellen Selbstsucht, die das Numinöse entweder als grauenvolle Bedrohung der eigenen Existenz empfindet, oder als neuen Daseinsreiz verwendet, ist von ihm in das ursprüngliche religiöse Erlebnis mit einbezogen worden. Das mag psychologisch richtig sein, – besonders für die ersten Regungen der Religion auf heidnischem Boden – ist aber religionsphilosophisch ganz falsch.

Ich möchte also nicht von Dir mit Otto in einen Kuchen gestoßen werden. Ich fühle mich ihm verwandt, sofern er die erste bedeutende *theistische* Religionsphilosophie geliefert hat. Aber ich habe nur einige Worte von ihm übernommen, und das, was ich Dir schrieb, ist, was die zugrunde liegende *religiöse* Anschauung anlangt, nicht von Otto, sondern von Luther gelernt, und steht *philosophisch* sogar in ausdrücklichem Gegensatz zu Otto. –

Du stellst mich in Deiner Kritik vor ein Entweder–Oder. Entweder die beiden geistigen Grunderlebnisse sind zufällig zwei aus einer prinzipiell unendlichen, weil empirischen Reihe, – oder sie sind unter einem Gesichtspunkt als die beiden notwendig einzigen zu erkennen. Ich glaubte keinen Zweifel gelassen zu haben, daß allein das zweite meiner Meinung entspricht. Nicht umsonst wählte ich die Formeln: Gewißheit des Geistes: von sich selbst – vom Andern. Neben den beiden ist ein Drittes nicht denkbar. Ich wollte keinen Augenblick Zweifel lassen, daß ich den Grundgegensatz, unter dem alle unsere Erkenntnis steht, zur Begründung der Religionsphilosophie verwandt hatte.

Eben darum kann ich nun aber Deinen Haupteinwand (die Dialektik des *Supra*) auflösen. Ich habe ihn selbstverständlich erwartet, wenn ich auch enttäuscht bin, daß es mir nicht gelungen ist, in meinem Brief mein lebendiges Empfinden dieser Dialektik so deutlich auszudrücken, daß Du merktest: das eigentliche Leben meines religiösen Standpunktes ist gerade das Wissen um jene Dialektik. Ich bin der Meinung, daß jeder fromme Mensch sie unwillkürlich empfindet. Darauf beruht ja gerade die Tiefe, die innerliche Unendlichkeit des frommen Lebens, daß es in einem abgründlichen Widerspruche schwebt. Freilich erlebt der Fromme diese Dialektik meist in ihrer paradoxesten Gestalt, die Du nicht berücksichtigt hast: das *Supra* wird als das Absolute so tief empfunden, daß darüber das „*Infra*" untergeht. „Wer bin ich, daß ich mit Gott reden könnte?" Dieser Satz drückt auch das Empfinden einer innerlichen Unmöglichkeit aus (und nicht etwa bloß etwas Ethisches). Ich bin nichts, was überhaupt vor Gott wäre, wie kann ich denn ein Verhältnis zu ihm haben? – Auch alle religiösen Zweifel beruhen auf dem Empfinden dieser Dialektik. Die Gewißheit Gottes wird von meiner Selbstgewißheit umfaßt und getragen, sie geschieht, wie ich das in meinem Briefe ausdrückte, innerhalb der Formen der Evidenz (nebenbei traust Du mir zu, daß ich diese Wendung in kindlicher Naivität, ohne Empfindung des Ungeheuerlichen, das ich damit sagte, hinschreiben konnte?) – und eben diese Selbstgewißheit der Evidenz, die nicht mehr ist, wenn sie nicht alles ist, wird durch den Inhalt, den sie hier umfaßt (Gott das Absolute und das Jenseits ihrer), verneint. Damit wird aber nicht nur jeder sonstige Inhalt um seine Gewißheit gebracht, sondern vor allem auch Gott selbst. Der Gedanke Gottes hebt sich, wenn man ihn denken will, selber auf, er ist zu stark für uns, wir können ihn nicht tragen. Darauf beruht alle Gottesungewißheit bei klar und logisch angelegten Naturen, die zugleich fähig sind, den Inhalt des Gedankens „Gott" zu ahnen. Sie scheuen sich vor diesem Widerspruch. Auch Dein Lieblingssatz: Gott „ist" nicht, ist nichts als ein Ausdruck dieses religiösen Grundwiderspruchs. Gott ist kein Gegenstand, den unsere Erkenntnis so selbstverständlich und unbekümmert bejahen könnte wie alles, was ihr sonst wahr und gewiß ist.

Nun habe ich eine Frage an Dich, Paul. Du gibst doch sonst dem Paradox soviel Raum in Deinem System. Warum stellst Du Dich denn hier auf den Standpunkt des simplen Rationalismus? Daß diese Grundposition nicht zu Heteronomie und sonstigen theologischen Naivitäten führen muß, habe ich in meinem Briefe zu zeigen versucht, und Du könntest das gewiß noch sehr viel besser als ich; gerade wenn man sich den philosophischen Ausdruck der religiösen Paradoxie erarbeitet hat, ist man gefeit gegen alle unphilosophischen heteronomen Wendungen des Gedankens. Du dagegen bist in Gefahr, daß eine ganz elementare religiöse Kritik an Dir nicht nur Deinen Rationalismus (um den wäre es nicht so schade), sondern auch alle Vernunft hinwegschwemmt.

Ich kann auch so sagen: die ganze Dialektik des *Supra* ist nichts anderes als die alte Dialektik des Nicht-Ich, das außerdem Ich sein soll und doch im Ich ist.[2] Diese Dialektik zwischen Ich und Nicht-Ich ist auch im Grunde nichts als der Widerschein der Dialektik Geist–Gott. Ebenso wie Du nun das Nicht-Ich von dem Gesichtspunkt der Immanenz des Ich aus nur ideell aufheben kannst und die geheimnisvolle Tatsache, daß wir nicht reines Ich sind, sondern ein Nicht-Ich gegen uns haben, immer bestehen bleibt, ebenso ist es auch mit jener unergründlichen tiefen Dialektik Geist–Gott. Sie bezeugt sich uns, und ein tieferes Nachdenken über die erkenntnistheoretischen Fragen wird sie als die Voraussetzung unsres ganzen widerspruchsvollen geistigen Seins erkennen. Man kann sie ideell aufheben, aber sie bleibt darum doch da. Darum hast Du – und daß Du das nicht tatest, macht mir gute Hoffnung – die geistige Tatsache selbst nicht bestritten, sondern allein ihre Erklärung durch den Gottesbegriff. Wir reden beide als Sehende. Ich habe Schelling II gesegnet, als ich Deinen Brief bekam, obwohl ich ihn noch immer nicht liebe. Du verdankst ihm doch *sehr* viel.

Vielleicht verstehen wir uns am besten, wenn ich auf Deinen tiefsten Einwand gegen mich komme. Ich hatte ihn, wie ich den Brief schrieb, immer vor der Seele. Es ist der, der mir innerlich am meisten zu schaffen gemacht hat von jeher. Ich habe mir das Recht meines „theistischen Idealismus" erst gegen ihn erkämpfen müssen. Er ist daran schuld, daß ich nicht schon vor mehreren Jahren den Standpunkt hatte, den ich jetzt habe. Mein Satz, daß der Geist als solcher sich als relativ gegen Gott setze, sei nichts als eine inhaltslose Dublette zu dem Satze, daß der individuelle Geist sich als relativ gegen den absoluten setze. Er sei darum auf diesen zweiten Satz zu reduzieren. So habe ich selbst gegen mich argumentiert, aber es ist ein Trugeinwand:

Ich knüpfe an an den „Gottesbeweis", den ich Ungelehrten „aus dem Weltwiderspruch" zu führen pflege. – Der Geist ist sich absolutes Prinzip alles Wirklichen, aber die Wirklichkeit verneint diesen Anspruch, er erweist sich als undurchführbar. In der *Erkenntnisaufgabe:* Das System verfällt immer wieder dem Gericht der Geschichte. Die Erkenntnis ist unvollendbar. Das absolute Bei-sich des Geistes bleibt ein Traum. Dein System verfällt diesem Gericht ebenso gut wie das Hegels. Denn auch das Mittel, diesem Gericht ins Auge zu blicken, und das Wissen, um es zum Grundparadox des Systems zu machen, macht nicht unsterblich. Wider den Tod ist kein Kraut.

In *Natur und Geschichte:* Der Geist macht sich nicht zum Herrn der Welt. Er ringt um seine Herrschaft, und dabei hat's sein Bewenden. Das brauch ich Dir mit Deinem eschatologischen Kulturpessimissmus nicht erst zu beweisen.

Prinzipiell: Dem Geiste ist in dem, was er als sein Wesen erkennt, in sich selbst widersprochen. Er ist sich Identität, Subjekt–Objektivität in reiner Einheit, und diese Identität ist doch das Jenseits seiner. Er ist sich mit dem unendlichen Widerspruch gegen sein eigenes Wesen behaftet. Und muß schließlich dafür noch dankbar sein. Denn die reine Identität ist ihm nach Hegel[3] die Nacht, in der alle Kühe schwarz sind. Dadurch, daß er sich in den Widerspruch gesetzt findet, kommt er erst zu seinem Inhalt.

Darum kann das System nicht anfangen: der Geist ist, sondern allein: es ist der Geist und sein Widerspruch. Genauer: der Geist, und im Geist der Widerspruch. Ich würde mich getrauen, an jedem beliebigen Philosophen das nachzuweisen. Hegel[4] läßt das Absolute „sich entlassen". Du kennst die Kritik, die sich gegen diesen wunderlichen Akt gerichtet hat. Ich glaube, jeder Versuch, den Geist zum Prinzip seines eigenen Widerspruchs zu machen, scheitert notwendig. Es gibt nur eine ehrliche Möglichkeit, dem Dualismus (der übrigens durch das bestehende Verhältnis von Geist und Widerspruch seinerseits widerlegt würde) auszuweichen, und das ist der Gottesgedanke. Man muß sagen: Geist und Widerspruch sind das von Gott Gesetzte. Genauer: Gott ist der den Geist als in Widerspruch mit sich selbst Setzende. Daran, daß er im Widerspruch mit sich ist, erkennt sich der Geist nicht als sich setzend *schlechthin,* sondern als *gesetztes* sich Setzendes. Der Idealismus hat recht, – aber als Philosophie der Phainomena. Jenseits seiner steht noch der Urakt der Schöpfung. Ich würde die Schöpfung ebenso, wie die christliche Theologie es tut, beschreiben, nur ist mir das Erschaffene nicht die reale Welt, sondern die Welt des Geistes. Ich habe noch immer gefunden, daß dieser Gottesbeweis leicht verstanden und gut gefaßt wird, wenn man ihn in der richtigen Weise an die Menschen heranbringt. Wir sind nicht von uns selber her, wir hängen nicht als selige Kugeln in der Luft. Dieses „Wir" aber gilt nicht bloß von uns als Individuen, wir empfinden, wenn wir solche Sätze aussprechen, vielmehr etwas durchaus Überindividuelles – so geht es uns als Geist, und allem Geist, *dem* Geist. – Nur noch eins: den Ausdruck „Gottesbeweis" wirst Du *cum grano salis* nehmen. Der Gottesgedanke ist dabei nichts logisch Erschlossenes – Gott sei dank nicht. Er ist die Synthesis zu einem gegebenen Widerstreit von Thesis und Antithesis, und jede Synthesis will geschaut sein. Niemand aber wird sie schauen, dem nicht die Gottesahnung, von der ich im vorigen Briefe soviel sprach, aufgegangen ist oder eben aufgeht, wenn ich ihm vom Weltwiderspruch und von dem Jenseits des Geistes, auf das er hinweist, spreche.

So glaube ich Dir gezeigt zu haben, daß es für mich keine sinnlose Rede ist, wenn ich den Geist als solchen sich als relativ gegen Gott setzen lasse. Das ist wirklich ein ganz anderer Gedanke, als wenn ich meine individuelle Bedingtheit im Verhältnis zum allgemeinen Geistesleben erkenne. Vielleicht wird mein Gedanke durch folgendes noch anschaulicher. Fichte[5] hat erkannt, daß die Fassung des Geistes als des *schlechthin* sich Setzenden bedingt ist durch die strenge Fassung des Widerspruchs als einer rein negativen Schranke. Das hat ihn bewogen, den Vorsehungsglauben und die Geschichtsphilosophie ganz eigentümlich subjektivistisch zu fassen. Die Geschichte ist ihm nichts als die Tat der sittlich begeisterten Individuen. Alles andere Handeln fällt ihm aus der Geschichte hinaus. Ähnlich konnte er sich ein Walten der Vorsehung im gewöhnlichen Sinn nicht denken. Es gibt keine objektive, jenseits unser waltende Macht, es gibt nur ein Zusammenstimmen alles Handelns, das aus dem Geist geboren ist. Damit vergleiche nun Hegels objektive Geschichtsphilosophie, seinen Gedanken von der List der Vernunft usw. Hegel hat den Widerspruch zu einem positiven Element in der Entwicklung des Geistes gemacht. – Medicus[6] sieht in Hegels Gedanken den Abfall vom Idealismus. Es ist aber klar, daß Hegel nicht nur der christlichen Anschauungsweise sehr nahe steht, sondern einfach die Tatsachen für sich hat. Die Frage ist nur, ob diese geheimnisvolle positive Bedeutung des Widerspruchs nicht unerklärlich ist, wenn man nicht den Geist als den von Gott in der Schöpfung gesetzten faßt. Jedenfalls dann wird man so urteilen müssen, wenn man die strenge Logik, die Hegel im Geschichtsprozesse zu finden glaubte, preisgibt und dem Geheimnis in der Geschichtsphilosophie die Stelle gibt, die ihm gebührt. Wir können wirklich das, was in der Geschichte geschieht, nicht ganz verstehen. Es ist eine Weisheit da, die über uns geht. –

Eins bin ich Dir noch schuldig: den Nachweis, wie ich mir das religiöse Paradox denn im Konkreten denke. Wie finde ich diejenige Einheit von *Supra* und *Infra*, die dadurch, daß beide ein Verhältnis zueinander haben, vorausgesetzt wird? Die Antwort liegt in der Synthesis der Begriffe Offenbarung und Rechtfertigung.

Die Rechtfertigung ist eine Tat göttlichen Willens, und Gott vollzieht sie dadurch, daß er uns sich offenbart. Beginnende Offenbarung ist beginnende Rechtfertigung, und vollendete Offenbarung ist vollendete Rechtfertigung. − Wenn dem Geist die Gewißheit des „Andern" gegenwärtig wird, er an dem Gedanken des Andern zu vergehen droht und infolgedessen an seiner Gewißheit des Andern wieder irre werden möchte, ohne daß er doch von dem ihm sich Bezeugenden loskommen könnte, − so hilft ihm nur eins: Er sieht eben darin, daß das Andere sich ihm offenbart, seine Rechtfertigung. Gott zerbricht ihn nicht. Er schenkt sich unserer Überzeugung. Er tritt damit mit uns in Gemeinschaft. Er bestätigt uns in dem, was die Wurzel unseres Lebens ist − in unserer Evidenz. Denn gerade in sie tritt er hinein. Von Gott gesetzt sich wissen, d. h. freilich sich als Creatur wissen, als Relatives sich ansehen müssen. Aber Gott wissen, das heißt in den eignen relativen Lebensgrund das Absolute empfangen haben. Gott sagt „Ja" zu uns, aus freiem Erbarmen. − Natürlich ist diese Offenbarung anhebend schon in der Schöpfung. Wo nur creatürlicher Geist ist, da ist Gottesahnung, sei es noch so dunkle und mißverstandene, da ist anhebende Gemeinschaft mit Gott.

Ich beschränke mich auf diese prinzipiellen und formalen Dinge. Ich möchte Dich aber bitten, daß Du nun nach diesem authentischen Commentar meinen vorigen Brief Teil I und II noch einmal liest. Du kannst aus diesem hier allein meine Religionsphilosophie nicht verstehen. Du mußt auch Geduld mit meiner etwas müden und zerflossenen Darstellung haben und, ehe Du mein Pharao bist, der mir widerspricht, erst einmal mein Aaron sein, der meinem Stammeln nachhilft. Der Brief ist unter großen äußeren und inneren Hemmungen geschrieben. Ich bin jetzt wohl in der schwersten Zeit meines Lebens. Das bißchen Geisteskraft aber, das ich für die Wissenschaft übrig habe, gehört eigentlich einer kleinen Studie[7], die ich als Blinder sozusagen arbeiten muß. Denn ich darf um des kranken Auges willen auch das gesunde nur eine Stunde täglich im ganzen gebrauchen. Und ich habe wenig Hilfe im Verhältnis zu meinem Arbeitsbedürfnis.

Ich formuliere das Problem: die wissenschaftliche Differenz zwischen uns beiden beruht auf einem Doppelten. 1. Du wagtest nicht, das von Dir anerkannte dialektische Verhältnis, das ich beschrieb, theistisch zu verstehen. Du mußt es Dir darum wegerklären vom Standpunkt Deiner Geistesphilosophie aus. Das tust Du mit Hilfe des Unendlichkeitsbewußtseins, das allerdings meinem Andern oder Fremden näher steht als das Wertbewußtsein. 2. Ich fürchte auch eine Differenz im Verständnis des Fremden. Ich habe das Empfinden, daß das, was Du meinst, ästhetischer, stimmungsmäßiger ist als das, was ich meine. Wir müßten uns einmal persönlich aussprechen über viele Dinge, die man nicht gut in einem Brief bringen kann. Wenn Du bei Deinem Urlaub über Bonn kommen könntest, so wäre es nicht nur eine Freude für mich, sondern auch gut für unsere Debatte. Für das Verstehen nach der religiösen Seite hoffe ich etwas beitragen zu können. In Kürze erscheint ein Vortrag, oder wie man es sonst nennen mag, etwas, was ich in der Klinik diktierte, mit Hilfe einer Vorleserin: „Luthers Gottesanschauung". Wenn Du mir versprichst, es zu lesen, so will ichs Dir, sobald es da ist, schicken. Die Korrekturen sind schon erledigt.

Wenn Du bei Deinem Urlaub nach Bremen kommst, so lies auch den kleinen populären Artikel „Liebe und Persönlichkeit"[8], den ich eben Johanna schickte. Er ist eine Auseinandersetzung mit dem Persönlichkeitsideal von Goethe und Nietzsche. Du lernst nichts Neues draus, aber Du lernst mich gut daraus kennen.

Nun leb wohl. Ich hoffe, wir kommen zusammen. Du wirst Dich für Deine Kritik an mir am ehesten richtig einstellen, wenn Du mich nicht unter das Schema des Supranaturalismus bringst, das trifft mich nicht. Wohl aber hat bei mir das idealistische System einen realistischen Unterton bekommen. Die idealistische Erkenntnistheorie ist richtig, aber sie hat einen religiösen Realismus zur geheimen Voraussetzung.

Von Herzen Dein treuer Emanuel.

ANMERKUNGEN

1 Vgl. Anm. 1 zu IV, 4.
2 Johann Gottlieb Fichte: Grundlagen der gesamten Wissenschaftslehre, 1794. Ausgew. Werke in 6 Bde., Hrsg. F. Medicus, Bd. 1, S. 285–317.
3 Georg Wilh. Friedrich Hegel: Phänomenologie des Geistes, SW 2, S. 22.
4 ders.: Enzyklopädie der philosophischen Wissenschaften 1830, neu hrsg. von F. Nicolin und O. Pöggeler, Hamburg 1959, S. 197.
5 Johann Gottlieb Fichte: Über den Unterschied des Geistes und des Buchstabens in der Philosophie, Hrsg. S. Berger, Leipzig 1924, S. 3 ff.
6 Fritz Medicus, Professor für Philosophie, seit 1911 in Zürich. „Fichtes Leben", Leipzig 1914, S. 113.
7 Luthers Gottesanschauung, 36 S., Göttingen 1918.
8 Der Geisteskampf der Gegenwart, Monatsschrift für christliche Bildung und Weltanschauung 54. Jg., 5. H., 1918, 108–110.

IV, 6 Emanuel Hirsch an Paul Tillich

7. Juli 1918

Lieber Paul,
nun schreibe ich doch zuerst. Mein Büchlein[1] ist soeben erschienen, und da sende ichs Dir gleich. Ich habe das Empfinden, daß Du es nicht als reine „Prophetie" ansehen wirst. Daß Gott kein gegenständliches Sein hat, hat Luther in seiner Weise vortrefflich ausgedrückt. Es ist mir stets verwunderlich, wie sehr er doch auch der streng philosophischen Zergliederung standhält. Ich denke, das wirst Du auch durch meine einfache Darstellung durchfühlen, daß ich das, was ich sage, vor meinem philosophischen Gewissen habe prüfen lassen auf Herz und Nieren. Ich bin *gar nicht* naiv. Es hat mich einen langen Weg gekostet, das, was ich habe, so klar und einfach zu sehen, wie ich es jetzt kann.

Ich wollte Dir noch eins sagen: Die rechte philosophische Stellung zum Gottesgedanken hat man erst dann, wenn man nicht mehr *über* Gott, sondern *in* Gott oder *aus* Gott spekuliert. D. h. man darf Gott nicht hineinziehen in die dialektische Schaukel des Geistes, wo jeder Gedanke im Wechselverhältnis zu seinem Widerspiel steht, wo es eigentlich nur Verhältnisse gibt, in denen man schwebt. Es ist ein so ungeheurer Ernst um die Paradoxie des Gottesgedankens, daß man entweder in ihm den Gedankengang enden lassen oder ihn in ihm beginnen lassen muß. Man darf nicht wagen wollen, die Brücke über diese Paradoxie, an deren Denken wir zu vergehen drohen, hin und wieder schlagen zu wollen, wie wir es tun, wenn wir versuchen, ihn ins System als Glied hineinzufügen. Sondern wir fangen entweder in dieser Paradoxie als der Voraussetzung an. Dann stehen wir in dem Gedanken des sich uns offenbart habenden Gottes, des Gottes, der jenseits den Weg in uns hineingefunden und uns damit gerechtfertigt hat. Die Erinnerung an die ungeheure Kluft, die hinter uns liegt in der Gotteserkenntnis, gibt dann allem die Feierlichkeit und den Ernst. Oder wir fangen bei uns selber zu denken an, dann stehen uns, wenn wir an Gott kommen, die Gedanken still. Wir erreichen die Grenzen unseres geistigen Seins, ahnen jenseits ihrer unsere ewige Heimat in Gott. Das ist das Unaussprechliche, Überschwengliche. Eben dies Verhältnis des Gottesgedankens zur dialektischen Philosophie meinte ich auch, wenn ich sagte: das idealistische System bekommt auf paradoxe Weise einen realistischen Unterton.

135

Vielleicht darf ich die Dinge auch auf den Kopf stellen und sagen: Du bist viel eher als ich in Gefahr, Dir Gott zu vergegenständlichen. Du machst – brieflich wenigstens – das Unendlichkeitsbewußtsein zu etwas, womit der Geist spielt. Damit wird es aber verendlicht, vergegenständlicht. Gegenstand sein heißt doch wohl, Moment im Geiste sein. Nur das ist nicht Gegenstand in uns, bei dem es in der Art, wie wir davon reden und denken, zum Ausdruck kommt, daß es nur *per paradoxian* in uns ist.

Ob ich in Zungen für Dich rede? Ich glaube nicht. Ich habe seit Deinem Besuch[2] das bestimmte Gefühl, daß wir uns zusammenphilosophieren werden.[3]

Nun leb herzlich wohl. Schreib bald
Deinem Emanuel.

ANMERKUNG

1 Vgl. Anm. 7 zu IV, 5.
2 Zwischen Brief 5 und 6 liegt offenbar ein Besuch Tillichs in Bonn bei Hirsch.
3 „Die große religionsphilosophische Debatte" zwischen E. Hirsch und P. Tillich ist als solche nicht fortgesetzt worden. P. Tillich hat noch drei Schriften E. Hirschs besprochen: Die Reich-Gottes-Begriffe des neueren europäischen Denkens. Ein Versuch zur Geschichte der Staats- und Gesellschaftsphilosophie, Göttingen 1921 in: Theol. Bl., Jg. 1, 1922, S. 42–43; Der Sinn des Gebets. Fragen und Antworten, Göttingen 1921 in: Theol. Bl., Jg. 1, 1922, S. 137–138; Die idealistische Philosophie und das Christentum, Gütersloh 1926 in: Theol. Bl., Jg. 6, 1927, S. 29–40. E. Hirsch nur Tillichs Religionsphilosophie in: ThLZ, 51. Jg., Nr. 5, 1926, Sp. 97–103. S. dazu die bemerkenswerte Auseinandersetzung E. Hirschs mit Fr. Traub über die Frage des Atheismus bei P. Tillich in: MPTh, 22. Jg., 3. H. 1927, S. 62f. Dagegen ist E. Hirsch in: Deutschlands Schicksal. Staat, Volk und Menschheit im Lichte einer ethischen Geschichtsansicht, Göttingen 1922², 1925³, S. 155ff. (Nachwort), in: Die idealistische Philosophie und das Christentum, S. 6ff. und S. 95 und in: Schöpfung und Sünde in der natürlich-geschichtlichen Wirklichkeit des einzelnen Menschen. Versuch einer Grundlegung christlicher Lebensweisung, Tübingen 1931, *passim* auf wesentliche Fragen der Theologie P. Tillichs kritisch eingegangen. Nur mit größter Zurückhaltung kann jedoch die hier abgedruckte Debatte mit dem Angriff P. Tillichs auf E. Hirsch und dessen Erwiderung in Zusammenhang gebracht werden (siehe S. 142–218 in diesem Band).

Die Tragödie einer Freundschaft

Theologie soll Antwort auf die Lebensfragen der Gegenwart vermitteln. Diese sind oft dargestellt und jeweils auf dem geistig-soziolo-
gischen Hintergrund der betreffenden Autoren interpretiert worden.
Es läßt sich nicht übersehen, daß in dem politischen und apologetischen Habitus der Theologien von Hirsch und Tillich auch sofort typische Unterschiede festzustellen sind. Sie werden darin erkennbar,
daß bei einer in vielen Zügen ähnlichen oder geistesverwandten politischen Theologie eine diametral entgegengesetzte politische Praxis
immer deutlicher wird, bis es 1934 zu offener Konfrontation kommt.
Während für Tillich nach der Katastrophe des nationalen Gedankens
im Ersten Weltkrieg nur noch der Sozialismus eine historische Perspektive für das Christentum bzw. den Protestantismus zu bieten
schien, erwartet Hirsch gleiches nur vom geschichtlich gegebenen
Volkstum.

Proteste sind angesichts der sehr eindeutigen Voten Hirschs für die
nationalsozialistischen Machthaber in Staat und Kirche sehr zahlreich
erhoben worden, und Tillichs Vorstellung vom „religiösen Sozialismus" ist von den Kräften des geschichtlich wirksam gewordenen Sozialismus vor und nach 1945 auf der ganzen Linie Ablehnung begegnet.

Es soll daher versucht werden, die entscheidenden Dokumente des
politischen Denkens beider aus dem Jahr 1934/35 *nebeneinanderzustel-
len*, um so die Möglichkeit einer vergleichenden Analyse zu bieten.

Hirsch, seit 1915 Privatdozent für Kirchengeschichte in Bonn und
seit 1921 in Göttingen Professor – damit gleichzeitig ein Fakultäts-
kollege von Karl Barth – gehört nach Klaus Scholder „zu den am
schwersten zu deutenden Figuren der neueren Theologiegeschichte.
Universal gebildet, von großartigem Fleiß und stupender Gelehrsam-
keit, hat er bis in die fünfziger Jahre hinein eine lange Reihe bedeutender, zum Teil bis heute nicht überholter Arbeiten vorgelegt. Er gehörte zu den Wiederentdeckern Kierkegaards, den er vollständig ins
Deutsche übertrug, und hat die einzige umfassende Theologiegeschichte der Neuzeit geschrieben, die wir besitzen ... Zugleich aber
war er ein leidenschaftlicher politischer Theologe, in allen Fragen, die
Deutschlands Sendung und Schicksal betrafen ... In mancher Hinsicht ist Hirsch, dessen persönlichem Schicksal ein Hauch von Tragik
anhaftet, fast ein Symbol für den politischen Protestantismus in

Deutschland, in dem sich Leidenschaft und Ahnungslosigkeit, hoher sittlicher Anspruch und krasses Versagen, geistige Weite und politische Enge so seltsam gemischt haben."[1] Hirsch hatte zunächst 1920 in dem Buch: Deutschlands Schicksal. Staat, Volk und Menschheit im Lichte einer ethischen Geschichtsansicht[2], die Niederlage Deutschlands im Ersten Weltkrieg zu deuten versucht und geriet mit seinem Kampf gegen Internationalismus und Pazifismus in den Sog der völkischen Bewegung, eine der Wurzeln der Hitlerdiktatur. Als dann 1933 der Machtantritt Hitlers die Mehrheit der deutschen Bevölkerung für die „nationalsozialistische Revolution" vereinnahmte, viele angesehene Theologieprofessoren diese „große Wende des deutschen Schicksals von Gott her zu deuten" versuchten – unter ihnen Hanns Rückert, Heinrich Bornkamm, Hermann Wolfgang Beyer, Erich Vogelsang, Walther Künneth, Helmuth Schreiner, Paul Althaus, Friedrich Gogarten, Adolf Schlatter, Ethelbert Stauffer oder Karl Heim[3] – bezog auch Hirsch in einer Schrift Position, die sicher als eine der eindruckvollsten Schriften aus der Diskussion über die deutsch-christliche Theologie angesehen werden darf und die Tillich zu seinem „Offenen Brief" veranlaßte: Emanuel Hirsch: Die gegenwärtige geistige Lage im Spiegel philosophischer und theologischer Besinnung. Akademische Vorlesungen zum Verständnis des deutschen Jahrs 1933.[4] Hirsch bezeichnete diesen Entwurf als „christliche Geschichtsphilosophie", womit er ausdrücken wollte, die Offenbarung Gottes begegne nicht nur in Jesus Christus, sondern auch in der Geschichte als vorlaufende Gnade und Offenbarung. Abgesehen von der Frage, ob hier eine Adaption von Luthers Theologie vorlag, für die Hirsch als Schüler Karl Holls vorbereitet war, handelte es sich in dieser und in anderen Stellungnahmen Hirschs um eine unverhüllt offene Parteinahme für den Hitlerstaat. Sie resultiert aus der Gegenposition zur Entwicklung der modernen Welt, deren Entwicklung als verfehlt angesehen wird. Die völkische Bewegung und die nationalsozialistische Machtergreifung schien dem konservativ restaurativen Gesellschaftsideal Hirschs entgegenzukommen.

„Möglichkeit und Notwendigkeit von ‚politischer Theologie' (Theologie der Revolution, Theologie der Befreiung usw.) sind umstritten – heute wie damals, als Paul Tillich ebenso wie sein Freund Emanuel Hirsch eine solche entwickelte. Tillich entwarf mit Hilfe seiner ‚Kairos'-Lehre eine ‚Theorie des religiösen Sozialismus', Hirsch eine ‚politische Theologie' im Hinblick auf den Nationalsozialismus. Während Tillich zu Beginn der zwanziger Jahre die menschliche Situation der damaligen Zeit im Sozialismus zum Ausdruck gebracht sah, empfand Hirsch die ‚deutsche Wende' von 1933 als den grundlegenden Grundansatz. Die strukturelle Gleichheit der theologisch-politischen Entwürfe von Hirsch und Tillich beruhten auf der Überzeugung, daß das ‚Göttliche' die Geschichte gestaltend und fordernd durchdringt. Beide verlangen also das Engagement der Theologie an politisch-sozialer Wirklichkeit und Stellungnahme zu den anstehenden Problemen – allerdings in kennzeichnend unterschiedlicher Weise. Tillichs Konzept des religiösen Sozialismus ist der Versuch einer stets kritischen Theorie, einer konkreten Sozialtheologie im Gegensatz zu einer festgeschriebenen und abstrakten theologisch-politischen Ideologie. Sein Verständnis der Wahrheit als Sinnwahrheit sowie seine Auffassung des ‚Paradox' verbieten eine theologische Weihe jeder Wirklichkeit, die in sich weder unbedingt ist noch Anspruch auf dauernde Gültigkeit hat. Trotz der konkreten Entscheidung für den Sozialismus lehnt Tillich eine partei- und gesellschaftspolitische Festlegung ab."[6] Hirschs positive Stellungnahme zum Nationalsozialismus hingegen ist damals mehrfach, vor allem im Kreise um Karl Barth, so interpretiert worden, daß er diesem „Aufbruch" den Charakter eines unbedingten Heilsgeschehens zuspreche und den Totalitarismus des Systems theologisch legitimiere.[5]

„In welcher Weise sich Tillich damals – 1934 – trotz gleichem theologischem Grundanliegen und Ausgangspunkt gegen Hirschs theologisch-ideologisch-politischen Glauben zur Wehr setzt, zeigt das geistig anspruchsvolle Dokument."[6]

Allerdings scheint die strukturelle Gleichheit der politisch-theologischen Entwürfe von Hirsch und Tillich auf der Voraussetzung zu beruhen, daß das „Göttliche" in den Geschichtsverlauf gestaltend oder fordernd eindringt. Die Geschichte des lutherischen Denkens zeigt, daß durch die Freigabe der Weltanschauung in der Theologie Luthers eine geistesgeschichtlich ambivalente Entwicklung möglich war, die zur deutschchristlichen Rechtfertigung der Hitlerdiktatur oder zum religiösen Sozialismus führen konnte. Das von Karl Barth hier aufgerichtete prinzipielle Nein hatte in erster Linie eine Schutzfunktion, wenn auch seine Behauptung, daß die natürliche Theologie zwangsläufig zur völkischen Theologie führen müsse, der historischen Nachprüfung im einzelnen nicht standhalten dürfte. Tillichs Denkkategorien zeigen, daß die strukturelle Gleichheit der von Hirsch und Tillich benutzten Begriffe doch nur eine scheinbare ist. Durch das *kritische Element* bei Tillich, wie es sich in der prophetisch-eschatologischen Kritik des Gegebenen, im Begriff des „Dämonischen", in der Kritik jeglicher Utopie zu Wort meldet, wird zwar das Problematische in der Entsprechung von Offenbarung und Geschichte nicht aufgehoben, jedoch bleibt jede geschichtliche Gestaltung, das Einzelschicksal oder auch das eines ganzen Volkes, immer unter dem Gericht Gottes und bedarf der Rechtfertigung „allein aus Gnade". Ob dies lutherische Nein bei Hirschs Wertung des Nationalsozialismus mißachtet wurde, das ist theologisch wohl das Hauptproblem dieser Auseinandersetzung.[7] Das kommt auch in der Zusammenfassung der Kritik an Hirschs Buch zum Ausdruck: „Du verkehrst die prophetisch-eschatologisch gedachte Kairos-Lehre in priesterlich-sakramentale Weihe eines gegenwärtigen Geschehens." Daß Hirsch den Argumenten seines Freundes völlig verschlossen war, zeigt seine Verteidigungsschrift: Christliche Freiheit und politische Bindung. Ein Brief an Dr. Stapel und anderes.[8] Auch dieser Beitrag ließ an Klarheit darüber nichts zu wünschen übrig, wo Hirsch 1933 stand. Verlag und Herausgeber haben sich entschlossen, auch diesen Beitrag abzudrucken. Durch die Nebeneinanderstellung aller Dokumente dieser wichtigen Auseinandersetzung wird die theologische Würdigung der beiderseitigen Standpunkte und Argumente sehr erleichtert – zumal die Erwiderung Hirschs bisher kaum zugänglich war.[9]

Sachlich gehört abschließend in diesen Zusammenhang noch die Antwort an Emanuel Hirsch: Um was es geht. Dieser Beitrag findet damit ebenfalls seine Aufnahme in die „Gesammelten Werke". Erst, wer alle drei Dokumente miteinander vergleichen kann, wird analysieren können, worum es damals der Sache nach ging.

Die Situation erhellen außerdem noch zwei frühe Briefe Tillichs aus der Emigration, an A. Fritz und H. Schafft.[10]

ANMERKUNGEN

1 Vgl. Klaus Scholder: Die Kirchen und das Dritte Reich. Bd. 1: Vorgeschichte und Zeit der Illusionen 1918–1934, Frankfurt/M., Berlin, Wien 1977, S. 127f.
„Es gehörte zu den niemals auch nur vom Schatten eines Zweifels angerührten Grundüberzeugungen von Hirsch, daß die großen Völker unmittelbar aus dem Schöpfungswillen Gottes hervorgegangen seien mit dem Auftrag, in der Welt jeweils eine bestimmte, nur ihnen eigentümliche Sendung zu erfüllen. Diese Überzeugung, die Hirsch mit vielen seinen Zeitgenossen teilte, führte dazu, daß er sich im entscheidenden Augenblick gerade als Theologe mit der völkischen Bewegung enger verbunden wußte als mit einer Kirche, die diese Überzeugung nicht oder doch nicht so vertrat." Vgl. Klaus Scholder, a.a.O., S. 129.

2 Göttingen 1920. 3. Aufl. 1925.
3 Vgl. hierzu Klaus Scholder, a.a.O., S. 529 f.
4 Göttingen 1934.
5 Zur Beurteilung dieses Vorwurfs vgl. bei Hirsch insbesondere: Die gegenwärtige geistige Lage ... a.a.O., S. 42ff., S. 151ff., S. 156, S. 160ff. sowie im hier abgedruckten Brief an Dr. Stapel den 4. Abschnitt.
6 Walter Schmidt in: Sonderdruck des Evang. Verlagswerkes 1978.
7 Vgl. hierzu die Belegstellen in Anm. 5.
8 Hamburg 1935.
9 Die Schrift: Christliche Freiheit und politische Bindung, ist kaum bekannt geworden, weil der größte Teil der Auflage auf Anweisung der NS-Regierung eingestampft werden mußte. – Eine ausführliche Darstellung der theologischen Aussagen Hirschs zu Politik, Volkstum und Geschichte findet sich in seinem „Leitfaden zur christlichen Lehre", Tübingen 1938 (vgl. dort besonders §§ 48, 73, 97, 113, 116 – von diesem Leitfaden erschien 1978 aus dem Nachlaß eine 2. Auflage mit umfangreichen Ergänzungen unter dem Titel „Christliche Rechenschaft", Berlin –); eine spätere Fassung dieser Gedanken ist in seiner Schrift „Ethos und Evangelium", Berlin 1966, enthalten (vgl. dort Brief 1, 2, 11, 16, 17, 20).
10 Vgl. II, 3; V, 3; V, 4.

Die Herausgeber bedauern, daß sie von den Vorarbeiten für eine Neuherausgabe der Werke von Emanuel Hirsch zu spät Kenntnis erhielten. Aus diesem Grund konnten diese Vorarbeiten in der hier vorgelegten Dokumentation leider nicht berücksichtigt werden.

IV,7 Die Theologie des Kairos und die gegenwärtige geistige Lage.

OFFENER BRIEF AN EMANUEL HIRSCH VON PAUL TILLICH

Der folgende Brief war ursprünglich als Privatbrief entworfen. Nachdem er sich zu einem umfassenden sachlichen Angriff auf das Buch von Hirsch ausgewachsen hatte und nachdem sich herausgestellt hatte, daß der Gebrauch der Kairos-Lehre durch Hirsch zu schwerer Mißdeutung ihres Sinnes führen muß, fragte ich den Herausgeber dieser Zeitschrift, ob er mein Schreiben als Offenen Brief veröffentlichen könnte. Seine Zustimmung, für die ich ihm dankbar bin, ermöglicht es mir, eine Interpretation der Kairos-Lehre im Hinblick auf die gegenwärtige theologische und religiöse Lage vor der theologischen Öffentlichkeit zu geben. Doch konnte ich mich nicht entschließen, den persönlichen Charakter, dessen Ausdruck die Briefform sein soll, zu beseitigen. Es gibt Fälle, in denen Persönliches und Sachliches so miteinander verbunden sind, daß gerade um der Sache willen das Persönliche zu Worte kommen muß. Es ist schwer, in solchen Fällen den Schein des Nur-Persönlichen zu vermeiden, zumal wenn man die Leidenschaft nicht verhehlt, die nach Kierkegaard ein *Signum* der Wahrheit ist. Beabsichtigt ist dennoch etwas rein Sachliches: das Bild der gegenwärtigen geistigen Lage und ihrer Voraussetzungen richtiger zu zeichnen, als Hirsch es getan hat, und auf diesem Wege zugleich einen Beitrag zur theologischen und philosophischen Selbstbestimmung in dieser Lage zu geben. So wenig es sich für mich um politische Kritik handelt und handeln kann, so unvermeidlich war es, auf die theologische und philosophische Interpretation des gegenwärtigen politischen Geschehens einzugehen, die das Buch von Hirsch füllt. Es scheint mir – gerade vom Standpunkt des gegenwärtigen Deutschland aus – wichtig zu sein, daß nicht nur diese eine Interpretation, sondern auch andere und – wie ich meine – richtigere zu Worte kommen.

New York, am 1. Oktober 1934.
Union Theological Seminary.

Lieber Emanuel!

Die spannungsreiche Einheit unserer persönlichen Freundschaft und sachlichen Gegnerschaft ist mir nie stärker zum Bewußtsein gekommen als beim Lesen Deines neuen Buches: „Die gegenwärtige geistige Lage im Spiegel philosophischer und theologischer Besinnung". Ich stimme dem Urteil Karl Barth's über seine Bedeutung zu und glaube darüber hinaus fühlen zu können, um was es Dir geht.

Zugleich weiß ich mich verpflichtet, ihm mit der sachlichen Schärfe entgegenzutreten, die unsere wissenschaftlichen Gespräche immer gehabt haben und die in diesem Augenblick, wo das Ganze unserer geistigen Existenz in Frage steht, nötiger ist denn je. Während die Briefform den Willen ausdrückt, den Gesprächscharakter unserer Auseinandersetzung aufrecht zu erhalten, bedeutet die Öffentlichkeit, zu der mich die Öffentlichkeit Deines Buches zwingt, daß wir nicht ein Privatgespräch zu führen, sondern um die widerstreitenden Prinzipien, die seit Jahren mit unseren Namen verbunden sind, zu ringen haben. In diesem doppelten Sinne bitte ich Dich, diesen Brief aufzufassen, der mir schwerer geworden ist als je ein anderer.

Dein letztes Buch[1] hat ein großes Erstaunen bei mir und anderen ausgelöst. (Vgl. den Bericht von Pfarrer Aé in der „Jungen Kirche",[2] sowie verschiedene Briefe, die ich erhalten habe.) Das Erstaunen gründet sich auf die Tatsache, daß Du, um die neue Wendung der deutschen Geschichte theologisch zu deuten, alle entscheidenden Begriffe des vierzehn Jahre lang von Dir bekämpften und nun äußerlich überwundenen Gegners gebrauchst. Nun könnte mich das freuen als ein Beweis für die geistige Kraft unserer religiös-sozialistischen Gedankenarbeit, von der auch der siegreiche Gegner leben muß. Aber diese Freude ist durch ein Doppeltes getrübt: einmal durch die Tatsache, daß Du Deine Übereinstimmung mit den religiös-sozialistischen Kategorien geflissentlich verhüllst, und zweitens durch die Tatsache, daß Deine Verwendung dieser Kategorien sie um ihren tiefsten Sinn bringt. Aus diesen beiden Gründen schreibe ich diesen Brief. So gern ich persönlich für lange Zeit geschwiegen hätte, der Gebrauch und Mißbrauch der mit meinem Namen verknüpften Kairos-Lehre[3] durch Dein Buch zwingt mich zum Reden.

Das, was ich zuerst sagen möchte, hält sich im Rahmen dieser persönlichen Einleitung. Es ist mir das Schwerste, aber es muß gesagt werden und muß klar und offen gesagt werden. Denn es betrifft das entscheidende Verhältnis der wissenschaftlichen Wahrhaftigkeit zu den Erfordernissen des politischen Kampfes. Mir scheint in einer Zeit, in der das Politische – bei uns allen – eine nie geahnte, alles überragende Bedeutung bekommen hat, in der nach Lage der Welt wenig Aussicht besteht, daß es in absehbarer Zeit diese Bedeutung verlieren wird, in der nicht zufällig „der Feind" zu der existentiellen Kategorie geschichtlichen Denkens erhoben ist, in solcher Zeit scheint es mir nötig zu sein, daß man sich über das Verhältnis des wissenschaftlichen zum politischen Ethos zum mindesten für sein eigenes Verhalten klar wird. Nun muß ich gestehen, daß ich – und nicht ich allein – das Gefühl habe, daß Du Dir nicht darüber klar geworden bist, als Du Dein Buch schriebst, oder wenn, dann in einer Richtung, die ich tief bedauern würde. Ich habe schwer unter Deinem Buch gelitten, nicht um der sachlichen Inhalte willen, die mich zu recht kräftigem Angriff begeistert haben, sondern wegen Deiner Haltung, die ich unserer Arbeit gegenüber mit geistiger Wahrhaftigkeit nicht vereinigen kann. Als eine Verletzung derselben empfinde ich es, wenn Deine Darstellung nichts davon merken läßt, daß die Arbeit, die von uns geleistet ist, die methodische Grundlage für die von Dir geforderte neue Haltung in Theologie und Philosophie geschaffen hat. Du behandelst sie mit Respekt und läßt wenigstens ahnen, daß Du ihr allerhand verdankst. Gleichzeitig aber erfindest Du für sie den Namen „Religiöser Marxismus", der nach dem propagandistischen Gebrauch des Wortes Marxismus in den letzten zehn Jahren für Deine Leser lediglich diffamierenden Charakter ohne sachlichen Inhalt haben muß. Doch nicht auf diese Erwähnung kommt es an, sondern darauf, daß Deine Darstellung anders hätte aussehen müssen, wenn Du Dich offen zu der Arbeit derer bekannt hättest, deren Gedanken in jedem Deiner Sätze mitklingen. Dann hättest Du nicht verheimlichen können, daß das Gefühl der Wende, der Krise des bürgerlichen Zeitalters und des neuen Aufbruchs, der Hoffnung auf geistige, gesellschaftliche und politische Neuschöpfung Deutschlands und dadurch Europas, beim Entstehen unserer Bewegung genau so lebendig war wie jetzt, daß die Kritik der autonomen Jahrhunderte, die Erwartung einer theonomen Existenz der christlichen Völker nach Überwindung der Klassendämonie, daß die Spannung von Ewigkeit und Zeit und die daraus folgende Lehre vom erfüllten Augenblick, daß das existentialgeschichtliche Denken und seine Konsequenzen für Philosophie und Theologie von denen zuerst erlebt und gefunden sind, die sich der deutschen Arbeiterbewegung anschlossen, weil sie glaubten, daß hier der Ansatzpunkt für jede wirkliche Wandlung liegen müßte. Du glaubst, daß die konservativen und mittelständisch-revolutionären Kräfte ein besserer Ansatz sind, ja im Prinzip die Erfüllung gebracht haben. Aber kann diese Verschiedenheit des politisch-soziologischen Urteils ein Grund sein, die Gemeinsamkeit in jener Grundhaltung und in allen aus ihr fließenden Begriffen zu verleugnen? Du hättest unsere Anwendung dieser Begriffe kritisieren, die Ursachen unseres Mangels an praktischer Durchschlagskraft aufweisen, Dich auf diese Weise distanzieren können, aber nichts von alledem findet sich in Deinem Buche, das doch die gegenwärtige geistige Lage aus der vergangenen verstehen will.

Und das ist nun die Frage, die mich bewegt und bedrückt: Ist es eine unbewußte Verdrängung, die Dich hinderte, die Wahrheit über Dein Verhältnis zu uns zu erkennen; ist es halbbewußte Sorge vor den Folgen, die Dich hinderte, sie auszusprechen? Oder (dann hätte Deine Haltung prinzipielle Bedeutung): ist es die Überordnung des politischen Wertes über den der Wahrhaftigkeit (nicht nur in Diplomatie und Propaganda, sondern auch) in der historischen und theologischen Arbeit? Wäre es so, so hätten wir zum mindesten ein Recht, zu verlangen, daß diese Umwertung der Werte in dem Buch selbst eine offene Darlegung und Begründung gefunden hätte. Der lutherischen Sozialethik ist Macchiavellismus ja auch schon früher nachgesagt worden. Du hättest diese angebliche oder wirkliche Tradition erneuern und ihre Anwendung von dem „principe" auf den „philosophus" übertragen können. Dann wäre eine klare Lage geschaffen gewesen. Jetzt stehe ich vor einer Wand, und der Schmerz, durch sie nicht mehr zu Dir durchstoßen zu können, hat mir diese Worte abgezwungen.

Doch nun genug davon und zur Sache selbst! Sie stellt mir zwei Aufgaben, die ineinander verwoben sind. Die eine ist, zu zeigen, wie Du die tragenden Begriffe des religiös-sozialistischen Denkens, insbesondere der Kairos-Lehre[3] übernommen und zugleich durch Ausscheidung ihres prophetisch-eschatologischen Elements umgebogen oder entleert hast. Und zweitens sachliche Kritik an Deiner theologischen Methode zu geben durch Erörterung Deiner Grundhaltung sowie zahlreicher Einzellösungen. Eins ist nicht möglich ohne das andere. Doch soll die erste Aufgabe im ersten, die zweite im zweiten Teil überwiegen.

I.

1. Es ist überraschend, in welchem Maße Du Begriffe und Gedanken des Religiösen Sozialismus im Allgemeinen und der Kairos-Lehre im Besonderen übernimmst und Deine Gegenwartsdeutung methodisch darauf gründest. Ich will den Nachweis dafür so eingehend wie möglich führen – vielleicht, daß es Dich dann selbst überrascht. Dabei kommt es nicht darauf an, ob dieser oder jener Gedanke sich gleichzeitig und unabhängig bei Dir und uns entwickelt hat, sondern darauf, daß Du die methodische Grundhaltung unseres Denkens angenommen hast. Und selbst wenn Du auch sie gleichzeitig und unabhängig von uns geschaffen hättest, so würde die Übereinstimmung nur noch erstaunlicher sein und hätte Dich erst recht zu einer ganz anderen Darstellung zwingen müssen.

Als ich Dir vor etwa neun Jahren meine „Religiöse Lage der Gegenwart"[4] schickte, da fragtest Du etwas ironisch, warum ich mich in die Rolle des Zuschauers begeben hätte. Ich frage nicht so, nachdem Du mir Deine „Gegenwärtige geistige Lage" hast schicken lassen. Denn ich glaube zu wissen und sagen zu müssen, daß ohne eine die Vergangenheit, Gegenwart und Zukunft umfassende Selbstorientierung die Forderung des „Denkens aus der Stunde" nicht erfüllbar ist. Schon der Titel Deines Buches ist ein Zeichen, daß Du dem religiös-sozialistischen Einsatz in Theologie und Philosophie sehr viel näher gekommen bist, als Du es früher warst.

Aber nicht nur formal gilt das; sondern auch inhaltlich; gibst Du doch den gleichen Rhythmus wieder, in dem wir seit 1919 die abendländische Entwicklung sehen und der der Leitstern aller unserer konkreten Geschichtsdeutung gewesen ist: Der großartige Versuch der autonomen Vernunft, nach Zerstörung der religiös getragenen Einheitskultur des Mittelalters von sich aus den geistigen und politischen Neubau einer Gesellschaft zu leisten, die Katastrophe des „weltgestaltenden Willens", der *ratio* im Weltkrieg mit seinen Folgen; die Gegenwart als entscheidende Krisenperiode, das Ringen um eine neue tragende Substanz. Auch Einzelmomente, die wir hervorgehoben haben, kehren bei Dir wieder: Die Bedeutung von Reformation und Gegenreformation für die Entstehung des autonomen Denkens, die Dreiheit von Wissenschaft, Technik, Wirtschaft als Symbole des Zeitalters, rationale Naturbeherrschung und rationaler Gesellschaftsaufbau, der Kampf um die Menschenrechte, das Versagen des Idealismus, die überragende Bedeutung von Karl Marx und Friedrich Nietzsche für das 19. Jahrhundert – also die religiös-sozialistische Schau des geschichtlichen Ablaufs bis zur Gegenwartskrise im Ganzen und im Einzelnen.

Die gleiche Übereinstimmung zeigt sich bei den tragenden Begriffen. Ich gebe nur kurze Hinweise.

Für die Kennzeichnung gewisser schöpferisch-zerstörerischer Kräfte verwendet der Religiöse Sozialismus den Begriff des Dämonischen[5] in einer religions-philosophisch genau definierten Weise. Du übernimmst diesen Zentralbegriff und deutest das deutsche Geschehen als Überwindung der im Krisenzeitalter zusammengeballten Dämonien. (Womit Du übrigens mit Daqué[6], Leese[7] und vielen anderen unter das Urteil Ernst Kriecks[8] in „Volk im Werden" fällst, der von dem „Hereinfall auf Tillichs schwindelhafte Dämonologie" spricht und den Stoßseufzer druckt: „Auf was fielen deutsche Gelehrte nicht herein".)

146

Bei der Einführung des Begriffs der Grenze hast Du selbst das Gefühl, seine Übernahme aus älteren Lehren rechtfertigen zu müssen. Wenn Du es aber so tust, daß Du behauptest, für Dich wäre „heilige Mitte", was früher unendlich hinausschiebbare Beschränkung gewesen wäre, so trifft das jedenfalls für die Lehre von der Grenzsituation[9], wie sie von Jaspers und mir entwickelt ist, nicht nur nicht zu, sondern dreht den Tatbestand geradezu um: Und das muß Dir selbst bewußt gewesen sein, als Du von der bürgerlichen Haltung schriebst: „Sie sieht nur die eine Seite, das Ja; sie kennt ihn (Gott) nur als Grund, nicht als Grenze, sie bleibt in bürgerlicher Religiosität. Das die Welt vor Gott in Frage stellende unbedingte Gericht ist ihr ein . . . anstößiger Gedanke." Diese Sätze beweisen, daß Deine „heilige Grenze" eine Übersetzung des „Abgrundes" in der Formel „Grund und Abgrund" ist, daß also Deine „Grenze" als „heilige Mitte, die zugleich tragend und unbedingt richtend ist", genau das wiedergibt, was wir in schwerem Kampf dem bürgerlichen Neukantianismus abgerungen hatten. Vollends deutlich wird das durch die hier plötzlich und einmalig auftretende soziologische Bezugnahme auf die bürgerliche Gesellschaft, die Du in vollem Einklang mit der religiös-sozialistischen Kritik als Träger einer Religiosität ohne Abgrunderlebnis und Grenzsituation[9] kennzeichnest.

Entscheidend ist Deine Zustimmung zur Kairos-Lehre, im Prinzip und in den Konsequenzen. Warum Du das griechische Wort vermeidest, ist *sachlich* nicht zu verstehen, nachdem Du den Stapel'schen „*Nomos*"[10] aufgenommen und die Grenze mit „*Horos*" übersetzt hast. Du sprichst statt dessen von der „gegenwärtigen Stunde", von dem „Aufbruch", den sie bedeutet, von der „besonderen Verantwortung, die sie für Theologie und Philosophie enthält", von dem „religiösen Sinn unseres geschichtlichen Augenblicks", von dem „Bekenntnis des Heiligen in der Lage des Augenblicks", von „Erschlossenheit für die Forderung der Geschichtsstunde", von der Forderung, das „durch die Stunde vom Herrn der Geschichte Aufgegebene" zu erkennen usw.

Aus der Rezeption der Kairos-Idee ergeben sich die grundlegenden Übereinstimmungen in Philosophie und Theologie. Du bemühst Dich um eine existentielle Geschichtsphilosophie, um das, was ich in meiner letzten deutschen Vorlesung[11] als „Existentialgeschichtliche Methode" zu entwickeln versucht habe. Ein Satz wie der: „Die Existenz des Philosophierenden wird Maß der geschichtlichen Existentialität der Philosophie" ist die fast wörtliche Wiedergabe eines Grundgedankens aus „Gläubiger Realismus".[12] Und der Satz: „Philosophie muß sich hüten, den Anspruch strenger Wissenschaft auf Geschichtsgelöstheit zu ihrem eigenen zu machen", ist eine Wiedergabe des Gedankens, daß der philosophische Logos die Askese gegenüber dem Kairos aufgeben müsse. „Selbstaufhellung der neuen deutschen Wirklichkeit nach ihrer existentiellen Tiefe" war das Bemühen des Religiösen Sozialismus von seinem ersten bis zu seinem letzten Wort. Keine unserer Schriften hatte im Grunde einen anderen Inhalt. Wir haben, wie Du es forderst, versucht, „in unserer letzten großen Entscheidungsfrage die Stunde in uns mächtig werden zu lassen, um unsere Aufgabe nicht zu verfehlen".

Aber weißt Du auch, was Du mit dieser Forderung existentialgeschichtlichen Denkens tust? Erstens negativ: Du brichst entschlossen mit der Gogarten'schen[13] Form der Dialektik und kannst nur in Selbsttäuschung eine enge Verwandtschaft zwischen Dir und ihm statuieren. Gogarten hat in seinem Buch „Ich glaube an den dreieinigen Gott" die Kairos-Philosophie als „Pest der Geschichtsphilosophie" angegriffen. Wird er Deine Abart derselben wegen Eures politischen Bündnisses mit mehr Gnade aufnehmen? Ich zweifle! Statt dessen hast Du Dich mit der Bejahung des existentialgeschichtlichen Denkens zu jemand gestellt, zu dem Du Dich von allen Toten und Lebenden am wenigsten gern stellst, zu dem jungen Marx. Während das Verständnis von Existenz bei Kierkegaard, auf den Du Dich berufst, so wie bei Heidegger, den Du ablehnst, und bei Jaspers, den Du nicht erwähnst, von der Existenz des Einzelnen her gewonnen ist, hat der junge Marx in Formeln, die den Kierkegaard'schen oft zum Verwechseln ähnlich sehen, gegenüber Hegel und mehr noch gegenüber Feuerbach ein existentialgeschichtliches Denken gefordert. Der Religiöse Sozialismus, der in dieser Beziehung wirklich religiöser Marxismus war, hat als *einziger* diese Forderung aufgenommen und nach seinen Kräften verwirklicht. Von ihr und damit vom jungen Marx bist Du abhängig, wenn Du existentialgeschichtliches Denken verlangst. Und Du und wir und Marx und jeder, der geschichtlich-existentiell denkt, ist abhängig von der altjüdischen Prophetie, deren Haltung im existentialgeschichtlichen Denken in die Philosophie eindringt. An diesem Punkt stehst Du offenkundig in der Tradition (prophetisches) Judentum und (religiöser) Marxismus.

Folgenreich ist die Kairos-Lehre bei Dir wie bei uns vor allem in der Auffassung des Wahrheitsgedankens. Der entscheidende Satz bei Dir lautet: „Vernunft ist der sich als Logos geistig verstehende und entfaltende Nomos bestimmten menschlich-geschichtlichen Lebens selbst, und Wissenschaft ist nichts als Zucht und Rechenschaft dieses wirklichkeitsbestimmten Logos vor sich selbst über die ihn bestimmende Wirklichkeit." Ohne hier schon auf Deine Formulierungen einzugehen, möchte ich Dich erinnern, daß das Problem, das Du mit ihnen stellst, das Thema aller Arbeiten war, die sich um die philosophische Begründung der Kairos-Lehre bemühten, daß die Lösungen weit über unseren Kreis hinausgewirkt haben, daß wir seit jener Zeit von einer „dynamischen Wahrheit" gesprochen und eine „dynamische Methode" zu entwickeln versucht haben? Muß ich Dich daran erinnern? Und wenn nicht, warum erinnerst Du nicht die daran, die es heute nötig hätten, an den ursprünglichen Sinn dieser Lehre erinnert zu werden, wenn sie im Namen der dynamischen Wahrheit die „Wahrheit" der „Dynamik" opfern?

Alle weiteren Konsequenzen, die Du mit Recht aus dem dynamischen Wahrheitsgedanken ableitest, sind in ausführlichen Darlegungen vom Religiösen Sozialismus gezogen worden: Für den Wagnischarakter des Erkennens verweise ich auf die Ausführungen über Erkenntnis als Schicksal und Wagnis in „Kairos und Logos".[14] Für die Forderung, daß Erkennen, um frei schwebender Willkür zu entgehen, aus der Gemeinschaft und für die Gemeinschaft geschehen müsse, zeugte der Religiöse Sozialismus durch seine Existenz. Er suchte innerhalb des Volkes den Ort der größten „Geschichtsmächtigkeit" zu finden und aus der Gemeinschaft mit dieser Gruppe heraus die geschichtliche Existenz des Volkes und des Kulturkreises zu erhellen.

Endlich haben wir die Konsequenzen für Wissenschaftsbetrieb und Universität nicht weniger radikal aus unserem Wahrheitsgedanken gezogen, als Du es tust. Unsere Kämpfe mit der Reaktion in Fakultäten und Senaten gingen durchweg um diesen Punkt. Ein Aufsatz über die Universitätsreform hat den ganzen älteren Humanismus gegen uns aufgebracht. Im Juli 1932, am Tage, bevor die politische Reaktion uns jede Möglichkeit der Verwirklichung raubte, verteidigten wir in Heidelberg gegenüber dem älteren Humanismus den versuchsweisen Aufbau einer Universität, in der die neue existentielle Haltung maßgebend sein und der Kampf gegen die von uns aufgewiesene Verderbnis der Universität aufgenommen werden sollte.[15]

Deine Geschichtskonstruktion ist bestimmt durch den Gegensatz autonomer und theonomer Zeitalter, also die Grundvoraussetzung des Religiösen Sozialismus. Die Spätantike kennzeichnest Du als „Gottentfremdung der Spätkultur", die Gott nur als das ungeschichtliche Jenseits des Seins kennt, das bürgerliche Zeitalter als Selbstmächtigkeit von Vernunft und Freiheit, das vorchristliche Heidentum als ungebrochene Theonomie, nämlich als einfache Einheit des geschichtlichen und des heiligen Horos; und beides, die heidnische Theonomie und die Autonomie, nennst Du dämonisch. Demgegenüber charakterisierst Du die wahre Theonomie so, daß Du sagst: „Der geschichtliche Horos ist zugleich der heilige Horos, und doch ist der heilige Horos wiederum auch mit der Macht des Ewigen der den geschichtlichen als vergänglich verzehrende." Wir sprachen von Theonomie als „Durchbruch von tragendem und verzehrendem Grund und Abgrund", einbrechend in die Formen des geschichtlichen Lebens. Selbst die Heteronomie kennst Du, wenn Du von der „Zerknickung der Gewissen durch widernatürlichen Zwang sprichst" und Dich zu zeigen bemüht bist, daß so etwas in der neuen Theonomie nicht beabsichtigt sei.

Deine Beschreibung der protestantischen Theologie, ihrer Entwicklung und ihrer Aufgabe enthält fast alle entscheidenden Gedanken, um deretwillen die Theologie des Religiösen Sozialismus von den kirchlichen Theologen verketzert wurde. Die „evangelische Wendung wider sich selbst" und die damit verbundene Ungesichertheit als Grundhaltung evangelisch-protestantischer Theologie, die so überraschende Zustimmung zu der Lehre von der grundsätzlichen Identität der Theologie mit einer theonomen Philosophie (vgl. darüber „Das System der Wissenschaften"[16] und „Die religiöse Verwirklichung"), die Vollmacht einer solchen Theologie oder Philosophie, die „bewegenden Grundmächte des gemeinsamen Lebens zu erkennen" (vgl. die kleine Programmschrift „Über die Idee einer Theologie der Kultur"[17] und ihre Ausführung in den Kairos-Bänden), die Überwindung des Historismus durch das Verständnis der Geschichte von Christus aus als „Mitte der Geschichte" (vgl. diese Formel in dem Aufsatz „Christologie und Geschichte"),[18] die Bedeutung Feuerbachs für die Theologie (vgl. die Formel vom „konstanten Ideologieverdacht der Religion gegen sich selbst"), der Protest gegen die Benutzung des Glaubens zur „Erhebung von geschichtlichen Tatbeständen" und die daraus sich ergebende Freiheit zu radikaler historischer Kritik, die Charakterisierung der Barth'schen Geschichtstranszendenz als indirekter Unterstützung der Dämonien der Zeit (S. 119 bei Dir, an vielen Stellen bei uns) und endlich, was mich gleichfalls überraschte, die Behauptung, daß der Rechtfertigungsgedanke auch auf das Denken[19] anzuwenden sei,[20] wogegen Du bisher immer protestiert hast. Und wenn Du dann gegen ein „geschichtsüberlegenes Eigenwesen der Kirche" Stellung nimmst, also unsere Auffassung über Protestantismus und Profanität bejahst, wenn Du die Theologie davor bewahren willst, „den Menschen eine überkommene theologische Begrifflichkeit wie einen Sack über den Kopf zu werfen", also eine unermüdlich von allen Religiösen Sozialisten an die Kirche gestellte Forderung wiederholst, dann weiß ich schlechterdings nicht, wie Du Dich zu Gogarten statt zu uns stellen kannst. Ich kann das nur als Folge der furchtbaren Verwirrung aller Fronten im gegenwärtigen geistigen Kampf erklären. Aber zur Entwirrung viel beizutragen, hättest Du die geistigen Mittel gehabt. Und daß Du es durch Dein Schweigen über Dein wirkliches Verhältnis zur Arbeit des Religiösen Sozialismus nicht getan hast, das ist es, was ich Dir um der geistigen Lage willen zum Vorwurf mache. Ich bin selbst überrascht und erschüttert, wenn ich diesen Nachweis überblicke. Nicht so sehr wegen des Maßes Deiner Abhängigkeit von der religiös-sozialistischen Gedankenarbeit – obgleich sie sehr viel größer ist, als ich erwartet hatte –, sondern wegen der realen Übereinstimmung im Grundprinzip und in fast allen Einzelheiten; und ich frage Dich: Wie kannst Du schreiben: „Es ist die Macht der gegenwärtigen Stunde in Volk und Staat, daß wir nun alle miteinander ins echte, ursprüngliche Fragen hineingerissen worden sind", wenn alle echten und ursprünglichen Fragen, die Du stellst, in den Jahren vorher von denen, die Du Deine schärfsten Gegner nennst, gestellt und von ihnen so beantwortet sind, daß Du ihre Antworten zur Grundlage Deiner eigenen machen konntest? Die Älteren wissen noch von diesen Dingen und schütteln den Kopf. Wie kannst Du es aber vor den Jüngeren, die von allem dem nichts mehr wissen, verantworten, daß Du ihnen ein Bild von der Entwicklung gibst, das ihnen jeden Zugang zum Verständnis der wirklichen Entwicklung von vornherein verbaut?

2. Doch Du wirst erwidern, daß das Entscheidende nicht die Kategorien, sondern die konkrete Anwendung ist, und daß die Verschiedenheit der Anwendungen es rechtfertige, wenn Du den Umfang unserer gemeinsamen Grundlagen verschweigst. Ich kann diese Verteidigung nicht anerkennen; anstatt Dich von dem ersten Vorwurf zu entlasten, belastet sie Dich mit dem zweiten, daß Du die benutzten Kategorien teils entleerst, teils umbiegst, um sie für Deinen Zweck dienstbar zu machen, und dadurch die Kairos-Lehre bei Deinen theologischen Gegnern um den Kredit bringst, den sie in weiten theologischen Kreisen hatte. Und das ist der tiefere Grund, warum ich so nachdrücklich und ausführlich auf Dein Doppelverhältnis zur Kairos-Lehre eingehe.

Vielleicht erinnerst Du Dich an unsere Unterscheidung von sakramentaler und prophetischer Haltung. Es ist die Unterscheidung zwischen der Heiligsprechung eines in Raum und Zeit Gegebenen und dem Heiligen, das im Sinne der Reichsgottesverkündigung Jesu „nahe herbeigekommen ist", also zugleich verheißen und gefordert ist. Dieses eschatologische Moment gehört unabtrennbar zur Kairos-Lehre, im Urchristentum wie im Religiösen Sozialismus. Es verbindet uns mit Barth, insofern wir mit ihm die greifbare Gegenwart des Göttlichen in einem endlichen Sein oder Geschehen bestreiten; es trennt uns von Barth, weil das Eschatologische bei ihm supranaturalen, bei uns paradoxen Charakter hat. Wir stellen das Transzendente nicht in einen undialektischen Gegensatz zur Geschichte, sondern glauben, daß es als echte Transzendenz nur verstanden werden kann, wenn es als das verstanden wird, was je und je in die Geschichte hereinbricht, sie erschüttert und wendet. In dieser Auffassung stehen Du und wir zusammen. Die Theologie des Kairos steht genau in der Mitte zwischen der Theologie des jungen nationalen Luthertums[20] und der dialektischen Theologie. Sie betrachtet die zweite als eine Abweichung ins Abstrakt-Transzendente, die erste als eine Abweichung ins Dämonisch-Sakramentale. Gegen beide vertritt sie die prophetisch-urchristliche Paradoxie, daß das Reich Gottes *in* der Geschichte kommt und doch *über* der Geschichte bleibt. Es ist klar, daß eine solche dialektische Haltung weder geeignet war, noch geeignet ist für die undialektischen Notwendigkeiten des kirchenpolitischen Kampfes. Aber ich kann die Hoffnung nicht aufgeben, daß sich in beiden Lagern Theologen und Nichttheologen finden, die in der unverzerrten Kairos-Idee einen Ausweg aus den Sackgassen finden werden, in die auf die Dauer Du wie Barth Theologie und Kirche hineinführen müssen. Solange freilich der Kampf tobt, stehen wir auf derjenigen Seite, die das Eschatologische gegenüber dem Angriff eines dämonisierten Sakramentalismus verteidigt. Wenn auch ein hoher Preis an supranaturaler Verengung und orthodoxer Verhärtung dafür gezahlt werden muß, es ist besser so als die Preisgabe des Eschaton an ein absolut gesetztes Endliches.

Nach diesen Bemerkungen kann ich meine Kritik an Deinem Buche in den Satz zusammenfassen: *Du verkehrst die prophetisch-eschatologisch gedachte Kairos-Lehre in priesterlich-sakramentale Weihe eines gegenwärtigen Geschehens.* Das kann an allen Punkten gezeigt werden, in denen Du der Kairos-Lehre und den aus ihr folgenden Gedanken des Religiösen Sozialismus zustimmst.

Du hast Dich in Deinem Buche auf den Boden der religiös-sozialistischen Deutung des bürgerlichen Zeitalters gestellt. Aber mit dem entscheidenden Unterschied, daß *wir* die Gegenwart als ein Ringen um das Kommende verstanden haben, in dem es für die Theonomie mehr Niederlagen als Siege gab und in dem ein gläubiger Realismus uns davor bewahrte, romantisierend in irgend einem Ereignis die Erfüllung zu sehen. Unsere ganze Darstellung ist an diesem Kanon orientiert. Du richtest Dich zuerst nach ihm, verlässest ihn dann aber zuerst für das Jahr 1918, dann für das Jahr 1933. Im ersten Falle im Sinne einer ungebrochenen Negativität, im zweiten Falle im Sinne einer ungebrochenen Positivität. Du erhebst damit absolute Wertungen, wie sie in der politischen Propaganda unentbehrlich sein mögen, zu theologischer Gültigkeit. Da das aber unmöglich ist, weil kein Endliches unter einem unbedingten Ja oder Nein steht, so verleugnest Du in Deiner Gegenwartsdeutung tatsächlich die theologische Ebene zugunsten der propagandistischen. Das Zeitalter der „Verwirrung und Verführung", „Abgrund des Volks und Geschichtsendes", ein „zu Tode erkranktes Volk und Staat", eine „zu Tode erkrankte Nation", „Not- und Kampfeszeit", „furchtbare Krise des Geschichtszeitalters, die vielleicht alles verschlingen würde", „Anerkennung der Lage der Zersetzungszeit", „Todeskrise unseres Volks", „Säkularismus, Unglaube und Aberglaube", „entartete öffentliche Ordnung", „Fluch der Geschichtskrise" – es ist, was Fichte „Zeitalter der vollendeten Sündhaftigkeit" nannte. Ein solches Zeitalter aber gibt es nicht. Und kein Zeitalter hat das religiöse und theologische Recht, ein anderes so zu kennzeichnen. „Richtet nicht, auf daß Ihr nicht gerichtet werdet", gilt auch für Zeitalter und Völker. Ein Urteil, wie Du es gibst, ist nur möglich auf dem Boden der Selbstgewißheit, daß man selbst im Zeitalter der vollendeten Begnadetheit lebt; denn nur in ihm hat man die Erkenntnismöglichkeit für vollendete Sündhaftigkeit. Und eben dieses Gefühl kommt in jedem Deiner Worte zum Ausdruck. Am deutlichsten, wo Du dem gegenwärtigen Geschehen Heiligkeitsqualität zusprichst. „Der neue Wille ... ist als ein heiliger Sturm über uns gekommen und hat uns ergriffen." Unsere jüngste Geschichte hat uns in die „segnende Macht dunklen Verhängnisses getaucht". „Hier ist das Werk des Allmächtigen Herrn zu spüren, dem wir wesentlich Werkzeuge zu sein haben." „Der heilige Frühling der Nation", „von diesem Gott gewirkten Aufbruch und Umbruch". Am schärfsten ist die theologische Weihe des Gegenwärtigen ausgesprochen in dem Abschnitt: „Die gegenwärtige Stunde der Theologie." Hier müßte ich fast jeden Satz zitieren. Protestantische Theologie ist für Dich nur möglich „im ganzen inneren Sich-Aufschließen für das Große und Neue, das mit der nationalsozialistischen Bewegung durchgebrochen ist. Ihre Weltanschauung soll der tragende, natürlich geschichtliche Lebensgrund für deutsche Menschen evangelischen Glaubens sein". Und endlich von Dir selbst gesperrt: „... *die Befreiung unseres Volkes, der Aufbruch des neuen Geschichtsalters [ist] auch Befreiung und Aufbruch des evangelischen Christentums.* " Damit hast Du das Jahr „1933" dem Jahre „33" so angenähert, daß es für Dich heilsgeschichtliche Bedeutung gewonnen hat.

Diese absoluten Wertungen, die negativen wie die positiven, stehen in klarem Widerspruch zur Kairos-Idee und sind von der Theologie des Religiösen Sozialismus niemals angewandt worden. Wir haben die unmittelbar vorausgegangene sogenannte wilhelminische Epoche niemals als Zeitalter vollendeter Sündhaftigkeit bezeichnet, obgleich wir politisch-propagandistisch allen Anlaß dazu gehabt hätten, da wir sie für den verlorenen Krieg und alle seine Folgen bis zur Gegenwart verantwortlich gemacht haben. Aber daraus ein theologisches, also absolutes Werturteil zu machen, wäre uns nicht in den Sinn gekommen. Wir haben niemals Zeitalter sündhaft, sondern wir haben Mächte dämonisch genannt. Und was wichtiger ist: Wir haben das Dämonische[21] dialektisch verstanden: Es ist nie zerstörerisch, sondern immer auch schöpferisch und tragend. Hättest Du diese Dialektik beachtet, so hättest Du den Einwand, den Du Dir selbst machst, ernster genommen, als Du es tust: Du fragst, ob das gegenwärtige Geschehen nicht doch eine verhüllte Form der Rettung des kapitalistischen Systems sei. Du antwortest darauf unter Verzicht auf jede Analyse der wirklichen Vorgänge mit dem Hinweis auf die paradoxe Einheit von Ursprünglichkeit und Reflexion in der gegenwärtigen Bewegung. Das ist aber in keiner Weise eine Antwort auf die gestellte Frage. Statt dieses Ausweichens hättest Du weiter fragen sollen, ob überhaupt eine politische Bewegung in einem einzelnen Land, und mag sie sich noch so machtvoll durchsetzen, imstande ist, im ersten Anlauf eine Gesellschaftsstruktur, in die sie verflochten ist und von der sie lebt, zu beseitigen. Freilich, wenn man Personen, Gruppen, Richtungen dämonisch nennt, und zwar ganz undialektisch im Sinne von verwerflich, dann hat man es leicht, nach ihrer Beseitigung den Sieg über „zusammengeballte Dämonien" triumphierend festzustellen. Aber damit zeigt man nur, daß man von der wahren Tiefe und Macht des Dämonischen nichts verstanden hat. Und das werfe ich Dir allerdings vor und stelle zugleich fest, daß wir im Wissen um die dämonische Dialektik die Heiligsprechung auch des uns wichtigsten und wertvollsten Geschehens vermieden haben. *Kairos* war es für uns, weil die Dämonie des Kapitalismus enthüllt war, weil der Widerstand gegen ihn sich aus der Weltkatastrophe voller Verheißungen und Forderungen erhob. Mehr haben wir nicht gesagt. Mehr kann und darf aus dem Kairos-Gedanken nicht gefolgert werden. Aus Verheißung und Forderung können und dürfen wir nicht heraus. Das ist der gläubige Realismus, der zur Theologie des Kairos gehört. Es ist kein Zufall, daß Du diese Kategorie des religiös-sozialistischen Denkens fast als einzige nicht verwendet hast. Mit Recht von Dir aus: Denn anstelle des gläubigen Realismus steht bei Dir ein bruchloser Enthusiasmus, der Dir den kritischen Blick und das kritische Wort raubt, die wir von Dir als protestantischem Theologen und Künder der gegenwärtigen geistigen Lage erwarten mußten.

3. Laß mich das jetzt an je zwei Beispielen aus Theologie und Philosophie zeigen. Als wir uns der sozialistischen Bewegung anschlossen, war uns sofort klar, daß wir an einem entscheidenden Punkt als unnachgiebige Kritiker und Umgestalter auftreten mußten. Jeder prophetisch-eschatologischen Bewegung haftet die Gefahr des Utopismus an. Utopismus aber ist Absolutsetzung einer endlichen Möglichkeit, wenn auch einer solchen, die in der Erwartung liegt. Wir mußten dem entgegentreten; aber wir durften und wollten nicht die Wucht der Forderung und die Leidenschaft der Erwartung brechen. In dieser Not – ich erinnere mich genau der Tage – wurde die Kairos-Idee gefunden. Sie ist, was vielleicht mancher nicht weiß, im Ringen mit dem Problem der Utopie gefunden worden. Damit war eine Position gegeben, von der aus wir die Möglichkeit hatten, die Bedeutung des geschichtlichen Augenblicks für die Gestaltung der Zukunft zu würdigen, ohne doch Utopisten zu werden. Denn am Ende jedes utopischen Enthusiasmus steht Enttäuschung und Verzweiflung. Und ich meine, es wäre Deine Aufgabe als Theologe in der nun siegreichen Bewegung gewesen, die gleiche Haltung, die wir dem utopischen Enthusiasmus gegenüber einnahmen, dem ideologischen Enthusiasmus gegenüber einzunehmen, der die Gefahr jeder siegreichen Macht ist. Hier hätte die wahre theologische Aufgabe gelegen. Dein Buch zeigt mir, daß Du sie nicht gesehen und nicht erfüllt hast. Die Denkmittel der Theologie des Kairos hätten Dir die Möglichkeit dazu gegeben. Du hast sie aber nur formal übernommen, und da, wo Du sie für Deine besondere Lage hättest anwenden müssen, hast Du sie umgebogen. Ein ungebrochener Sakramentalismus des Gegebenen ist die Folge. Statt den ideologischen Enthusiasmus theologisch zu brechen und ihn in einen gläubigen Realismus zu wandeln, verstärkst Du ihn und machst Dich dadurch mitverantwortlich für die Verzweiflungskrise, die bei jedem einzelnen angeblichen oder wirklichen Mißlingen ausbrechen muß. Du gibst zu, daß solch Mißlingen im Bereich der

Möglichkeit liegt. Du bist nicht berauscht genug, um diese Möglichkeiten nicht zu sehen, aber Du bist auch nicht nüchtern genug, um das theologische Wort zu finden, das die Berauschten nüchtern macht, ohne ihnen den Mut und das Wagnis zu nehmen. Ein weiteres Beispiel für den Unterschied unserer theologischen Haltung! Du sprichst von dem „Schmutz des ökonomischen Materialismus". Ich sehe daraus zweierlei, erstens in der Wahl des Bildes das komplexhafte Unterdrücken einer Sache, mit der Du innerlich nicht fertig geworden bist, zweitens die einfache Unkenntnis der Tatsache, daß ökonomischer Materialismus eine Forschungsmethode ist, die entstanden ist im Kampf mit dem metaphysischen Materialismus Feuerbachs und im Zusammenhang mit einem hochfliegenden, zum Märtyrertum bereiten ethischen Idealismus. Im übrigen ist diese Methode in alle historischen Wissenschaften übergegangen und kann in keiner tiefer dringenden Untersuchung entbehrt werden. Dennoch hast Du insofern ein Recht zur Kritik, als am Ende des vorigen Jahrhunderts eine Welle von metaphysischem Materialismus sich aus dem Bürgertum in die Arbeiterbewegung ergossen hatte und der Religiöse Sozialismus infolgedessen einer antireligiösen Front gegenüber stand. Wieder war es unsere Aufgabe, mit scharfer Kritik dagegen aufzutreten, ohne in das von Dir gerügte Pharisäertum „kirchlicher" Theologen zu verfallen. Aus der Not dieser Lage ist der Gedanke der „gläubigen Profanität" und der „latenten Kirche" geboren. Für Dich gab es keinen Kampf gegen metaphysischen Materialismus oder Religionsfeindlichkeit. Das Bekenntnis zum positiven Christentum gehört zu Deinem politischen Programm. Aber hättest Du nun nicht als Theologe die Aufgabe gehabt, das mit jedem politischen Bekenntnis zur Religion verbundene Verhängnis zu enthüllen und unter eine gleich scharfe Kritik zu stellen, wie wir den Materialismus? Und hättest Du nicht zu diesem Zweck aus dem „Schmutz des ökonomischen Materialismus" das Gold der Ideologie-Lehre herausholen müssen? Du hättest sie freilich auch bei Luther finden können, der gegen den selbstgemachten Gott kräftig genug zu Felde gezogen ist; aber das kann als Sache der persönlichen Frömmigkeit abgetan werden. Nicht so die Ideologie-Lehre bei Feuerbach, der sie auf den Menschen in seiner natürlichen Verfassung, oder bei dem jungen Marx, der sie auf die Klassengesellschaft, oder bei Freud, der sie auf die Einzelpsyche, oder bei Jung, der sie auf die Massenpsyche anwendet. Hier überall findet die uralte Forderung des γνῶϑι σεαυτόν eine methodische Erfüllung von unausweichlicher Schärfe. Es wäre Deine theologische Pflicht gewesen, diese Denkmittel zu benutzen und mit ihrer Hülfe den

ideologischen Mißbrauch aufzudecken, der von Reaktion und Klein-
bürgertum in ihrem antiproletarischen Klassenkampf mit dem religiösen Bekenntnis getrieben worden ist. Es ist doch so, daß hinter
dem ideologischen Theismus sich oft ein – nun wirklich schmutziger –
praktischer Materialismus verhüllt, während hinter dem materialistischen Atheismus ein heroischer Idealismus stehen kann. Ich kann mir
kaum eine wichtigere, konkret theologische Aufgabe in der gegenwärtigen Stunde denken, als das herauszuarbeiten. Du aber nimmst jede
Ideologie, die negative wie die positive, bei dem, was sie sagt, statt bei
dem, was sie ist. Auch hier kritisch ungebrochener Enthusiasmus
gegen gläubigen Realismus, priesterliche Weihe statt prophetischer
Enthüllung.

4. Du stellst auch Forderungen an die neue Philosophie, die im Zusammenhang mit der Theologie des Kairos stehen. Ich muß Dir auch
hier folgen und zeigen, wie Du die ursprünglichen Intentionen der
neuen Philosophie infolge Deiner sakramentalen Grundhaltung umbiegst. Als erstes Beispiel erwähne ich Deine Kritik an Heidegger. In
der Tat, Heidegger muß vom Standpunkt existentialphilosophischen
Denkens aus kritisiert werden. Er verdeckt mit der abstrakten Verwendung des Begriffs Geschichtlichkeit die konkrete Geschichtsge-
bundenheit seiner Begriffe. Nicht aber kann er als Existentialphilosoph um seiner Negativität willen angegriffen werden. Denn das ist
ein Angriff auf die Existentialphilosophie selbst, zu der Du Dich ja
formal bekennst. Sie ist Existentialphilosophie, weil sie im Gegensatz
zum Idealismus die Existenz außerhalb der Idee voraussetzt und zum
Thema macht. Das, was die Existenz zur Existenz macht, ist das, wodurch sie nicht in der Idee, im Wesen steht. So sah es der zweite
Schelling, als er im Anschluß an seine Lehre vom Bösen den Gegensatz beider Philosophien entdeckte; so Kierkegaard, als er das menschliche Grundexistential in der Verzweiflung fand; so Marx, als er gegen
Feuerbachs Lehre vom Menschen die Entmenschlichung in der proletarischen Existenz zum Ausgangspunkt nahm; so Jaspers, wenn er das
Scheitern zur letzten existentiellen Möglichkeit des Menschen macht;
so Heidegger, wenn er den radikal Fragenden vor den Abgrund des
Nichts stellt. So versuchte ich, existentialgeschichtliche Kategorien
aus einer Analyse der Bedrohtheit unserer geschichtlichen Existenz zu
erheben. Diese existentielle Bedrohtheit ist nicht dadurch aufgehoben,
daß eine geschichtliche Gruppe sich machtvoll konzentriert hat. Wäre
es darum nicht die Aufgabe des Existentialphilosophen in der gegenwärtigen Lage, die existentielle Bedrohtheit jeder geschichtlichen
Wirklichkeit, auch wenn sie Verheißungen in sich birgt, allgemein

und in konkreter Anwendung herauszuarbeiten? In Deiner Kritik an Heidegger, sowie in Deiner eigenen philosophischen Haltung zeigst Du Dich als enthusiastischer Idealist, nicht als Existentialphilosoph. Du weihst, statt zu enthüllen. Von da aus habe ich Deine Forderung einer neuen Sokratik in Frage zu stellen. Historisch spricht alles gegen sie: Sokrates am Ende einer gebundenen Periode der Geschichte, durch seine Entdeckung des Begriffs Träger der ihm folgenden rationalen und autonomen Entwicklung, Dialektiker im echten Sinne dessen, der Gespräche führt, nicht über diese oder jene Durchklärung, sondern über die Begründung menschlicher und politischer Existenz im Denken. Demgegenüber unsere Lage: Am Ende einer rationalen und autonomen Entwicklung, im Übergang zu einer neuen gebundenen Periode, unter den Notwendigkeiten spätkapitalistischer Massenorganisation, die ein freies Gespräch über die Grundlagen immer mehr unmöglich macht – wie es ja auch von Dir ausdrücklich ausgeschlossen wird. Bleibt allein übrig, was Kierkegaard im Unterschied von den Systematikern an Sokrates als existentiell empfand, ein Fragen, bei dem es um den Fragenden selbst geht. Das aber ist weder das ausschließliche noch das hervorragendste Merkmal der Sokratik. Du nimmst das Kierkegaard'sche Symbol, nicht den wirklichen Sokrates. Und das hat tiefere Gründe: Du verdeckst damit, daß Du in Wirklichkeit auf Seiten Nietzsches und seiner Bekämpfung des Sokrates stehst. Was Du über Nietzsche sagst, enthält ein solches Maß von historischer Ungerechtigkeit, daß es nur aus Deinem entschlossenen Willen verstanden werden kann, die Weihe des gegenwärtigen Geschehens nicht durch Erinnerungen an seine Väter stören zu lassen. Denn nichts hätte Dich mehr darin gestört als die kaum zu überschätzende Bedeutung, die Nietzsche für die Entstehung des Fühlens und Denkens der jüngeren Generation gehabt hat und für die neue politische Dogmenbildung noch immer hat. Und zwar gerade durch seinen Protest gegen die Sokratik auf allen Gebieten des Geistigen und Politischen. Es ist ebenso leicht, zu zeigen, daß die meisten von Dir verteidigten Ideen bei Nietzsche im Keim oder entwickelt vorhanden sind, wie zu zeigen, daß jede dieser Ideen ausdrücklich antisokratisch ist. Ich schreibe das nicht, um der verletzten historischen Wahrheit zu ihrem Recht zu verhelfen, sondern ich schreibe es, um Dir noch einmal zu zeigen, wie sehr Du um Deiner enthusiastisch-weihenden Haltung willen die erste, nämlich kritische Pflicht des Philosophen verleugnest. Sonst hättest Du Dich dem ungebrochenen Strom des Vitalismus, Irrationalismus, Voluntarismus ebenso entgegengesetzt, wie wir versucht haben, einem entleerten Rationalismus, Intellektualismus, Mechanismus entgegenzutreten. Wir hatten die Bedeutung des Vitalen, des Eros und des Willens mit solchem Nachdruck herausgearbeitet, daß wir uns immer wieder den Vorwurf des Faschismus zugezogen haben. Ich sehe nicht, daß Du die entsprechende umgekehrte Aufgabe von der Philosophie gefordert oder selbst in Angriff genommen hättest.

Damit komme ich auf Deine Lehre von Wahrheit, Nomos und Logos. Es könnte scheinen, als wäre sie eine – sehr geistreiche – Weiterentwicklung unserer Lehre von der dynamischen Wahrheit. Aber das ist nicht der Fall. Du raubst dem Logos die kritische Kraft, die er trotz engster Bindung an den Kairos behalten muß. Das geschieht in drei Schritten. Erstens bindest Du ihn an den Nomos einer geschichtlichen Wirklichkeit; er sei ihr wissenschaftliches Selbstbewußtsein. Zweitens kennst Du allein den Nomos eines Volkes. Drittens ist dieser Nomos veränderlich und abhängig von den Handlungen der politischen Gestalter des Volkes. Auf diese Weise ergibt sich notwendig, daß der Logos abhängig ist von der jeweiligen machttragenden Gruppe in einem Volk. Er ist das wissenschaftlich geformte Selbstbewußtsein über das, was diese Gruppe aus dem Nomos des Volkes zu machen entschlossen ist. Praktisch heißt das, Du gibst denen recht, die in großem Chor mit Nietzsche sagen, daß Wahrheit Ausdruck der tragenden Machtgruppe und ihres Seins ist. Zu allem Sokratischen steht das in unauflöslichem Widerspruch. Aber auch zur Kairos-Lehre, die sich bemühte, über das Sokratische hinauszustoßen. Erstens war das, was Du Nomos nennst und was als Gestaltgesetz der platonischen Idee nahe steht, als Einheit von Einheit und Unerschöpflichkeit verstanden worden. Um des Einheitsmomentes willen ist logische Erkenntnis möglich, um der Unerschöpflichkeit willen kann sie nicht statisch sein. Das Verhältnis beider Elemente ist in jedem Erkenntnisgebiet verschieden, in keinem aber fehlt die Möglichkeit kritischer Kontrolle. Dies das eine, das ich hier nicht weiter ausführen kann. Zweitens haben wir den Logos nicht an das Gestaltgesetz eines Volkes gebunden, sondern an die Gestalt einer historischen Konstellation, in der das Volk einen entscheidenden Platz einnehmen kann, aber Gestalt nur in einem übergreifenden Gestaltzusammenhang hat und Logos nur in ihm finden kann. Wie wichtig diese Einsicht methodisch ist, wird sich weiter unten bei der Behandlung einiger historisch-soziologischer Fragen zeigen. Grundsätzlich ist vor allem zu sagen, daß auf diese Weise die Bindung der Wahrheit an die Macht insoweit beseitigt ist, als jede Macht in der Gesamtkonstellation ihre Grenzen findet. Keine einzelne Gestalt kann den Logos an sich binden, wie kein Volk Gott an sich binden kann. Die erste Einsicht verdanken wir Plato, die zweite Amos. Von beiden mußte der Philosoph und Theologe zeugen, in einer „Geschichtsstunde", in der der übergreifende kritische Ernst des Wahrheitsgedankens von einer Flut von Gerede gegen Objektivität des Erkennens weggeschwemmt zu werden droht. Drittens haben wir unter Bindung der Wahrheit an eine geschichtliche Wirklichkeit niemals verstanden, daß die Wahrheit nichts als Ausdruck oder Selbstinterpretation dieser geschichtlichen Wirklichkeit sein soll. Wir haben das Verhältnis von „Ausdruck" und „Geltung" oft behandelt und sind zu der Auffassung gekommen, daß es für den Erkennenden nur *eine* Intention, nämlich die Geltung geben darf; daß aber gerade dann, wenn er am meisten und strengsten auf die Geltung, das An-sich, das Objektive gerichtet ist, sich die Ausdruckskraft seines Denkens einstellt. Und zwar um so mehr, je weniger er sie beabsichtigt und je mehr er doch zugleich gefüllt ist mit der inneren Mächtigkeit seiner Gegenwart. Aber nicht diese innere Mächtigkeit ist das in jedem Erkennen Gemeinte, sondern die Wahrheit. Du hast diese Unterscheidung nicht herausgearbeitet, Du konntest es nicht, da Du selbst mehr um „Ausdruck" als um „Geltung" bemüht warst und darum – das ist die richtende Dialektik des Wahrheitsgedankens – auch den tiefsten Ausdruck dessen, was geschieht, verfehlt hast.

Durch die theologischen und philosophischen Beispiele und ihre kritische Behandlung glaube ich genügend bewiesen zu haben, daß Du die Kairos-Lehre, in deren Kategorien Du denkst, bis ins volle Gegenteil ihres Sinnes umgebogen hast. Ich bestreite, daß die Begriffe selbst die Möglichkeit solcher Anwendung darbieten. Du mußtest aus jedem ein entscheidendes Element herausbrechen, um sie in den Dienst Deines theologischen und philosophischen Wollens zu zwingen. Dagegen mußte ich mich wehren und will mich weiter wehren, indem ich auf einzelne Probleme eingehe.

II.

1. Es wird bei Dir theologisch durchaus nicht klar, wie Du eigentlich in strengen Begriffen das Verhältnis von Zeitgeschehen und neuer Theologie auffassest. Ist das Zeitgeschehen eine Offenbarungsquelle neben den biblischen Urkunden? Fast scheint es so bei Dir. Wenn es so wäre, so wären die, die das Zeitgeschehen anders beurteilen als Du, von *einer* Offenbarungsquelle ausgeschlossen, und zwar auf Grund eines politischen Urteils über politisches Geschehen. Sie könnten in der „Deutsch-Evangelischen" Kirche ebenso wie die Judenchristen nur Glieder minderen Rechtes sein. Und ihrer Theologie würde eine

religiöse Erkenntnisquelle fehlen, die denen mit anderem politischen Urteil offen stünde. Ich frage mich, ob solche Auffassung irgendwie durch den Kairos-Gedanken gerechtfertigt werden kann. Ich sehe nicht wie, aber ich gebe zu, daß wir die Probleme, die sich hier ergeben, in den letzten Jahren nicht genügend verfolgt haben und daß darum solche Abwege der Interpretation nicht klar genug ausgeschlossen wurden. Insofern das Zeitgeschehen und sein Niederschlag in Deinem Buch zur Klärung dieser Probleme zwingen, bin ich trotz aller Kritik dankbar dafür. Der Offenbarungsbegriff hat zwei Seiten, die klar geschieden werden müssen. Einmal ist Offenbarung Wirklichkeit nur als „Offenbarungskorrelation". Offenbarung ist kein Begriff objektivierenden Denkens. Sie ist nur, insofern sie als Offenbarung für jemand sich verwirklicht. Aber, und das ist die andere Seite: Wenn sie ist, d. h. sich korrelativ verwirklicht, ist sie exklusiv. Es kann neben ihr nicht andere Offenbarungen geben, sondern nur andere Situationen, von denen der Mensch in die Offenbarungskorrelation eintritt. Jede neue Lage verändert die Korrelation, verändert aber nicht die Offenbarung. Wenn ich die Sache ohne das Wort Offenbarung ausdrücken wollte, so würde ich von dem Ort reden, von dem her unsere Existenz ihren unbedingten und exklusiven, zugleich tragenden und richtenden Sinn empfängt. Offenbarung ist das, dem ich als letztem Kriterium meines Denkens und Handelns mich unbedingt unterworfen weiß. Der Kairos, die geschichtliche Stunde, kann darum nie von sich aus Offenbarung sein. Sie kann nur den Eintritt einer neuen Offenbarungskorrelation anzeigen. Sie bezeichnet den Augenblick, in dem der Sinn der Offenbarung sich neu erschließt für Erkennen und Handeln, in dem z. B. das letzte Kriterium der Wahrheit einer Zeitkonstellation gegenüber von neuem sichtbar wird, also etwa das Kreuz Christi gegenüber der kapitalistischen oder nationalistischen Dämonie. Wenn Du das Ja zu solchem Sich-neu-Erschließen der Offenbarung „Wagnis" nennst so stimme ich Dir zu mit der doppelten Voraussetzung, daß Du das Stehen in der Offenbarungskorrelation selbst nicht Wagnis nennst und daß Du die Relativierung des Gewagten in allen Konsequenzen anerkennst. Offenbarung ist Prius, nicht Gegenstand des Wagnisses. Sie ist das, was mich vor jedem wagenden Handeln je schon ergriffen hat. Sie wäre weder exklusiv noch unbedingt, wenn sie von meinem Wagnis abhinge. „Es auf Christus oder auf Gott wagen" ist eine Formel, die mir immer etwas gotteslästerlich geklungen hat.

Dagegen hat Wagnis im Kairos seinen Platz. Daraus folgt, daß die Offenbarungsgemeinschaft *nicht* abhängig ist von der Wagnisgemeinschaft. In jeder geschichtlichen Stunde liegt mehr, als daß *eine* Ausdeutung sie erschöpfen könnte. Darum wird zwar eine theologische Gruppe der anderen gegenüber das tiefere Stehen im Kairos in Anspruch nehmen, aber sie wird die andere nicht von dem gemeinsamen Stehen in der Offenbarungskorrelation ausschließen. Wagnis trägt das Bewußtsein möglichen Scheiterns in sich. Es ist weder unbedingt noch exklusiv. So z. B. in unserem Fall: Für Dich und andere ist Kairos das, was Du als „deutsche Stunde" bezeichnest, für uns war es das, was man als „Stunde des Sozialismus" bezeichnen könnte und wovon nach unserer Auffassung das deutsche Geschehen ein Teil ist, der in Isolierung von dem Ganzen überhaupt nicht verstanden werden kann. Für Barth, der darin, ohne zu wollen, dem Kairos seinen Tribut zahlt, ist es die Befreiungsstunde der Kirche von den in den bürgerlichen Jahrhunderten in sie eingedrungenen säkularen Elementen, was ja nur möglich ist, weil der Säkularismus als geschichtliche Erscheinung in sich selbst brüchig geworden ist. Alle drei Deutungen des Kairos sind Wagnis. Schließt Du nun die beiden, die Du nicht bejahst, von der vollgültigen Arbeit der deutschen evangelischen Theologie aus? Anstatt mit ihnen um die beste und wahrste Deutung zu ringen? Ist deutsche Theologie nicht eine machtvolle geistige Tradition, die sich längst auch jenseits der Grenzen Deutschlands ein vielfaches Bett gegraben hat und die, auch wenn sie wenig vom gegenwärtigen Geschehen berührt ist, an zahlreichen theologischen Problemen in der Vollmacht dieser ihrer Tradition weiterarbeiten kann? Entscheidend ist – und die klare Einsicht darin verdanke ich dem Widerspruch zu Deinem Buch –, daß Offenbarung und Kairos, reines Ergriffensein und Wagnis, Exklusivität des Kriteriums und Relativität der konkreten Entscheidung auf verschiedenen Ebenen liegen. Die Richtung auf das erste macht den Theologen zum Theologen, sie gibt ihm das letzte Kriterium; das Stehen im zweiten gibt ihm die Gegenwartsnähe und Geschichtsmächtigkeit. Du hast das erste um des zweiten willen in Deinem Buche unsichtbar gemacht, und zwar in einem Augenblick, wo infolge des Hervorbrechens der Ursprungsmächte das Kreuz als Kriterium machtvoller herausgehoben werden mußte denn seit Jahrhunderten.

2. Wie Deine theologische, so muß ich auch Deine wissenschaftliche Haltung angreifen. Kannst Du es im Ernst wissenschaftlich verantworten, ein Buch über die gegenwärtige geistige Lage zu schreiben, ohne eine soziologische Analyse der Gruppen und Schichten zu geben, von denen bestimmte geistige Tendenzen getragen werden? Ich

habe diese Dinge bei der Besprechung des theologischen Sinnes der Ideologie-Forschung erwähnt, ich komme jetzt auf sie im Zusammenhang meiner wissenschaftlich-historischen Kritik. Eine Reihe Deiner historischen Urteile sind überhaupt nur zu verstehen, weil Du Dich bewußt oder unbewußt gegen die offenkundigsten soziologischen Einsichten gesperrt hast. Und das wieder ist nur zu erklären, weil Soziologie eine der schärfsten Waffen gegen ungebrochenen Enthusiasmus ist. Einige Beispiele! Du rühmst Dich, gegen den „die Breite des öffentlichen Lebens bedeckenden Strom" gestanden zu haben. Ist Dir nie aufgegangen, daß auf den Universitäten, in der sogenannten höheren Gesellschaft, im Mittelstand, im Bauerntum von einem solchen Strom nichts zu bemerken war, wohl aber von dem gerade entgegengesetzten? Nun, wenn Du es nicht bemerkt hast, so kann *ich* Dir mitteilen, daß wir, die wir in diesen Gruppen hoffnungslos allein standen, auf Schritt und Tritt zu fühlen bekamen, welches der wirkliche Strom war: die Reaktion aller bürgerlichen Schichten gegen die Beteiligung der Arbeiterschaft am Staatsaufbau! Hättest Du das mit soziologisch geschärftem Blick gesehen, so würdest Du Dich auch nicht rühmen, den Nachkriegsstaat „ausgehöhlt" und ihm so viel wie möglich an Autorität genommen zu haben. Das ist durch das Bürgertum viel wirksamer geschehen. Weiter hättest Du, wenn das so und nicht anders ist, nicht vergessen dürfen, die Weltwirtschaftskrise zu erwähnen und die mit ihr eingetretene akute Bedrohung des Mittelstandes und den von ihr geschaffenen, neuen sozialen Typus des dauernd Arbeitslosen. Du hättest bei der Weltweite dieser Erscheinungen und bei der Ähnlichkeit der Reaktion in vielen Ländern eher das Bild eines Spätherbstes als eines Frühlings benutzen müssen, und zwar ohne Beschränkung auf Deutschland. Wie kann ein Kulturkreis, der seine Klassik hinter sich hat, also die Zeit seiner Blüte, gleich wieder mit dem Frühling anfangen? Diese Einsichten hätten Dein positives Urteil über das gegenwärtige Geschehen nicht zu ändern brauchen. Aber sie hätten ihm das wissenschaftliche Gewicht gegeben, was ihm jetzt fehlt. Man kann ebensowenig vom Enthusiasmus wie vom Glauben aus Tatsachen deduzieren. Wenn Du als theologischer Historiker die geistige Lage der Gegenwart aufzeigen wolltest, so hättest Du allein einen großen Dienst leisten können, wenn Du auf andere soziologische Zusammenhänge aufmerksam gemacht hättest als auf diejenigen, die wir sehen, und wenn Du die gegenwärtige soziologische Struktur in Mitteleuropa als Hintergrund der gegenwärtigen geistigen Lage aufgezeigt hättest. Dann hättest Du den ungeheuren und im geschichtsphilosophischen Sinne bedrohlichen Spannungsreichtum innerhalb der gegenwärtigen politischen Einheit sichtbar machen können und hättest damit eine echte, konkret-existential-geschichtliche Analyse gegeben.

Eine solche vom wissenschaftlichen Standpunkt unbedingt geforderte Bemühung hätte Dich weiter davor bewahrt, auslandsfeindliche Seitenhiebe im Stil der „höheren Bierbank" zu machen: Daß die ausländische Philosophie wesentlich „untermenschlich-naturalistische Bestimmungen des letztlich Gültigen" gab, daß der Kulturimperialismus eine „spezifisch welsche" Idee ist, daß das „auktoritäre Regiment welsch" ist, daß das außerdeutsche evangelische Christentum sich ohne das deutsche aus eigener Kraft nicht evangelisch erhalten könnte, ganz zu schweigen von Deinen Urteilen über Rußland, die auch, wenn sie noch so scharf sind, doch wenigstens sachhaltig sein müssen: Das treibt mich zu der Frage: Ist diese Anleitung zu unkontrollierten Urteilen über andere Völker wirklich ein theologischer Dienst am eigenen? Und wenn Du über die „Lüge des Weltgewissens" und das „schuldhafte Schweigen der Kirchen zu Versailles" mit Recht empört bist, so hättest Du zum mindesten die Empörung erwähnen müssen, die das Schweigen der deutschen Kirchen beispielsweise zum Tage des Judenboykotts in Kirchen und Nichtkirchen der ganzen Welt hervorgerufen hat! Gerade weil Du aus philosophischen und theologischen Gründen zu der Rassengesetzgebung stehst, wäre es ethische Pflicht der Stunde und religiöse Verantwortung unserem Volk gegenüber gewesen, wenn Du von der Rassengesetzgebung den Rassenhaß ebenso scharf unterschieden hättest, wie wir von der strukturellen Notwendigkeit des Klassenkampfes im Kapitalismus den Klassenhaß unterschieden und bekämpft haben. Wieder ist es Dein ungebrochener Sakramentalismus, der Dich hindert, zu sehen, was Du hättest sehen müssen und können.

3. Über Volk, Staat und Kirche mit Dir zu reden, erfordert mehr Raum, als die Grenzen dieses Briefes zulassen. So will ich mich auf das beschränken, was im Rahmen meiner Gesamtkritik Deines Buches unentbehrlich ist. Um die Absolutsetzung des nationalen Kairos zu ermöglichen, beschränkst Du den Horos, das schöpferische Dunkel, auf die Begrenztheit menschlicher Existenz durch Volk und Blut. Du nennst sie im Anschluß an den Sprachgebrauch meines letzten Buches: „Die sozialistische Entscheidung"[22] das „Ursprüngliche" und beantwortest meine dort systematisch gestellte Frage, wie Reflexion Ursprünglichkeit schaffen könne, durch die Behauptung, das wäre Paradoxie und Geheimnis. An keiner Stelle Deines Buches scheint mir

nun soviel Konstruktion vorzuliegen wie hier. Weder ist bewiesen die Identität von heiligem Horos und Ursprung, noch die Identität von Ursprung und Volk, noch die Identität von Volk und Blutbund. Diese drei Identifizierungen sind aber das Gerüst Deines ganzen Gedankenganges. Ohne sie würde die entscheidende Voraussetzung des ganzen Buches hinfällig werden. „Am Ganzen unseres menschlich geschichtlichen Lebens ist die Grenze mächtig. Überall in ihm offenbart sie sich . . . ihr Schein des Denkens Licht, ihre Glut des Lebens Blut"[23], sagst Du in Übereinstimmung mit dem, was wir über den Abgrund, die Unerschöpflichkeit, den sinngebenden Gehalt unserer Existenz gegenüber einer rationalistischen Formphilosophie gesagt haben. Aber warum beschränkst Du dann den Horos, der am Ganzen unseres geschichtlichen Lebens mächtig sein soll, auf den Ursprung? Ist er nicht auch mächtig in den geschaffenen Formen, in denen der Mensch über den Ursprung hinausschafft, ist er nicht mächtig in dem „Wozu", durch das im geschichtlichen Leben das „Woher" transzendiert wird? Ist des „Denkens Licht" in Platos oder Laotses Denken nur der sie begrenzende Ursprung? Wie könnte es dann durch Zeiten und Räume leuchten, die nichts mit ihrem Ursprung zu tun haben? Ist das nicht nur zu verstehen, weil die transzendente, sinngebende Mitte gerade darin ihre Kraft zeigt, daß sie durch die Ursprungsgrenzen durchbricht? Und gilt nicht das Gleiche wie vom Denken so auch vom Leben? Die heilige Grenze als „des Lebens Blut" glüht in Franziskus und Buddha nicht mit der Macht ihres Ursprungs, sondern in der Macht eines ausdrücklichen Bruches mit ihrem Ursprung. Zwar weißt Du darum, daß der heilige Horos den natürlich-geschichtlichen verzehren kann, aber nirgends wird bei Dir angedeutet, daß er ihn transzendieren kann, daß er zu einer neuen geschichtlichen, aber nicht mehr ursprungsgebundenen Verwirklichung führen kann. So z. B. teilweise die exilische oder uneingeschränkt die urchristliche Gemeinde. Hier ist das „Wozu" und nicht das „Woher" existenzgründend. Daher die Notwendigkeit für Dich, Dich so stark von der neutestamentlichen Haltung zu distanzieren und die religiöseste Periode der Menschengeschichte „Gottentfremdung der Spätkultur" zu nennen. Freilich war es eine Zeit der Entfremdung vom Ursprung. Die Autonomie war vorangegangen und die Krisen der Autonomie. Aber eine neue Theonomie war hereingebrochen, und die Urkunde dieses Einbruches ist das Neue Testament. Wenn Entfremdung von Ursprungsfrömmigkeit Gottentfremdung überhaupt ist, dann gibt es kein gottentfremdeteres Buch als das Neue Testament.

Konkret ist der Ursprung für Dich das Volk. Leider gibst Du keine klare Begriffsbestimmung. Doch wenn man die verschiedenen bei Dir genannten Momente (natürlich, geschichtlich, bluthaft, staatlich) zusammennimmt, so kommt als idealtypisches Bild der europäische Nationalstaat heraus, wie er von der französischen Revolution im Gegensatz zum feudalen und dynastischen Staat geschaffen ist. Nun kann kein Zweifel sein, daß Nationalstaat in diesem Sinne heute die unmittelbar geschichtsmächtige Wirklichkeit ist. Und ich würde Dir zugeben, daß der Religiöse Sozialismus in seinem Interesse an der sozialen Ordnung der Gesellschaft dem nationalen Staat und den in ihm konzentrierten Ursprungsmächten zu wenig Aufmerksamkeit zugewandt hat (ich selbst erst in meinem letzten Buch). Ich gebe Dir auch weiter zu, daß es Augenblicke in der Geschichte geben kann, in denen das Schicksal eines Volkes nicht nur für es selbst, sondern auch für die Welt einen Kairos, eine religiös zu deutende, überragende geschichtliche Stunde, eine Verheißung und Forderung bedeuten kann. Hätte Dein Buch nur dieses gesagt, so hätte ich mir die folgende Kritik sparen können. Aber es sagt sehr viel mehr und sehr viel anderes. Es sagt z. B., daß Ursprung und Volk identisch sind. Aber wie ist das zu rechtfertigen, außer wenn Volk der Name für jede natürlich-geschichtliche Gruppe überhaupt wird: Also Sippe, Stamm, Blutsgruppe, Rassengruppe, Landschaftsgruppe, Standesgruppe, Sprachgruppe, Staatsgruppe. All diese Gruppen können sich verbinden und sich ausschließen. In ihnen allen sind Ursprungskräfte. Aber Volk mit den von Dir angegebenen Merkmalen ist weder der dynastische Staat noch die Sprachgruppe noch der Stand (z. B. das ursprungsmächtige mittelalterliche Rittertum, das einen Querschnitt durch die Länder der Christenheit darstellte), noch die Rasse usw. Volk in dem von Dir umgrenzten Sinne ist eine einmalige kaum hundertundfünfzig Jahre alte Erscheinung. Wenn das aber so ist, so wird ihre metaphysische Absolutsetzung als Ursprungsmacht überhaupt und damit als einzige Verwirklichung des heiligen Horos überaus zweifelhaft. Ja, ich muß Dir gestehen, daß mir von hier aus auch der verlockende Begriff des völkischen Nomos (Gestaltgesetz) und der weniger verlockende des völkischen Logos (begriffenes Gestaltgesetz) zweifelhaft geworden ist. Denn was bedeutet ein Gesetz, das nicht nur wechselnde Erscheinungen begreift, sondern, wie Du vielfach aussprichst, selbst im ständigen Wechsel steht? Wenn geschichtliches Handeln die Nomoi der Völker in jedem Augenblick wandelt, was heißt dann noch: Gemäß dem Gestaltgesetz handeln? Wenn ich es wandle durch mein Tun, so ist es ja nicht mehr Gesetz für mein Tun. Und so ist es doch tatsächlich. Zur

Zeit wird durch stärkste Willensanspannung eine neue Gestalt des deutschen Volkes geschaffen, aber was soll es konkret bedeuten, daß ein vorher vorhandenes Gestaltgesetz verwirklicht wird, wo Du gleichzeitig sagst, daß das kommende Gestaltgesetz erst geschaffen wird? Was ist ein Begriff wert, für den es keinerlei konkrete Anwendungsmöglichkeiten gibt? In der feierlichen und rituell-priesterlichen Sprache mögen solche Worte einen Sinn haben, fruchtbare wissenschaftliche Erkenntnis vermitteln sie nicht.

Und nun die dritte Identifizierung, die ganz in die Sphäre des Mystischen führt, die Gleichsetzung von Volk und Blutbund. Du gibst dieser Identifikation das größte Gewicht, indem Du behauptest, daß durch die Idee des Blutbundes dem Sturz der „euramerikanischen Kultur von Klippe zu Klippe" das „Bis hierher und nicht weiter" entgegengerufen wird. Die Idee des Blutbundes hat also geradezu Heilsbedeutung für einen Teil der Menschheit. Um so wichtiger wäre es, klar herauszuarbeiten, um was es sich dabei handelt. Offenbar meinst Du nicht die Rassengesetzgebung, die ja praktisch nur gegen die Juden gerichtet ist und nicht gegen die übrigen Völker des euramerikanischen Kulturkreises. Blutbund muß also etwas Engeres meinen, entweder die spezifische Blutsbeschaffenheit des sogenannten nordischen Menschen, die aber einerseits nichtdeutsche Völker umfaßt, andererseits für große Gruppen des deutschen Volkes nicht zutrifft. So bliebe also nur das deutsche Volk selbst und die Forderung, jede Blutsvermischung über seine Grenzen hinaus zu verhindern und Träger schon vorhandener Blutsmischungen dieser Art im Sinne der Rassengesetzgebung zu entrechten. Derartiges würde die Zerreißung der mehr als tausendjährigen Tradition bedeuten, daß die christlich-abendländische Welt eine einheitliche Völkerfamilie darstellt, eben weil sie von ihren geschichtlichen Anfängen an gemeinsam durch das Christentum geformt ist. Willst gerade Du als Theologe der deutschen Führung zu einem solchen Schritt raten, den sie offenbar selbst nicht in Aussicht genommen hat? Bist gerade Du als Theologe berufen, der sakramentalen Blutsgemeinschaft der Christenheit, die durch das Abendmahl gegeben ist, die natürlich-geschichtliche Blutsgemeinschaft überzuordnen? Und wieder frage ich, wie schon so oft: Wäre es nicht Deine Aufgabe als Theologe gewesen, gerade wenn Du die Ursprungsmacht des Blutes so stark hervorheben wolltest, die Grenze seiner Macht mit Hilfe der Abendmahlssymbolik herauszuarbeiten?

Das Originelle an Deiner Staatslehre ist Dein Begriff des „verborgenen Souverän". Ich gehe auf ihn ein, weil er auch ins Theologische hineinreicht. Du gebrauchst ihn, um dem Staat den Inhalt zu geben, den er als totaler nötig hat, und zugleich, um gegenüber der älteren lutherischen Lehre das Revolutionsrecht zu begründen. Ich beginne mit dem zweiten. Hast Du Dir nie die Frage vorgelegt, die mir so oft begegnet ist, die so viele an der Ehrlichkeit unseres Kirchentums irre gemacht hat und die so nahe liegt: Wie ist es möglich, daß eine Kirche, die sich Jahrhunderte hindurch unter jede, auch die volksverderbendste feudal-dynastische Obrigkeit gebeugt hat und bedingungslosen Gehorsam gerade gegenüber diesen „schlechten Obrigkeiten" gelehrt hat, in dem Augenblick diese Lehre vergaß, wo ein Staat geschaffen wurde, in dem andere als die alten Schichten die Obrigkeit repräsentierten? In dem Augenblick, als bestimmte Gruppen ihre ererbten Privilegien verloren hatten, entwickelte das Luthertum, vertreten durch die jungnationale lutherische Theologie, eine Lehre vom „bedingten Gehorsam". Wäre hier nicht die Frage, nach dem ideologischen Charakter beider Lehren am Platze gewesen? Unter diesem Gesichtspunkt packt mich fast ein Grauen, wenn Du schreibst: „Es mußte ... dem damalig bestehenden Staat möglichst viel an Gestaltungsvollmacht entwunden ... werden." Wessen unbewußtes Werkzeug warst Du, als Du das tatest und theologisch rechtfertigtest? Und was für Folgen muß es haben, wenn *das* dann theologische Lehre wird? Der „verborgene Souverän" ist eine mystische Realität, wenn er eine Realität ist. Niemand kann aus ihm eine konkrete Entscheidung ableiten. Jeder kann behaupten und bis zur Selbstaufopferung sich dafür einsetzen, daß der je gegenwärtige offene Souverän dem verborgenen ungehorsam ist. Weder die altcalvinistische Lehre vom Widerstandsrecht der unteren Obrigkeiten, noch die sozialistische vom Klassencharakter des kapitalistischen Staates gibt ein so uneingeschränktes, so von allen objektiven Normen freies Revolutionsrecht wie diese Lehre. Oder sollte sie nur einmal zur Anwendung kommen und nie wieder? Aber verdient sie dann noch den Namen einer Lehre? Ferner, was bedeutet die Idee des verborgenen Souverän für das staatliche Handeln selbst? Sie gibt ihm die Aufgabe, das natürlichgeschichtliche Volkstum zu bewahren und zu entfalten, eine im nationalen Staat selbstverständliche Forderung; aber es ist schlechterdings nicht einzusehen, wieso die Idee des verborgenen Souverän darüber hinaus Neues bringt. Ich vermute darum, sie hat eine dritte, Dir wohl wichtigste Aufgabe zu erfüllen: Anstelle des Gottesgnadentums einerseits, der Volkssouveränität andererseits soll sie für die Herrschenden eine Bindung und Verantwortlichkeit schaffen. Das ist in der Tat in einem Staate, in dem der Wille *eines* Menschen einziges Gesetz ist, von größter Bedeutung. Aber wieder frage ich: Ist der verborgene Souverän dazu geeignet? Das Gottesgnadentum gab ein Korrektiv gegen Willkür, sofern der christliche Gottesgedanke bestimmte, entfaltete Züge hatte, an denen das Gewissen des Herrschers sich orientieren und das Volk die Handlungen des Herrschers messen konnte. Und die Souveränität des Volkes stellte sich in meßbarer Form als Mehrheitswille dar. Der verborgene Souverän hat keinerlei solche Bestimmtheit. Er gewinnt sie nach Deiner eigenen Auffassung durch das jeweilige historische Schicksal, vor allem durch das Handeln der Herrschenden, denen er doch Souverän sein soll. Was aber ist ein Souverän, der von denen geschaffen und gewandelt wird, die ihm unterworfen sind? Treibt Dich Dein Wunsch, den autokratischen Konsequenzen der Zerstörung der Demokratie, die Du selber fürchtest, zu entgehen, nicht in einen Mystizismus, aus dem konkret nichts folgt? Wäre hier nicht gerade ein Realismus, der wirkliche antiautokratische Korrektive sucht, richtiger und ehrlicher gewesen als ein Enthusiasmus, der erklärt, die Rückkehr zur Autokratie wäre „unwahrscheinlich". Was für eine Lehre vom Menschen kann Dich als Theologen zu einer solchen Erwartung veranlassen? Und was hat die Kategorie des „Wahrscheinlichen" in einer grundsätzlichen Staatslehre zu suchen?

Du fühlst selbst die Schwäche dieses Auswegs in Deiner Erörterung über Führertum. Du weißt aus der Kirchengeschichte, daß charismatisches Führertum eine Gabe der geschichtlichen Stunde ist und zwar, wie Du mit Recht sagst, bei den Führern und bei den Geführten. Du weißt auch, daß das Charismatische nach einsichtigen Gesetzen in das Institutionelle übergehen muß. Wenn das aber so ist, so kann Autokratie auf keine andere Weise verhindert werden als durch Einschaltung von Korrektiven aristokratischen oder demokratischen Charakters. Damit aber ist die neue Staatslehre an dem Punkt angekommen, an den die religiös-sozialistische Staatslehre längst gelangt war, nämlich zu dem Satz, daß Demokratie nicht Konstitutiv, sondern nur Korrektiv im Staatsaufbau sein kann. (Vgl. meinen Aufsatz „Der Staat als Erwartung und Forderung".) Kann Dein verborgener Souverän leisten, was die konkreten Korrektive der Autokratie in aller höheren Entwicklung der Menschheit geleistet haben und in Zukunft leisten müssen? Hat Hegel so ganz unrecht, wenn er in seiner Geschichtsphilosophie den christlich-germanischen Freiheitsgedanken dem asiatisch-vorchristlichen Prinzip der Despotie entgegenstellt? Und ist nicht in dem demokratischen Ideal neben dem stoisch-epikuräischen das christlich-germanische Element enthalten, die Wertung des einzelnen Menschen im Unterschied von seiner völligen Bedeutungslosigkeit im asiatischen Denken? Wäre z. B. die gesetzlich uneingeschränkte Verfügungsgewalt *eines* Einzelnen über Leben und Tod *jedes* Einzelnen aus der christlich-germanischen Tradition zu rechtfertigen? Hättest Du als christlich-deutscher Geschichtsphilosoph nicht die Aufgabe gehabt, auf diese Tradition historisch und systematisch aufmerksam zu machen, anstatt ohne jede kritische Einschränkung eine Haßerklärung gegen alles Demokratische von Dir zu geben? Auch bei Deinen Ausführungen über Gleichheits- und Ungleichheitsgerechtigkeit, denen ich formal zustimmen kann, hast Du vergessen, zu zeigen, was *Gerechtigkeit* in der Ungleichheit bedeutet. Wäre nicht das ein theologisches Wort „aus der Stunde" gewesen?

Du schilderst mit begeisterter Zustimmung den Totalitätsanspruch des von Dir als ideal gesehenen Staates. (Der wirkliche Staat ist wesentlich zurückhaltender, z. B. in der Wirtschaft. Deine Schilderung trifft nur auf Rußland ganz zu.) Mir ist Deine Zustimmung besonders interessant, weil ich gerade an einem Aufsatz[24] arbeite, in dem ich die Entstehung der Idee des totalen Staates in Ost- und Mitteleuropa aus der spätkapitalistischen Krisensituation (geistig, gesellschaftlich und ökonomisch) in Ländern ohne alt-demokratische Durchformung verständlich zu machen suche, nämlich aus der Notwendigkeit der „Reintegration" der in wachsendem Maße desintegrierten Massen. Vor allem ist mir wichtig, daß auch Du meinst, für eine solche totale Durchformung müsse eine Weltanschauung die Grundlage geben; ich sage dafür, weniger intellektualistisch und dem gegenwärtigen Sprachgebrauch angemessener: ein Mythos. Sobald das aber eingesehen ist (und wir scheinen hier von verschiedenen Standorten ähnliche Notwendigkeiten zu sehen), entsteht eine Reihe schwerer Probleme.

Zunächst ein staatspolitisch-dialektisches. Der totale Staat muß getragen werden von Persönlichkeiten, die in „schöpferischer Verantwortlichkeit" entscheiden. Wie kann es zu solchen Persönlichkeiten kommen? Wohl nicht ohne das, was Du selbst „Widerspannung" gegen die verfestigten Formen nennst. Du selbst bekennst von Dir, im Widerstand gegen die staatlichen und geistigen Mächte der letzten Periode stark geworden zu sein. Die Demokratie gab Raum, sicher zu viel Raum, zu solchem Widerstand. Immerhin hat sie nach Dir der Entwicklung einer einmaligen Fülle von Führerpersönlichkeiten Raum gegeben. Wie aber, wenn jeder solcher Raum geistig und machtmäßig besetzt ist? Wie, wenn keinerlei Ausweichmöglichkeit da ist, weder innerlich noch äußerlich? Können Persönlichkeiten überhaupt, können Führerpersönlichkeiten insbesondere entstehen, ohne daß ein Raum da ist, in dem sie durch existentielle Entscheidung zu der Vollmacht heranreifen, für andere zu entscheiden? War nicht die europäische Geschichte von Anfang an so reich und schöpferisch, weil zu allen Zeiten ein genügender Ausweichraum da war? Und diese Frage gilt weiter für das Geistige. Ich vermisse schmerzlich in einem Buch über die gegenwärtige geistige Lage einen Abschnitt über die gegenwärtige Lage des Geistes. Ich gebe zu, daß dem Geist die Existenz seiner Träger als bürgerlich gesicherte Lehrbeamte oder als verhätschelte Literaten sehr schlecht bekommen ist. Die wirklichen Träger des Geistes sind darum seit einem Jahrhundert beiden Existenzformen freiwillig oder unfreiwillig fern geblieben. Ich behaupte im Gegensatz zu manchen Liberalen, daß Unsicherheit, Verfolgung, Heimatlosigkeit, Gefängnis und Todesdrohung dem wirklichen Geist nie haben schaden können und ihm auch jetzt dienen werden. Aber es gibt hier eine Grenze. Um bedroht und verfolgt zu werden, muß der Geist erst einmal da sein; und um da zu sein, muß er einen Raum haben, in dem er durch Nein-sagen zum Ja-sagen kommen kann. Es ist der erste Schritt alles Geistes, nein zu sagen zum unmittelbar Gegebenen. Widerspricht es nicht der Totalitätsidee, wie Du sie schilderst, Raum für die Entwicklung eines existentiellen Nein zu geben? Es hat Staaten gegeben, die dem Geist diesen Raum versagt und ihn in sich zerstört haben. Hat Dich der Ernst dieser Frage nie gestört in Deiner enthusiastischen Schilderung des totalen Staates und in der Forderung rücksichtslosen Zugreifens, das besser sei als Überreden? Gibt es nicht zwischen beiden die Kategorie des „Überzeugens" – nicht durch Worte, sondern auch durch das Hinstellen symbolkräftiger Wirklichkeiten? Wo bleiben solche Erwägungen bei jemandem, der sich gleichzeitig auf Sokrates beruft?

4. Einen Ausweichraum braucht vor allem die Kirche. Was wäre aus Urchristentum und Protestantismus geworden, wenn sie ihn von Anfang an nicht gehabt hätten und nicht hätten reifen können bis zu den Entscheidungsschlachten gegen die Mächte, die beiden ihren Raum wieder nehmen wollten? Nun überläßt Du der katholischen Kirche diskussionslos einen solchen Raum. Du sprichst ihr geschichtliche Lebensmöglichkeiten zu, die unabhängig sind vom Schicksal des deutschen Volkes, und Du greifst diese Lebensmöglichkeiten nicht an, wenn Du sie wohl auch bedauerst. Der evangelischen Kirche sprichst Du eine solche unabhängige Lebensmöglichkeit ab. Die Todeskrise des Volkes war auch Todeskrise der Kirche. Die „Morgensonne des Volks schießt ihre Strahlen" auch für die Kirche. Nun waren wir darin einig, daß ein totaler Staat mit seinem Anspruch an den ganzen Menschen nur möglich ist in der Kraft einer Weltanschauung, die alle Sei-

ten des Menschlichen ergreift, eines Mythos. Man darf, sagst Du mit Recht, den Nationalsozialismus nicht als eine bloße Bewegung betrachten, der nur ein „Teil des menschlichen Daseins überantwortet" ist. Denn nur religiös gefüllte, nicht rational produzierte Weltanschauung hat solche Kraft. Wenn es sich aber um einen Mythos handelt, so ist die Frage, die Du selbst stellst, allerdings sehr ernst, ob dieser Mythos „der tragende, natürlich geschichtliche Lebensgrund und Schaffensraum ist für deutsche Menschen evangelischen Glaubens und evangelischen Geistes", ob das neue Bild des deutschen Menschen und das alte Bild des Christenmenschen zusammenstimmen. Ich habe nicht zu untersuchen, ob sie es tun. Ich habe mich, wie in diesem ganzen Brief, nur um das Methodische, um das theologische Prinzip zu bemühen. Und da frage ich nun: Wer hat das zu entscheiden? Eine ernsthafte Entscheidung ist nur eine solche, in der das Nein möglich ist. Ist der Anspruch des totalen Staates berechtigt, so hat sich ihm die protestantische Theologie zu unterwerfen, da ihr ja nach Dir eine eigene geschichtliche Existenz fehlt. Sagt nun der Staat: Nein, sie stimmen nicht zusammen, so hätte sich die Kirche aufzugeben zugunsten des neuen, die Totalität des Staates konstituierenden Mythos. Die Gefahr, daß er offen nein sagt, ist nicht groß. Wie aber, wenn er versteckt, vielleicht unbewußt nein sagt, wenn maßgebende Führer bestimmte Züge aus dem Bilde des Christenmenschen auswischen oder übermalen, die mit dem neuen Bilde des deutschen Menschen nicht übereinstimmen? Warum hast Du diese Möglichkeit, die doch schon vielfach Wirklichkeit geworden ist, nicht zum eigentlichen Problem gemacht? Aber auch die andere Möglichkeit ist da, daß Kirche und Theologie die Übereinstimmung beider Bilder in Frage stellen. Gewährst Du ihnen dann den gleichen Ausweichraum wie der katholischen Kirche? Und wenn Du es tätest, was würde dann aus dem staatlichen Totalitätsanspruch, da doch auch die Kirchen den ganzen Menschen beanspruchen? An dieser Stelle liegen die Probleme, die bei dem überall aufbrechenden Totalitätsanspruch des Staates für Protestantismus und Christentum entscheidend sein werden und an denen Du in Deinem Buch – ja, ich muß es sagen – enthusiastisch vorbeiredest. Oder willst Du eine Lösung andeuten, wenn Du die uneinheitliche, Deinen Forderungen widerstrebende protestantische Theologie mit folgenden Worten bedrohst: „Muß erst ein Zwingherr kommen und gebietende Lehre über uns alle setzen, so zerbräche in uns das Reformatorische." Bist Du geneigt, den Zwingherrn zu rufen, wenn die Theologie nein zu der von Dir vorausgesetzten Einheit sagt? Bist Du bereit, das Protestantische dafür zu opfern? Du sprichst hier, wie der religiöse Sozialismus hätte sprechen müssen, wenn er religiöser Bolschewismus gewesen wäre. Er sprach nicht so. Aber wenn auch Du nicht so sprechen wolltest, was bedeutet dann dieser Drohsatz, was bedeutet dann Deine ungebrochene Anerkennung des staatlichen Totalitätsanspruchs über das hinaus, was der wirkliche Staat tut? Was bedeutet die Aufopferung eines eigenen geschichtlichen Raumes des deutschen und sogar des Weltprotestantismus?

In Deinen weiteren Ausführungen über die Kirche kann ich *eine* erfreuliche Übereinstimmung zwischen Barth, Dir und mir feststellen. Wir bedauern alle nicht, daß der Staat der Kirche eine Reihe sozialer und kultureller Werke abgenommen hat und daß sie sich nun besser auf ihr eigenes Werk besinnen kann. Aber über Deine positiven Formulierungen waren wir im Berneuchener Kreis schon längst hinaus. Wir gaben der Kirche außer Wortverkündigung und Meditation die Aufgabe, in sich symbolisch-repräsentativ den christlichen Liebesgedanken in sozialen Gestaltungen zu verwirklichen und so für den Staat ein eindrucksvoller Hinweis auf die Grenzen alles erzwingbaren Handelns und auf eine Wirklichkeit höherer Ordnung zu sein. Doch könnten wir uns hierüber einigen, wenn Du einen Raum für solch christlich-repräsentatives Handeln im totalen Staat zugestehen würdest. Keinerlei Einigung ist aber möglich mit folgenden Sätzen von Dir: „Allein Führung als heißer Wille . . ., die Verkündiger und die kirchlichen Helfer und Arbeiter und alle lebendigen Frommen mit allem, was sie an Gut und Arbeit und Gaben haben, in die werdenden Formen und Gestaltungen volkhaft-staatlichen Lebens hinüberzureißen, kann unsere Kirche davor bewahren, jetzt eine tote Kirche zu werden . . ." Hierzu kann ich nur sagen: Zunächst verwechselst Du die Aufgabe der staatlichen und der kirchlichen Führung. Der Staat wird das Interesse haben, wie jeden seiner Bürger, so auch die kirchlichen Verkünder und Arbeiter seinem Leben aktiv einzuordnen. Aber selbst der Staat kann wenig Interesse an einer Kirche haben, deren Führung ihm das nachmacht – mit unvollkommeneren Mitteln, als er es kann –, anstatt ihre eigene Aufgabe zu erfüllen und ihre Verkünder und Helfer in das kommende Reich Gottes „hereinzureißen". Ob die Kirche eine lebendige oder tote ist, hängt davon ab, mit welcher Kraft sie das Reich Gottes erwartet und der Stunde gemäß hinweisend zu verwirklichen sucht, von nichts anderem. Das Urteil darüber, welches die Stunde ist und wie sie aussieht, ist Wagnis. Und es kann ein Zeichen höchster Lebendigkeit sein, wenn verschiedene Wagnisse in der gleichen Kirche unternommen werden und miteinander ringen. Wenn Du eine Kirche für tot erklärst, die Dein Wagnis nicht einmütig mitmacht, so beanspruchst Du, daß es mehr ist als ein Wagnis, so stellst Du Dich mit Deinem Wagnis nicht unter das Kreuz, sondern erhebst es zu dem Range einer Offenbarung neben dem Kreuz.

5. In meinen „Grundlinien des Religiösen Sozialismus"[25] habe ich ein *„Reservatum"* und ein *„Obligatum religiosum"* unterschieden. Das *Reservatum* entspricht der Haltung der neutestamentlichen Zeit, die insofern, wie Du mit Recht sagst, einseitig und zeitbedingt war, als sie kein direktes *Obligatum* für Volk, Staat, Kultur, Gesellschaft fühlen konnte. Das *Obligatum* ohne *Reservatum* ist Deine Haltung. Du gibst zwar dem Einzelnen ein *Reservatum*, das persönliche Verhältnis zu Gott; nicht aber der Kirche, der Du einen selbständigen geschichtlichen Ort bestreitest. Damit aber hebst Du sie auf, machst sie ohnmächtig gegenüber den Weltanschauungen oder Mythen, die den totalen Staat tragen. Und es ist nicht angängig, obwohl es ein alter Ausweg ist, diese Wehrlosigkeit, wie Du es nennst, in eine Kraft umzudeuten. Der Protestantismus ist auch ohnedies wehrlos genug. Gäbe es aber kein *Reservatum*, auf das er sich vor den geschichtlichen Mächten zurückziehen könnte, so wäre er nicht nur wehrlos, so wäre er längst nicht mehr da. Der Religiöse Sozialismus wußte, als er die Lehre vom *Reservatum religiosum* annahm, daß er das Religiöse niemals in das Sozialistische auflösen darf, daß die Kirche etwas ist auch abgesehen von dem Kairos, d. h. von der Verheißung und Forderung, die er in dem weithin sichtbaren Anbruch sozialer und geistiger Neuordnung der Gesellschaft sah. Du hast das *Obligatum* übernommen, aber das *Reservatum* preisgegeben – der Vorwurf, der im Grunde das Thema meines ganzen Briefes ist.

Du kannst ihm nicht so entgehen, wie Du es in Deinem letzten Brief an mich versuchst und im Buche wiederholt andeutest. Du bestreitest, ein *Reservatum* gegenüber dem Zeitgeschehen nötig zu haben, weil Dein persönliches Gottesverhältnis Dir den Mut geben könne, mit ungebrochenem Ja in eine geschichtliche Bewegung hineinzugehen. Ich zitiere den entsprechenden Satz Deines Buches: „Wo wir aus dem diese Wahrheit (des Evangeliums) gehorchenden Glauben heraus den Mut haben, mit unserem Ja in ein Menschlich-Geschichtliches hinein zu gehen, da geht die unergründliche Hoheit der Wahrheit mit uns und waltet nun nach ihrer Weise an diesem Menschlich-Geschichtlichen." Zu dem ganzen Gedankengang kann ich nur sagen, daß nicht nur ich, sondern auch andere von ihm erschreckt und zurückgestoßen waren. Daß jeder von uns sein Wagnis, sich für diese endliche Möglichkeit entschieden zu haben, tragen und vor der Ewigkeit verantworten muß und daß wir dabei, wie in all unserem Tun, auf Gnade angewiesen sind, steht für den Christen fest. Aber daraus das Recht abzuleiten, zu dieser Endlichkeit ein ungebrochenes religiöses und theologisches Ja zu sagen, kann daraus nicht nur nicht abgeleitet werden, sondern steht in vollem Widerspruch zu unserer menschlichen Situation. Wir sollen und müssen hineingehen in Endlichkeiten, in Menschlich-Geschichtliches. Wenn wir aber im Bewußtsein „der unergründlichen Hoheit der Wahrheit", also als Christen, als Theologen hineingehen, so ist es uns mehr als jedem anderen, der nicht von diesem Bewußtsein erfüllt ist, verwehrt, einem Enthusiasmus zu verfallen, der ja sagt, wo nie anders als ja und nein zugleich gesagt werden darf. Falsch wäre es, wollten wir uns um deswillen überhaupt nicht entscheiden, auch religiös und theologisch im Sinne des Wagnisses entscheiden, um in unserer Theologie dem Gericht zu entgehen, das über alles Menschlich-Geschichtliche ergeht. Weder Du noch wir haben versucht, ihm zu entgehen. Das verbindet uns. Du aber hast ja gesagt, während wir nur im Zusammenhang mit vielfachem nein ja sagen konnten; nicht weil wir unsere Sache für schlechter hielten, sie war ja unser Wagnis, sondern weil wir glaubten, daß vom Ewigen her nie anders über ein Endliches und zu einem Endlichen gesprochen werden darf.

Du hast mir einmal geschrieben, daß ich ein Buch schreiben solle, das Deutschland in seiner gegenwärtigen Lage nützen könnte. Ich wage zu glauben, daß dieser Brief ihm mehr nützen kann als Dein Buch und viele seinesgleichen von geringerem Wert. Denn wenn die Gedanken dieses Briefes tief in das Bewußtsein vieler Deutscher eindringen würden, *wenn aus Enthusiasten gläubige Realisten würden,* so würde die ungeheure Gefahr eingeschränkt werden, die Du vermehrt hast, daß Enthusiasmus im Kleinen oder Großen umschlägt in Enttäuschung. Und davor das schicksalsbedrängte deutsche Volk zu bewahren, wäre der größte Dienst, der ihm heute geleistet werden könnte und der alle anderen philosophischen und theologischen Dienste einschlösse.

Mit herzlichem Gruß Dein Paul.

ANMERKUNGEN

1 Emanuel Hirsch: Die gegenwärtige geistige Lage im Spiegel philosophischer und theologischer Besinnung. Akademische Vorlesungen zum Verständnis des deutschen Jahrs 1933, Göttingen 1934.
2 Vgl. Karl Aé (Pfarrer in Dresden): Die gegenwärtige geistige Lage. Anmerkungen zu dem Buch Emanuel Hirschs. In: Junge Kirche, Jg. 2. Göt-

tingen 1934, S. 507–509; vgl. auch Karl Aé: Theol. Blätter: Übernahme aus dem „Neuen Sächsischen Kirchenblatt" vom 25. 11. 1934. Sp. 26.

3 Vgl. Paul Tillich: Kairos. Ideen zur Geisteslage der Gegenwart. G.W. 6, S. 29–41; Kairos und Logos. Eine Untersuchung zur Metaphysik des Erkennens. G.W. 4, S. 43–76.

4 Vgl. Paul Tillich: Die religiöse Lage der Gegenwart. G.W. 10, S. 9–93.

5 Vgl. Paul Tillich: Das Dämonische. Ein Beitrag zur Sinndeutung der Geschichte. G.W. 6, S. 42–71.

6 Edgar Dacqué: Siehe Namensregister.

7 Vgl. Lebenslauf von Kurt Leese, S. 299 ff. in diesem Band.

8 Vgl. Ernst Krieck: Volk im Werden, Oldenburg 1932.

9 Vgl. Paul Tillich: Die protestantische Verkündigung und der Mensch der Gegenwart. G.W. 7, S. 73–79.

10 Vgl. W. Stapel, Der christliche Staatsmann. Eine Theologie des Nationalismus. Hamburg 1932.

11 Vgl. hierzu Paul Tillich: G.W. 14, S. 301 f. Vgl. auch Paul Tillich: Auf der Grenze, G.W. 12, S. 33.

12 Paul Tillich: Gläubiger Realismus I und II. G.W. 4, S. 77–106.

13 Vgl. Friedrich Gogarten: Ich glaube an den dreieinigen Gott, Jena 1926.

14 Vgl. Paul Tillich: Kairos und Logos G.W. 4, bes. S. 53 ff.

15 Vgl. Paul Tillich: Fachhochschulen und Universität, G.W. 13, S. 144–149.

16 Vgl. Paul Tillich: Das System der Wissenschaften nach Gegenständen und Methoden. Ein Entwurf. G.W. 1, S. 111–293.

17 Vgl. Paul Tillich: Über die Idee einer Theologie der Kultur, G.W. 9, S. 13–31.

18 Gemeint ist sicher der Aufsatz von Paul Tillich, Christologie und Geschichtsdeutung, G.W. 6, S. 83–96.

19 Vgl. Paul Tillich: Rechtfertigung und Zweifel, G.W. 8, S. 85–100; Auf der Grenze, G.W. 12, S. 33.

20 Neben den Schülern Karl Holls wie Emanuel Hirsch, Hanns Rückert, Heinrich Bornkamm, Hermann Wolfgang Beyer oder Erich Vogelsang versuchten Vertreter der jungreformatorischen Bewegung wie Walter Künneth oder Helmuth Schreiner das Jahr 1933 theologisch zu deuten. Auch Paul Althaus, Friedrich Gogarten, Adolf Schlatter, Ethelbert Stauffer und Karl Heim bemühten sich, die faschistische Machtergreifung als Herausforderung an die Theologie zu verstehen, der man sich nicht verweigern dürfe.

21 Vgl. Paul Tillich: Das Dämonische. Ein Beitrag zur Sinndeutung der Geschichte. G.W. 6, S. 42–47.

22 Vgl. Paul Tillich: Die sozialistische Entscheidung, G.W. 2, S. 219–365.

23 Kombiniert aus Emanuel Hirsch: Die gegenwärtige geistige Lage ..., a.a.O., S. 36 und S. 33.

24 Vgl. Paul Tillich: G.W.X, S. 121–145

25 Vgl. Paul Tillich: Grundlinien des religiösen Sozialismus. Ein systematischer Entwurf, G.W. 2, S. 91–119.

Emanuel Hirsch, Christliche Freiheit
und politische Bindung.[1]

Ein Brief an Dr. Stapel und anderes

ZUM GELEIT

Auch ein krummer Zivilist, der vermittelst des durchaus weiblichen Geräts
der Schreibmaschine am geschichtlichen Geschehen Anteil nimmt, kann in
beinah militärische Lagen geraten. Paul Tillich hat von New York her ein
Schützenfeuer auf mich eröffnet, und Karl Ludwig Schmidt hat ihm ein in
Deutschland verfügbares Gewehr dazu laden helfen. Das Gewehr ist, es geht
immerhin noch literarisch zu, ein gedruckter Brief. So nehm ich ein gleiches
Gewehr zur Hand. Ein gleiches: das heißt, die Modelle zeigen gewisse Kon-
struktionsunterschiede. Doch darüber mag sich der Leser selbst sein Urteil
bilden.

Ich habe meinen Antwortbrief an *Herrn Doktor Stapel* mir zu richten erlaubt. Ich muß hier etwas versuchen, was ihm so oft gelungen ist: der Abwehr
eines persönlichen Angriffs sachliche Bedeutung geben. Meine Auseinandersetzung mit Tillich steigt durch einige vorläufige Kampfesschichten empor zu
einer Abrechnung des volksgebundenen Geschichtsdenkens neuer deutscher
Geistigkeit mit der frei schwebenden kritischen Prophetie, die als eine Art Ge-
leitengel mit auf dem Zug des Marxismus durch Deutschland war und ihn
vergebens auf leidlich verantwortliche Bahnen zu lenken suchte.

Um dem Sachlichen das Übergewicht zu geben, hab ich eine *ökumenische
Zwiesprache* mit demjenigen ausländischen Theologen beigefügt, von dem ich
auf meinem Lebenswege die tiefsten Einwirkungen erfahren habe. Eduard
Geismar[2] zeigt eine uns merkwürdige, echt dänische Verbindung von tiefem
christlichem Ernst und lebendiger Volkhaftigkeit mit Elementen liberaler Geistigkeit. Meine Antwort auf seine Aufforderung an uns deutsche evangelische
Christen, mit dem nationalsozialistischen Staat einen Weltanschauungskampf
anzufangen, trifft wesentlich den dritten dieser in ihm mächtigen Faktoren
und hat dabei an den beiden ersten einen Bundesgenossen wider ihn selbst.
Das ist eine Lage, in der sich Entscheidungsfragen trefflich stellen ließen, und
ich habe selbst dabei hinzugelernt. So danke ich dem langjährigen Freunde E.
Geismar[2] für die Gelegenheit zu einem so spannungsreichen Waffengang.

Der letzte Teil der Schrift sind *drei* ausführliche *Thesenreihen.* Sie legen die
Voraussetzungen meiner Stellung gegen Tillich und gegenüber Geismar rein
aufbauend dar. Sie haben mir bei Schulungskursen und Vorträgen gedient,
und ich grüße mit ihnen meine Hörer.

Das ist nun ein Buch in Kampfeslage, und doch steht nichts vom Kirchenstreit in ihm drin. Für einen politischen Theologen − ich nehme die Bezeich-

nung meiner Gönner für mich auf – ist heute so viel angespannte Arbeit zu tun, daß er sich durchaus nicht langweilen wird, wenn der ganze kirchenpolitische Wirrwarr sein Ende gefunden hat.

Bußtag 1934.   Emanuel Hirsch.

Brief an Herrn Dr. Stapel[3]

Göttingen, den 16. November 1934.

Sehr verehrter und lieber Herr Doktor Stapel,
Sie haben mit dem Gegenstand dieses Sie gewiß überraschenden Briefs unmittelbar nichts zu tun. Ich möchte mich Ihnen gegenüber aussprechen über den Angriff, den *Paul Tillich*, bis 1933 Professor in Frankfurt am Main, jetzt Professor am *Union Theological Seminary* in New York, in den *Theologischen Blättern* des Karl Ludwig Schmidt, bis 1933 Professor in Bonn, Jahrgang 1934, Sp. 305ff. [S. 142–175], gegen mich gerichtet hat. Ich wähle dazu Sie als einen tapferen und verantwortungsbewußten deutschen Journalisten, mit dem ich seit Jahren in Gleichheit des Wollens für Deutschland und wider die Mächte von 1918 verbunden bin und der in seinem Kampfe schwerere und härtere Bedrängungen seiner Ehre hat erleiden müssen als ich. Mit Tillich selbst kann ich nicht mehr reden. Wer die Form eines Freundesbriefs gebraucht, um dem Gegner Unwahrhaftigkeit, Unlauterkeit in der Benutzung von fremdem Gedanken, theologischen Machiavellismus, höhere Bierbank und Verrat des Ewigen an ein Irdisches mit und ohne Klauseln nachzusagen, hat die Möglichkeit einer unmittelbaren Auseinandersetzung zerstört. Freundschaft unter deutschen Männern ruht auf Anerkennung der gegenseitigen Ehrenhaftigkeit und der Ebenbürtigkeit auf entscheidenden Lebensgebieten. Es bleibt nur eines für mich zu tun, pflichtmäßig dem Angriff gegenüber die Ehre zu wahren, deren ich als deutscher Lehrer und Schriftsteller bedarf: so sachlich wie nur möglich, und Sie und die Öffentlichkeit möglichst wenig mit der privaten Seite der Angelegenheit behelligend.
Es lebt in Tillich ein Zorn, der Zorn gegen die dem Nationalsozialismus hingegebene deutsche Geistigkeit, deren Repräsentant ich – durch meine nationale Haltung von je ihm sachlich ein Gegner – nun ihm durch mein Buch „Die gegenwärtige geistige Lage im Spiegel philosophischer und theologischer Besinnung", Göttingen 1934, geworden bin. Er sieht im Nationalsozialismus vielfach den, der den Marxismus geistig beraubt und ausgeplündert hat, um das so Angeeignete nun im Dienst seines eigenen Wollens zu mißbrauchen. Dies Exempel

rechnet er an mir durch, indem er mein Verhältnis zu dem christlich-religiös vertieften und zum Teil auch umgebildeten Marxismus mit demokratischer Korrektur, den er vertreten hat, einer Analyse unterwirft. So wird ein Vorurteil gegen politische Gegner, an das er ehrlich glaubt, an mir exekutiert. Ich habe alle entscheidenden Ideen bei ihm geraubt und dann nationalsozialistisch korrumpiert und umgebogen.

Wer eine solche Anklage wider einen seit Jahren hart und streng gegen sich arbeitenden Schriftsteller unternimmt, hat ihn auf Grund der Analyse von dessen ganzem schriftstellerischem Werk und gesamter geistiger Bildung und Struktur zu führen. Eine solche methodische Analyse ist unfehlbar, wenn sie ehrlich und unbefangen geschieht. Denn das Plagiatorische verrät sich immer als das Fremde und Störende. Statt dessen wird von Tillich gegen mich die Methode der zufälligen Entsprechungen und Anklänge angewandt, die bei Schriftstellern mit gemeinsamer Bildung und mit bei allem Gegensatz der Haltung verwandten Fragen sich von selbst ergeben. Das heißt, es wird ein Pamphlet geschrieben statt einer Analyse, ein Pamphlet, in dem weder der genetische noch der systematische Zusammenhang der Ideen des Bekämpften sichtbar wird. Da ich als Nationalist von Tillichs politischem Dogma aus gesehen als „bürgerlicher Reaktionär" einzuordnen bin (der Nationalsozialismus wird nach ihm angeblich von „reaktionären" kleinbürgerlichen und bäuerlichen Schichten getragen), so habe ich von mir aus eben nur das bisher gewußt und gedacht zu haben, was ein Individuum solcher Art nach dem dogmatischen Schema des christlich-religiösen Marxismus allein wissen und denken kann, und alles, was dazu nicht paßt und irgendwie als Ernst und Reife eines philosophisch durchdrungenen religiösen Geschichtsverständnisses erscheint, das muß unrechtmäßig angeeignet sein. So pflegen Parteipolitiker zu arbeiten, wenn sie zugleich Dogmatiker sind.

Ich will versuchen, Ihnen an ein paar Beispielen das Verfahren zu veranschaulichen, will aber dabei, um nicht im Polemischen stecken zu bleiben, einige Dinge sagen über die Genesis meiner eigenen geschichtsphilosophischen Haltung sowie über das Verhältnis geschichtlicher Bindung und religiöser Freiheit, das Tillich am deutschen Mann und Denker nicht verstanden hat und das entscheidend werden muß für die gegenwärtige politische Haltung des Christen.

1.

Das Dogma über mich enthält auch (und damit setze ich ein) den Satz, daß ich als ein Mann, dem in seinem politischen Denken und

Wollen immer deutsche Ehre und deutsche Freiheit die Mitte gewesen ist, nicht gerecht über andre Völker urteilen kann und meine Leser zu wahnsinnig dünkelhaftem Absprechen über Leistung und Arbeit fremder Völker erziehen muß. Dies Dogma wird folgendermaßen durchgeführt:

Tillich, Sp. 320 [siehe S. 164] Eine solche vom wissenschaftlichen Standpunkt unbedingt geforderte Bemühung hätte Dich weiter davor bewahrt, auslandsfeindliche Seitenhiebe im Stil der „höheren Bierbank" zu machen: (I) Daß die ausländische Philosophie wesentlich „untermenschlich-naturalistische Bestimmungen des letztlich Gültigen" gab, (2) daß der Kulturimperialismus eine „spezifisch welsche" Idee ist, (3) daß das „auktoritäre Regiment welsch" ist, (4) daß das außerdeutsche evangelische Christentum sich ohne das deutsche aus eigener Kraft nicht evangelisch erhalten könne, ganz zu schweigen von Deinen Urteilen über Rußland ...

Also, was habe ich wirklich gesagt? Ich gebe nach den von mir beigesetzten Ziffern den genauen Wortlaut mit dem sinnbestimmenden Zusammenhang:

1. S. 15: „Von dieser Sphinx des Historismus ist das deutsche philosophische Denken des Vorkriegsalters verzaubert worden. Mit ihr haben die kräftigern Geister gerungen, aus ihrer Bannmeile herauszubrechen in die Metahistorik. Höchstens scheinbar, in einem formalistischen oder künstlich sich naiv machenden Denken ist es gelungen, und bindende und bewahrende Kraft ist davon nicht ausgegangen. Und doch ist das deutsche Philosophieren mit der Aufdeckung dieses Fragmals noch tiefer gewesen als der wirksame Strom des ausländischen, welcher durch eine naturalistische oder positivistische Metahistorik, d. i. durch zuletzt untermenschliche Bestimmungen des letztlich Giltigen, die Erschütterung vom Historismus her umging."

2. S. 50 entwickle ich die Idee der wahren Völkergemeinschaft, die auf einem freien Sichverstehen in der bewahrten geistigen Eigenart der einzelnen volkhaften Lebens- und Geistesverfassungen beruht, und fahre fort: „Nur auf diesem Wege auch können wir für unsre deutsche Wende eine auf andre Volkstümer übergreifende Geschichtsmächtigkeit erhoffen. Die welsche Idee eines Kulturimperialismus hat uns Deutschen immer ferne gelegen und liegt uns auch heute ferne. Die Verantwortung aber für Gemeinsamkeit im Verstehen und Erfüllen humaner Existenz, das gerade durch Verstehen und Erfüllen des eignen volkhaft-staatlichen Nomos hindurch sich vollbringt, ist in uns lebendig ..."

3. S. 64: „Daß je eine rein autoritäre Herrschaft alten Stils sich entwickeln wird, die nicht mehr in dem Werben um Vertrauen hier, im Geben des Vertrauens dort Seele und Geschichtsmächtigkeit hätte, ist unwahrscheinlich. Es ist schon früher gesagt, daß wir unsern Führungsstaat nach dieser Seite hin als germanisch empfinden und meinen, er sei in den großen geschichtlichen Stunden unsers Volks immer so ähnlich durchgebrochen. Je-

denfalls aber gilt uns das im hergebrachten Sinne autoritäre Regiment als welsch."

4. S. 134: „... es gibt echtes außerdeutsches evangelisches Christentum, aber das würde sich, stürzte das deutsche, auf die Dauer schwerlich aus eigner Kraft in der reformatorischen Art behaupten."

Ich erläutere. Bei den ersten zwei Ziffern stimmen Tillichs Anführungsstriche nicht, bei der dritten nur scheinbar. Nicht einmal diese erste Regel wissenschaftlichen Kampfes ist gewahrt. An der *ersten* Stelle wird eine Aussage über den wirksamen Strom des ausländischen Philosophierens im letzten Vorkriegsalter verwandelt in eine Aussage über die ausländische Philosophie schlechthin: der Leser muß verstehen, daß ich das Wesen des ausländischen Philosophierens im Gegensatz zum deutschen mit „untermenschlich-naturalistisch" bezeichnen will. Dabei wird dem Worte „untermenschlich" durch Herauslösung aus dem Zusammenhang ein Sinn eingelegt, den es bei mir nicht hat. Während es bei mir heißt ‚aus der naturwissenschaftlich-mathematischen Begrifflichkeit genommen, nicht aus dem eigentlich menschlichen Leben‘, muß der Leser bei Tillich mindestens an den *materialismus crassus* denken, vielleicht an Schlimmeres. Gleichzeitig wird die Beziehung auf das historistische Problem und den Versuch, eine Metahistorik zu bauen, weggestrichen, und mein einschränkendes „zuletzt", das darauf hinweist, daß es sich um eine – *notabene* von Dilthey festgestellte – kritische Analyse, nicht um eine Angabe der Absicht des ausländischen Philosophierens handelt, unterschlagen. Endlich wird verschwiegen, daß ich im Zusammenhang hart und streng vom Versagen der deutschen Philosophie am gleichen Fragmal gesprochen habe. So entsteht künstlich zurechtgemacht eine Beleidigung des ausländischen Philosophierens durch einen Vertreter neuer deutscher Geistigkeit, während bei mir eine seit Dilthey anerkannte Tatsache der neueren Philosophiegeschichte erwähnt wird.

Beim *zweiten* Zitat hat Tillich freundlich ein „spezifisch" hinzugesetzt, das bei mir nicht steht, und den Sinnzusammenhang gestrichen. Es widerspricht seinem dogmatischen Bilde von einem leidenschaftlich national empfindenden Deutschen, daß dieser für Völkergemeinschaft irgendeinen Sinn haben könnte. Also hab ich das nicht gesagt, und also muß er sogar an andrer Stelle (Sp. 322f.) [siehe S. 167 f.] das Gegenteil insinuieren, als ob ich Deutschland ins Schneckenhaus zu sperren die Absicht geäußert hätte. In meinem Zusammenhang ist klar, daß ich die bewußt deutsche und nationalsozialistische Idee, daß nur aus der freien Entfaltung eines artgemäßen Nomos in jedem Volke wahrhafte Völkergemeinschaft wachsen könne, gegen den von westlichen Völkern propagierten Gedanken, Völkergemeinschaft beruhe auf internationaler Kultur, abzugrenzen suche. Daß der französische Imperialismus Kulturimperialismus sein will, ist eine unbestrittene Tatsache.

Beim *dritten* Zitat ist die subjektive Form der Aussage in die objektive verkehrt und durch Streichung des charakterisierenden Beisatzes „im hergebrachten Sinne", nämlich in dem Sinne des autokratischen „*L'état c'est moi*", mir eine lächerliche Sinnlosigkeit zugeschrieben worden. Daß ich als Bejaher eines in einem neuen Sinne autoritären Führungsstaats mich nicht schlechtweg gegen jedes autoritäre Regiment wenden kann, sondern nur gegen das eines Ludwig XIV. oder Napoleon, ist klar. Durch die Verkürzung und Herauslösung ist der Sinn meiner Aussage, das germanische Volkskönigtum, das von dem Bund freier Männer getragen ist, gegen das absolute Fürstentum, das von Frankreich her nach Deutschland gekommen ist, abzugrenzen, nicht mehr erkennbar.

Bei der *vierten* Stelle ist ein „schwerlich auf die Dauer" in ein „nicht" verwandelt worden und die Spitze des Gedankens, die auf die reformatorische Art ging, nicht auf ein allgemeines Evangelischsein, abgebrochen worden. Außerdem ist für Tillichs Leser die Beziehung auf die Folgen eines etwaigen Sturzes des deutschen evangelischen Christentums verwandelt in die andre auf das Fehlen des Beistands des deutschen evangelischen Christentums. Tillich als geübter Denker weiß, was bei einem Gedanken die Modalität und die Abstimmung und die nähere Beziehung bedeutet. Er weiß darum auch, was er einem Denker antut, wenn er da variiert.

Von ähnlicher, in den Zitaten ungenauer und in der Wiedergabe des geistigen Bildes verfälschender Haltung ist Tillichs Bericht überall durchzogen. So sagt er mir z. B. [S. 151] nach, daß ich seine These von der Identität von Theologie und theonomer Philosophie aufgenommen habe. Das ist nicht richtig: ich halte diese These nach wie vor für falsch. Ich habe S. 76 [in Gw. g. Lage ...] gesagt, daß eine *bewußt christliche* Philosophie und die Theologie das gleiche Telos haben und nur nach der Abzweckung ihres Dienstes unterschieden werden. Das ist für mich etwas andres. Ebenso ist es einfach unrichtig, daß ich (Tillich, Sp. 311) [siehe S. 151] die Anwendung der Rechtfertigung auf das Denken bisher immer abgelehnt und jetzt von ihm übernommen habe. Die Rechtfertigung des Denkens, d. h. daß mein Denken und Lehren nur unter der Vergebung der Sünden gilt, ist von meiner Studentenzeit her mir selbstverständlich. Die Folgen für den Begriff der theologischen Wahrheit habe ich z. B. 1930/31 in meiner Studie über den evangelischen Glauben[4] entwickelt. Abgelehnt habe ich immer und lehne noch heute ab die Tillichsche Benutzung dieses Gedankens zur Auflösung der Rechtfertigungstat Gottes in Dialektik. Und so weiter und so weiter *in infinitum*. Noch ein Beispiel. [S. 155 f.] sagt Tillich mir nach, ich hätte mich in meinem Buche gerühmt, den Staat von 1918 bis 1932 „ausgehöhlt" zu haben. Das von ihm in Anführungsstriche gesetzte Wort kommt wohl bei Barth, aber nicht bei mir vor. Ich habe mich nie in der ekelhaften Tätigkeit des Bohrwurms gefühlt. Ich habe (vgl. S. 117 f.) gegen den damaligen Staat gekämpft, indem ich ihm die Vollmacht, deutsches Leben und deutschen Geist zu gestalten, die er durch seine Gesinnungslosigkeit in den Abgrund riß, nach Kräften zu entwinden suchte. Ich habe das getan, indem ich von der Pflicht des Staats, als Vollstrecker der verborgnen Souveränität des Volks (dies als Geschichtsmacht genommen) Befehl und Zucht zu üben und Opfer für das Ganze des Volks auf seine Glieder zu legen, ernsthaft lehrte. Daß er ein Staat war, so lumpig, daß man ihn durch Lehren vom rechten Tun des Staats bekämpfte, das rechtfertigt nicht die Anwendung des Worts „Aushöhlung", noch dazu so, daß es als Selbstbezeichnung erscheint. Die Insinuation, als ob ich derart damals irgendwie Werkzeug kapitalistischer Mächte gewesen sei, kann ich ablehnen. Die Forderung in „Deutschlands Schicksal"[5] 1920 hinsichtlich der Geltendmachung eines staatlichen Obereigentums als Schutz gegen den Eigennutz des sich nicht durchs Volk gebunden wissenden Eigentümers, überhaupt meine ganze Haltung in der damals sogenannten sozialen Frage, ist ausgeprägt antikapitalistisch gewesen. Aber man muß mich freilich gelesen haben, um das zu wissen, und nicht nach einem Dogma von einem nationalistischen Reaktionär dergleichen *a priori* feststellen.

2.

Am wunderlichsten ist die Macht des religiös-marxistischen Dogmas vom nationalistischen Reaktionär über Tillich doch in der Beurteilung meines Buchs als eines heimlich machiavellistischen Plagiats, ohne das ich zu einer echten geschichtlichen Schau nicht fähig gewesen wäre. Er muß nämlich abstrakt eine ganze Menge von meinem Bildungsgang wissen. Er weiß, daß ich jahrelang, genau so gut wie er und genau so gut in selbständiger, nie rastender Aneignung lernend wie er, mit Kant, Fichte und Hegel umgegangen bin. Er weiß, daß mich dabei von Anfang an die zwei für heute entscheidenden Fragekreise gefesselt haben, das Ringen mit den Grenzfragen von

Erkenntnistheorie und Religionsphilosophie und die ganze gigantische geschichtsphilosophische Leistung dieser Männer. Er weiß, daß ich über die idealistische Gottes- und Erkenntnislehre und über die idealistische Geschichtsphilosophie nun schon zwanzig Jahre lang teils historische, teils kritisch weiterdenkende Schriften und Aufsätze in den Druck gegeben habe. Er weiß, daß ich durch die skeptische Erschütterung Nietzsches und des Diltheyschen Historismus hindurchgegangen bin und über Nietzsche, zu dem ich als einem Großen stets im Verhältnis antipathetischer Ergriffenheit und abstoßender Bewunderung gestanden bin, auch geschrieben habe. Er weiß, daß ich mit einem der größten religiösen Kritiker und Analytiker unsrer modernen Kultur, Kierkegaard, ein Jahrzehnt umgegangen bin und über ihn ein fast 1000 Seiten starkes Lebenswerk verfaßt habe.[6] Er kann aus Begegnungen wissen, daß ich Spengler, bei aller intensiven Abneigung, mit der ich diesem irreligiösen Geist gegenüberstand, die Erschließung des Blicks für die moderne Kulturkrise und die Ausweitung meiner geistigen Schau von der Diltheyschen Analyse des abendländischen Geistes zum Wissen um das Wachsen und Vergehen der Kulturen verdanke[6a]. Er mußte wiegen und wägen, an Hand der hinterlassenen Spuren dieses Kampfes in meinen Schriften, was all das für einen gläubigen deutschen Lutheraner bedeutete und an ihm formte, und was damit an gemeinsamem Erbgut deutscher Geistigkeit in mein Denken ebenso lebendig einging wie in seines. Dann konnte er die Frage stellen, was diesen gemeinsamen Meistern gegenüber an seinem eignen christlich-religiös vertieften und ausgeweiteten Marxismus wirklich Neues und Eigentümliches war, und was er daher, wenn es bei mir wiederkehrte, als sein Eigentum in Anspruch nehmen konnte. Statt dessen hat er hier einfach das – von ihm noch heute verteidigte – widerwärtige Schema des ökonomischen Materialismus angewandt. Alles was seinem Bilde von der bürgerlichen Ideologie des politisch versklavten Luthertums widerspricht, habe ich zur Rechtfertigung nationalsozialistischer Geistigkeit sekundär und unecht übernommen, und sollten es selbst solche uns beiden schon in der Studienzeit selbstverständlichen Dinge sein wie daß das evangelische Christentum das gegen sich selber kritische Christentum ist. Ich wähle als Beispiel diejenige Bemerkung, die als relativ sorgfältigste und gewissenhafteste des ganzen Aufsatzes gelten muß:

Tillich, Sp. 308 [siehe S. 145 f.] „Bei der Einführung des Begriffs der Grenze hast Du selbst das Gefühl, seine Übernahme aus älteren Lehren rechtfertigen zu müssen. Wenn Du es aber so tust, daß Du behauptest, für Dich wäre ‚heilige Mitte‘, was früher unendlich hinausschiebbare Beschränkung gewesen wäre, so trifft das jedenfalls für die Lehre von der Grenzsituation, wie sie von Jaspers und mir entwickelt ist, nicht nur nicht zu, sondern dreht den Tatbestand geradezu um: Und das muß Dir selbst bewußt gewesen sein, als Du von der bürgerlichen Haltung schriebst: ‚Sie sieht nur die eine Seite, das Ja, sie kennt ihn (Gott) nur als Grund, nicht als Grenze, sie bleibt in bürgerlicher Religiosität. Das die Welt vor Gott in Frage stellende unbedingte Gericht ist ihr ... ein anstößiger Gedanke.‘ Diese Sätze beweisen, daß Deine heilige Grenze eine Übersetzung des ‚Abgrundes‘ in der Formel ‚Grund und Abgrund‘ ist, daß also Deine Grenze als ‚heilige Mitte, die zugleich tragend und unbedingt richtend ist‘, genau das wiedergibt, was wir (= die religiösen Marxisten) in schwerem Kampf dem bürgerlichen Neukantianismus abgerungen hatten. – Vollends deutlich wird das durch die hier plötzlich und einmalig auftretende soziologische Bezugnahme auf die bürgerliche Gesellschaft, die Du in vollem Einklang mit der religiös-sozialistischen Kritik als Trägerin einer Religiosität ohne Abgrunderlebnis und Grenzsituation kennzeichnest.“

Ehe ich zur Sache gehe, einige kleine Bemerkungen. Der Begriff „bürgerliche Gesellschaft“ kommt bei mir nicht vor. Die „bürgerliche Religiosität“ (für die ich gleich darauf „Bildungsreligion“ sage) ist ein ohne jede soziologische Perspektive gebrauchtes Zufallswort, und die Stelle, in der es vorkommt und die Tillich als charakteristisch für meine Einführung des Begriffs der Grenze zitiert, steht nicht in der bogenlangen Entwicklung und Entfaltung des Begriffs der Grenze im eigentlichen Buche, sondern in einem hinten angehängten älteren Aufsatze volkstümlicher Prägung, den ich als kleines Hilfsmittel für Ungeübte geglättet und ergänzt meinem Buche als Anlage beigegeben habe. Als entscheidendes Beispiel für die die Grenze verfehlende Religiosität stelle ich dagegen in immer neuen Wendungen nicht die bürgerliche Religion, sondern den Rückfall in vorchristliche Volksreligion dar (z. B. S. 42) [Gw. g. Lage ...] und hieran wären, soweit man meine Aussagen am Gegenbegriff messen wollte, die Beobachtungen zu knüpfen gewesen. All das *kann* Tillich nicht übersehen haben. Schlimmer noch ist die Unrichtigkeit mit Jaspers, die Tillich unterlaufen ist und die ein kleines Stück weiter [S. 147] noch dadurch unterstrichen wird, daß mir der Vorwurf einer Verschweigung des Namens gemacht wird. (Ich nenne, worauf ich aufmerksam mache, um der unbefangenen kritischen Analyse der Lage willen im ganzen Buch keinen Lebenden mit Namen, ich mache die Namen nur dem Kundigen indirekt kenntlich, und ich habe bei der Einführung der Existentialphilosophie Jaspers genau so gut dem Kundigen sichtbar gemacht wie Heidegger.) Tillich tut so, als ob ich durch eine unwahre Abgrenzung gegen falsches Verständnis der Grenze Jaspers (und ihm) unrecht tue und so durch Verhüllung verrate, daß mein Raub „bewußt" ist. Aber das von mir kritisch gekennzeichnete, falsche Verständnis der Grenze – meine Kennzeichnung S. 32 ff. [Gw. g. Lage ...] ist schlecht genug wiedergegeben – wird von mir ausdrücklich auf den Idealismus und Positivismus des 19. Jahrhunderts bezogen mit dem Vorbehalt, daß einzelne Persönlichkeiten andrer Haltung als Gegenspieler vorhanden gewesen seien (S. 33) [Gw. g. Lage ...]. Und die Existentialphilosophie, zu der Kierkegaard Heidegger und Jaspers hingezwungen hat, wird an andrer Stelle (S. 45) [Gw. g. Lage ...] gerade als der echte Durchbruch des Bewußtseins der Grenze in der Philosophie dem neuen deutschen Geschichtsalter zugeordnet. Daß ich die Existentialphilosophie nicht vorher beim Schildern des reellen geschichtlichen Umbruchs nenne, erkläre ich S. 33, [Gw. g. Lage ...] ausdrücklich damit, daß solch Grenzbewußtsein nicht Erzeugnis philosophischer Reflexion ist. – Ich habe zum Überfluß mit keiner Silbe geltend gemacht, was ich der Wahrheit gemäß wohl hätte tun können, daß der existential-philosophische Durchbruch, von eben diesem Kierkegaard erzwungen und vollendet, in meinem eignen Denken durchaus auf eigne Weise erfolgt sei. Mein erster Versuch in existentiellem Denken ist der Aufsatz über „Das Gericht Gottes" von 1922[6b]. Kurz: Was Tillich mir hier angetan hat, kommt in seiner Wirkung auf den Leser einer Verleumdung gleich.

Nach diesem Vorspiel komme ich auf das, was sachlich zu sagen ist. Mit dem Begriff der *Grenze* hat Tillich wenigstens – wenn ich auch das von ihm zitierte Wort von der „heiligen Mitte" trotz langem Suchen bei mir nicht wiedergefunden habe und mich irgend etwas sprachlich dem Zusammenhang nach daran fremdet – an das gerührt, was tatsächlich die Mitte meiner Geschichtsansicht ist (und nicht, wie er zu meinen scheint, der Begriff der Stunde). An diesem Begriff habe ich die für mein ganzes Wirklichkeitsverständnis entscheidende Bestimmung Gottes als des *„Herrn der Geschichte"* erläutert. (Ich will bei dieser Gelegenheit, weil ich sie so gut gewiß nicht wieder kriege, Karl Barth mein Kompliment machen: er hat, was er auch an mir zu karikieren liebt, den richtigen Sachverhalt gerochen, daß mit dem Worte „Herr der Geschichte" das gesagt ist, was er angreifen muß, wenn er zentral angreifen will; ich kann aber Tillich als Denker kein Kompliment machen, wenn er – obwohl ihm Barths Leugnung des religiösen Grundes der Geschichte immerhin widerwärtiger sein muß als mein „Herr der Geschichte" – eben diesen Barth dann aus politischen Gründen als Bundesgenossen wider mich nimmt.) An dem Begriff der Grenze habe ich die für den deutschen Aufbruch charakteristische Verknüpfung von neu lebendig werdender verantwortungsgeladener

religiöser Erschlossenheit und harter Bindung an den irdischen volkhaft-staatlichen *Nomos* mit seinen erdenschweren biologischen Voraussetzungen zu verstehen gesucht als eine echte innerliche Einheit
voller Tiefe und Paradoxie. Durch die Bestimmung vom Begriff der
Grenze her bekommt die an Ihren Fund, Herr Dr. Stapel – ich habe
Ihnen noch nie *expressis verbis* gedankt, und Sie haben es mir nicht
übel genommen –, anknüpfende Nomoslehre[7] bei mir die für mich
und meine Geschichtsansicht kennzeichnende Prägung. (Daß bei mir
die Nomoslehre Ihnen gegenüber Weiterbildungen erfährt, haben Sie
selbst irgendwo bemerkt.) Der Begriff der Grenze, der mir dies alles
leistet, schwebt in dem ineinander geketteten Doppelsinn von *einerseits*
der geschichtlichen Wirklichkeit, die nach ihrer schlechthin gegebenen
Besonderheit und ihrer zu Dienst rufenden Macht die Vernunft und
Freiheit grenzt und bindet, und *andernseits* der unendlichen göttlichen
Hoheit und Gewalt, die als das verborgne Geheimnis jenseits des geschichtlichen Lebens das vergängliche geschichtliche Leben erschüttert und verzehrt mit der Macht des Ewigen, indem sie es grenzend
bewahrt. Ich habe für dies Geheimnis des geschichtlichen Lebens die
Formel gebraucht, daß der geschichtliche *Horos* und der heilige *Horos*
zugleich miteinander gespannt und das gleiche sind. Ist das nun ein
eigengeprägter oder ein entlehnter Begriff? Das ist die Frage, über die
ich mich selbst angesichts von Tillichs Angriff zu prüfen habe.

Das Wort „Grenze" ist mir, wie jedem, dem es zum entscheidenden
Zeichen der unergründlichen dialektischen Doppelbeziehung des Zeitlichen und des Ewigen und damit des Geheimnisses in der notvollen
Tiefe geschichtlicher Existenz geläufig ist, zuteil geworden aus jahre-
langem Umgang mit der kantisch-fichtischen Philosophie. Es hat mich
entscheidend getroffen und ist mir unverlierbares Eigentum geworden, als ich mit seiner Hilfe die über den Idealismus hinausgreifende
tiefe Genesis der fichteschen Gotteslehre begriff. Ich gebe den noch
unreifen Ausdruck aus meiner Promotionsschrift von 1913/14 Fichtes Religionsphilosophie, S. 82:

> Das Wissen ist für sich, es versteht und durchdringt sich bis an sein Ende,
> also fällt auch – es ist eigentlich schon gesagt – seine Grenze, sein Nichtsein
> in seinen Horizont. Oder: das Wissen sieht seinen Ursprung, der Ursprung
> aber kann nicht gesehen werden, ohne daß das Nichtsein des Entspringenden
> mitgesehen würde, und so stehen wir wieder vor dem Nichtsein des Wissens.
> Das Nichtsein des Wissens aber ist – das Sein (= das Absolute).

Wenn man bedenkt, daß Wissen in diesem fichteschen Sinne das
Ganze des menschlich-geschichtlichen Lebens nach seiner Wurzel ist
und daß die so abstrakt zusammengefaßte Genesis des Gottesbegriffs

ja unter der konkreten Grenze des „Wissens" die dem Begreifen widerstehende und der Pflicht rufende Unergründlichkeit des besonderen Gegebenen versteht, dann wird man auch als philosophischer Laie die Verwandtschaft mit meinem Begriff der Grenze einsehen. Was mich von Fichte scheidet und von je geschieden hat, ist dies, daß er unter dem Wahn des Systemgedankens mit der durch seinen eignen Ansatz geforderten Majestät Gottes, die allein als eine die Grenze setzende Verborgenheit die Geschichte mit ihrer Gegenwart und ihrem Leben füllt, in seiner Geschichtsphilosophie nicht ernst gemacht hat. Er läßt also den verstehenden Begriff dann doch des Ganzen der Geschichte mächtig werden. Demgegenüber haben in mir zwei sehr entgegengesetzte Potenzen, die Macht des lutherischen Schöpferglaubens und die skeptische Erschütterung durch Nietzsche und Dilthey, zusammengewirkt, und ich habe um eine Geschichtsansicht gerungen, in der das verborgene Geheimnis des lebendigen Gottes zugleich als sinngebende und sinnverschließende Macht über und am menschlich-geschichtlichen Leben verstanden wurde. So ist mir 1920 die Geschichtsansicht von „Deutschlands Schicksal" als Mitte zwischen idealistischer und positivistischer sowie zwischen skeptischer und absoluter Geschichtsansicht entstanden. Sehe ich ab von den begrifflichen Mängeln dieses meines ersten Versuchs im selber gestaltenden Denken, so habe ich heut und schon seit längerem daran auszusetzen, daß ich damals die lutherische Lehre vom Gesetz noch nicht bis auf den Grund verstanden hatte, das heißt noch nicht so verstanden hatte, daß sie mein Denken ganz durchformen konnte. Das hat dann *lebens*mäßig das Elend und der Jammer der Jahre, da der Marxismus in Deutschland sich breit machte und ich unter der Last der Schande meines Volkes ging, und *reflexions*mäßig die Zuchtrute Sören Kierkegaards nachgeholt. An meiner skizzenhaften „Grundlegung einer christlichen Geschichtsphilosophie" von 1925[8] ist die Gebrochenheit und Tiefe der lutherischen Geschichtsbetrachtung schon zu spüren. Ich brauche nun nur noch hinzuzufügen, was die nationalsozialistische Befreiung mir geschenkt hat an neuem Mut, die Lähmung zu überwinden und einen Wurf im Denken zu wagen, und was sie mir gebracht hat an aus religiöser Tiefe hervorbrechender scharfer Erkenntnis des erdharten Nomos, dann hat man die geistigen Voraussetzungen meines neuen Buchs und seines Begriffs der Grenze beieinander. Nur das ist noch hinzuzufügen, daß die Grunderkenntnis vom menschlich-geschichtlichen Leben in der Lage von 1933 nicht mehr als Lehre eines Theologen hinein in eine anders denkende Umgebung, sondern als Deutung eines sich an uns allen vollbringenden geheimnisvollen Geschehens gegeben werden durfte. Es hat 1933 mir *Gegenwart* zu werden begonnen, was bis dahin mir nur im *Warten* und Glauben des *Kampfes* da war.

Nun weiß ich wohl, daß in Tillichs „Grund und Abgrund" tatsächlich nach der Seite der religiösen Dialektik hin mir verwandte Erkenntnisse über die religiöse Tiefe des menschlich-geschichtlichen Lebens stecken. Ich würde ihm eine innere Beziehung zu meinem Begriff der Grenze gerne zugeben können. Aber, woher kommt das? Daraus, daß er wie ich in dem idealistischen Denken über die Geschichte seinen Ausgangspunkt hat und daß er dies idealistische Denken genau an dem gleichen Punkte wie ich, an seiner falschen Unbedingtsetzung, hat zerbrechen müssen unter dem Eindruck sowohl der skeptischen und historistischen Krise des Wahrheitsbewußtseins wie dessen, was diese Krise über die wahre Tiefe menschlichen Daseins eindringlich machte. Es ist dennoch kein Zufall, daß er es so anders gewendet hat als ich. Denn er ist von dem mich immer abstoßenden spätschellingischen Denken her auf seinen Weg gekommen. Er hat so nicht das kindlich-einfältige Verhältnis zum lutherischen Schöpfungsglauben gehabt, das mich in jeder Krise des Geistes gehalten hat, und war es noch so dunkel um mich. Er hat so ferner auch nicht die Herbigkeit gehabt, die mich immer in einem Gesetz der Wirklichkeit die verpflichtende Bindung meines geschichtlichen Daseins finden ließ vor aller prophetischen oder sonstigen Schau. Darum ist auch jetzt die Beziehung zwischen seiner und meiner Geschichtsansicht auf das in beiden schwingende abstrakt-dialektische Verhältnis von Zeitlichem und Ewigem, von Erschüttert- und Begnadetwerden begrenzt, und er muß das, was wesentlich für mich zum Bewußtsein der Grenze hinzugehört, die Bindung an den Nomos in seiner bestimmten erdhaften Gestalt, so wie er ist, ablehnen. Er hat meinen Begriff der Grenze gar nicht scharf und bis ins Letzte gesehen, als er ihn für sich (und Jaspers) reklamierte. Darum wird auf ihn auch keinen Eindruck machen, wenn ich sage: es soll ja gar nicht *„mein"* Begriff der Grenze sein, es soll ja der Begriff des jetzt an uns Deutschen in der Tiefe geschichtlich Geschehenden sein.

Was hat denn bei diesem so einfachen Tatbestande Tillich, der doch ein ehrlicher Mann ist, zu seiner wüsten Entgleisung gegen mich gebracht? Die Antwort ist schon gegeben. Er hat mich als national sich gebunden wissenden Mann unter dem Dogma gesehen, daß ein Nationalist von dem heiligen Horos, der versehrt, von der Todesgrenze des Religiösen, wesentlich nichts weiß. Nun, wo er eine Schrift von mir richtig gelesen hat, sieht er, daß dies Dogma irgendwie nicht stimmt, daß ich Dinge, die er dem religiösen Marxismus vorbehalten glaubte, gewissermaßen auch weiß. Flugs ist sein Urteil fertig: Plagiat. Und flugs setzt er sich hin und schreibt mit hastender Feder den törichten Aufsatz zusammen. Ich hoffe, Herr Doktor, Sie werden spüren, daß das angesichts des Tatbestandes keine inhumane Erklärung ist.

Ich kann das gleiche nun nicht überall durchrechnen. Was die Rolle der Autonomie und Theonomie in meinem Verständnis der deutschen Geschichtswende betrifft, so will ich jetzt nicht lange klarmachen, daß darin auch für Tillich fremde Züge geistesgeschichtlicher Schau stecken (er weiß es selbst). Ich will nur erinnern, daß hier ein großes idealistisches Erbe zu uns beiden gemeinsam gekommen ist. Die idealistische Geschichtsphilosophie baut die Konstruktion der Geschichte auf die Dialektik zwischen Sein und Freiheit und führt das durch in einer bewußten Ineinanderschau des Politischen und Religiösen. Der Bahnbrecher der idealistischen Geschichtsphilosophie, Fichte, dessen Geschichtsdenken ich in meiner 1920 gedruckten Habilitationsschrift[9] von 1914 dargestellt habe, spitzt das in seiner Reifezeit so zu, daß das Ringen zwischen Verstand und Glaube, das heißt Autonomie und Theonomie, den Rhythmus des geschichtlichen Geschehens und *die Gliederung der Zeitalter* hergibt. Ich habe Tillich hier nie anders gesehen denn als einen Schüler und Nachfolger meines philosophischen Lehrers Fichte. Ich habe sogar gefunden, daß er hier bei aller Weiterbildung noch zu sehr an idealistischen Konstruktionen hangen geblieben ist, und sehe den Gegensatz zwischen ihm und mir hier in der Richtung, daß meine Geschichtsschau, auch wo sie das Treffende an der idealistischen Geschichtserkenntnis aufnimmt, schärfer als die von Tillich sich abgrenzt gegen die gemeinsamen ursprünglichen Lehrer. (Das ist Sache der Haltung und hat mit der Frage, wer von beiden mehr Geist gezeigt hat, nichts zu tun.)

3.

Nun muß ich endlich auf denjenigen Begriff kommen, der bei dem Angriff auf mich im Mittelpunkte steht, den des *Kairos*. Tillich sieht in der Nichtübernahme des Stichworts eine gewollte Verdunkelung des Tatbestandes, daß ich ganz in den Kategorien der Kairoslehre denke. Er weist auf die bei mir eine entscheidende Stelle einnehmenden Worte „Stunde", „Augenblick", „Aufbruch" hin, weist darauf hin, daß ich in der Stunde eine Forderung höre, der wir in Theologie und Kirche erschlossen sein sollen, einen verpflichtenden Ruf durch den Herrn der Geschichte. Er hätte mit gleichem Recht oder Unrecht hinzufügen können, daß ich von einer „Geschichtswende" spreche, und tut dies indirekt dadurch, daß er zeigt, wie ich die deutsche Geschichtswende als Umbruch zweier Zeitalter zu verstehen suche, was nach ihm gleichfalls Privileg der religiös-marxistischen Kairoslehre ist. Ich brauche hier nun nicht die bisherige penible Methode einer genauen Untersuchung seiner Wiedergaben meiner Aussagen anzuwenden. Erstens bin ich es ebenso leid, davon zu schreiben, wie Sie, Herr Doktor, davon zu lesen, und zweitens hat er hier – bei der scharfen Abweichung, die gerade hier unser beider Begrifflichkeit zeigt, sehr, sehr begreiflich – im ganzen großzügiger den Beweis zu führen gesucht als in den bisher berührten Teilen seiner Aussagen.

Vielleicht darf ich im voraus feststellen, daß die Worte Stunde, Umbruch, Aufbruch, Augenblick, Geschichtswende zu den Selbstaussagen des deutschen Geschehens von 1933 gehören. Ich habe ihre Anwendung auf den politischen Sieg der nationalsozialistischen Bewegung und Weltanschauung mir nicht ausgedacht, ich habe diese Anwendung als Bestandteil des geschichtlichen Ereignisses selber vorgefunden und habe sie nur in zusammenhängender Denkrechenschaft zu verstehen gesucht. Das Plagiat an der Philosophie des Kairos müßte also von der Göttin der Geschichte selbst begangen worden sein. Und auch das, daß die Geschichtswende zugleich als politischer wie als religiös-weltanschaulicher Umbruch sich darstellt, gehört der Wirklichkeit an, hat sich in vieler Mund gleichartig ausgesprochen und ist keineswegs meine Erfindung. Meine Verantwortung liegt allein darin, daß ich mit dem Anspruch strenger und wahrhaftiger geistiger Rechenschaft ein ausdeutendes, nachverstehendes Ja zu dieser Selbstauffassung der Bewegung entwickle. Ich befinde mich insofern mit dem Buche gar nicht in dem Raum, in dem geistige Urheberrechte ausgefochten werden. (Dieser Bemerkung liegt ein wesentlicher Gegensatz in Tillichs und meiner geistigen Haltung zugrunde, ein Gegensatz, um den er irgendwie ahnend ist, wenn er ihn auch nicht richtig auszudrücken vermag.)

Aber es sei. Ich habe natürlich bei dem deutenden Nachverstehen des deutschen Geschehens von 1933 meinen ganzen religiösen, geistigen und dialektischen Besitz mit hinzugebracht, und insofern ist mein Buch als geistige Haltung und als Denkleistung, nach Inhalt und nach Form, eine persönliche Angelegenheit, für deren Echtheit und Eigenständigkeit ich zur Rechenschaft gezogen werden darf und bei der die Frage nach Entlehnungen aus der Kairoslehre methodisch zulässig ist. Muß ich nun wirklich unter diesem Gesichtspunkte erst noch darlegen, daß die Begriffe „Stunde", „Augenblick", „Geschichtswende",

„Entscheidung", „Tat", „gegenwärtige geschichtliche Forderung" (auch Pflicht, Aufgabe, Ruf usw.) zu dem eisernen Bestand meines Geschichtsdenkens gehören, seitdem ich als Schriftsteller hervorgetreten bin? Die meisten von ihnen kommen schon in der Einleitung und dem ersten Kapitel von „Deutschlands Schicksal" 1920 vor. Was in ihnen an Berührungen mit der Kairoslehre steckt, das ist Erbgut aus der die Geschichte verstehenden Philosophie, bei der Tillich und ich gemeinsam als Schüler das ABC des Denkens gelernt haben. Ich bin insofern mit meinem Geschichtsdenken, wie Karl Barth spöttisch festgestellt hat, ganz unverbesserlich derselbe geblieben, und meine Rede ist persönlich legitim. Nur ein Wort dürfte bei mir neu sein, eines, das nicht von Tillich geprägt ist, sondern aus der Jugendbewegung stammt, das Wort „Aufbruch". Es ist in meinen Begriffsschatz etwa um die Zeit hineingekommen, da die echt deutschen Kämpfer mit dem Volksbegehren gegen den Youngplan die Kampfesansage auf Tod und Leben wider den Geist von 1918 ins Volk riefen. Seitdem war für mich das deutsche Volk im Aufbruche heraus aus der Selbstentfremdung des damaligen politischen Systems, das die Kairoslehre religiös und geistig zu vertiefen und damit zu retten unternahm.

Eine Sonderstellung nimmt unter den von Tillich reklamierten Begriffen allein der des Dämonischen ein. Er ist mir in der Ausweitung auf das geschichtliche Leben, auf die Mächte, die das Schicksal des Ganzen bestimmen, ursprünglich fremd. Ich bin ausgegangen von dem tiefen und reichen Kierkegaardischen Begriff des Dämonischen, der ein persönliches Schicksal, eine persönliche ethisch-religiöse Haltung von innerer Zwangsläufigkeit beschreibt. Die Ausweitung hat sich mir gebildet unter der furchtbaren Verschärfung der deutschen Lebenskrise, die dem Jahr 1933 voranging. Die Lüge des Weltgewissens, die Auspressung der Reparationen und das in Rußland Geschehene haben mich zur Annahme der Ausweitung gebracht. Es kann gut sein, daß hier Tillichs Beispiel auf mich gewirkt hat: solche Dinge spielen sich nicht bewußt ab, und ich weiß nicht, ob Tillichs Sprachgebrauch hier vielleicht zu dem in uns alle einströmenden gemeinsamen Begriffsschatz neuerer deutscher Geistigkeit einen entscheidenden Beitrag geliefert hat. Nur, darüber wird selbst Tillich kein Zweifel sein, daß der Inhalt des in die geschichtliche Sphäre ausgeweiteten Wortes „dämonisch" und „Dämonie" bei ihm und mir völlig anders bestimmt ist. Für ihn ist – und man kann dies Gedankenmotiv bis Jakob Böhme zurückverfolgen – dies Dämonische die Erhebung des Göttlichen selbst als form-, gestalt- und sinnwidrige Macht, die in ihrer Negativität eine merkwürdige positive Bedeutung hat. Für mich ist das geschichtliche Dämonische einfach die Verkehrung der im Menschen liegenden Gottesmacht zur Empörung wider die Bindung und den *Nomos* und damit zur lebenzerstörenden Gewalt. Das ist viel schlichter, meinethalben auch primitiver gedacht. Aber es ist mir der einzig legitime Sprachgebrauch, weil er allein eine echte Entsprechung zum Dämonischen im persönlichen Sinne hat – oder auch, um es anders zu wenden, weil er allein bei der sich notwendig einstellenden Entsprechung zum Dämonischen im persönlichen Sinne dies davor bewahrt, sich darüber hinwegzulügen, daß es Knechtschaft unter das Gesetz vermöge von Feindschaft wider das Gesetz ist. Ich verstehe den nationalsozialistischen Protest gegen Tillichs Begriff des Dämonischen sehr gut. Ich teile ihn. Nichts hat in mir lebhafteren Widerspruch geweckt als die geistvollste aller mir bekannten Schriften Tillichs, die über das Dämonische von 1926.[10] Eine alles auf Gesetz, Bindung und Zucht stellende Lebensanschauung muß den Tillichschen Begriff des Dämonischen als irgendwie krank empfinden. Und das um so mehr, je mehr sie seine religionsphilosophische Tiefe spürt. Es ist mit ihm eine die menschliche Existenz verletzende göttlich überschwebende Zuschauerhaltung eingenommen, die uns nicht gebührt. Was Tillich im Grunde selber gewußt und gefühlt hat, wie er seine Schrift verfaßte. (Hier stoßen wir wieder auf letzte Unterschiede zwischen seiner und meiner geistigen Haltung. Ich meine, und glaube gerade von Ihnen darin verstanden zu werden, daß durchaus nicht alles dialektisch mögliche Denken erlaubt ist für uns.)

Schon diese Rechenschaft über die gebrauchten Worte hat in die Sache selbst hineinblicken lassen. Soll ich nun das sachliche Verhältnis meiner Geschichtsschau zur Kairoslehre entwickeln, so muß ich einsetzen bei dem tiefsten gemeinsamen Punkt, bei dem, was Tillich und mich als Denker von je bei aller Gegensätzlichkeit irgendwie als in gleichartiger Dialektik um die Erkenntnis der Wirklichkeit sich bemühend gekennzeichnet hat. Es ist zugleich der, bei dem ich einfach fassungslos bin, daß Tillich an Entlehnung zu propagandistischen Zwecken überhaupt zu denken vermag. Er und ich haben beide von der bei Fichte angelegten, bei Hegel klar durchbrechenden Erkenntnis, daß der Begriff ganz und gar, nach Form und Inhalt, geschichtsbedingt sei, in ihrer radikalsten Zuspitzung einen für immer verwundenden Eindruck empfangen, und haben beide um einen neuen Begriff der Wahrheit, der dieser Erkenntnis gemäß ist, gerungen. Diese zugleich aufbauende und kritische Dialektik von Wahrheit und Geschichte, als Stachel und Unruhe zur Neugestaltung des Verhältnisses von Wahrheit, Wissenschaft und Begriff – von mir das erstemal angerührt am Schluß meiner Habilitationsschrift –, ist ihm wie mir als das philosophische Grundfragmal unsrer Generation erschienen. Es hat mich und, wie ich aus dem Aufsatz Tillichs ersehe, vorher nur vermutet habe, auch ihn am existentialphilosophischen Einsatz ergriffen, daß hier die Philosophie anfing, dem Fragmal anders als in Ausweichen oder Unmacht gegenüber zu treten. Dies Fragmal liegt meinem Begriff der Rechtfertigungswahrheit und jetzt des *Logos* mit gleicher Ursprünglichkeit zugrunde wie seinem mir existentialphilosophisch nicht genügenden der dynamischen Wahrheit. Ich hatte heimlich gehofft, er würde in meinem Begriff des *Logos* einen legitimen Einsatz zur Lösung des Fragmals finden, und ich könnte ihn so, vermöge der untrennlichen Verknüpfung dieses Logosbegriffs mit der Geistigkeit des deutschen Umbruchs, hinüberreißen in die neue deutsche Zeit und damit für Deutschland einen lebendigen Denker zurückgewinnen. Wie sein Aufsatz zeigt mit seiner verständnislosen Zerpflückung des Logosbegriffs (und nicht um des Begrifflichen willen, sondern eben um deswillen, was dieser an neuer deutscher Geistigkeit in sich trägt, zerpflückt Tillich ihn), ist die Hoffnung vergeblich gewesen.

Das weist darauf hin, daß das gemeinsame Fragmal von je in einer anderen Grundhaltung eingebettet war. In der Tat ist an meiner Rede von Stunde, Augenblick, Geschichtswende, Entscheidung, Ruf, Wagnis usw. etwas, was sie bis in die Wurzel von Tillichs Kairoslehre unterscheidet. Unmittelbar anschaulich wird es an der volkhaften Bindung meines Geschichtsdenkens. All mein Denken über Leben und Geschichte drückt aus, daß ich mich als deutscher Mann durch Gott in meiner irdischen Existenz unerschütterlich gebunden und gerufen weiß im Dienst dessen, was ich den „verborgenen Souverän"[10a] nenne, im Dienst des bestimmten geschichtlichen Volkstums, in dem ich zu Leben und Persönlichkeit aufgewacht bin; und wer meinen Begriff des verborgenen Souveräns so wie Tillich zu zerpflücken sucht, hat sich in Widerspruch gesetzt zu allen meinen politischen und geschichtlichen Begriffen. Ich habe nie verstanden, wie das marxistische Denken Tillich doch trotz allem größeren Tiefgang, den er hatte, so bezaubern konnte, daß er blind wurde für die eigentliche bindende und schöpferische Mitte alles irdisch-politischen Geschehens, für Volk und Staat als die Geschichtsmacht, der die von Tillich unter sich verknüpfte, aber auch falsch isolierte Dreiheit von Wissenschaft, Technik und Wirtschaft schlechthin untergeben ist, weil diese Dreiheit nicht in dem gleichen primären Sinne Gesetz des Daseins ist wie Volk und Staat. Auf die deutsche Krise zum Tode hab ich in „Deutschlands Schicksal" den Blick gerichtet und auf eine deutsche Stunde, deutsche

Geschichtswende den Willen und die Hoffnung des Glaubens gespannt, und die Kulturkrise hab ich nur am Rande mitgezeichnet, sintemal es nicht galt, von Weltenwenden zu träumen, sondern den
kämpferischen Willen zusammenzuballen auf das eine uns Deutschen
gebotene Ziel. In ihrer Verflechtung mit deutschem Leben hab ich die
Krise des zu Ende gehenden Zeitalters in meinem neuen Buche – Gedanken einer Schrift von 1929[11] aufnehmend – gezeichnet: an der
Zerstörung des volkhaften *Nomos* und damit des heiligen Gesetzes
des Lebens hab ich die Gewalten des Daseins im Zeitalter selbstmächtiger Vernunft und Freiheit gemessen. An der Wiederentdeckung des
volkhaften *Nomos* in seiner verpflichtenden Tiefe, so daß die Grenze
gegen Gott darinnen aufbricht, hab ich die deutsche Geschichtswende
als das Ende dieses Zeitalters bei uns geschildert und habe nur so, daß
überall mit gleicher Ursprünglichkeit die gleiche Wiederentdeckung je
besonders nach Lage und Art geschieht, eine Ausweitung unsrer Geschichtswende zur Wende für andere Volkstümer zu erhoffen gewagt.
Nicht um die lebendige Verflochtenheit der Volkstümer zu leugnen
oder zu zerstören, wie Tillich mir andichtet, wahre ich diese Begrenzung, und erst recht nicht, um die Tiefe des Humanen, in dem das
Verstehen von Mensch zu Mensch und Volk zu Volk geschieht, aufzu-
heben, sondern um dem allen, das mir zum Menschsein gehört, den
wahrhaftigen lebenbewahrenden Grund zu geben. Die zu einer Geschichte zusammengeflochtenen christlichen Völker werden in ihren
Geschichtsumbrüchen ihre Schicksalsgemeinschaft bewähren. Aber
das sieht eben nur der richtig, der den rechten Blickpunkt für Gesetz
und Mitte des geschichtlichen Lebens sich nicht verwirren läßt durch
ufer- und haltlos werdende weltgeschichtliche Umblicke, die nur, wie
bei Tillich geschehen, zu der von Ihnen und mir gehaßten alle echte
gegliederte Humanität gefährdenden falschen Internationalität des
Denkens und Lebens führen. Selbst wenn aber dieser Irrgang vermieden werden könnte, würde für mich eine Totaldeutung der ganzen
Weltgeschichte durch alle Räume und Zeiten, worauf die Kairoslehre
zustrebt, nicht notwendig mit der geisthaften Tiefe des Lebensver-
ständnisses gegeben sein. Sie gehört mir lediglich zu den unverbindli-
chen Umrahmungen sicherer und verpflichtender Erkenntnis der be-
grenzten Geschichtswirklichkeit, in der ich stehe und die mir meine
Aufgabe stellt. Dieser stets die universale Überschau brechende und
bedingende Beziehungspunkt im Gesetz volklich-staatlichen Lebens
erst gibt meinem Geschichtsdenken Halt. Nähme man aus ihr diesen
unbedingten Primat des Politischen in der Erfassung der Wirklich-
keitslage heraus – aber wohlgemerkt eines echt und tief verstandenen

Politischen, wie es die neue deutsche Geistigkeit in sich trägt –, dann fiele sie in sich zusammen. Ich kann mit Spengler nicht viel anfangen, weil er das Politische flach, z. T. ja sogar falsch versteht. Ich bin aber der Meinung, daß er immerhin wirklichkeitsnäher ist in seinem Denken als die Kairoslehre in der ihr von Tillich gegebenen Gestalt. Hinter dem so anschaulich gemachten konkreten Gegensatz im Geschichtsdenken steht nun aber etwas, was sich in der grundsätzlichen Abgezogenheit philosophischer Haltung aussprechen läßt. Ich hoffe, Tillich wird mir darin noch beistimmen, daß zum rechten und wahrhaftigen Menschsein dies gehört: seine Stellung innerhalb der natürlich-geschichtlichen Daseinsverflochtenheit als einen Ruf zum Dienste zu nehmen, der in verantwortlicher, im Glauben an Gott gefällter Entscheidung gehört und bejaht werden muß. Aber, in der Art, in der wir den Satz verstehen, werden er und ich dann doch durch einen Gegensatz getrennt, der als Grenzscheide bei allem gegenseitigen Urteil zwischen uns steht. Tillich ist irgendwie gelöst, wo ich gebunden bin. Er findet seinen Dienst am bewegten geschichtlichen Ganzen in „prophetischer" Haltung, wie er es ausdrückt, das heißt als ein frei schwebender Einzelner, der in Überschau über den ganzen strömenden Lebenszusammenhang der Welt sich seine Stellung und Aufgabe bestimmt in einer innerlich gerechtfertigten, aber nicht streng beweisbaren Intuition. Das ist die edelste Gestalt des Individualismus und Intellektualismus der abgelaufenen Geschichtsepoche: die Bindung wird nur als ein Sichselberbinden des Geistes gekannt, der bindende Gott spricht durch den das *Telos* der Lebensmächte findenden Geist selbst. Ich leugne nicht, daß in dieser Haltung heilige Entschlossenheit liegen kann. Und doch ist eben diejenige Geistigkeit darin, die Sie, Herr Doktor Stapel, und ich irgendwie als Maß und Grenze des erdgebundnen, gemeinschaftsverpflichteten Menschen *überschreitend* empfunden haben, und der wir primitive, schlichte Gebundenheit im Ring der natürlich-geschichtlichen Mächte, im Dienste des „verborgenen Souveräns", nämlich des Volkstums, als das wahrhaft Menschliche und wahrhaft Verantwortliche gegenübergestellt haben. Wir verneinen als deutsche Lutheraner den in Lösung gegründeten Individualismus des geistigen Menschen auch in dieser seiner feinsten und frömmsten Gestalt, und wir lassen nicht ab, ihn als Individualismus zu kennzeichnen, auch wenn er wie bei Tillich zu einer Selbsthingabe an die vom Marxismus geformte proletarische Massenbewegung geführt hat. Die natürlich-geschichtliche Daseinsverflochtenheit ist uns mehr als Schicksal, das der prophetischen oder sonstigen freien Entscheidung sich darbietet. Auch wir lauschen in das menschlich-geschichtliche Leben hinein, und wir haben – das ist die Last gewesen, die wir als eine Übergangsgeneration auf dem Wege heraus aus der frei schwebenden Geistigkeit und aus dem von ihr angerichteten Chaos zu tragen hatten – mühsam und angestrengt lauschen müssen. Aber wir haben gelauscht als solche, die um den göttlichen Horos als eine in der Wirklichkeit selbst uns schon umfangende verpflichtende Bindung irgendwie schon wußten. Wir trugen es als Leid und Verwirrung, daß der Horos unter dem Wahn der die lebenbewahrende dunkle Grenze in der Wirklichkeit verleugnenden menschlichen Selbstmächtigkeit unser Volk und seine Menschen nicht selbstverständlich umfangen hielt, so unserm Lauschen auf das gegenwärtige göttliche Fordern die verbindliche Ausrichtung zu geben. Alle verantwortliche freie Entscheidung in einer geschichtlichen Lage und gegenüber einem Gegenwartsmächtigen ist uns nur echt auf dem Boden des Sichfindens in selbstverständlicher, heiliger Gemeinschaftsgebundenheit. Das Gesetz der Wirklichkeit, das uns als geschaffnen Menschen das Leben gibt und bewahrt, ist als eine verpflichtende göttliche Schöpfungsordnung da, gemäß der wir nur im Ring irdischer Bluts- und Schicksalsverbundenheit, nur als die den verpflichtenden *Nomos* Anerkennenden wahrhaft frei und lebendig zu sein vermögen. Gott als Schöpfer und Walter, als Herr der Geschichte, ist strenges Gesetz, und darinnen in geheimnisvoller Verhüllung und Verdunkelung dennoch offenbar. Nicht als Propheten im Sinne Tillichs, sondern als solche, die in der vor allem Denken und Entscheiden uns habenden paradoxen Vitalität des Gewissens ein Gesetz an ihnen mächtig wissen, hören wir uns zu verantwortlicher Entscheidung gerufen. Ich habe von je, als ein Mensch, der den Herrn der Geschichte als lebendigen, immer wieder Neues Schaffenden kennt, die Verwandlung des Lebens in die judaistische Exekution eines Schemas oder Kodex gehaßt mit aller Kraft, die mir da gegeben ist, ich kenne das Wagnis auf Gott, das sich das von Stunde und Lage Gebotne im freien Geführtwerden durch den göttlichen Geist zeigen läßt, als mein eigentliches Lebenselement und weiß es, daß echt kämpferische politische Entschlossenheit und wahrhaftes volkhaft-staatliches Handeln nur dem Mute dieses Wagnisses geschenkt sind. Eben darum aber: ein Mensch ohne das selbstverständliche verpflichtende Sichgebundenwissen unter das im Horos stehende Gesetz der natürlich-geschichtlichen Wirklichkeit ist mir im Irdischen gleich einer Zelle, die sich selbständig machen will gegen den Organismus und das den Organismus bedingende Lebensgesetz, und ist mir im Ewigen gleich einem Träumer, der Mythen produziert, wo es gilt, den Horos zu ehren.

Ich denke, Tillich wird mir nun selber beides zugeben, daß ich legitim von der Stunde und ihrem Ruf rede und daß ich gut getan habe, seine Formel des *Kairos* nicht für mich zu gebrauchen, die er – leider nicht unter Ausweitung, sondern zugleich unter Umkehrung des biblischen Sinnes des *Kairos* und des Kierkegaardischen Sinnes des Augenblicks – zum Ausdruck einer für mich fremden, für mich noch versteckt individualistischen Geisteshaltung geprägt hat. Er wird mir nun auch zugeben, daß die Verwandlung des Verhältnisses zwischen Gogarten und mir bei uns beiden etwas andres als Taktik ist. Die Schwierigkeit für Tillich, mich zu verstehen, gebe ich zu. Denn in der meiner mächtigen Haltung neuer deutscher Geistigkeit ist zweierlei verbunden aus einer ihm bisher nicht zugänglichen Ursprünglichkeit heraus, das ihm auseinanderfällt: Ethos und Erdhaftigkeit, Gesetz und Geschichtlichkeit, Gebundenheit und kühnes politisches Wagen. Sähe er auf die eine Seite, so würde ich ihm wieder wie einst zum Moralisten und Kritiker. Jetzt, wo er auf die andre achtet, findet er mich sakramental. Mir ist es Zeichen der Echtheit eines jungen Willens, daß die, die nicht von ihm ergriffen sind, ihn unter widersprechende Kategorien stellen. Insofern vermag ich in dem, das mir von Tillich widerfahren ist, den Vollzug eines seinem privaten Willen entzognen, aus der Lage geborenen schicksalhaften Geschehens zu sehen. Und ich nehme als Zeugnis für mein Wollen und meine geistige Haltung sogar die nicht unvermeidlich gewesene andere unschöne Form seiner widersprüchlichen Beurteilung hin, daß er mir zugleich Aneignung seiner Gedanken und Vernichtung aller seiner geistigen Intentionen vorwirft.

4.

Nun bin ich endgültig aus dem Umkreis eines Angriffs gegen mich, der sachliche Kritik mit persönlichen Beschuldigungen mischt, hinausgekommen auf eine freiere Hochfläche, über die die Luft geistigen Kampfes bläst. Und erlebe ein Erstaunliches, das die ungeheure Macht politischer Entscheidungen über die religiöse und theologische Haltung beispielhaft in einer Weise belegt, gegen die jede Entgleisung eines naiven Mengers von christlichem Glauben und politischem Willen wie eine reflektierte Besonnenheit wirkt: Tillich macht die Anklage Barths gegen deutsch-christliche Häretiker seinerseits gegen mich geltend. Ich darf auch hier auf die Hauptgesichtspunkte Tillichs mich beschränken. 1. Nach Tillich habe ich eine dem Christen nicht erlaubte absolute Wertung des deutschen Geschichtsumbruchs vollzogen und mich dadurch in die Rolle des ein Geschehen weihenden

Priesters begeben, statt im Wissem um die Dialektik des Dämonischen das des Theologen allein würdige kritische Wort zu sagen, das den ideologischen Enthusiasmus des Geschehens gebrochen hätte [S.151 ff.]. 2. Ich habe im Gefolge dessen den Ganzheitsanspruch des Staates bejaht, ohne der Kirche und dem Geist den Ausweichraum vorzubehalten, dessen sie bedürfen, und habe so der Kirche die Möglichkeit des Widerstands und des Kampfes bei etwaigen widerchristlichen Fehlentwicklungen der politischen Gesamtrichtung des Neuen, soweit es auf mich ankommt, genommen [S. 162 ff.]. 3. Ich habe das Zeitgeschehen zur zweiten Offenbarungsquelle neben der ersten, den biblischen Urkunden, erhoben, und es entsteht damit die Frage, ob ich nicht andre Stellung dem politischen Geschehen gegenüber als die meine um ihre kirchliche Gleichberechtigung gebracht habe [S. 160 f.]. Ich hoffe, daß die loyale Wiedergabe der Einwände in Kürze mir gelungen ist. Die Reihenfolge der Einwände bei mir weicht, wie aus den beigegebenen Spaltenzahlen ersichtlich ist, von der bei Tillich ab.

Ich möchte als eine Art Vorspiel etwas ganz Einfaches und Selbstverständliches sagen (hochkultivierter Reflexion gegenüber ist die Besinnung auf das Einfache und Alltägliche eine treffliche Goldprobe). Warum hat Luther bei seiner Erläuterung des vierten Gebots mit der Gehorsamspflicht gegen Eltern und Herren weder im Großen noch im Kleinen Katechismus den Vorbehalt eingebläut und zu lehren befohlen: man muß Gott mehr gehorchen als den Menschen? Warum nennt er im Großen Katechismus das Leben in Gehorsam gegen Eltern, Herrschaft und Obrigkeit ein heiliges Leben und preist es als Gottesdienst? (Tillich müßte hier wegen allzu vorbehaltloser Heiligsprechung des Profanen Skrupel bekommen.) Und noch etwas. Warum hat noch niemand* daran Anstoß genommen, daß in dem Treuschwur des Beamten und des Soldaten die Klausel fehlt „soweit mir Gott und sein Gebot es nicht anders befiehlt"? Die abstrakte Möglichkeit, daß um Gottes und des Evangeliums willen, ja nach mir sogar um eines großen sonst nicht behebbaren irdischen Notstandes willen, die Treue und der Gehorsam sich in die Treue des leidenden Ungehorsams verwandelt, besteht logisch immer, und der echte lutherische Christ würde, wenn solche Stunde kommt, schlicht seinen Mann zu stehen haben. Warum also, ehrwürdiger Doktor Martine, vergesset Ihr im Catechismo zu sagen, was Ihr doch wisset und sagen solltet? Und warum, hochwürdigster Herr Feldbischof, predigen Sie bei der

* Siehe nächste Seite

199

Rekrutenvereidigung nicht pflichtgemäß über die christlichen Vorbehalte der Treue und werden Sie nicht vorstellig beim Staatsoberhaupt behufs Abänderung der Formel des Eids?

Ich kann nicht mit so treffender christlicher Derbheit auf solche Fragen antworten, wie der Dr. Luther. Was sachlich zu sagen ist, weiß ich. Treue und Gehorsam sind ihrem Wesen nach ganz oder gar nicht. Das Geltendmachen des kritischen Vorbehalts beim Geben und Geloben zerstört sie. Ich gebe und gelobe sie der irdischen Stelle im Vertrauen auf den Gott, in Gehorsam unter den Gott, der sie mich geben und geloben heißt, und dies letzte Vertrauen und Gehorchen trägt und heiligt mich in meiner ganzen Hingabe hinein in die irdische Bindung. Gefällt es Gott, mir meine bestimmte Haltung als falsch zu zerbrechen, so muß ich aus zernichtender Beschämung über solches Gericht heraus mich wiederum zu Vertrauen und Gehorsam unter ihm hinfinden und darin neu gebundne Haltung erringen, und die neue

---

* Wie man sieht, war ich, als ich das im Text Stehende schrieb, noch ahnungslos darüber, daß die „Eidesfrage" schon im Begriffe war, Gegenstand ernstlicher theologischer Diskussion zu werden. Ich gebe nun als Nachtrag eine vollständige konkrete Lehre vom Treueid, niemandem zuliebe oder zuleid, rein als Lehrer. Ich bemerke persönlich nur das eine, daß ich nie einen Treueid auf die Weimarer Verfassung geschworen hatte: man hat es von mir nicht verlangt.

Evangelisch-lutherische Lehre vom Treueid.

1. Nach reformatorischer Anschauung ist die Anrufung Gottes beim Treueid die Anrufung des alles durchschauenden Zeugen. Man verspricht die Treue in der Gegenwart Gottes, und dadurch ist dem Menschen, dem die Treue versprochen wird, die letzte rückhaltlose Ehrlichkeit und damit Unwiderruflichkeit des Treuversprechens verbürgt. Wo ich bei Gott die Treue schwöre, da ist mein Herz ganz in meinen Worten. Insofern ist der Sinn des Treueides gerade die Ausschließung der *reservatio mentalis* in jeder Form.

2. Die durch das eidliche Treuversprechen begründete Treuverpflichtung kann nur durch den Tod oder durch Entbindung seitens des Empfängers des Eides gelöst werden. Der Entbindung steht nach heutiger Anschauung die restlose Beendigung des Verhältnisses, das den Treuschwur nötig machte, gleich, also beim Beamten zum Beispiel die Entlassung ohne Gehalt und Pension. (Der Brauch, die Entbindung auch dann eigens auszusprechen, ist abgekommen.) Der Treueid bindet den ihn Leistenden mit seiner ganzen Person und Kraft in das Treuverhältnis hinein. Er macht den Beamten zum Diener und Träger des Willens des Herrschers auch über den Kreis seiner unmittelbaren Amtspflichten hinaus: ein Beamter steht ganz zur Verfügung. Der Privatmann kann gegebenenfalls sein Verhältnis zur politischen Obrigkeit damit erledigen, daß er sie als zurzeit die Gewalt habend ehrt und die Gesetze nicht übertritt. Der Beamte im nicht liberalen Staate macht sich eines Eidbruchs schuldig, wenn er nicht mit dem Regiment zusammen, dem er die Treue geschworen hat, steht und fällt. Er kann vor allem, solange nicht Tod oder Entbindung den alten Eid gelöst haben, sein Amt nicht unter einer andern Obrigkeit fortführen. Sein Treuverhältnis greift also über den Gehorsam Röm. 13 hinaus.

200

Haltung wird wiederum ganze echte Verwirklichung des Lebens in irdischer Bindung sein. Ich kann nicht ein göttlich freischwebender Geist sein wollen, der ein dialektisch gesichertes Verhältnis zu dem ihn nehmenden Gesetz der irdischen Gemeinschaft hat. Ich bin nicht auf eine mir verfügbare dialektische Weise in irdischer Existenz, ich bin unmittelbar in verpflichtender irdischer Existenz, und die Dialektik darinnen ist nicht mein, sondern meines Schöpfers und Herrn, der mir Leben und Lage fügt. Wo darum das Vertrauen auf den Gott, der der Herr der Geschichte bleibt, das Bindende ist in der Stunde des Treue Forderns und Treue Gebens, da empfängt die Unmittelbarkeit irdischen Daseins aus der verborgenen Unmittelbarkeit jedes Einzelnen zu Gott beides zugleich, die verpflichtende Ganzheit der Eingliederung und die Freiheit des im Geiste ein einzelner verantwortlicher Mensch Seins. Vielleicht kommt das darin zum mächtigsten Ausdruck, daß dies sich durch Gott in Treue an den irdisch Waltenden

3. Es gehört zur preußischen Beamtenauffassung, daß Treue und Gehorsam sich auch darin ausdrücken können, daß der Beamte die Ausführung eines Befehls verweigert und Dienstentlassung oder Bestrafung willig auf sich nimmt. Würde ein die Treue Empfangender jemals die Bindung der die Treue Schuldigen dahin mißbrauchen, daß er ihnen gegen ihr christliches Gewissen zu handeln befehle, dann hat der aus Gewissensnot Ungehorsame um Entlassung und damit Entbindung zu bitten und jede über ihn verhängte Maßnahme auszuhalten. Geleistet aber wird der Treueid in dem Zutrauen, daß der Empfänger des Treuversprechens den Schwörenden nicht in Konflikt mit seinem christlichen Gewissen bringen wird. Wer dies Zutrauen nicht hat, darf nicht Treue schwören: die Anrufung des Namens Gottes wäre in solchem Falle Lüge vor Gott.
4. Die Lüge vor Gott dadurch vermeiden wollen, daß man einen Vorbehalt ausspricht oder als grundsätzlich gegeben erklärt, würde den Treueid undurchsichtig und das heißt unlauter machen: man benutzt den Namen Gottes, dessen Anrufung dem Eide die Rückhaltlosigkeit geben soll, zur Verdunkelung dessen, was man meint und denkt. Überdies heißt es gegen die den Eid empfangende Person die Verdächtigung aussprechen, es sei bei ihr damit zu rechnen, daß sie Christen einen Eid abnehme, um sie dann zu zwingen, dem Evangelium untreu zu werden. Das auch nur indirekte Aussprechen einer solchen Verdächtigung macht den Menschen unwürdig, den Treueid zu leisten.
5. Die lutherischen Bekenntnisschriften haben die Lehre, der Christ dürfe keinen Treueid auf eine Person schwören, als irrig verworfen, und sie haben diese Verwerfung nicht durch Geltendmachung eines Vorbehalts eingeschränkt. Die Bedenken gegen den Treueid auf eine Person stammen aus dem liberalistischen neunzehnten Jahrhundert: gerade Theologen mit gebrochnem Verhältnis zur lutherischen Lehre sind damals für die Abschaffung des Treueids eingetreten. Der liberal beliebte Eid auf eine Verfassung ist schwerer als der Eid auf eine Person, weil sich die aus einer Verfassung künftig ergebenden Zustände nicht übersehen lassen, man auch einer papiernen Urkunde gegenüber nicht das Zutrauen haben kann, das einem lebendigen Menschen gegenüber möglich ist und zum Treueide die Voraussetzung ist.

22. XII. 1934.

binden lassen, heißt: den irdisch Waltenden durch Treue binden an Gott. (Ich darf hier gleich anwendend bemerken: das in meiner Pflicht als deutscher Mann gegründete Verhältnis der Treue und Hingabe, in dem ich zu der Deutschland jetzt erneuernden Bewegung und Macht stehe, hat darin seinen festen Halt und seine unverbrüchliche Heiligung, daß Führer und Bewegung und Regiment sich und das Volk unter den Herrn der Geschichte beugen, der uns alle zu Zucht und Ehre und Treue und Opfer und Wagnis im Ringe des Ganzen verpflichtet. Ich lehne den Vergleich meiner Hingabe mit der an die vom Marxismus geformte proletarische Bewegung ab. Es begründet – das gehört zu *meiner* Philosophie der Stunde, soweit ich eine habe – einen qualitativen religiösen und ethischen Unterschied, an *was* man sich hingibt. Tillichs Vergleich seiner Hingabe an die proletarische Bewegung und meiner an den deutschen Nationalsozialismus beruht auf der Voraussetzung, daß beide, weil sie irdische Bewegungen mit Verknüpfung von Weltanschauung und Politik seien, unter der gleichen religiösen und christlichen Beurteilung stünden. Und diese Voraussetzung – die Karl Barth z. B. veranlaßt hat, gegen Kittel mit noch mehr extremer Anwendung, für die Tillich natürlich nicht verantwortlich ist, das Stehen unter dem Hakenkreuz und das unter dem Sowjetstern in einem Atem zu nennen – ist der Grundfehler in Tillichs analytischer Abwägung meiner und seiner Haltung. Ich würde das nicht sagen, wenn hier nicht Tillich Exponent eines auch sonst jetzt umgehenden theologischen und kirchlichen Vorurteils wäre.)

Soweit das Vorspiel. Und nun, wohl vorbereitet, schaun Sie mit mir auf die drei Einwände! Die beiden ersten nehme ich mit Ihrer Erlaubnis zusammen. Das „kritische Wort", das ideologischen Enthusiasmus oder, wie Tillich auch sagt, Utopismus, bricht, und der „Ausweichraum" sind nahe verwandt. Nicht wahr, Sie und ich kennen beides als die typischen Stellungnahmen von Geist, Bildung und Intelligenz im 19. Jahrhundert überall da, wo es ein Ja zur Wirklichkeit in Denken oder Tat sich abzuringen galt? So stand man zu allem, zu Volk und Staat, zu Bismarck und zu Fontane, zu seiner eignen Partei (hier sogar mit Recht), zu Christentum und Kirche, zu Gott, – und selbst unter dem umgekehrten Vorzeichen, wenn es ein Nein zum Teufel galt, war der Enthusiasmus der Ablehnung durch ein kritisches Wort und einen Ausweichraum modifiziert. Das Merkwürdige ist nun, daß die gleichartige Stellungnahme hier als Lebensbedingung wahrhaft verantwortlicher *christlicher* Theologie und wahrhaft ihren Dienst vollbringender *Kirche* erscheinen. (Nicht nur bei Tillich: er sagt es nur klüger und ernsthafter als andre.) Es wäre billig, das einfach als einen Mißbrauch des Christlichen abzutun. Hinter der allzu unbekümmerten (beinahe enthusiastischen) Verschmelzung liberaler Geistigkeit mit christlicher Haltung verbirgt sich doch eine christlich-legitime Frage, auf die ich eine Antwort geben muß, welche steht. Es ist die Frage nach der christlichen Freiheit, die wir haben als Glieder des ewigen Gottesreichs. Ich höre aus Tillichs Einwänden den Vorwurf heraus, daß ich diese christliche Freiheit um ihre Vollmacht gebracht habe, in der Verantwortung vor Gott das Irdische unter das Ewige zu grenzen, indem ich namens des Göttlichen einer geschichtlichen Bewegung die Vollmacht verpflichtender Gestaltung der Weltanschauung und der ganzen Lebenswirklichkeit überantwortet habe. Wenn das Ewige nur gebraucht wird, die irdische Bindung zu heiligen, dann wird das Irdische in sich verhärtet und verschlossen vor dem Hereinbruch des Ewigen. Und ein so vergöttlichtes Irdisches wird zu einer den Glauben und die Liebe des Christen knechtenden Macht. Nicht unmißverständlich klingt es an einer Stelle in Tillichs Frage an, ob nicht meine theologische und kirchliche Haltung einen religiös unterbauten Nationalbolschewismus hervorrufe.

Die Antwort steht in meinem Buche schon mehrfach zu lesen. So habe ich im Anhang zu zeigen gesucht, inwiefern ich meine, mit meiner Stellung genau das Verhältnis christlicher Freiheit und irdischer Bindung zu treffen, das Luther gelehrt hat, hab es getan mit dem Bewußtsein, daß unser gebildetes Christentum heute mit seinen schwebenden Begriffen von Freiheit und Geistigkeit dergleichen als Wunderlichkeit ansieht. Ich wiederhole die Stichsätze und füge dann einiges an.

Hirsch, Geistige Lage, S. 163 f.: Wie stellt Luther... die Bewegung des Gottesverhältnisses am Christen dar? Es ist ein Freiwerden aus aller irdischen Knechtung und Bindung, ein in der Vergebungsgerechtigkeit ganz zu Gott und aus Gott Lebendürfen. Und es ist ein in dieser Freiheit ganz tief in das Irdische und seinen Ruf Hineingebundenwerden, ein in der Liebe ganz von Gott zum Diener am Irdischen Gemachtwerden. Dies freie Auffliegen in die Höhe des Ewigen und wieder Herabgesenktwerden in die Tiefe des Irdischen, es ist genau die gleiche Doppelhaltung, die wir hier zu beschreiben gesucht haben. Sie ist es aber nicht mehr lediglich nach dem paradoxen Wellenschlage, der jeder vor Gott an ihr Äußerstes kommenden Religiosität mit dem christlichen Glauben gemeinsam ist. Sie ist in diesem Auffange gefüllt mit all dem wunderbaren Inhalt, mit dem in der christlichen Offenbarung das Verhältnis von Zeitlichem und Ewigem gefüllt und bestimmt wird, um dadurch die letzte... Schärfung in den Bruch hinein zu empfangen... Wir lernen unsre Freiheit und Gebundenheit im Verhältnis zum irdischen Umschluß des Volkstums richtig sehen. Was ist es, das den falschen Individualismus, der sich nicht ganz und unbedingt hingeben kann, bei Luther zerbricht? Der echte christliche Individualismus, der sich in Gott frei, in Gott ein Einzelner weiß. Dieser christliche Individualismus, er gründet den unzerbrechlichen Trotz des Frommen wider eine ganze ihn anfechtende Welt, wider jeden nicht von Gott bestätigten Anspruch des Irdischen und – damit gibt er dem Sichhineingeben in das Irdische, auch in das Volkstum, die Wucht des Entschlusses aus Gott. Und so gewährt er gerade die Unbedingtheit des Dienstes und der Pflicht: das freie Ja aus Gott zum Dienste zwingt dazu, sich im irdischen Verhältnis zu Gott zu verhalten. Das ist etwas, was das Irdische, was das Volkstum bei aller mich stürmisch bewegenden Gewalt in mir aus bloß irdischer Hoheit nie vermocht hätte. Gerade der in Gott Freie, der die Bedingtheit des Vergänglichen weiß, gerade er ist ganz treu im Irdischen.

Daß das etwas anderes ist als priesterlich-sakramentale Weihe des Geschichtlich-Irdischen, brauche ich nicht erst groß auseinanderzuklauben. Es ist eine Heiligung aus dem in Gott freien Glauben dessen, der sich gebunden weiß, und nicht aus einer vom Mystagogen herabgeholten magischen Gnade. Was ist dann der echte Unterschied gegen Tillichs prophetische Haltung mit dem kritischen Wort und dem Ausweichraum? Tillich ist die lutherische Lehre vom Gesetz und Evangelium nach ihren Auswirkungen auf die Lebenshaltung verschlossen geblieben. Gemäß dieser Lehre zerbricht das Evangelium die Vollmacht des Gesetzes, über mein Gottesverhältnis irgendwie zu herrschen. Es hebt, wie ich es in Hammer und Nagel, Heft 1, S. 28 ff. ausgedrückt habe, die Verkettung von Gesetz und Gewissen im Gottesverhältnis auf. Daß ich Leben und Seligkeit in Gott habe, daß ich Kind des ewigen Reiches bin, welches durch Tod und Gericht sich an mir offenbaren wird, das ist nicht bedingt durch die irdisch-geschichtliche Bindung, in der mich das Gesetz hält, oder gar durch mein Stehen in ihr. Das ist Gottes freie Gabe in Christus. Die göttliche Liebe, die mir im Glauben sich schenkt, ist nicht gebunden an das mich umfangende göttliche Walten in Gesetz und Geschichte. Sie ist das frei sich mir erschließende und damit mich frei machende ewige göttliche Leben selbst. Das ist bei Tillich (soviel darf ich sagen, obwohl mir alle seine Aussagen über das Letzte und das Ewige eine merkwürdige Unentschiedenheit und darum Unverständlichkeit zu haben scheinen) nicht richtig gedacht, weil er das kommende Gottesreich irgendwie als das zugleich (uns) verheißene und (von uns) geforderte sieht. Mir ist es das rein Verheißene und im Verheißen dem Glauben sich Schenkende. Hebt sich dann nicht aber das Verhältnis des Glaubenden zum Irdisch-Geschichtlichen auf? Nein. Eben der Gott, der mich in seiner

Liebe frei macht, stellt mich in das irdisch-geschichtliche Leben mit seinem Gesetz und seiner Pflicht. Er gibt meinem Glauben die unter dem Gesetz stehende geschichtliche Wirklichkeit als seine Zucht und meinen Weg in die unenthüllte Ewigkeit hinein. So bin ich durch den Glauben an das Evangelium, der mich frei macht vom Gesetz, gebunden zu ganzem Dienst und ganzer Hingabe an das gesetzesverhaftete irdische Leben. Die Freiheit des Gewissens vom Gesetz im Gottesverhältnis ist die unbedingte Heiligung des Dienstes in der Erfüllung des Gesetzes. (Ich brauche nicht noch einmal daran zu erinnern, daß „Gesetz" mir konkret nicht ein blutloser Katalog von Geboten, sondern ein lebenbewahrendes geschichtsbewegtes Walten und Wirken ist. Das ist von Ihnen und mir ja mit dem Nomosbegriff ausgedrückt.) Verstehen kann das alles freilich nur, wer seine Freiheit nicht in seiner eigenen religiös vertieften Geistigkeit besitzt, sondern in der Herrlichkeit Gottes, die ihn hält wider Verstehen. Christ sein heißt seine Persönlichkeit jeden Augenblick empfangen aus einer göttlichen Gnade, die nicht verfügbar und nicht greifbar ist. Christ sein heißt in der Verwirklichung und Erfüllung volkhaft gebundener Humanität ein freier Mensch sein vermöge transhumaner Gründung und Zielung des eignen Lebens. (Es ist mir nicht klar, ob Tillichs Verständnis des Pneumatischen dem Transhumanen des göttlichen Geistes wirklich gerecht wird.)

In diesem Widerspiel von Gesetz und Evangelium wurzelt die lutherische Lehre von den zwei Reichen, die eine der Voraussetzungen meiner gesamten Haltung ist. Ich könnte den deutschen Umbruch von 1933 gar nicht wie Tillich unter den Gesichtspunkt des religiösen Utopismus stellen, an den man sich nur mit kritischem Vorbehalt hingeben kann. Einem religiösen Utopismus, der tut, als ob jetzt sich das Reich Gottes auf Erden verwirklichte, würde ich mich weder mit noch ohne kritischen Vorbehalt hingeben. Ich sehe in dem deutschen politischen Geschehen eine harte, nüchterne und strenge Angelegenheit, den Aufbau einer den ganzen Menschen fassenden und formenden Lebensordnung für mein Volk aus der Verantwortung und dem Mut heraus, die sich an dem Bewußtsein um die „Grenze" entzünden. Was werden soll, ist nicht Gottes Reich, sondern das Reich der Deutschen, gebaut unter demütiger Anbetung des Herrn der Geschichte. Die Dankbarkeit und Freude zu Gott, daß er uns den Anfang und die Möglichkeit geschenkt hat, daß unserm Volke der Wille zu Gehorsam und Verantwortung wider die Mächte des Untergangs in der Stunde der größten Not erweckt worden sind, können gewiß da und dort überschwenglichen Ausdruck finden und können auch in Einzelnen schwärmerische Hoffnungen wecken. Wer aber den Führer deshalb, weil er in seinem Handeln als Staatsmann – so ganz im Gegensatz zu dem, was wir an Politikern bei uns und anderwärts erlebt haben – unter der Verantwortung vor Gott sich weiß, und weil er weiß, daß keine politische Ordnung anders denn als Ordnung eines zu Gott aufblickenden, die Bindung unter Gott ehrenden Volks lebenbewahrend zu sein vermag, zu einem religiösen Utopisten macht und sein drittes Reich zu einem Gottesreich, der überträgt fälschlich die Kategorien des religiös vertieften Marxismus auf eine Bewegung andrer Art und andern Ziels. Ich habe es Tillichs theonomer Philosophie, sie darin positiver beurteilend als Sie, immer hoch angerechnet, daß er zwischen dem wahnsinnigen Entweder/Oder des 19. Jahrhunderts, entweder Geschichte und Gemeinschaft zur Angelegenheit selbstmächtiger menschlicher Vernunft und Freiheit zu machen oder aber utopistisch zu einem Ewigen zu verklären, einen andern Weg zu bahnen gesucht hat. Ich habe aber die kritisch reflektierende Prophetie seiner Kairoslehre, die weder als Hingabe an den Marxismus noch als Überwindung des Marxismus etwas Ganzes und Klares war, immer für eine Scheinlösung gehalten. Und das nicht nur, weil das gewählte Beziehungsobjekt, der Marxismus, einen solchen Rettungsversuch weder vertrug noch verdiente. Es fehlte bei Tillich vor allem an jenem lutherischen Lebensverständnis, das im Wissen um die Dialektik von Gesetz und Evangelium und in der dadurch bedingten Lehre von den zwei Reichen sich ausspricht und klärt. In diesem lutherischen Lebensverständnis liegt die Möglichkeit, die volkhaft-politische Ordnung als von Gott geheiligt, das heißt von ihm gegeben und getragen und gefordert, von ihm zum Schaffensquell und zur indiskutablen Pflicht gemacht, zu verstehen und sie dennoch hart und klar als eine irdisch-vergängliche Sache zu nehmen. Im Sinn dieses Verständnisses des Politischen hab ich den deutschen Aufbruch von 1933 bejaht und mich gegen schwärmerischen Mißbrauch des Geschehens deutlich abgegrenzt, wie Tillich nicht entgangen sein kann. Freilich, ich habe mich nicht zu den Theologen gestellt, welche jeden Ausdruck des volklichen Erwachens auf die Goldwaage des Fachmanns für dogmatische Korrektheit legen und dabei natürlich zu entsprechendem Ergebnis kommen müssen. An einer Stelle verfällt auch Tillich diesem Wiegegeschäfte. Nämlich hinsichtlich des von mir eben darum hier so oft gebrauchten Worts „heilig" und seiner Ableitungen. Er beanstandet den Ausdruck „heiliger Sturm" bei mir und belehrt mich, daß nichts Irdisches heilig sei. Aber, in diesem Falle habe ich sogar die Dogmatik für mich. Nach evangelischer Anschauung ist alles heilig, was ein gläubiges Herz mit Dankbarkeit und Liebe von Gott empfangen oder als ein Werk nach Gottes Willen vollbringen kann. Luther hat gelegentlich gegen mönchischen Dünkel die Heiligkeit des Windelwaschens behauptet, wenn es in göttlichem Stande und Gehorsam geschieht. Ist das Werk der Mutter heilig, so wird es das Werk des politischen Kämpfers und des Staatsmanns wohl auch zu sein vermögen. Und wenn so unzivilisierte Dinge wie Saalschlachten dazu gehört hätten. Daß unsre Sünde mit an allem hangt, was wir geschichtlich tun und erleben, das hebt die Heiligkeit nach lutherischem Rechtfertigungsglauben nicht auf.

Im Vorbeigehen will ich doch anmerken, daß auch der Einspruch Barths gegen Verwendung von „Werk Gottes" für das geschichtliche Geschehen zugleich ein Einspruch gegen Luther ist. Luther hat, greulich zu hören, Ev. Joh. 5, 17, „Mein Vater wirket bisher, und ich wirke auch", zum Beleg dafür zitiert, daß die ganze Geschichte ein göttliches Werk sei. Die Stelle ist „Hammer und Nagel", Heft 2, S. 24, von mir abgedruckt.

Tillich wird der Blick für die an sich klar ausgesprochne Begrenzung des deutschen Neuaufbaus auf das irdisch-vergängliche Leben dadurch geblendet worden sein, daß ihn die Erstreckung der Vollmacht auf den ganzen Menschen, wie sie von der politischen Bewegung in Anspruch genommen wird, erschreckt hat. Kann es, darf es, um das für Geist und Kirche gleich Einschneidende zu nennen, eine politisch verbindliche Weltanschauung geben? Ist damit nicht das Christliche und das Philosophische gleichmäßig um sein Königsrecht gebracht? Darauf ist sehr ernst zu sagen: es ist das Natürliche und Selbstverständliche, wenn ein Volk über die Grundlagen des gemeinsamen Lebens und über die Grundausrichtung des Lebensdienstes des Einzelnen bestimmte gemeinsame, diskussionslos feststehende Überzeugungen besitzt. Die allumfassende Debatte um alles ist ein Unglück gewesen, das den Menschen Halt und Lebensmöglichkeit genommen hat und das Christliche zur Privatmeinung einzelner Kreise in einem allgemeinen Meinungschaos gemacht hat. Da konnte keine Jugend mehr erzogen, kein Charakter mehr gebildet werden. Die geistige Arbeit ist nicht dazu da, private Weltanschauungen auszudenken, sondern an dem gemeinsamen Gut der gemeinsamen Überzeugungen weiter zu arbeiten. Die christliche Botschaft ist nicht dazu da, Weltanschauungsersatz zu sein – dann natürlich für die weniger Gebildeten –, sondern auf dem Boden der gemeinsamen Weltanschauung den eigentümlichen christlichen Lebensdurchblick und die eigentümlich christliche Haltung einzusenken. So ist es in den Jahrhunderten, ehe das Chaos uns verschlang, immer gewesen, und es hat ihnen darum an freier Lebendigkeit der Geister und an geistes- und lebengestaltender Vollmacht der christlichen Verkündigung nicht gefehlt. Hier ist nichts, was wahrhaftem lutherischen Glaubensernst widerspräche. Der Glaube ist etwas andres als eine Weltanschauung, die eine irdische und eine gemeinsame Angelegenheit ist. Wenn eine Volksordnung in der sie tragenden Lebens- und Geistesverfaßtheit geöffnet ist für die Möglichkeit der segnenden Verwundung des natürlichen *Nomos* und *Logos* durch das Evangelium, dann ist alles gegeben, dessen ein Christ bedarf, um gerne in ihr stehen und an ihr gestaltend mitarbeiten zu können. Dann ist die Grenze des irdischen Reichs gegen das ewige Reich dadurch gewahrt, daß sie geöffnet und anerkannt ist.

Und nun verzeihen Sie, Herr Doktor, wenn ich Sie vorsichtshalber mit der Besprechung eines Einwands langweile, der an dieser Stelle sicher kommt und mit dem wir beide uns im Lauf unsers schriftstellerischen Daseins schon genug herumgeärgert haben: Bedeutet nicht nach dem Gesagten unsre lutherische Haltung eine irdische Knechtschaft, über der wir uns mit unsrer himmlischen Freiheit trösten? Tillich wird es wohl so nicht gegen uns sagen. Er erinnert sich zu genau, daß wir uns ja der den deutschen Umbruch tragenden Volksbewegung nicht hingegeben haben, weil sie ein Gegenwartsmächtiges ist. Wir haben es getan – wie mein Buch auf jeder Seite bezeugt – auf Grund einer Besinnung auf die nach Gottes Willen lebenbewahrende irdische Ordnung und nach Gottes Willen lebenschaffende geschichtliche Potenz, sowie auf Grund einer damit verbundenen denkenden und deutenden Überschau über das geschichtliche Geschehen, in das wir Kinder einer Geschichtskrise und Geschichtswende hineingerissen worden sind. Wir wissen, daß man die mit Ursprungsgewalt und Ursprungsrecht verpflichtende irdische Bindung nur auf Grund einer Entscheidung erkennt, sintemal uns Gott durch sein Gesetz keine gebrauchsfertigen Lebensrezepte hinterlassen hat. (Womit er sich selbst ja pensioniert und uns den rezeptkundigen Theologen als den Erben seines Regiments überantwortet hätte.) Aber etwas anderes wird Tillich gewiß sagen, nein, hat er gesagt, und ich treffe jetzt erst den Nerv seines Einwands, nachdem ich ihn aus der mir fremden Gesamtumrahmung befreit habe: der Streit um die Unbedingtheit und Ganzheit der Bindung sei ihm ja nur der Boden der Forderung einer konkreten Freiheit, gestaltend und richtungweisend und begrenzend mitzuarbeiten, und eben das sei nun bei mir nicht geschehen, sondern fast fanatisch preisgegeben. Ich weiß, daß man innerhalb der europäisch-amerikanischen Geistigkeit unsre Treue und unsre Hingabe vielfach so ansieht. Ich will kurz antworten: nicht das kritische Wort ist die rechte Gestalt verantwortlicher Mitarbeit, sondern das helfende und klärende Wort des Getreuen, und nicht der Ausweichraum ist die Stelle, an der die christliche Kirche die Verhärtungen aufbrechende Durchfurchung deutschen Lebens mit dem Pflug des Evangeliums vollzieht, sondern der Arbeitsplatz mitten auf dem Acker. Wo wahrhaft verbindliche Volksordnung gestaltet wird, da wird man für den Kritiker und für den, der sich sein eigenes irdisches Schicksal vorbehält, niemals Raum haben, er schaltet sich selber ab. Er gehört ebensowenig zu denen, die säen und arbeiten, wie der Städter, der über Bauernarbeit einen kritischen und verständigen Aufsatz schreibt. Ich will es auf die Kirche noch deutlicher anwenden. Soll die deutsche evangelische Kirche Mitwalterin am deutschen *Nomos* und *Logos* sein, dann muß sie deutsche Volksordnung sein, die deutsche Not als eigne Not, deutsche Hoffnung als eigne Hoffnung fühlt und ihre Arbeit unter der Verantwortung vor dem Herrn Christus als ein Stück Aufbau am deutschen Leben versteht. Eine solche Kirche wird deutschen Geist und deutsche Art helfend und weitend und, wo es not tut, auch segnend-verwundend mitbestimmen. Die Kirche im Ausweichraum ist statt einer Pädagogie auf Christus zu eine Pädagogie von Christus weg. Es ist mir seltsam, daß diese Haltung, in der ich mit meinem Buch meine Arbeit zu tun gesucht habe, nicht allen Theologen und allen evangelischen Christen die selbstverständliche ist. Wir sollen als Christen doch wohl – oder besteht auch darin keine Einigkeit? – innerhalb unsrer Bindung an das Irdisch-Geschichtliche das Stück Leben, an dem uns zu dienen gegeben ist, durchglühen mit der Liebe, die wir aus dem ewigen göttlichen Reich empfangen, und so das Vergängliche zu einer Bereitung auf das Unvergängliche machen. Die göttliche Liebe fängt nicht mit Kritik und Vorbehalt an, sie schenkt sich ganz hinein in unser Leben. Und Boten der göttlichen Liebe in Christus meinen, die Hoheit des Evangeliums gehe verloren ohne Kritik, Vorbehalt und Ausweichraum des Denkens und Handelns ihrer Boten? Das verstehe, wer kann.

Ich weiß, was Sie jetzt denken, Herr Doktor: „Kennt denn der Professor der Theologie seine eigene Zunft nicht? Weiß er denn nicht, daß die Theologen noch immer geneigt sind, wie weiland der selige Augustin, Volk und Staat mit Weltreich, und verfaßte und geordnete Kirche mit Gottesreich gleichzusetzen? Daher der gewaltige Anstoß, wenn Sie einem geschichtlichen Geschehen Bedeutung für kirchliche Gestalt und Ordnung zuschreiben und von einer Stunde der Kirche reden." Ja, Sie haben schon recht, das erklärt in der Tat alles und noch mehr bei einigen Leuten. Auf irgendwelchen Umwegen wird die Vollmacht des Glaubens, der uns zu Kindern des ewigen Reiches und Zeugen des Evangeliums macht, umgefälscht in eine Vollmacht der von Ihnen so genannten violetten Kirche, und damit wird Liebe freilich zu Herrschsucht und Unerschlossenheit. Aber, Tillich kann ich trotz dem Schillern in seiner Unterscheidung von profan und heilig dazu nicht rechnen, und eben darum sage ich, gerade mit Bezug auf Tillich: hier verstehe, wer kann.

Bleibt von dem Angriff Tillichs auf meinen christlichen Ernst noch eins im Reste: daß er den Vorwurf Karl Barths und der Barmer gegen die deutsch-christlichen Häretiker, sie hätten zwei Offenbarungsquellen, neben der Bibel auch noch Hitler, oder das deutsche Geschehen von 1933, in der Anwendung auf mich aneignet. Da stehen nun der Kairosphilosoph und die Bekenntniseiferer und Ketzerverfolger in Einer Front. Ich darf das Mißverständnis als inzwischen schon erledigt kurz abfertigen. Wenn der Nationalsozialismus mir eine religiöse Utopie wäre, von der ich, selber ein Kairosphilosoph, nur ein plumper und naiver, gesagt hätte, daß in ihr das Reich Gottes nahe herbeigekommen oder ganz herbeigekommen sei, dann hätte Tillich selbstverständlich hier recht. Aber, wir haben ja schon gesehen, daß ich in der lutherischen Lehre von den zwei Reichen denke. Tillich ist hier also widerfahren, daß er die einem andern geistigen und theologischen Zusammenhang angehörigen Aussagen meines Buches nach dem beurteilt hat, was sie in der Struktur des religiös vertieften Marxismus bedeutet hätten. Das ist eine Selbsttäuschung, der systematische Denker in der Beurteilung fremder Gedankengänge des öfteren unterliegen. Ich habe so manchen wissenschaftlichen Widerspruch in mir gehabt, wenn ich Tillich irgendwann auf das Gebiet der geisteshistorischen Analyse sich wagen sah. Es wundert mich nicht, daß nun auch ich bei ihm nach systematischer Methode mißverstanden worden bin.

Aber, das wundert mich, daß er eine so seltsam steife und überlieferungsnahe Offenbarungslehre hat. Ich glaube in der Durchdenkung des Offenbarungsbegriffs theologisch weiter gekommen zu sein und verweise derhalb auf Hammer und Nagel, Heft 2. Das Allernotwendigste lassen schon die im Anhang abgedruckten Thesen über Gottes Offenbarung erkennen.

* * *

Es ist nicht alles beantwortet, was Tillich gegen mich sagt, aber alles, was zum Verständnis der Linien hier und dort nötig ist. Gerne würde ich mich noch über den von mir geprägten Begriff des Blutbundes äußern, den Tillich nicht erfaßt hat. Er bedeutet die Öffnung der Gefühlsanschauung von der Blut- und Rasseeinheit eines Volks für die geschichtliche Einsicht, daß ein Volk auf dem Connubium mehrerer nahe miteinander verwandter Systemrassen beruht und im Lauf der Geschichte bei ständig zunehmender Blutsverwandtschaft aller Glieder doch ständig im kleinen Blutströme abgibt und neu empfängt. Tillich hat über die Tatsache, daß ich zu der Rassen- und Erbpflege als einer unaufgeblichen Pflicht volksbewahrender Ordnung ja sage, übersehen, daß ich gerade hier ein Stück verantwortlicher wissenschaftlicher Reflexion geübt habe. Doch, das merkt der aufmerksame Leser wohl von selbst, und jedes Geschäft, geschweige ein Brief, muß ein Ende haben.

So bleibt nur eines übrig, ohne das dieser Brief an Sie unvollständig wäre: Ihnen zu gestehen, daß ich Tillich Dank schuldig bin und daß es mich geschmerzt hat, einem Jugendfreunde gegenüber, den ich mir aus meinem Leben nicht wegdenken mag, diese Abrechnung vollziehen zu müssen. Ich danke ihm zweierlei. *Einmal:* er ist es gewesen, der mich in unsrer Studentenzeit, als mir bei dem Versagen der damaligen Berliner Philosophie die fruchtbare persönliche Anregung fehlte, in den Strom der idealistischen Philosophie hineingelockt hat. Bei dem maßgeblichen Berliner Philosophen damals lernte man, daß die Idealisten Stümper und Frechlinge seien, die es zu lesen nicht lohne, so hatte ich mich auf das ernstliche Studium Kants beschränkt. Jener Anstoß Tillichs ist der Anfang einer bis gegen Kriegsende sich hinziehenden reichen geistigen Gemeinschaft gewesen, die in einem stets gespannten Widereinander − ich hielt zu Fichte, er zu Schelling; ich dachte von dem Ruf zur Pflicht her, er von der mystischen Gottesbegegnung her; ich war von der sozialen Frage zerquält, er lehnte sie damals ab − doch mir (und bisher hatte ich gedacht: uns beiden) ein Geschenk gewesen ist. Als dann 1918 der politische Bruch zwischen uns kam, den ich irgendwie immer auch als von einem Bruch im Religiösen begleitet empfunden habe, da habe ich, und das ist das *Zweite,* von Tillich dennoch etwas haben können. Es war nun anders denn früher. Jeder ging im geistigen Ringen seinen Weg ohne eigentliche Auseinandersetzung mit dem anderen, er schneller und glänzender, ich schwerer und (durch den politischen Kampfeswillen) geballter. Er ist mir aber die ganzen Jahre hindurch ein einzigartiges Beispiel gewesen eines Menschen, der nach seiner Art und seinem Gesetz und gemäß seiner politischen Entscheidung mit unerhörter Ehrlichkeit alle Nöte der krisenhaften Zeit trug und im Denken bewegte. Ein solches Beispiel kann man, auch wenn man beim dritten Satze jedes Aufsatzes im Widerspruch und manchmal sogar im Zorn ist, nicht vor sich haben, ohne daß es einen weiter und tiefer macht in seinem eigenen Ringen. Diesem zweiten Danke habe ich in meinem von Tillich angegriffenen Buche an einer Stelle einen Ausdruck gegeben, so stark, als es das Ergebnis der Analyse nur zuließ (S. 121). Ich setze den entscheidenden Satz mit dem ich die kurze Charakteristik Tillichs dort schließe, als Schluß dieses Aufsatzes noch einmal her: „Ohne das innere Ringen mit diesem bedeutenden Gegner... wären die Theologen des jungen nationalen Luthertums kaum lebendig genug geworden, um sich ehrlich an den Nationalsozialismus als die geschichtliche Gestalt der von ihnen geforderten Entscheidung... zu geben." Wenn ein Volk eine so umbrechende Krise durchgeht, wie es das deutsche seit Weltkrieg und Versailles getan hat, dann schwinden die Individualitäten, und was der eine leidet und opfert, das tut er auch den andern zugut.

Tillich hat den Ausdruck angegriffen, den ich unter dem Gesichtswinkel meines Berufs und nach dem mir Möglichen der neuen deutschen geistigen Haltung gegeben habe. Ich habe mich in meinem Buche als Glied einer Übergangsgeneration bekannt, die Neues mit geschichtsbeladnen Begriffen sagen muß. Tillichs Wort mir gegenüber ist darum trotz allem, was sachlich dazu zu sagen ist, noch kein endgültiges Wort zum jungen Deutschland selbst. So soll die Abrechnung mit dem Grundsätzlichen seiner Kritik von mir aus enden in dem Offenlassen einer Frage.

Ihr aufrichtig ergebner Emanuel Hirsch.

ANMERKUNGEN

1 Hamburg 1934.

2 Eduard Geismar, dänischer Theologe, seit 1921 Prof. für Ethik und Religionsphilosophie in Kopenhagen. Von Rudolph Eucken beeinflußt, regte er die Kierkegaard-Rezeption in der theologischen und philosophischen Debatte der zwanziger Jahre an. Starkes Engagement für soziale Fragen.

3 Vgl. über ihn Klaus Scholder: Die Kirchen und das Dritte Reich Bd. I, a.a.O., S. 131 f., 533 ff.

4 Vgl. Emanuel Hirsch: Schöpfung und Sünde in der natürlich-geschichtlichen Wirklichkeit des einzelnen Menschen . . . , Tübingen 1931.

5 Vgl. Emanuel Hirsch: Deutschlands Schicksal. Staat, Volk und Menschheit im Lichte einer ethischen Geschichtsansicht, Göttingen 1920, 3. Aufl. 1925.

6 Vgl. Emanuel Hirsch: Kierkegaard-Studien, Gütersloh 1930–1933.

6a Vgl. Oswald Spengler: Der Untergang des Abendlandes, 2 Bde. I: Wien 1918. II: München 1922. Emanuel Hirsch: Deutschlands Schicksal, a.a.O., S. 11–14 u. ö.

6b Zeitschr. f. Syst. Theol. Jg. 1, S. 199 ff.

7 Vgl. W. Stapel: Der Christliche Staatsmann. Eine Theologie des Nationalismus, Hamburg 1932.

8 Ein solcher Titel war bibliographisch für das Jahr 1925 nicht nachweisbar. Vgl. jedoch Emanuel Hirsch: Die idealistische Philosophie und das Christentum. Ges. Aufsätze, Gütersloh 1926.

9 Vgl. Emanuel Hirsch: Christentum und Geschichte in Fichtes Philosophie, Tübingen 1920.

10 Vgl. Paul Tillich: Das Dämonische. Ein Beitrag zur Sinndeutung der Geschichte. Tübingen 1926; G.W. 6, S. 42–71.

10a Emanuel Hirsch: Vom verborgenen Souverän, in: Glaube und Volk, Jg. 2, S. 4–13. Ders.: Die gegenw. geist. Lage . . . , a.a.O., S. 61.

11 Vgl. Emanuel Hirsch: Staat und Kirche im 19. Jahrhundert (Nach wissenschaftl. Vorlesungen), Göttingen 1929.

IV, 9 Um was es geht.[1]

Antwort an Emanuel Hirsch

Mein offener Brief an Emanuel Hirsch ist von Hirsch in einer Broschüre beantwortet worden, die unter dem Namen „Christliche Freiheit und politische Bindung" einen Brief an Dr. Wilhelm Stapel[1] und eine Auseinandersetzung mit Geismar enthält und in der Hanseatischen Verlagsanstalt, Hamburg, erschienen ist. Der Brief an Stapel bringt die Antwort an mich. Sie verbindet Abwehr mit Angriff, Persönliches mit Sachlichem, Einzelheiten mit großen Gesichtspunkten. Die Haltung des Ganzen, vor allem des menschlich erfreulichen und versöhnlichen Schlußabschnittes ermöglicht es mir, den von Hirsch nicht völlig erfaßten Sinn meines Angriffes auf sein Buch noch einmal in knappster Form zusammenzufassen.[2]

I.

Das erste, um was es mir ging, war, eine gerechte Würdigung der geistigen Haltung und Leistung der letztvergangenen Periode deutscher Geistesgeschichte zu fordern; wenigstens von dem zu fordern, der wissenschaftlich und nicht propagandistisch Gegenwart und Vergangenheit vergleicht. Nur im Kampf für solche Gerechtigkeit, in Abwehr einer verzerrten Geschichtslegende, ist der erste Teil meines Briefes geschrieben. Hirsch hat verstanden, daß seine Darstellung dabei als eine typische, nicht als eine individuelle angegriffen war. Sie ist fast die einzige, die wert ist, angegriffen zu werden. In keiner Weise kam es mir auf einen wissenschaftlichen Prioritätsstreit an. Ich habe nie das geringste Verständnis für solche Streitigkeiten gehabt und habe darum geschrieben, daß, wenn die jung-lutherische Theologie ihre Gedanken unabhängig vom religiösen Sozialismus entwickelt hätte, Hirschs Beurteilung des Vergangenen und Gegenwärtigen ebenso unverständlich wäre. Die Frage, die ich stelle, ist: Kann eine Periode unter ein bedingungsloses Nein gestellt werden, wenn gleichzeitig anerkannt wird, daß in ihr und durch sie Ideen gewachsen sind, die ein uneingeschränktes Ja erhalten? Kann philosophische und theologische Geistesgeschichte so undialektisch Ja und Nein verteilen, insonderheit wenn sie mit unleugbar ähnlichen Kategorien arbeitet wie diejenigen, die unter das Nein fallen? Soll künftigen Generationen denkender Deutscher ein Zerrbild deutscher Geistesgeschichte oder

214

das wahre, dialektische Bild der Entwicklung überliefert werden? Darum und nur darum ging es mir und geht es mir und nicht um Hirsch und nicht um mich, nicht um Originalität und nicht um Plagiat. Wer überzeugt ist, daß das Verständnis des Vergangenen entscheidende Bedeutung hat für die Deutung des Gegenwärtigen und die Gestaltung des Zukünftigen, muß mit Leidenschaft und Sachlichkeit zugleich über dem Werden unseres Geschichtsbewußtseins wachen. Zu solchem Wächteramt gegenüber historischer Legendenbildung ist heute jeder verpflichtet, der sich um Geistesgeschichte bemüht. Haß gegenüber der einen, Enthusiasmus gegenüber der anderen Periode sind ebenso schlechte Berater für geschichtliches Denken wie zuschauende Indifferenz. Es wäre schön, wenn Hirsch nicht nur von seinen systematischen Lösungsversuchen, sondern auch von seiner Würdigung der vergangenen Periode deutscher Geschichte zugestehen würde, daß die Frage nach ihr offen geblieben ist.

II.

Hirsch wundert sich, daß ich mich theologisch auf die Seite von Karl Barth gestellt habe, und er schreibt das politischen mehr als theologischen Gründen zu. Tatsächlich habe ich mich grundsätzlich weder auf seine noch auf Barth's Seite gestellt, sondern versucht, einen dritten Weg zu zeigen. Wie nötig es ist, ihn zu suchen, haben die letzten Monate eindringlich bewiesen. Voraussetzung für einen solchen Weg aber ist die Abwehr eines dämonisierten Sakramentalismus, wie er in der deutsch-christlichen Theologie enthalten ist und dem Hirsch mit jedem Wort Vorschub geleistet hat. Im Kampf dagegen stehe ich auf Barths Seite. Denn in diesem Kampf vertritt Barth das prophetische Element, das – freilich in säkularisierter Form – auch im Sozialismus enthalten ist. Nicht ist es meine Absicht, das priesterlich-sakramentale Element überhaupt auszuscheiden, wie manche sonst zustimmenden Zuschriften befürchten, wohl aber ist es nötig und war es nötig in der ganzen Geschichte und Vorgeschichte des Christentums, und ist es heute nötiger denn je, zu verhindern, daß das sakramentale Element zur Schaffung von Ideologien und Weihung von Machtgebilden mißbraucht wird. Darum ging es in der Kritik der zentralen Begriffe, die Hirsch verwendet. Die christliche Kirche ist durch ihre eigene Geschichte, die nie unabhängig ist von der Gesamtgeschichte, heute vor die Frage nach dem Verhältnis von göttlichem und menschlichem Handeln gestellt. Diese Frage ist so legitim theologisch wie die Frage nach dem Verhältnis von göttlicher und menschlicher Natur in Christus, wie sie in der alten Kirche gestellt wurde; und wie die Frage

215

nach Gnade und Natur im Mittelalter; und wie die Frage nach Rechtfertigung und guten Werken in der Reformation. Es ist die uns aufgegebene Form der gleichen Grundfrage aller christlichen Theologie.
Die Kairoslehre war ein Versuch, an dieses Problem heranzukommen
und die Gefahren, die rechts und links am Wege liegen, zu vermeiden.
Jeder, der diesen Weg geht, ist der Gefahr ausgesetzt, auf ihm die
Richtung zu verlieren. Das Unternehmen von Hirsch hat mit eindrucksvoller Deutlichkeit den möglichen Irrtum nach der einen Seite
hin gezeigt. Meine Frage war: Ist dieser Irrweg, das „chalzedonensische" Vermischen des Göttlichen und Menschlichen notwendig, wenn
wir den Barth'schen Irrweg, das „chalzedonensische" Trennen beider
vermeiden wollen? Gibt es keine „chalzedonensische" Lösung der
Frage „Reich Gottes" und „menschliches Reich"? Auch wenn die Kategorien Hirschs ohne Anlehnung an die Kairoslehre entstanden wären – was weiter zur Diskussion stehen mag –, so würden sie gerade
das sagen, was in der Lösung des Problems als der eine, immer drohende Irrweg zu bekämpfen ist: die unmittelbare und ungebrochene
Heiligung und Weihung eines menschlichen Reiches. Hirsch's Lehre
von den zwei Reichen, von denen das eine ausschließlich bezogen ist
auf die Innerlichkeit des einzelnen Menschen, das andere ebenso ausschließlich auf die Ordnungen des politischen und sozialen Lebens,
hat die Folge, daß diese Ordnungen der von der Reich-Gottes-Erwar-
tung kommenden Kritik entzogen sind. Auch Barth entzieht sie der
Kritik, aber er profanisiert sie zugleich und stellt sie unter sachliche
Normen, die bewußt oder unbewußt ein Element prophetischer Kritik enthalten. Hirsch gibt ihnen ausdrücklich religiöse Weihe und verzichtet damit auf jede Kritik an den in ihnen wirkenden Dämonien.
Um diese Probleme geht es in aller gegenwärtigen theologischen
Arbeit. Darum ging es mir in meinem Bemühen, die Kairoslehre
scharf gegen die oft zum Verwechseln ähnlichen Kategorien der Lehre
von den „zwei Reichen" abzugrenzen.

III.

Das Verhältnis von Theologie und Politik kann niemals durch ein
„und" gekennzeichnet werden. Am allerwenigsten dann, wenn eine
politische Bewegung sich selbst entschlossen und allseitig auf eine
Weltanschauung gründet. Dennoch ist es etwas sehr Verschiedenes,
ob man politisches Handeln unter dem Gesichtspunkt des Macht-
kampfes und der Zweckmäßigkeit beurteilt oder ob man den weltanschaulichen Anspruch einer politischen Gruppe ernst nimmt und
ihn unter das Gericht der theologischen Kategorien stellt. Das ist

nicht Politik, aber es ist „Theologie der Politik". Ein Teil also der Theologie der Kultur, an der Theologie nicht vorbei kann, wenn sie den unbedingten Anspruch der christlichen Verkündigung aufrecht erhalten will. Ich sehe nicht, daß ich diese theologische Haltung auch nur an einer Stelle aufgegeben hätte. Alle Fragen, die in meinem Brief angeschnitten sind, der Begriff des Dämonischen, die Idee der dynamischen Wahrheit und des existentiellen Denkens, die Frage nach dem Nomos und Logos des geschichtlichen Handelns, die Frage nach dem Verhältnis der christlichen zur politischen Freiheit, nach dem Verhältnis von Blutbund und sakramentalem Bund, nach der Offenbarung als Kriterium geschichtlichen Handelns, nach Reich-Gottes-Glaube und nationalem Machtwillen – all das sind Fragen, die als legitim theologisch auch dann anerkannt werden müssen, wenn die Stellungnahme biographisch durch verschiedene politische Überzeugungen mitbestimmt ist. Eine Theologie, die sich ihr kritisches Recht auch einer politischen – wie jeder anderen – Weltanschauung gegenüber kürzen ließe, hätte sich selbst verstümmelt. In dem Augenblick, wo Politik sich selbst weltanschaulich begründet, muß diese Begründung verantwortlicher theologischer Kritik unterworfen werden. Auch um den Preis des Märtyrertums, wie Geismar mit Recht Hirsch gegenüber fordert. Es ist, theologisch gesehen, widersinnig, daß die theologische Kritik einer politischen Weltanschauung als Ausdruck politischer Gegnerschaft denunziert und gleichzeitig ihre theologische Rechtfertigung und Glorifizierung bedenkenlos unternommen wird. Gegen diese von der Barthschen Theologie mitbewirkten Schiefheit und Verhülltheit der theologischen Diskussion war meine Kritik der einzelnen Punkte der politischen Weltanschauung, die Hirsch voraussetzt und formuliert, gerichtet. Es scheint, als ob die Einsicht in das wirkliche Verhältnis von christlicher Verkündiging und politischer Weltanschauung langsam an Boden gewönne. Wenn mein offener Brief zu dieser Klärung beigetragen hätte, so würde er trotz alles Schweren, das er zwei langjährigen Freunden gebracht hat, seine Berechtigung erwiesen haben.

Zum Schluß eine persönliche Bemerkung: Hirsch hat die Form des Briefes als solche unangemessen empfunden, da er den Inhalt als persönliche Kränkung aufgefaßt hat. Daß mir solche Absicht[2] fern lag, eben das sollte die Form des Briefes zeigen. Was ich treffen wollte, ist eine geistige Macht, die sich in Theologie, Weltanschauung, Ethos und Wissenschaft zugleich ausdrückt und die nach meiner durch Hirschs Thesen unerschütterten Überzeugung dem prophetischen Element des Christentums schlechthin widerspricht. Der Kampf gegen dieses Prinzip ist nur existentiell möglich. Ich habe es Hirsch nicht verdacht, daß und sofern er existentiell geantwortet hat. Ich glaube aber, daß der evangelische Rechtfertigungsgedanke die Möglichkeit gibt, daß auch heute, wo niemand, der ernst genommen werden soll, an dem Einsatz seiner Existenz vorbei kann, persönliche Verbundenheit auch durch existentielle Ablehnung nicht aufgehoben werden muß. Der „Feind" ist keine wesensnotwendige, sondern eine wesenswidrige, wenn auch „existentielle" Kategorie.

z. Zt. New York
Paul Tillich.

ANMERKUNGEN

1 Paul Tillich: Um was es geht. Antwort an Emanuel Hirsch, in: Theol. Blätter. Jg. 14, 1935. Sp. 117–120, S. 214 ff. in diesem Band.
2 Paul Tillich merkt an dieser Stelle folgendes an: Leider findet sich nichts von dieser Haltung bei dem Adressaten des Briefes. Es würde der Sache und dem Niveau der Auseinandersetzung mit Hirsch widersprechen, wenn ich darauf einginge. Ich begnüge mich damit, mein Bedauern über die Wahl des Adressaten auszudrücken.

V.
PAUL TILLICH – HERMANN SCHAFFT

EINFÜHRUNG

Der Briefwechsel zwischen Tillich und Schafft aus den Jahren 1934 bis 1936 ist von besonderer Bedeutung, weil er den Gegensatz Tillichs zu der Entwicklung in Deutschland, wie sie in der Auseinandersetzung mit E. Hirsch manifest geworden war, nach bestimmten Seiten hin ergänzt. Schaffts eigene Gedanken sind höchst bedeutsam, weil sie einen Mann der Mitte in Deutschland zeigen; Tillich sah die Lage von außen. Er erinnert den Freund, der in der Gefahr schwebt, manches im Hitlerstaat auch gut zu finden, nachdrücklich daran, daß für einen Theologen, dem der Kampf gegen das neuheidnische NS-Kirchentum und für eine Kirche des Evangeliums wichtig ist, nur ein Mitstreiten in der Bekenntniskirche in Frage kommt, selbst wenn beide – Tillich ebenso wie Schafft – der Theologie Karl Barths nicht folgen können.

In diesem Zusammenhang verdient der Brief Tillichs an Schafft vom Herbst 1935 eine besondere Bedeutung. Es ist Tillichs Kampf um das, was er christliche „Substanz" nennt, die er jetzt auch bei dem Gefährten Alfred Fritz in Gefahr sieht. Tillich begründet, weshalb er sich „jetzt ganz zur Bekenntniskirche stellt". „Denn nachdem die christliche Substanz, das letzte Kriterium, selbst von dem heidnischen Nationalismus angegriffen ist, handelt es sich zunächst einmal darum, sie zu verteidigen, wie in dem Kampf zwischen Arius und Athanasius zunächst einmal Athanasius Recht hatte, trotz alles Schlimmen der athanasianischen Orthodoxie. Niemand hatte damals das Recht, sich wegen solcher Bedenken draußen zu halten, und niemand hat heute das Recht, sich wegen berechtigter Kritik an Koch und Niemöller zwischen Müller und Niemöller zu stellen."[1]

ANMERKUNG

1 Zitat aus dem Brief von Paul Tillich an Hermann Schafft, 1935, S. 232.

V, 1 Hermann Schafft: Lebensbericht

Statt eines biographischen Vorwortes drucken wir an dieser Stelle den ersten Teil einer autobiographischen Skizze ab. Schafft hat sie am 22. April 1953 niedergeschrieben und ihr den Titel gegeben „Lebensbericht, von ihm selbst verfaßt". Sie erschien in: Hermann Schafft, ein Lebenswerk. Hrsg. Werner Kindt, Kassel 1960, S. 147–151.

Am 2. Dezember 1883 wurde ich als Sohn des Pfarrers Julius Schafft und dessen Ehefrau Johanna, geb. Ganslandt, in Langenstein bei Halberstadt geboren. Ich besuchte die Volksschule in Hersfeld, die Gymnasien zu Hersfeld, Kassel und Schulpforta. In Schulpforta bestand ich Ostern 1903 die Reifeprüfung. Ich studierte Theologie in Halle, Berlin, Tübingen, Halle. In Halle bestand ich am 17. Mai 1907 die erste theologische Prüfung, der am 24. Juni das Tentamen in Kassel folgte. Von Juni 1907 war ich bis Februar 1908 Lehrvikar bei meinem Vater, dem damaligen Superintendenten Schafft in Hersfeld, ab Februar 1908 bis Ostern 1908 Vertreter des Pfarrers Degenhardt in Zimmersrode. Ostern 1908 bis Ostern 1909 wurde ich an der Taubstummenanstalt in Homburg an der Efze als Taubstummenseelsorger ausgebildet. 1909 Ostern bis Herbst vertrat ich erneut in Zimmersrode und bereitete mich in Wollrode auf das zweite Examen vor, das ich in Kassel von 4. bis 7. Oktober 1909 bestand. Herbst 1909 bis Ostern 1910 war ich Inspektor am Predigerseminar zu Soest. Dann vertrat ich die durch den Tod meines Vaters vakante Stelle in Wollrode bis Herbst 1911. Von Herbst 1911 bis Ostern 1912 studierte ich noch ein Semester in Halle an der Saale. Ostern 1912 wurde ich zum Direktor des Studienhauses in Bonn am Rhein und zum Seelsorger der Lungstasschen Anstalten der Inneren Mission nach Bonn berufen. Dort arbeitete ich bis zum Kriegsausbruch. Von September 1914 bis Weihnachten 1918 nahm ich am Weltkrieg teil, zuerst als freiwilliger Krankenträger, dann als freiwilliger Feldpfarrer.

Nach dem Kriege kehrte ich wieder in die hessische Heimat zurück und wurde Pfarrer an der Hofgemeinde zu Kassel. In dieser Zeit hatte ich starke Fühlung mit den Gruppen der Kasseler Jugendbewegung bekommen und ebenso mit Kreisen der sozialistischen Arbeiter. Ich beteiligte mich an vielen Freidenkerversammlungen in der Aussprache und nahm starken Anteil an der geistigen und wirtschaftlichen Not der Arbeiterschaft. Im Jahre 1923 fand ich im Neuwerkkreis, einer christlich sozialistischen Jugendbewegung, einen Kreis gleichgesinnter Menschen. Wir eröffneten zusammen mit dem Pfarrer Emil Blum aus Bern auf dem Habertshof bei Schlüchtern eine Volkshochschule, in der wir Arbeiter, Bauern und Studenten durch gemeinsame Kurse zu engerer innerer Verbindung führen wollten. Diese Heimvolkshochschule Habertshof bestand bis zum Jahre 1933 und wurde dann von der Hitlerjugend gewaltsam besetzt. In Verbindung mit dieser Heimvolkshochschule fanden die Gedanken unseres Kreises ihren Ausdruck in der Zeitschrift Neuwerk, die zu den Fragen des kirchlichen, politischen und wirtschaftlichen Lebens Stellung nahm und ebenso auch Fragen der Schule und Erziehung behandelte. An dieser Zeitschrift arbeiteten u. a. Günther Dehn, Paul Tillich (jetzt Columbia-Universität New York), Otto Piper (jetzt London), Karl Barth u. a. mit. Während der 20er Jahre bin ich über ein Jahr aus dem Pfarramt zur Regierung beurlaubt worden und hatte die Aufgabe, die gesamten Jugend- und Sportverbände der Provinz Kurhessen zu betreuen und ihr Leben mit zu gestalten. Ich übernahm 1927 dann eine Pfarrstelle in der Kasseler Altstadt, die mich mit den besonders verelendeten Kreisen in den schlechten Wohnungen der Altstadt in sehr enge Verbindung brachte. Ich habe in diesen Jahren auch in der Altstadt eine größere Jugendarbeit aufgebaut, die leider nach meinem Weggang von der Gemeinde nicht weitergeführt wurde. 1930 übernahm ich auf Bitten der Lehrerschaft und einem Ruf des Kultusministers Becker folgend eine Professur in der neu gegründeten Pädagogischen Akademie in Kassel. Die Jahre 1930–1932 waren eine Zeit sehr befriedigender Arbeit in enger Verbindung mit dem Kollegium und der Studentenschaft. 1932 wurde aus finanziellen Gründen die Akademie aufgehoben und unser gesamter Lehrkörper nach Dortmund versetzt. In Dortmund erlebte ich den Umschwung, den Übergang zum Dritten Reich. Schon seit Herbst kam es zu ziemlich lebhaften Auseinandersetzungen zwischen der Studentenschaft und auch innerhalb des Kollegiums. Ich galt als der eigentliche Hemmschuh für eine stärkere national-sozialistische Bewegung innerhalb der Akademie. Anfang 1933 nahm ich einige Studenten in Schutz, denen von einem Kollegen, der sich in diesem Jahr von einem links gerichteten Politiker zu einem leidenschaftlichen Anhänger der SS entwickelte, kommunistische Einstellung vorgeworfen wurde. Wir beschlossen, Zeugnisse dieser Studenten dem Ministerium zur Entscheidung vorzulegen, und bei dieser Konferenz wurde ich mit einigen anderen von einem wilden SA-Mann verhaftet und entging nur durch Zufall schwerer Mißhandlung. Ich wurde dann an die Hochschule für Lehrerbildung in Halle versetzt, dort aber schon Pfingsten 1933 wegen eines Artikels im Neuwerk zu Gunsten des Prof. Günther Dehn beurlaubt und im Anfang 1934 auf Grund des Gesetzes zur Wiederherstellung des Berufsbeamtentums pensioniert. Den Vorschlag des Ministers, in ein kirchliches Amt zurückzukehren, lehnte ich ab, weil ich hoffte, noch religionspädagogisch tätig sein zu können.

Im Jahre 1934 machte ich im Frühjahr eine Reise nach Italien mit besonders starken Eindrücken von Rom. Pfingsten 1934 waren wir zum letzten Mal im Neuwerk-Freundeskreis im Habertshof zusammen.

Im Januar 1935 hatte ich eine Zeit lang in einem Pfarramt an der Werra vertreten und bin dann etwas über ein Vierteljahr in Österreich gewesen. Ich bekam vom Evangelischen Bund den Auftrag, österreichische sozialistische Arbeiter, die um der Gleichschaltung in Österreich willen wieder in die Kirche eingetreten waren, innerlich der Kirche näher zu bringen, durch Aussprachen über Christentum und Marxismus. Dieser Arbeitsplan kam nicht zustande, weil die Arbeiter Angst hatten, die Zusammenkünfte mit einem Reichsdeutschen würden ohne weiteres als getarnte national-sozialistische Schulung angesehen werden, und sie könnten deshalb ihre Wohnungen in den Gemeinschaftshäusern verlieren. Durch den Todesfall des Mannes einer meiner Konfirmandinnen, der ich zur Seite stand, kam ich nach Berlin, und lernte dort Theodor Ellwein kennen, der in dem Reichskirchenausschuß Zöllner schulpolitisch tätig war. Ich erlebte schon im Februar 1934 die erste heidnisch-religiöse Tagung in Berlin, bei der besonders Hauer sich hervortat. Bei Ellwein habe ich auf dem Büro der volkskirchlichen Arbeitsgemeinschaft eineinhalb, fast zwei Jahre gearbeitet. Wir haben damals Versuche gemacht, wenn möglich, den kulturpolitischen Kurs des Dritten Reiches noch umzuwerfen, außerdem auch das Auseinanderbrechen der evangelischen Kirche aufzuhalten. Ellwein und Schomerus (letzterer arbeitet jetzt an „Christ und Welt" mit und ist Leiter der Evangelischen Akademie in Herrenalb) haben mit mir den „Wittenberger Bund" gegründet, der sich grundsätzlich gegen die deutsch-christliche Ketzerei wandte, aber auf der anderen Seite versuchte, noch zwischen Kirche und Staat und den kirchlichen Gruppen zu vermitteln. Es ist uns immerhin mitten im Kirchenstreit dann gelungen, sämtliche Landeskirchen von Bayern bis Thüringen für einen Religions-Lehrplan zu gewinnen, den wir dem Kultusministerium einreichten. Das Alte Testament wurde beibehalten, problematische Kritik an nationalistischer Frömmigkeit klar ausgesprochen. Rust und Hossenfelder nahmen den Vorschlag an; er scheiterte an einem Veto aus dem Braunen Haus. Wir stießen zum ersten Male auf den Namen von Bormann.

Als ich merkte, daß die unheilvolle Entwicklung nicht mehr aufzuhalten war, habe ich mich auf eine Landpfarrei in Friedewald bei Hersfeld zurückgezogen, auch deshalb, weil meine Mutter damals in Hersfeld bei meiner Schwester lebte. Das war im Herbst 1938. Im Dezember 1938 starb meine Mutter, mit der ich ja eigentlich seit dem Jahre 1911 meist zusammengelebt hatte. Die Jahre in Friedewald, durch freilich noch häufige Reisen nach Berlin unterbrochen, waren ausgefüllt mit Gemeindearbeit in drei bzw. vier Dörfern. Die Gemeinde war sehr aufgeschlossen, und ich habe manche Freude dort erlebt. Auch hier fehlte es allerdings nicht an politischen Verdächtigungen. Im Jahre 1941 habe ich versucht, vor allem wegen der Taubstummenarbeit, die ich seit 1907 ständig getan habe, wieder in die Nähe von Kassel zu kommen. Eine Zeit lang lebte ich wieder in meinem Helsa-Blockhaus und habe dann in Kirchbauna eine große Pfarrei mit vier Dörfern, 10 km von Kassel, und in naher Nachbarschaft einer Luftfahrzeugmotorenfabrik übernommen. Meine Möbel, die vom Jahre 1934 ab meist auf dem Speicher standen, habe ich da zum ersten Mal wieder um mich haben können. Die Jahre 1942 bis September 1951 habe ich in diesem Kirchspiel zugebracht. Ich habe dort wirklich so etwas wie ein Stück Heimat wiedergefunden. Der Dienst war nicht leicht, drei und vier Gottesdienste sonntäglich und eigentlich täglich Jugendabende in den vier Dörfern. In der Kriegszeit waren die Menschen für jede Form des Beistandes dankbar. Wir haben natürlich in der unmittelbaren Nähe des schrecklich zerstörten Kassel auch viel unruhige Nächte gehabt, sind aber bis auf geringe Schäden unversehrt geblieben.

1945 wurden wir in Kirchbauna von den Amerikanern erobert. Als die ersten Anfänge des Wiederaufbaus begannen, bat mich der mir von früher her bekannte Regierungspräsident Dr. Hoch darum, ich möchte den Aufbau der Schulabteilung bei der Regierung in Kassel übernehmen. Es sah damals zunächst so aus, als ob die Regierung von Gesamt-Hessen nach Kassel kommen würde und sich unsere Regierung in ein Ministerium wandeln würde. Die Amerikaner entschieden aber für Wiesbaden, und so blieb unsere Tätigkeit auf den Raum des alten Kurhessen beschränkt.

Ich habe von 1945 bis 1951 das Amt des Regierungsdirektors als Leiter der Abteilung für Erziehung und Unterricht beim Regierungspräsidenten in Kassel neben meinem Pfarramt geführt. In der Gemeindearbeit hatte ich ein paar Jahre einen Hilfspfarrer; es war aber trotzdem eine Zeit übergroßer Anstrengung. Durch die wahnsinnige Entnazifizierung wurde eine lebendige Aufbauarbeit sehr erschwert. Es ging viel Kraft verloren bei den Auseinandersetzungen mit den Amerikanern über die Wiedereinstellung von Lehrern. Befriedigender als die Entwicklung auf schulischem Gebiet war die Wiederaufbauarbeit in der Jugendarbeit im Gesamtbezirk. Wir haben versucht, überall in den Städten und Dörfern z. T. durch Freizeiten und Lehrgänge gesunde Jugendgruppen aufzubauen. Ich habe in den Jahren auch am Pädagogischen Institut in Kassel mitgearbeitet, ebenso beim Wiederaufbau der alten Jugendbewegung. Da ich politisch unbelastet war, habe ich bis Ostern 1953 den Vorsitz in der Leitung der Burg Ludwigstein gehabt und war zugleich Obmann der freideutschen Sammlung. Auch im Jugendverband unseres Landes hat man mir die Leitung in die Hand gedrückt.

Im Februar 1949 habe ich, mir selbst und meinen Freunden zur Überraschung, eine Schlesierin, Witwe eines gefallenen Gutsbesitzers ganz im Osten Schlesiens, die ich beim Unterricht im Pädagogischen Institut kennenlernte und deren Bericht über ihre Flucht mir einen sehr starken Eindruck machte, geheiratet. Sechs Kinder aus der ersten Ehe bekam ich als Hochzeitsgeschenk dazu, vier Mädchen und zwei Jungen. Das Älteste ist jetzt 16, das Jüngste 8 Jahre alt. Dezember 1949 wurden uns ein Mädchen und im November 1951 zwei Mädchen geschenkt, so daß ich nun ein Familienvater von neun Kindern bin.

Im Sommer 1951 wurde ich als Staatsbeamter pensioniert und gab auch das Pfarramt in Kirchbauna auf. Wir sind z. T. auch mit Rücksicht auf den Schulweg der Kinder in eine unmittelbar neben dem Schloß Wilhelmshöhe gelegene sehr schöne und geräumige Wohnung gezogen. Ich lebe also offiziell im Ruhestand, da ich kein neues Pfarramt übernahm. Ich hatte gehofft, es würde die Möglichkeit bestehen, wieder etwas mehr auf geistigem Gebiet zu arbeiten. Leider ist durch eine außerordentliche Inanspruchnahme für Vorträge und Mitarbeit in verschiedenen Vereinigungen, außerdem durch Unterricht im Kindergärtnerinnen-Seminar, Soziale Frauenschule, Haushaltsschule es bisher nicht dazu gekommen. Ich bemühe mich, so viel ich kann, mich von diesen Aufgaben abzusetzen. Es bleibt vor allem die Taubstummenarbeit. Ich habe in der Arbeitsgemeinschaft Evangelischer Gehörlosenseelsorger, die sich im Raum des ganzen Bundesgebietes wieder zusammengefunden hat, vorerst noch die Leitung. Dazu kommt innerhalb unserer Kirche ein übergemeindlicher Auftrag, vor allem für religiös-pädagogische Arbeit (Pfarrer und Lehrer) und auch Erwachsenenbildung. Auch vom Kultusminister, dem mir vom Neuwerk her befreundeten Ludwig Metzger, bin ich zur Mitarbeit in der Erwachsenenbildung beauftragt. Besonders habe ich mich für die Heimvolkshochschularbeit in Neustadt und Fürsteneck interessiert. Neustadt ist eine Landvolkshochschule des Bauernverbandes, in der ich evangelisch-religiöse Unterweisung bisher übernommen habe. Ich bin von der Sorge erfüllt, daß sich die Vorgänge der zwanziger Jahre wiederholen könnten. Die innere Erschütterung unseres Volkes ist nach 1945 erschütternd schnell abgeebbt, und ich bin der Überzeugung, daß unser Volk seinen Auftrag verfehlt, wenn es nicht zu einer wirklichen Wandlung kommt. So unaufgebbar die Freiheit ist, so ist die Gefahr ihres Mißbrauches doch ungeheuer groß. Das, was sich im Osten ereignet, wird aber doch zuletzt über uns kommen, wenn das Leben in Freiheit nicht von innen her zu einer Ordnung und einem Sinn kommt. Auch in Bezug auf die Entwicklung des kirchlichen Lebens bin ich nicht ohne Sorge. Es ist durchaus verständlich, daß die tapferen Männer der Bekennenden Kirche nun in der Kirche leiten. Ich bin auch erfreut über das, was in den evangelischen Akademien geschieht, aber ich kann nicht leugnen, daß ich bestimmte rückläufige Erscheinungen zu sehen glaube, die den Abstand zwischen den aktiven Mitgliedern der Kirchengemeinden und der großen Menge unseres Volkes größer werden lassen. Ich würde gern noch etwas daran mitarbeiten, hier Brücken zu schlagen, soweit das möglich ist.

V, 2 Paul Tillich an Hermann Schafft

(1934)[1]

Lieber Hermann!

Deine beiden Briefe[2] habe ich erhalten. Sie kamen ziemlich kurz nacheinander an. Nicht nur ich, sondern alle unsere Freunde sind Dir zu großem Dank für Deinen zweiten Brief verpflichtet. Während wir die Tatsachen hier meistens besser wissen, als sie drin, sind uns solche Schilderungen, wie Du sie gibst, etwas völlig Neues. Erst durch Deinen Brief habe ich die reale ungeheuere Gefahr der Paganisierung, von der ich hier oft gesprochen habe, kennengelernt. In meinem hiesigen ersten Vortrag über die religiöse Lage in Deutschland[3] sprach ich als mögliche Zukunftsperspektive von einer kleinen Insel orthodoxer Kirchlichkeit in einem Ozean von Heidentum. Ich wußte damals noch nicht, da ich Deinen Brief noch nicht hatte, wie sehr diese Vision die Wirklichkeit war. Ich bitte Dich darum, schreibe, soviel Du irgend kannst. Es handelt sich darum, den Weltprotestantismus zu zwingen, die deutsche Realität als eigenes Schicksal zu sehen und auf sich zu nehmen. Denn auch hier gibt es einen entleerten Säkularismus und eine heidnisch-barbarische Unterströmung. In der nächsten Woche spreche ich über all diese Dinge in Chicago und Oberlin an verschiedenen Universitäten. Es ist nur so schade, daß der Zwang, Englisch zu reden, alle feineren Nuancen unmöglich macht. Die Broschüren sind auch angekommen. Daß Du mein geliebtes Italien[4] siehst, ist mir eine große Freude. In Rom kannst Du mindestens hundert Kirchen grüßen, die ich mit Hannah besucht habe. Und wenn Du unter den Zypressen der Villa d'Este in Tivoli liegst, denke an uns.

Und nun Deine Frage nach dem Haus von Goesch[5] in Ascona. Nach unserer letzten Orientierung wohnt in dem einen dieser Häuser Baronin Fides Stietencron, die älteste Tochter von Goesch mit ihrem Mann und ihren drei Kindern. An sie mußt Du unter Berufung auf mich schreiben. Die Adresse ist: Ronco sopra Ascona, Tessin (Schweiz) Casa Goesch. Falls irgend etwas frei ist, werden sie es Dir sehr gern vermieten, da sie in schwieriger Geldlage sind. Falls Du keine positive Antwort bekommst, fahre einfach nach Ascona, nimm Dir für eine Nacht ein Hotel und suche Dir dann etwas. Du wirst reichlich billige Zimmer finden, und auch sonstige Möglichkeiten billig zu leben. Ronco noch mehr als Ascona ist ein Paradies. Doch ist Ascona insofern günstiger, als es einen herrlichen Badestrand hat. Wenn Du lange dort bleibst, kann es passieren, daß ich auch dorthin komme. Denn ich plane sehr ernsthaft, Ende Mai eine Forschungsreise nach Deutschland zu machen, in der die vorläufige Entscheidung über mein nächstes Jahr oder vielleicht die ganze Zukunft zu fallen hätte. Schreibe mir darum bitte dauernd Deine genaue Adresse. Und schreibe mir auch, was Du über die Möglichkeiten eines rein arbeitsmäßigen völlig zurückgezogenen Daseins in Deutschland denkst. Denn dies ist im Grunde meine einzige Sehnsucht. Schreibe bald wieder.

Sehr herzlich Dein Paul

Hannah interessiert sich dafür, wie es Deiner Mutter in Deutschland geht? Ist sie ganz unbehelligt?

ANMERKUNGEN

1 Dieser Brief ist wahrscheinlich im Frühjahr 1934 geschrieben. Die Datierung ergibt sich aus dem Vortrag über die religiöse Lage in Deutschland (s. Anm. 3) und aus Schaffts Lebensbericht (s. Anm. 4).
2 Diese Briefe liegen nicht vor.
3 Paul Tillich: *The Religious Situation in Germany To-day*, in: *Religion and Life* (New York). Vol. 3, No. 2. 1934. S. 163–173; in deutsch Übers. in: G.W. 13, S. 227–238.
4 Vgl. den Lebensbericht von H. Schafft (S. 222). Nach diesem reiste Schafft im Frühjahr 1934 nach Italien.
5 Heinrich Goesch, Vgl. G.W. Erg. Bd. 5, S. 176 f.

V, 3 Paul Tillich an Hermann Schafft

99, Claremont Avenue New York City
d. 14. Sept. (1934)[1]

Dein dringend erwarteter Brief mit Empfangsbestätigung erreichte mich drei Tage, bevor ich das Sommer- und Arbeitsparadies im Atlantischen Ozean (Martha's Vineyard Island) verlasse, um mich in die Schrecknisse des New Yorker Winters zu stürzen. Es war eine sehr schöne und produktive Zeit. Außer dem Brief an Emanuel habe ich noch einen englischen Aufsatz über: Die Idee des totalen Staates und der Anspruch der Kirchen[2] geschrieben, von dem ich Dir hoffentlich bald einen deutschen Abzug schicken kann.

Für Deine Aufnahme des Briefes herzlichen Dank. Sie zeigt mir, daß Du in Deiner berechtigten Kritik an Barthianismus und Orthodoxie keinen Schritt weiter nach der Gegenseite gegangen bist, als ich es selbst tun könnte. Ich stimme Dir in den diesbezüglichen Ausführungen aller Deiner Briefe sowie Deiner Neuwerk-Aufsätze[3] zu. Mein Hirsch-Brief[4] ist genau wie Deine Aufsätze als Versuch gedacht, einen theologischen Weg zu zeigen, der aus der verhängnisvollen Alternative: orthodox oder mythisch hinausführt. Inzwischen hat mir K. L. Schmidt geschrieben, daß er die Sache nehmen will für die November-Nummer. Ich habe akzeptiert und ihm geschrieben, er solle es Dich wissen lassen. Damit erledigen sich Deine Bedenken, die ich nicht nur vollauf verstehe, sondern bei denen ich mich nur wundere, daß Du die Sache überhaupt in Erwägung gezogen hast. Eine Trennung des „sachlichen" vom „persönlichen" Teil möchte ich auf keinen

Fall machen. Um es nicht zu müssen, habe ich ja die Form des Briefes gewählt. In diesem Fall ist das Persönliche selbst das Sachliche. Das vollständige Zusammenbrechen der Persönlichkeiten ist eine der schrecklichsten Sachen der Gegenwart. Ich koche, wenn ich nur daran denke.

Nur eins als Frage: Hältst Du es für nützlich für die Zwischenstehenden, auf die wir hoffen und für die wir gearbeitet haben? Oder nicht? Oder welche Punkte nicht?

Die kleine Schrift von E.[5] habe ich in New York. Ich werde vor dem Druck noch auf sie Bezug nehmen. Grundsätzlich aber hat man das Recht, sich mit einem geschlossenen Buch als solchem auseinanderzusetzen. Findest Du den Ton zu scharf oder zu subjektiv? Ich muß Dir bekennen, daß ich einen tiefen Zorn über E. empfinde, der sich an manchen Stellen des Buches bis zum Ekel steigert. Was ich geschrieben habe, ist schon das Ergebnis einer starken Mäßigung und Objektivierung. Aber Du kannst Dir gar nicht denken, wie diese Dinge vom Standort „Zwischen den Räumen" aussehen... Und wahrlich nicht nur für meine Augen!

An E. will ich die Sache so schicken, daß er sie persönlich erhält mit einem Brief von mir, wenn sie erscheint. Vorher zu schreiben, scheint mir eine Gefährdung der ganzen Sache zu sein. Mir ist das nicht lieb. Aber ich weiß keinen Ausweg. Weißt Du einen?

Kennst Du eigentlich die Erklärung der protestantischen Kirchen und weißt Du, daß sie Koch[6] in den Rat gewählt haben? Auch sonst hätte ich Dir gerne allerhand erzählt, wozu keine Zeit ist. Was ist eigentlich mit Hauer[7] passiert? Wir haben über die Kräche, die da anscheinend waren, keinen genauen Bericht. Ich wäre Dir dankbar dafür. Wir können uns hier der Aufgabe zu interpretieren, nicht entziehen. Und ich war darum nie materialhungriger als jetzt. Über die akuten Ereignisse sind wir immer ausgezeichnet orientiert. Weniger über das konkrete Anschauungsmaterial.

Im Winter lese ich außer einer Geschichte der Religionsphilosophie[8] eine philosophisch-theologische Anthropologie[9]: eine Metaphysik oder Dogmatik vom Gesichtspunkt der „menschlichen Existenz" aus. Es sind alles Materialien zu einer „historisch-existentiellen Dogmatik".

Im übrigen ringe ich täglich mit dem, was geschieht, was mit uns geschehen ist und was vielleicht geschehen wird, mit uns und überhaupt. Schick dies, wenn Du willst, auch an Frede.

Dein Paul

ANMERKUNGEN

1 Hinzugefügt ist „1934", wahrscheinlich von Karin Kretzler-Schäfer. – Das Jahr 1934 ergibt sich auch aus dem Offenen Brief an E. Hirsch (S. Anm. 5).
2 Vgl. Paul Tillich, Anm. 23 zu IV, 7.
3 Vgl. V, 1, insbesondere den bibliogr. Nachweis im Vorwort. Das Buch enthält auch eine vollständige Bibliographie der Werke von Hermann Schafft.
4 Vgl. Die Theologie des Kairos und die gegenwärtige geistige Lage. Offener Brief an Emanuel Hirsch. Vgl. Anm. 25 zu IV, 7.
5 Vgl. Anm. 1 zu IV, 7.
6 Auf der zweiten Bekenntnissynode, die in Martin Niemöllers Gemeinde Berlin-Dahlem am 19./20. Oktober 1934 stattfand, wurde der Reichsbruderrat der BK auf 22 Mitglieder erweitert, aus welchem als geschäftsführendes Organ der „Rat der Deutschen Evangelischen Kirche" bestimmt wurde. Ihm gehörten neben anderen der rheinische Präses Karl Koch, die Pfarrer Asmussen und Niemöller sowie Karl Barth an.
7 Vgl. Anm. 12 zu V, 5.
8 Vgl. G.W. 14, S. 287.
9 Vgl. ebda.

V, 4 Paul Tillich an Hermann Schafft

New York [1935]

L. H.

Herzlichen Dank für Deinen Brief aus Wien.[1] Ich freue mich, daß Du einmal aus dem Gefängnis heraus bist und Neues erlebst, auch daß ich Dir offen schreiben kann. Ich hätte viel zu schreiben, nachdem es leider mit dem Sehen nichts geworden ist. Ich will mich auf drei Punkte konzentrieren: Das Politische, das Kirchliche, die Emigration.

Politisch kann ich den Gedankengang nicht mitmachen, den Fr.[2] – repräsentativ für viele andere – immer wiederholt, daß die Sache doch *auch* Gutes hätte. Erstens ist selbstverständlich, daß jede Sache, die existiert, *auch* Gutes hat, sonst würde sie nicht existieren. Niemand würde ein solches Argument benutzen, wenn es sich nicht um eine Macht handelte, der er unterworfen ist und die er entweder mit Einsatz der Existenz bekämpfen oder für die er eine Ideologie als Rechtfertigung seiner Unterwerfung erfinden muß. Zweitens sind die guten

Seiten, die genannt werden, höchst fragwürdig. Die Winterhilfe z. B. bringt statistisch der Masse der Bedürftigen erheblich weniger als die kombinierten Unterstützungen vorher gebracht haben. Sie ist eine Verschlechterung, abgesehen von der mit ihr verbundenen Korruption. So ist es mit fast allen übrigen Dingen, deren bestes Teil die Propaganda ist, die für sie gemacht wird. Drittens kann man natürlich die Wiederbewaffnung und die innere Pazifierung als gute Seiten rechnen, wenn man das Erkaufen der Ruhe mit der Vernichtung jeder möglichen Kritik und wenn man die Wiederbewaffnung positiv wertet. Ich tue beides nicht. Das, was mich und alle feiner empfindenden Deutschen und Ausländer so tief erschüttert, ist das System der Lüge, das alles vom Kleinsten zum Größten durchdringt. Der Ekel, mit dem wir eine deutsche Zeitung lesen, ist unaussprechlich, z. B. die Frankfurter, die 10 mal „Ja" lügen muß, um 1/2 mal „Nein" sagen zu dürfen. Ich wünschte, daß die gesamte „gleichgeschaltete" Presse und Literatur verschwände und nur die reine Nazi-Presse bliebe. So würde zwar die faustdicke Lüge bleiben, aber die feine, schleimige, würde verschwinden und vielleicht würde der Stumpfsinn schneller an sich selber sterben. Solche Gedanken sollten Dich auch über das Ende des Neuwerk³ trösten: Es konnte ja doch nicht die Wahrheit sagen; das „neue Werk", für das es einmal zeugen sollte, ist zerstört und vielleicht für Jahrhunderte begraben. Das Werk, das jetzt getan wird, das einzige, was nicht Schwindel ist, ist die Militarisierung des ganzen Volkes und damit von ganz Europa. Für mich war die Nachricht von der Wiedereinführung der Wehrpflicht⁴ – die niemandem überraschend kam – das Symbol für die erschütternde Tragik Europas. Die Opfer des Weltkriegs umsonst gebracht. Der Rüstungs-Wettlauf, die Englische *Balance-of-Power*-Politik, der italienische Kolonial-Imperialismus, die österreichische Restauration, lauter Wiederholungen, lauter unlösliche tragische Verpflichtungen, die die Europäische Tragödie zur Endkatastrophe treiben. In der „Wiederholung" zeigt sich die tragische Unausweichbarkeit des Ganzen. Die Entmilitarisierung Deutschlands war ein Versuch, der Tragödie zu entgehen. Aber alle, die an diesem Versuch beteiligt waren, zerstörten ihn selbst in tragischer Verblendung: Die Franzosen durch ihre Angst, die das schuf, wovor sie Angst hatten, der Völkerbund als Instrument eines unsinnigen Friedens, England in seiner Charakterlosigkeit, Amerika in seinem egoistischen Pazifismus und Nachkriegskater.

Und innenpolitisch dasselbe Bild: Stärkung der Krieger-Kaste, Umwertung aller Werte im Sinne des kriegerischen Ideals, ideologische und reale Macht zur Unterdrückung der Arbeiterschaft, Verachtung des Geistes, Strammstehen als Existenzform. Nimm an, die Reaktion siegte mit Hilfe des Militärs über die Nazis. Was wäre für uns gewonnen, was für das Deutschland, in dem und für das wir ein neues Werk versucht haben? Ich fürchte: Nichts! Mir ist das Nazi-Deutschland so wenig Heimat wie das der wahrscheinlich kommenden Reaktion, unter der wir in den zweiten, vielleicht siegreichen, auf alle Fälle aber vernichtenden Weltkrieg ziehen müssen. Was ist demgegenüber die Tatsache, daß Fr.[2] wieder mit mehr Autorität arbeiten kann, daß die Arbeiter Urlaub (bei ungeheurem Sinken des Reallohns) haben, daß ein paar kleinere Unternehmer angeprangert werden? Steht demgegenüber nicht die Brutalisierung des Volkes durch die Gemeinheiten der Judenverfolgung, die Barbarisierung des Strafrechtes, dem jede Rechtsgarantie genommen ist, die Zerstörung der geistigen Traditionen Deutschlands durch Verschüttung sowohl der humanistischen wie der christlichen Quellen? Kann man im Hinblick auf dieses alles das radikale Nein mit der Berufung darauf, daß doch einiges Gute da ist, vermeiden? Ich kann es nicht!

Was Du über oder gegen die Bekenntniskirche schreibst, entspricht genau dem, was ich in meinem Artikel[5] als orthodoxe Verengung in prieserlichem Gewande gekennzeichnet habe. Die Erklärungen, Hirtenbriefe etc. sind mir genau so unerträglich wie Dir, und der Kampf gegen Liberalismus und Humanismus ist zu einem großen Teil ein Kampf gegen die Wahrheit. Die Frage zwischen uns liegt nicht an dieser Stelle, an der wir selbstverständlich einig sind. Sie liegt in der Entscheidung über den Ort, an dem man arbeiten und kämpfen soll. Und da möchte ich einen Unterschied zwischen uns herausarbeiten, der schon immer bestand, der mir aber an Deiner Stellung zur Bekenntniskirche erst ganz klar geworden ist: Du bleibst draußen, wenn Du kritische Bedenken hast, und suchst, unmittelbar vom Geist her zu verwirklichen. Ich gehe herein, wenn ich die grundsätzliche Intention, sozusagen das Prinzip, billigen kann, und versuche auf diesem Boden zu kritisieren. Deine Haltung ist zweifellos „geistiger", „spiritualistischer", aber ist sie darum nicht auch „schwärmerischer", konkret: unentschieden? Ich habe die Idee, daß Dein ganzes Lebensschicksal, Ehelosigkeit usw., die Spuren dieses Spiritualismus trägt. Das Neuwerk trug sie sehr deutlich. Ich habe mich schließlich entschieden, zum Wissenschaftler, zur Ehe, zum Sozialismus, zur vollen Emigration. Und ich habe versucht, was oft mißlungen ist, innerhalb dieser Situation die Grenz-Situation aufrecht zu erhalten, z. B. innerhalb der Sozialdemokratie religiöser Sozialist zu sein, innerhalb der Wissenschaft praktisch zu sein usw. Ich möchte kein Werturteil über beide

Tendenzen aussprechen. Wahrscheinlich ist es so, daß die Situation bald das eine, bald das andere erfordert. Vielleicht hattest Du in Bezug auf den Sozialismus recht. Aber ziemlich sicher habe ich recht, wenn ich mich jetzt ganz zur Bekenntniskirche stelle. Denn nachdem die christliche Substanz, das letzte Kriterium, selbst von dem heidnischen Nationalismus angegriffen ist, handelt es sich zunächst einmal darum, sie zu verteidigen, wie in dem Kampf zwischen Arius und Athanasius zunächst einmal Athanasius recht hatte, trotz alles Schlimmen der athanasianischen Orthodoxie. Niemand hatte damals das Recht, sich wegen solcher Bedenken draußen zu halten, und niemand hat heute das Recht, sich wegen berechtigter Krtik an Koch und Niemöller zwischen Müller und Niemöller[6] zu stellen. Fr.[2] schreibt mit Recht, daß mir diese Herren sehr wenig liegen würden. Sicher nicht! Aber das berechtigt mich und Dich nicht, ihnen den Kampf für die christliche Substanz zu überlassen, um dann auf dieser Basis eigene, bessere Dinge zu machen. Und daß heute die Kirche nicht völlig in der Hand der „Räuber-Synodalen und -Bischöfe" ist, verdankt sie allein jenen weithin uns unsympathischen Orthodoxen. Daß die Kirche wieder Heimat sein kann, in der es sich lohnt, es besser zu machen als jene, verdanken wir jenen. Darum finde ich: Nur unter einer Bedingung könntest Du Dich fern halten: Wenn Du selbst eine – nennen wir sie lebendige – Kirche schaffen würdest, die Hand in Hand mit der Bekenntniskirche um die christliche Substanz kämpfen würde, um dann in lebendigerer Weise, als es die Bekenntniskirche tut, zum Menschen der Gegenwart zu reden. Wenn Du das nicht kannst – und ich zweifle, daß es zur Zeit möglich ist – gehörst Du in die Bekenntniskirche als a) Mitkämpfer b) Kritiker. Für Fr.[2] liegen die Dinge ganz anders. Er hat sich von jeher von allen prinzipiellen Gegensätzen ferngehalten – schon im Wingolfs-Prinzip-Streit war das so, und das hat er konkret realisiert, prinzipiell gesehen: mit Kompromissen, praktisch gesehen, nach dem, was er in seinem Aufgabenkreis für richtig hielt. Du kannst das so wenig wie ich. Und darum mußt Du Dich jetzt entscheiden, entweder für die Gründung der lebendigen Kirche oder für die Lebendigmachung der Bekenntniskirche, in beiden Fällen aber für radikale Ablehnung des Angriffs auf die Substanz. – Über das, was lebendige Kirche bedeutet, würden wir uns wohl bald einig werden. Es umfaßt folgende Punkte: 1) Wahrung der kritischen Kraft und Wahrhaftigkeit des Liberalismus gegenüber der neuen supranaturalistischen Orthodoxie. Humanismus im Sinne der Logoslehre gegenüber theologischer Barbarisierung. 2) Entwicklung des religiösen Fragens und Antwortens aus der Profanität für die Profanität. Zu den Menschen sprechen, und zwar nicht nur durch Worte, sondern auch durch Symbole, wie es die Berneuchener, wenn auch mit archaischen Mitteln, versuchen. 3) In die Situation eingehen, kritisch und wegweisend. Aber was heißt das? Sicherlich heißt es, die von der Zeitgeschichte aufgeworfenen Probleme durchdenken, so auch Nationalismus, Rassismus usw. Aber ist das genug? Hat die Kirche nicht ein Kriterium der Entscheidung, das ihr nicht nur eine negative Unabhängigkeit im Sinne Barths, sondern auch eine positive Unabhängigkeit im Sinne des Kairos gibt? Ich denke Ja! und damit komme ich zum Problem der Emigration.

Unter Emigration verstehe ich jetzt einmal alle, denen das gegenwärtige Deutschland nicht Heimat sein kann. Das ergibt zunächst zwei Gruppen: die äußere und die innere Emigration. Beide zerfallen wieder in zwei Pole, zu denen es viele Übergänge gibt: Die rein ökonomisch bedingte und die geistig-politisch bewußte Emigration, die natürlich meistens auch ökonomisch bedingt ist. Nur von dieser ist die Rede, denn nur sie hat prinzipielles Interesse. Die innere Emigration führt entweder den unterirdischen Kampf für ein anderes Deutschland. Sie ist sinnvoll nur als Führerschulung für den Fall einer äußeren Katastrophe, in der beide Gruppen, Nazis und Reaktion zusammenbrechen. Die übrigen, die zur inneren Emigration gehören, suchen allein oder in kleinen Kreisen die zerstörten Traditionen humanistischen und sozialistischen Charakters aufrecht zu erhalten und rein geistig weiter zu entwickeln, ohne mit dem System zu paktieren. Wir hier draußen stehen in dem Konflikt zwischen den Forderungen, die die Gastländer mit Recht an uns stellen, und der Verantwortung für das Allgemeine, auf das wir durch den Verlust der Heimat geworfen sind. Manche von uns haben sich ganz der neuen Aufgabe zugewandt, sie werden bald eine neue Heimat gewonnen haben und als Emigranten ausscheiden. Einige aber, zu denen ich mich rechne, werden das Emigrantenschicksal als besondere, vom Schicksal vorgezeichnete Situation deuten und sich demgemäß für das Allgemeine entscheiden. Wenn sie dann dem neuen Lande dienen und wenn sie versuchen, nach Deutschland hineinzuwirken, dann werden sie es von dem Allgemeinen her tun. Sie werden damit in realer Repräsentation die übergreifenden Tendenzen: Kirche und Menschheit, zu realisieren haben. Einige von uns denken viel über diese Dinge nach, die ja auch die rassische und italienische Emigration betreffen. Nun scheint es mir erstens nötig zu sein, daß die innere und äußere Emigration in ernsthafter Verbindung bleiben. Die rein politische Emigration und die Untergrundarbeit tut es ja schon von Anfang an. Aber es sollte eine solche Verbindung auch in der geistig-politischen Emigration innen und außen geben. Und die Substanz dieser Verbindung sollte Kirche sein. Die deutschen Katholiken werden immer mehr in diese Lage gedrängt. Sie werden immer mehr innere Emigration – draußen aber haben sie die katholische Kirche, die für sie das Allgemeine repräsentiert. Wir haben das nicht. Wir haben Gastländer mit Protestantismus, Sozialismus, Humanismus als Elementen neben dem wachsenden Nationalismus. Kann es nicht für uns eine Gemeinschaft der über Nationalismus und Kapitalismus hinaus Wartenden geben? Und kann nicht die lebendige Kirche, obgleich sie selbst in nationalistischen und kapitalistischen Ketten liegt, geistige und menschliche Kräfte für diesen Vorstoß, für diese nicht räumliche, sondern zeitliche Mission, Mission in die Zukunft hinein, delegieren? Und sind nicht die Emigranten, die geistig-politischen, sofern sie zur Kirche gehören wollen, die providentiellen Missionare in die trans-nationalistische und trans-kapitalistische Zukunft. Aber wer gibt uns solchen Auftrag? Wo ist die lebendige Kirche, die so in die Zukunft vorstößt und sich von den politischen Dämonieen der Gegenwart innerlich scheidet?

So schließt sich politisches, theologisches und persönliches Denken für mich zusammen: Ein entschlossenes Nein gegenüber dem nazistisch-reaktionären System der Europäischen Selbstvernichtung, ein entschlossenes Ja zu dem Kampf um die christliche Substanz, Pionier-Arbeit im Dienste einer lebendigen Kirche, die in die Zeit eingeht und darum über sie hinaus in die Zukunft missionieren kann, wir als Emigranten, innere und äußere, im Dienst dieser Mission, die vielleicht mehr Blutzeugen fordern wird als irgendeine frühere.

Ich wäre Dir dankbar, wenn Du einen Weg fändest, diesen Brief Fr.[2] und anderen zugänglich zu machen. Es ist ein schwer errungenes Bekenntnis, aber es ist jetzt mein Bekenntnis.

ANMERKUNGEN

1 Dieser Brief von Hermann Schafft an Tillich ist nicht vorhanden.
2 Vermutlich Alfred Fritz.
3 Vgl. zur Neuwerk-Bewegung Wilhelm Wibbeling; Die Neuwerkbewegung, in: Hermann Schafft. Ein Lebenswerk, a. a. O., S. 55–60. Unter den Namen des Freundeskreises begegneten neben Schafft und Tillich, Emil Blum, Günther Dehn, Heinrich Frick, Alfred Dedo Müller, Alfons Paquet, Otto Piper, Wilhelm Thomas, Wilhelm Wibbeling.
4 Am 16. 3. 1935: Gesetz zum Aufbau der Wehrmacht (Einführung der allgemeinen Wehrpflicht.)

5 Vgl. Paul Tillich, Der totale Staat und der Anspruch der Kirchen (1934), in: G. W. 10, S. 145 ff., wo der Autor von dem „Panzer des orthodoxen Dogmatismus" spricht.
6 Vgl. Klaus Scholder, Die Kirchen und das Dritte Reich, Bd. I, a. a. O., Teil 2, S. 277 ff.

V, 5 Hermann Schafft an Paul Tillich

Hintersteinersee, Tirol, Sonntag, den 18. 8. 35

Lieber Paul,

Ich diktiere diesen Brief einer Wiener Freundin,[1] mit der ich hier ein paar Urlaubstage verlebe und an deren Adresse Du zweckmäßig Deine Antwort richtest, da ich nicht sicher bin, ob mich Deine Antwort noch in Österreich trifft.

Es ist sehr schlimm, daß Du nicht neben mir sitzest und See und Berge mit sehen kannst. Es muß dazu im nächsten Jahr, wenn irgendmöglich, kommen.

Der Gedanke an einen regelmäßigen Austausch mit Dir ist einer der Gründe, die mich veranlassen könnten, die mir angebotenen Leitung der österreichischen Inneren Mission anzunehmen!

Du überschüttest mich mit Briefen, deren Lektüre außerordentlich interessant war und für die ich dankbar bin und die ich leider nicht ausführlich begutachten kann.

In dem Briefwechsel zwischen Rüstow und Wolfers stehe ich wie damals schon in Thale auf seiten Wolfers. Rosenzweig[2] gegenüber kann ich nur sagen: ich will gewiß den Ernst und die Bedeutung seiner Arbeit anerkennen, ich empfinde aber ihn als fremd, geistreichelnd – wirklich als getauften Juden, der für das Schmerzlichste (?), was uns innerlich bedrängt, kein unmittelbares Organ hat. Er mag seinen Weg gewissenhaft und vergnügt zugleich gehen als Europäer im neuen Eur.-A. [Euro-Amerika]. Wir sind drin oder draußen unauflöslich mit der deutschen Erde verbunden, nun gerade erst recht, wo wir zunächst Heimat und Arbeitsmöglichkeit verloren haben. Wenn dies unmittelbare Verbundensein mit Deutschland nicht wäre, könnte Rosenstocks Deutung seines Schicksals und seiner Aufgabe Versuchung sein. So aber empfinde ich seinen Brief[3] als gesunde Warnung vor gewolltem Märtyrertum oder wenigstens einem inneren Festlegen einer notwendig nach dieser Richtung hin gehenden Entwicklung.

Außerdem scheint mir sein Ruf an Dich weniger sozialistisch als christlich theologisch, Deine Aufgabe der Auseinandersetzung mit dem neuen Deutschland zu suchen, sehr wichtig. Ich möchte daselbst mit Hirschs Schlußwort annehmen, daß das letzte Wort zum neuen Deutschland von Dir noch nicht gesprochen ist.[4] In Deinem Brief an mich sprichst Du von den drei Gebieten, dem politischen, dem kirchlichen und dem der Frage der Emigration. Ich möchte, bevor ich auf sie eingehe, bzw. auf Deine Ausführungen, zunächst ein Wort über die deutsche Lage und unsere Grundhaltung ihr gegenüber sagen. Ich stimme Dir darin durchaus zu, daß es nicht möglich ist, sich um eine grundsätzliche Entscheidung zu drücken und einfach in die konkrete Arbeit zu fliehen. Auch geht es nicht an, in so harmloser Weise auf einzelne gute Dinge hinzuweisen, wie etwa die Winterhilfe, und damit alles andere zu rechtfertigen oder zu verharmlosen. Andrerseits scheint mir Deine eindeutige Ablehnung des, wie Du es ausdrückst, „nazistisch-reaktionären Systems der europäischen Selbstvernichtung" nicht so einfach durchzuführen zu sein, zumal sie, soweit ich sehe, im wesentlichen auf ein Nein gegenüber der deutschen Form herauskommt.

Du stellst die Aufgabe, im entschlossenen Ja zum Kampf um die christliche Substanz Pionierarbeit im Dienst einer lebendigen Kirche zu tun, die in die Zeit eingeht und über sie hinaus die Zukunft missionieren kann. Ich möchte diese Zielsetzung durchaus bejahen, halte es aber für nötig, daß wir ihre Verwirklichung frei von allen bitteren Empfindungen, die unser persönliches Schicksal in uns auslöst, erstreben, zugleich aber mit der Bereitschaft, in unerbittlicher, grundsätzlicher Festigkeit jedes Leiden entschlossen auch in Zukunft zu bejahen, das sich im Kampf ergeben könnte.

Wenn wir aber in dieser Haltung, der es um Wahrheit und Gerechtigkeit unter allen Umständen, um christliche Gestaltung geht, die Situation, in die wir gestellt sind, anschauen, kann da unser Verhältnis zu dem, was zur Zeit in Deutschland geschieht, ja *auch* zu seiner Führung und allem, was hier unwahr ist, einfach negativer Art sein? Übersehen wir dann nicht, daß *wir*, die Menschen des Europa von *gestern*, in Solidarität der Schuld mit denen von heute verbunden sind und daß wir mit ihnen gemeinsam unter der Langmut Gottes leben und aufgerufen sind, das Wort von der Versöhnung neu zu verwirklichen, um Gottes Willen freilich *nicht* im Sinne einer schlechten, verschleiernden Verklärung des Geschehenden, sondern wahrhaftig in der unerbittlichen Form des Wahrheitszeugnisses, aber *des* Wahrheitszeugnisses, das mit erlösender und befreiender Liebe verbunden ist.

Ein Übersehen dieser unauflöslichen geistigen und politischen Schicksal- und Schuldverknüpfung scheint mir die doppelte Gefahr in sich zu tragen, die Dialektik des geschichtlichen Geschehens ins endgeschichtlich Metaphysische zu steigern und hier absolute Gegensätze unwillkürlich zu empfinden, wo doch die gegenwärtigen Sünden – ich denke vor allem auf kulturpolitischem Gebiet – weitgehend die Folgen gestriger und vorgestriger Sünden (Rosenberg)[5] sind. Für den Fall, daß der Bolschewismus etwa in Deutschland durchgebrochen wäre oder durchbrechen *würde,* müßten wir in gleicher Weise uns zu Kampf und Leiden stellen, auch wenn etwa nach Deiner Auffassung (was ihm gegenüber auch bei Dir nicht ganz klar ist) seine Unrecht- und Gewaltübung „*contra definitionem"* wäre.

Wird aber diese Erkenntnis dieser Schuldzusammenhänge festgehalten, dann scheint mir in ganz anderem Sinn als in dem, was Du mit Recht als falsche Verharmlosung ablehnst, die Frage nach dem *positiven* Sinn dessen, was heute in Europa geschieht, bzw. geschehen sollte, gestellt werden müssen. Und gerade in Verbindung mit der Forderung wirklichkeitsnahen Denkens scheint es mir wichtig, daß wir unsererseits ein *Bild* vor uns haben von dem, was Deutschland unter christlichem Aspekt werden sollte.

Was die erste Frage nach dem unter den Tagesereignissen und Ungerechtigkeiten verborgenen positiven Sinn betrifft, so brauchen wir, glaube ich, keine ausführliche Verständigung. Ich glaube, wir sind uns darüber einig, daß das tatsächliche Dritte Reich eine schlimme und gewalttätige *Verzerrung* der von uns eigentlich erhofften Synthese eines lebendigen, in nationalen Gestalten verwirklichten Sozialismus ist, in dem (europäisch ausgeweitet) die Idee des Heiligen Römischen Reiches deutscher Nation vielleicht ihre unromantische Erneuerung hätte finden können. Die alte, von uns gemeinsam kritisch abgelehnte Zeit – ich denke an Deine Ausführungen über das Scheitern des liberal-demokratischen Versuches der *Reintegration* (im Aufsatz über Kirche und totaler Staat)[6] ist eben nicht (und zwar wegen des Fehlens einer echten und starken Mitte) organisch, sondern gewaltsam abgelöst worden und zwar von einer ihrer geistigen Struktur nach liberalen Weltanschauungspartei mit fanatischem Willen zu praktischer Realisierung.

Ich denke immer an das Wort: Von den Tagen Johannes des T[äufers] leidet das Himmelreich Gewalt und die Gewalttätigen reißen es weg! [Matth. 11, 12] – Aber so gewiß das ist – und so sehr ich Deine Kritik bezüglich der Barbarismen etc. bejahe – so sehr ist doch andererseits zu sagen: Sähest Du etwa den Arbeitsdienst und das

Jungvolk marschieren – den im ganzen Leben des Volkes aufbrechenden starken Lebensimpuls –, Du könntest nicht einfach durch negative Beurteilung – etwa als Antisemitismus und Militarismus – das, was hier geschieht und sonderlich von der jungen Generation getragen wird – in seinem Ernst erfassen.

Ist es nicht doch etwas von dem, was Nietzsche als Überwindung des europäischen Nihilismus erhofft hat – mit allen, auch bei seinem Bild vorhandenen Fragwürdigkeiten – aber doch so, daß hier ein tapferer männlicher Wille in einer leidenschaftlichen Gläubigkeit sich für eine neue Volkszukunft einsetzt. Man muß das, was geschieht, von seiner literarischen, propagandistischen Form *unterscheiden*.

Trude Mennicke[7] und ich trafen uns in Eisenach und gingen (einer dem andern Mut machend) in den Film des 2. Parteitages „Triumph des Willens" und waren beide – wahrhaftig nicht leicht suggestiv beeinflußbar – von der Kraft und Größe, die aus der Jugendkundgebung und der des Arbeitsdienstes sprach, auf das Stärkste berührt. Da ist nichts mehr für uns von dämonisch-demagogischer Verführung, sondern viel von echtem, harmlosem, gesundem Leben zu spüren gewesen. – D. h. ich meine – es ist hier im Ganzen ein sehr komplexes Gebilde, und man kann nur fragen: Wer wird diese Menschen aus der Gefahr, Landsknechte zu werden, befreien, um sie zu *Rittern* zu machen!! d. h. wer kann ihnen die christliche Substanz lebendig nahe bringen . . .

Du schreibst, daß (in Deinem Rosenstock-Brief)[8] es darauf ankomme, den sozialistischen Gedanken in mancherlei Form – (d. h. verschiedenen Möglichkeiten seiner Realisierung) zu bejahen. Kann man eindeutig sagen, daß der sozialistische Wille bei uns nur Bluff oder Verschleierung aus taktischen Gründen war? *Ringen* die Kräfte mehr miteinander – etwa in der Arbeitsfront und ihren Männern mit Schacht[9] und den Unternehmern!? Liegen die Dinge eindeutig und hoffnungslos entschieden? – Ich habe *mehr* den Eindruck, daß der deutsche Arbeiter es so sieht, der von seiner alten Führung eigentlich innerlich enttäuscht war. Er wartet kritisch ab. Urlaub und anderes ist gewiß kein Sozialismusersatz, aber das Verhältnis von Unternehmer und Arbeiter hat sich gebessert. Kleine Dinge – wie z. B. die Verbesserung des Betriebslokals – Kantinen, saubere Eßräume pp. – haben seelisch stärkere Wirkung. Bist Du durch genaue Statistik vom Sinken der Reallöhne überzeugt?? Du wirst recht haben. Aber ist es z. B. hier in Österreich besser?? – Jedenfalls scheint mir – gerade auch bei der Jugend – der sozialistische *Wille* stark lebendig zu sein, und er wird

sich auf die Dauer nicht binden lassen, so daß, – zumal für den Sach-
kenner – doch hier vorwärts führende Arbeit möglich scheint.

Es ist (vergleiche die letzte Rede Leys in Hamburg bei der Tagung
der Arbeitsfront) leider so, daß vieles von der Geistigkeit der alten
marxistischen Bewegung in den „neuen" Sozialismus eingedrungen ist
– gerade die liberale kulturpolitische und antikirchliche Haltung – Ley
ist wohl radikaler Neuheide.

Natürlich kann man heute noch keineswegs positiv *diesen* neuen
„deutschen" Sozialismus als solchen ansprechen, aber der Druck, der
nach dieser Richtung geht in allen Zellen und von allen Beteiligten
ist m. E. sehr groß, vor allem in der jungen Generation. Es ist natürlich nicht leicht für uns, ein allgemeines Bild zu bekommen – nur
würde ich, was den Impuls zum Sozialismus betrifft, durchaus nicht
von einer Schwächung reden.

Wie denkst Du Dir, wenn Du grundsätzlich ein Vorwärtstreiben
sozialistischer Gedanken im heutigen Rahmen ablehnst, überhaupt ein
Eintreten für sozialistische Gedanken in Deutschland? In Verbindung
mit der außerdeutschen SPD oder mit Moskau? Ich habe den 1. Mai
34 in Bern erlebt und bin eigentlich entsetzt gewesen über den hoffnungslos verbürgerlichten Eindruck, den ich von diesen Biedermän-
nern hatte. Ist da nicht mehr noch von dem, was in der deutschen
Jugend drängt, zu hoffen? Die zweite, im besonderen Sinn politische
Frage betrifft die Militarisierung Europas, von der Du ja auch in Deinem früheren Aufsatz[10] als Konsequenz der europäischen Politik in
der Richtung eines militanten Nationalismus sprachst. Hier ist wirklich doch das heutige Deutschland nur der Nachfolger des übrigen
Europa; Frankreich kann sich nicht wundern, daß die Dinge so gekommen sind. Wenn ich an Deinen Aufsatz in den „neuen Blättern"
über die Philosophie der Macht[11] denke, so kann man, finde ich, die
Tatsache eines militärisch gerüsteten Volkes, bzw. eines wehrhaften
Volkes nicht schon ohne weiteres negativ beurteilen. Ich sehe hier gewiß die unheimlichen Gefahren durch die kapitalistische Verflechtung,
aber ist es nicht entscheidend, welcher Wille zuletzt ein Volk innerlich
erfüllt?

Ich glaube, man darf, selbst wenn sie, was ich nicht glaube, taktisch zu deuten wären, die Bedeutung der Reden von Hess und Hitler
mit ihrem leidenschaftlichen Bekenntnis zum Frieden nicht unter-
schätzen. Mir scheint auch die Stärkung der Reichswehr gegenüber
der SA und SS durchaus positiv gewertet werden zu müssen. „Reaktion" bedeutet hier zugleich Einfluß in der Richtung einer Erhaltung
europäisch-christlicher Substanz. Zum mindesten ist hier noch nichts

entschieden. Ich hätte mich beinahe zum Wehrkreispfarrer gemeldet, um an dieser Stelle die eminent wichtige Aufgabe der Erziehung junger Mannschaften zu tun, wenn ich nicht zu alt dazu wäre. Ich glaube, daß die Parole: „die Partei befiehlt dem Staat" hier *vorerst* eine deutliche Grenze zeigt.

Über die Auswirkungen des neuen Strafrechts habe ich noch kein Urteil, ich habe nur selbst mit einem früheren Schüler (politischer Zuchthaushäftling) durch den zuständigen Pfarrer Fühlung gehabt und im Vollzug jedenfalls keinen Unterschied zu früher festgestellt. Bisher hat der Richterstand sich – soweit ich es übersehe – sehr gut und verantwortlich gehalten. Ausnahmen leugne ich nicht. Sie sind aber im Abnehmen; auch hier will ich *nicht* Optimist sein! Ist aber die Art der Rechtsfindung nicht in England *ähnlich?* So daß alles an der Erziehung der Schöffen (oder) des juristischen Nachwuchses (oder) der Beisitzer liegt.

Am ernstesten ist freilich die von Dir genannte Bedrohung humanistischer und christlicher Tradition in Deutschland und die damit zusammenhängende Stellung zu den jüdischen Kreisen. Hier scheint mir die ernsteste Spannung zu liegen, da sich diese Erscheinungen aus der rassisch-völkischen Weltanschauung unmittelbar ableiten. In diesem Zusammenhang sprichst Du auch nun von dem Kampf um die christliche Substanz und von der Bedeutung der Bekenntniskirche, für die ich mich nach Deiner Auffassung entscheiden muß. Die von Dir mir vorgelegte Alternative, Bekenntniskirche oder Gründung einer lebendigen Kirche, die grundsätzlich mit der Bekenntniskirche gegen die Totalität und das neue Heidentum und das Rassedogma Front macht, hat mich natürlich ununterbrochen beschäftigt. (Ich war und bin ja bisher in der unglücklichen Lage des Zuschauers und des stummen Hundes.) Ein starker und öffentlicher Miteinsatz in der Bekenntniskirche hätte die Auffassung nur gefördert, sie sei Sammelplatz von unsicheren und fragwürdigen Bürgern; außerdem wollte ich, wenn möglich, eine Gelegenheit abwarten, wieder in Kassel zu arbeiten.

Ich hoffe, daß ich nicht aus gemeiner Leidensscheu (wer kennt sich selbst?) bisher gezögert habe. Es handelt sich auch nicht für mich um das Verlangen, direkt vom Geist aus einsam zu operieren oder zu experimentieren. Alle diese Gefahren muß man gewiß innerlich sich vergegenwärtigen, um dann die sachliche Frage zu stellen, wo und in welcher Form muß heute die christliche Substanz verteidigt werden, d. h. also, die wirkliche Gottheit Gottes und sein dreifältiges, gegenwärtiges Offenbartsein, das unverbrüchliche Gesetz, das zur Gemeinde verbindende Evangelium. Es ist richtig, daß der Konflikt zwi-

240

schen dem Staat und der Kirche sich an der existentiellen Frage der getauften Nichtarier entzündet hat; d. h. eigentlich gilt das klar nur von der Bekenntniskirche, aber auch bei der katholischen Kirche handelt es sich um die Frage der Totalität. Es ist nun aber sehr ernst zu fragen: Ist der Versuch, das kirchliche Anliegen gegenüber der nationalsozialistischen Weltanschauung aufrechtzuerhalten, von der Bekenntniskirche und dem Katholizismus richtig angegriffen worden? Und ist auf der anderen Seite der im Mythos Rosenbergs und dem Neuheidentum verkörperte Angriff richtig analysiert und abgewehrt worden? Geht es, wenn wir wieder an ganz Europa denken, in dem kirchlichen Kampf gegen Nationalsozialismus wirklich nur um die Rettung der christlichen Substanz gegenüber eindeutigem Heidentum?

Mir ist in diesem Zusammenhang die österreichische Reise wichtig gewesen. (Vielleicht kann ich Dir einen Aufsatz schicken von einem österreichischen Juristen, der Dir zeigt, wie man hier als Evangelischer die Entwicklung erlebt und empfindet.) Es ist hier doch jedenfalls so, daß sich, wenn auch durch Volkscharakter und die innere Uneinheitlichkeit des Systems gemindert, hier ähnliche, die Freiheit der Kritik und der politischen Auffassung, den sozialistischen Kampf, ja zum Teil die religiöse Gewissensfreiheit bedrohende Erscheinungen finden, die im Namen des katholischen Staates und der ausdrücklichen Billigung der katholischen Kirche geschehen, einer Kirche, in der sich neben erfreulichen Erscheinungen, etwa „katholisch berneucherischer Art", doch ein für protestantisch-christliches Denken unerträglich massives und primitives, von klerikaler Reaktion gepflegtes vorchristliches Heidentum findet, bei dem die Frage: „Machtpolitik oder christliches Ethos" wahrhaftig nicht eindeutig zu Gunsten des letzteren entschieden ist! Das bedeutet aber die Frage, ob wir nicht ungeachtet einer scharfen Kritik an dem Rosenbergschen Kampf gegen die Kirche, der ja weitgehend sich von Nietzsche her Nahrung holt, im Blick auf die tatsächliche Lage der sogenannten Christenheit zu einer sehr ernsten Besinnung darüber gerufen sind, in welcher Form wir unserem Volk das dreifach begrabene, wirkliche Evangelium, das von den Kirchen jämmerlich bezeugt, von Rosenberg mißverstanden, von Hauer[12] um seiner Eitelkeit willen verleugnet und verraten wird, neu nahebringen. Und hier möchte ich noch einmal die Frage stellen, und zwar zunächst ganz abgesehen davon, ob es glückt, eine „lebendige Kirche" zu gründen oder nicht: Ist diese Aufgabe von der Bekenntnisfront aus möglich? Ist sie, sowohl im Blick auf den existentiellen Protest wie auf die sozialistische Verantwortung wie auf den Dienst einer neuen, vernehmbaren Verkündigung der mögliche Aus-

gangspunkt? Darf man um des Gewissens willen sich einer Kirche anschließen, in der man eigentlich beim Anschluß sofort die ausdrücklich feierlich (Augsburg) neu ausgesprochenen Grundlagen bestreiten
und angreifen muß? (Vergleiche Wort an die Gemeinden, Pfarrer
etc.).[13] Ist nicht die Verleugnung des 1. und 3.

Artikels im Prote-
stantismus und sein katholisierender Schriftgebrauch [mit] seiner Auffassung jeder „Ungesichertheit" als Schwärmertum nicht in eminen-
tem Maße schuld an dem heidnischen Mißverständnis der Ursprungskräfte und an der heillosen Säkularisation des europäischen Geistes?
Weil dieser Protestantismus Gott zwischen den beiden Buchdeckeln
einfing und in christolatrischem Götzendienst Gottes mächtig zu sein
glaubte.

Deshalb weiß der Durchschnittsmensch (Rosenberg) nichts mehr
von Schöpfung und Kreatürlichkeit und nichts mehr von dem heiligen
Geist der *Wahrheit*. Die Art, wie der Pietismus die Wirklichkeit der
Sünde und die Orthodoxie die Versöhnungslehre behandelt haben,
mußten in Verbindung mit der bürgerlichen Erschlaffung des Jahr-
hundertausgangs zu dieser Art Christentum führen, für das ein Fami-
lienabend mit Kaffee das Symbol des Himmelreiches ist. Ich fürchte,
daß die Bekenntniskirche, deren echtes Aufbrechen ich keineswegs
leugne, sich allmählich zu einer Winkelkirche, etwa im Stil des Alt-
Luthertums aus dem 19. Jahrhundert, entwickeln wird. Ich fürchte,
daß die Forderung, das Evangelium neu und vernehmlich für Kir-
chenfremde zu sagen, innerhalb dieser Reihen auf völlig taube Ohren
stößt, und daß ich mich für den Rest meines Lebens als ebenso räudi-
ges, vom rechten Wege abgeirrtes Schaf werde ansehen müssen als
bisher. Dabei scheint mir die Gefahr, die grundsätzliche Auseinandersetzung mit dem heutigen Reich im Blick auf die existentiellen Anliegen des Anfangs zu versäumen, vor allem bei vielen Gliedern der Bekenntniskirche nicht gering zu sein, und je stärker die Bekenntniskirche politisch verdächtig ist, um so mehr. Dagegen (bitte erschrick
nicht) haben die gereinigten DC-Leute (gereinigt wie die Katholische
Kirche des Tridentiner Konzils) angefangen, ihre Verantwortung gegenüber dem Heidentum einzusehen und die Notwendigkeit einer
neuen Verkündigung des Evangeliums, bei der das Ärgernis wieder
an den richtigen Ort kommt, zu erkennen.

Auch scheint mir die Sinnlosigkeit der Gewaltmethoden bei ihnen
erkannt zu sein. Es wäre grundsätzlich vielleicht nicht unmöglich, in
dieser Bewegung (*Schlatter* schreibt Aufsätze, in der von *Hirsch* und
Gogarten herausgegebenen Zeitschrift „*Deutsche Theologie*"[14] – hast Du
Nummern davon gesehen?) das existentielle Anliegen des Protestes

und eine echte Auseinandersetzung mit Rosenberg, Hauer etc. einzu-
bauen. Von diesem Ort aus würde es wenigstens möglich sein, weithin in den Reihen der Bewegung von den vielen Menschen, die an
sich guten Willens sind (Jugend) und die von der Bedeutung des Kirchenkampfes und den inneren Anliegen der Bekenntniskirche nicht
ohne Schuld der in der Sprache Kanaans und des 17. Jahrhunderts
verfaßten Erklärung keine Ahnung haben, gehört zu werden. (Vergleiche die Bedeutung der Männergemeinde während des Krieges.)

Die Polemik gegen Rosenberg, wie sie etwa von Künneth[15] ge-
handhabt wird, wird den hinter diesem Buch (seinen primitiven Miß-
verständnissen und seiner mit dadurch verursachten Dämonie) stehenden *Intentionen,* der Frage nach einem tapferen und aufrechten
Christentum, nicht gerecht. Ich glaube, daß wir nur in Zusammenhang der von mir anfangs erwähnten lebendigen Erkenntnis, der uns
(Christen) mit den Männern von heute verbindenden Schuldsolidarität
zur Erlösung der Dämonen unserer Zeit die Klarheit und die Freiheit
bekommen.

Und das bedeutet nun ein Letztes zu der von Dir geforderten Emigration. Ich bejahe sie, sofern ich mit Dir jede Verschleierung des unheimlichen Ernstes der Lage, wie ich hoffe, nicht weniger unerbittlich
als Du, ablehnen möchte, sofern ich die Möglichkeit des Lebenseinsat-
zes (Warum sind wir 1918 noch übrig geblieben?) bejahe und wahrhaftig nicht fahnenflüchtig werden will. Das bedeutet also jedenfalls
klaren *Abstand,* Verneinung der Rückgratlosigkeit oder der Schaffung
einer Flucht- oder Unterwerfungsideologie! Ich verstehe aber nicht
ganz, was Du mit Repräsentation des „Allgemeinen" meinst. Ich habe
da den Eindruck, daß dieser Begriff noch irgendwie das alte Europa
oder Amerika, im Gegensatz zum heutigen Deutschland, rechtfertigt
und den Ernst der hier vorliegenden Schuld und Gefahr für echte Gestaltung nicht deutlich genug sieht.

Demgegenüber, meine ich, ist nicht weniger „Emigration" nötig im
Sinne des Wachens und Betens und des kritischen konkreten Einsat-
zes aus der Substanz des Evangeliums heraus. Ob Dein größter
Dienst, den Du auch den Sozialisten im Konzentrationslager (die nie
durch die Formeln der Bekenntniskirche zur eigenen Erkenntnis ihres
Kircheseins kommen können, so wenig übrigens wie auch die Be-
kenntnisleute ihre innere Verbundenheit mit leidenden Marxisten erfassen werden) leisten könntest, nicht das Schreiben Deiner Dogmatik
wäre, die unter Berücksichtigung der alten und neuen Dämonie in
rechtem innerem Abstand von jeder Bitterkeit „Europäern" und „Barbaren" das Evangelium wieder vernehmbar machen. Ich möchte das

fast glauben. Das Buch müßte unerbittlich wahr, aber auch in einer unerhört freien und großen „Feindesliebe" geschrieben werden. So würde ich ein entschlossenes Nein gegenüber dem alten Europa wie der ihm heute drohenden Gefahr fordern und entsprechende „Pionierarbeit im Dienst einer lebendigen Kirche", die in die Zeit eingeht und darum über sie hinaus in die Zukunft missionieren kann. Und das Wort Emigranten möchte ich am liebsten übersetzt haben durch das, was 2. Korinther 6 (Vers 4 ff.) steht. Ich schreibe diesen Brief vor dem neuen Einsatz in Deutschland. Ich habe eigentlich zum ersten Mal während des Diktierens den Gedanken einer Verbindung mit den DC-Leuten gedacht. Ich halte es für praktisch unmöglich oder äußerst unwahrscheinlich, daß das wirklich wird. Viel eher (wenn ich nicht dem Ruf nach Österreich folge und an taktisch nicht unwichtiger Stelle eine Art Gnadenfrist habe), werde ich beim Eingehen ins Amt in der von Dir beschriebenen Rolle des Bekenntniskirchen-Mannes stehen.

In jedem Fall möchte ich konkret mit kleineren oder größeren Kreisen, die das gleiche Anliegen haben (ich denke etwa an Soden, Herigel, Siegfried, Wintermann u. a.[16]) in der geschilderten Richtung arbeiten. Ich bin ja *besonders meinen alten Lehrer-Studenten verantwortlich*. Ich würde aber sehr gerne von Dir ein möglichst umgehendes Echo zu diesem Brief vielleicht noch in Österreich haben. Schicke Deine Antwort an die Adresse: Fräulein Hermine Binder, Wien 9, Rossauerlände 37, Evangelisches Mädchenheim.

Wir werden die geeigneten Wege einer Weiterleitung an mich überlegen. Bitte gib den Brief nicht ohne die Veränderung der Bemerkung über Rosenstock weiter. Ich möchte ihn wahrhaftig nicht kränken.

Mit herzlichem Gruß an Hannah und Dich

Dein H.

ANMERKUNGEN

1 Hermine Binder. Vgl. den Schluß dieses Briefes.
2 Schafft meint Eugen Rosenstock-Hussey, wie der Zusammenhang ergibt.
3 Vgl. die beiden Briefe von Eugen Rosenstock-Hussey an Paul Tillich vom 5. und 7. 2. 1935.
4 Vgl. E. Hirsch: Christliche Freiheit und politische Bindung. Ein Brief an Dr. Stapel und anderes. Hamburg 1934.
5 Vgl. Alfred Rosenberg: Der Mythos des 20. Jahrhunderts. München 1930. S. 23/24.
6 Vgl. Paul Tillich: Der totale Staat und der Anspruch der Kirchen, G.W. 10, S. 121–145.

7 Trude Mennicke wurde wahrscheinlich als Lehrerin ausgebildet. Sie soll erheblichen Einfluß auf die „Blätter für religiösen Sozialismus" ausgeübt haben, deren Herausgeber und Schriftleiter Carl Mennicke war.

8 Vgl. unseren Text S. 281 in diesem Band.

9 Hjalmar Schacht, Reichsbankpräsident. Der Brief Schaffts gehört in jene „Aufbauphase" der Geschichte der Nazidiktatur, die durch das Arbeitsbeschaffungsprogramm, Investitionsstimuli, Staatsaufträge für Siedlungsvorhaben, Straßenbauten, Subventionierungen, Steuervergünstigungen und das Arbeitsdienstkonzept gekennzeichnet war.

10 Vgl. die Publikationen Tillichs in den Jahren 1931 und 1932, in: G.W. 14, S. 150–152.

11 Vgl. Paul Tillich: Das Problem der Macht, Versuch einer philosophischen Grundlegung. G.W. 2, S. 193–208.

12 Der Tübinger Prof. für Indologie und Religionswissenschaft Jakob Wilhelm Hauer fügte 1933 eine Anzahl „deutschgläubiger" Bünde und Vereine zur „Arbeitsgemeinschaft der Deutschen Glaubensbewegung" zusammen. Die „Glaubensbewegung" sollte neben Katholizismus und Protestantismus eine dritte Konfession bilden. Vgl. J. W. Hauer: Deutsche Gottesschau, Stuttgart 1934. Der „Deutsche Glaube" trete auf den Plan, da die „Epoche des Christentums" zu Ende gehe (vgl. Hauer, a. a. O., S. 246).

13 Vom 4. 6. bis 6. 6. 1935 fand in Augsburg die 3. Bekenntnissynode der Deutschen Evangelischen Kirche statt. Sie versuchte, die Spannungen innerhalb der Bekennenden Kirche zu beheben, und orientierte sich theologisch an traditionellen Vorstellungen. Verabschiedung eines „Wort[es] an die Gemeinden …". Die staatlich geförderte neuheidnische Propaganda gegen die Kirche hatten den Protest der vorläufigen Kirchenleitungen und der Preußischen Bekenntnissynode hervorgerufen. Vgl. zur 3. Bekenntnissynode in Augsburg: Bekenntnissynode der Deutschen Evangelischen Kirche. Dritte Tagung in Augsburg vom 4.–6. 6. 1935. Verhandlungen, Reden und Beschlüsse. Im Auftrag des Bruderrates hrsg. von Karl Immer, Wuppertal-Barmen 1935.

14 Die „Deutsche Theologie" wurde von H. W. Beyer, H. Bornkamm, K. Fezer, F. Gogarten, E. Haenchen, E. Hirsch, G. Kittel, H. Kittel, H. Rückert, F. K. Schumann und A. Weiser im Verlag W. Kohlhammer/Stuttgart herausgegeben.

15 Vgl. Walter Künneth: Antwort auf den Mythos. Die Entscheidung zwischen dem nordischen Mythos und dem biblischen Christus, 1936. Künneth gehörte zu den Begründern der Jungreformatorischen Bewegung.

16 Die Genannten gehörten zu den Theologen, die die Grundsätze der historisch-kritischen Theologie in ihrer wissenschaftlichen Arbeit weiterverfochten und entschieden gegen die Linie der Deutschen Christen in Kirche und Theologie auftraten. So trat Hans Freiherr von Soden als Dekan der Theologischen Fakultät nachdrücklich gegen die Einführung des Arierparagraphen in die Gesetze über die Anstellungsbedingungen für Geistliche auf. Vgl. hierzu Klaus Scholder: Die Kirchen und das Dritte Reich, Bd. I, a. a. O., S. 616.

V, 6 Hermann Schafft an Paul Tillich

Hintersteinersee, 25. VIII. 35[1]

Lieber Paul,
leider ist der Brief, von dem ich mir wie von Deinem eine Abschrift machen wollte, nicht wegen seiner Wichtigkeit, sondern als eine Art Selbstkontrolle nun doch schon eine Woche liegen geblieben, und Deine Antwort erreichte mich nicht mehr in Wien. Ich schicke Dir von dort dann alles zu – auch die Rüstow-Briefe. Am einfachsten wäre eventuell eine Zusendung von Post derartigen Charakters über die Schweiz (Freund-Adressen!).[2] Es ginge aber ebenso über Wien – Frl. H. Binder[3], Evangelisches Mädchenheim, Wien, IX. Bezirk, Rossauer Landstr. 3 p. – Du könntest ja die persönlichen Dinge (Anrede u. Absender) in solchen Schreiben ganz weglassen und dies in einen besonders geschickten Brief legen, der die Ankunft des anderen zugleich *ankündigt!* Vielleicht wäre die Wiener Anschrift als *Absender* nach Deutschland noch harmloser, andererseits *ohne* Absender die Schweiz weniger beweglich wie Österreich.

Ich füge nun heute meinem Brief noch ein paar Bemerkungen bei.
1.) hast Du den von Immer herausgegebenen Bericht über Augsburg 1935[4] gelesen? besonders, was Seite 39 ff. und vor allem S. 42 Abs. 1 und 2 gesagt wird: Lehrzucht pp. Hier ist die eigentliche Wirklichkeit und Gefahr der Bekennenden Kirche – daß sie unglaubwürdig wird, weil sie nicht allen Fleiß darauf wendet, daß „das Wort Gottes lauter und rein gelehrt wird...", auch davor: „Zeit der Verwüstung des kirchlichen Amtes pp." – Sieh' – wäre ich *im* Amt – *in* der Kirche und dadurch von vornherein mitbeteiligt am Kampf, dann wäre es anders. Ich bin aber *draußen* und müßte wieder ins Kirchenamt dieser Kirche *eintreten*. Mir scheint das im Ansatz als unmögliche Lüge...
2.) Dazu einige Sätze aus dem letzten Brief von Erika Vielhaber.[5] Sie schickt mir das „Wort an die *Gemeinden*"[6] – Bericht S. 47 ff. und schreibt:
„Ich finde es trostlos und war wieder einmal unglücklich, eine Bibelstelle an die andere gereiht, zum Weinen! Wo soll das enden?? Wir haben uns hier überlegt, was z. B. mein Bruder[7] dazu sagen würde. Er steht durchaus zur evangelischen Kirche, ist kein DC, will die Kinder christlich erziehen, hat uns um eine gute Übertragung des Neuen Testaments gebeten, gehört also zum guten Typ der Männer so um 30. Wenn er dies Wort an die Gemeinde läse, würde er unweigerlich la-

chen und den Kopf schütteln; er hätte *nicht* die *geringste* Beziehung dazu. Und was sollen erst all die andern denken, die ferner stehen. Alles ist ja nur auf einen ganz kleinen, streng biblizistischen Kreis eingestellt! Können *Sie* nicht mal mit den Leuten reden? Wenn es so weitergeht, wird es schlimm . . ."

Ich kann natürlich *nicht* mit *den* Leuten reden, für die ich halb Schwärmer, halb Liberaler bin. Aber wie man überhaupt fruchtbar mitarbeiten soll, wo das „Existentielle" so unter dem „Wuppertalischen" verborgen ist und jeder echte Ansatz kirchlicher *Selbst*kritik nicht spürbar ist.

Deshalb überlege ich nun − wenigstens hie und da die Frage Österreich . . . zumal hier schon in der Zeit des jetzigen Studiums wichtige Dienste zu leisten sind . . . in dem seltsamen Zwiespalt zwischen *beiden* autoritären Systemen! − Man spürt hier doch stark die politische Hand: Italien − Rom und die elementare Kraft des *deutschen* Stammesgefühles − abgesehen von allem „rassischen" System. − Rückkehr von Habsburg, das alte *imperium romanum,* das geht doch nicht. Und den Weg zwischen dem heutigen „Reich" und Rom zu führen, ist eine *ungeheuer* schwere Aufgabe!

Einen guten Sonntagsgruß − vom Sonnenbad am See − von Wien aus eventuell mehr.

Herzl. D. H.

ANMERKUNGEN

1 Dieser Brief ist trotz seiner Form kein selbständiger Brief, sondern wie aus dem Inhalt hervorgeht, ein Nachwort zu dem Brief vom 18. 8. 1935.
2 Emil Blum. Vgl. Anm. zu V, 7.
3 Vgl. den Schluß des Briefes v. 18. 8. 35, S. 244.
4 Vgl. Anm. 13 zu V, 5.
5 Studentin bei Tillich in Frankfurt 1932/33, später im höheren Schuldienst.
6 Vgl. Bekenntnissynode . . . a. a. O., S. 47ff.
7 Nicht ermittelt.

V, 7 Hermann Schafft an Paul Tillich

Wien, 16. 9. 35[1]
Antwort direkt nach Helsa[2] bei Kassel erbeten –
oder *via* Emil Blum.

Lieber Paul!

Nun fehlen noch zwei Tage an einem Monat – so lange lagert meine Antwort. Es liegt daran, daß ich mir ein paar Notizen machen wollte und kurz nach meiner Rückkehr nach Wien von einer, meine Gesundheit böse angreifenden eitrigen Hals- und Mundentzündung befallen wurde, von der ich mich sehr mühsam erholte. Es muß eine abscheuliche Infektion gewesen sein (Obst? Gemüse?)... Ich würde den Brief heute *kaum* noch so schreiben.[3] Vielleicht skeptischer in *Deinem* Sinn. Vielleicht mache ich beim letzten Überlesen noch ein paar Randglossen. – Mir ist wichtig, daß die undialektische Negation mehr zur Unsachlichkeit und Unfruchtbarkeit führt. Ich weiß, daß in der Geschichte die Wege ja nicht in schönen und klaren Antithesen sich vollziehen aber – es gibt Grenzen für die Möglichkeit der Mitarbeit. Ich komme nicht um den Eindruck herum, daß der Protest der Bekenntniskirche nicht vernehmlich ist und auch nicht grundsätzlich genug, z. B. in der Nichtarierfrage!

Es würde mich interessieren, von Dir einen Rat zu bekommen, ob ich den mir angebotenen Posten der Leitung des hiesigen Centralvereins der Inneren Mission annehmen soll. Man hätte einmal Abstand von drüben und die Möglichkeit, hier innerhalb der sicher nicht unwichtigen Entwicklung mitzuarbeiten!

Andererseits kommt's mir vor wie eine zu *späte* Verpflanzung – und die Mitarbeit in dem spannungsreicheren Inland wichtiger – die sich ja freilich wahrscheinlich auf irgendeinem entlegenen Dorf vollziehen wird! – Hätte ich in Kassel Arbeitsaussicht – würde ich nicht schwanken. So hat das ungewollt gekommene Wiener Angebot natürlich seinen Reiz.

Vielleicht schreibst Du mir mal kurz Deine Meinung! – Nun soll der Brief endlich auf die Reise. – Dumm, daß ich zur Zeit so schlapp noch bin – ich schriebe sonst mehr.

Herzlichen Gruß   D. H.

Eben lese ich Parteitagnachrichten. Verschwinden *via* Schweiz muß sein: es geht in raschem Tempo weiter. Trotzdem werde ich mich schwer entscheiden können, nach Wien zu gehen. Es wäre zu einfach.

1 Auch dieser Brief ist kein selbständiger Brief, sondern das zweite Nachwort zu dem Brief vom 18. 8. 1935. Vgl. den Anfang des Briefes.
2 Hier war Schafft Pfarrer, vgl. „Lebensbericht, von ihm selber verfaßt".
3 Im September 1935 sah Schafft noch Tendenzen und Möglichkeiten, die später erstickt waren. Die DC-Bewegung hatte noch einen langen Weg vor sich. Mitglied der Bekennenden Kirche ist Schafft nie geworden. Um so wichtiger sind uns seine damaligen Urteile und Gedanken.

V, 8 Hermann Schafft an Paul Tillich

Voralp ob Grabs, den 25. 8. 36.
Lieber Paul,
Zunächst möchte ich Dir noch einmal sagen, daß ich sehr froh bin, daß wir uns doch gesehen und getroffen haben. Es hat keinen Sinn, nachträglich kritische Fragen aufzuwerfen, ob der Askoneser Lebensstil nicht für die Ernsthaftigkeit und Stille unserer Gespräche bestimmte Nachteile hatte und ob einige Tage völliger Einsamkeit für uns beide nicht, sonderlich im Blick auf zentrale theologische Fragen, noch fruchtbarer gewesen wären.

Ich bin Dir herzlich dankbar, daß Du mir rein äußerlich durch erhebliche finanzielle Opfer den Askoneser Aufenthalt ermöglicht hast. Ich werde das nicht vergessen für den unwahrscheinlichen Fall, daß die Situation auch einmal umgekehrt sein könnte.

Diese stillen Tage an einem schönen 1100 m hoch liegenden, von 2000 m hohen Bergen umgebenen See sollen Dir noch ein Echo bringen auf das, was wir miteinander auf dem Berge und in Locarno besprachen (Bundesplan)[1] und ebenso noch ein Wort zur Fortschrittsdebatte, die ja mit dem Bundesplan sehr zusammenhängt.

Endlich möchte ich noch einmal Dir sagen, was ich im Blick auf die deutsche Lage von Dir hoffe und erbitte und was – soweit ich sehe – von niemand sonst zur Zeit in der notwendigen Weite geleistet werden kann.

Zu der Bundesfrage folgende Randglossen:

I. Zum Grundsätzlichen:

Ich brauche nicht zu sagen, daß ich die Beurteilung der Lage im Blick auf die Sinnzerstörung bejahe und einen Zusammenschluß von Menschen, die sich für ihre Überwindung verantwortlich wissen, für richtig halte. Fraglich ist mir nur, ob in jedem geschichtlichen Ende die Keime eines neuen Anfangs mitentwickelt werden und ob es richtig ist, die konkrete geschichtliche Entwicklung in dieser formalen These zu vereinerleien, anders ausgedrückt: Ob im Blick auf den konkreten geschichtlichen Zusammenhang die christliche These von einer einzigartigen Mitte der Geschichte, in der (unbeschadet der auch hier vorhandenen Sinnzerstörung und der auch hier geltenden Aufgabe der Wandlung und Erneuerung) übergeschichtlich bedeutsam und in entscheidender Klarheit der eigentliche Sinn des Lebens wirksam und in bisher unüberbietbarer Klarheit sichtbar wurde.

Das führt dann sofort zu der Frage, ob die Formulierung „Menschen verschiedener Parteien, Konfessionen und Weltanschauungen" möglich und richtig ist und ob es nicht zunächst die Aufgabe wäre, in einem Bund Menschen christlicher Haltung, die um den Verrat des Evangeliums durch die Christenheit wissen, und an die Auferstehung des Evangeliums im Sinne eines dritten Reiches nach Joachim von Floris glauben, zusammenzufassen, die die inhaltliche Deutung des Lebenssinnes: Gesetz und Evangelium neu und vernehmbar aussprechen in einer Form, in der die vergrabene Wahrheit neu wirksam wird. Daraus ergeben sich zu den 7 Grundsätzen[2] folgende Bemerkungen:

Ganz allgemein: Sie bleiben zu sehr im Formalen, obwohl sie ja deutlich den Versuch machen, die christliche Auffassung vom Menschen und Welt, von Sinnzerstörung und Sinnerfüllung mitaufzunehmen. Sie enthalten auch die Gefahr (vergleiche besonders These 6), Dinge machen zu wollen, die mir „hauerisch"[3] im Blick auf den universalen Weltzusammenhang zu sein scheinen. Auch der Schlußsatz von These 7 scheint mir in seiner 2. Hälfte in der Gegenüberstellung ewiger Wahrheiten und revolutionierender Kraft der Wahrheit zu einfach an der Tatsache von der Fleischwerdung des Wortes vorüberzugehen und die Bedeutung eines rechtverstandenen trinitarischen Bekenntnisses zu übersehen, bei dem zwar der Geist der Wahrheit in der Aufnahme der prophetischen Kritik ganz besonders gegen die Dämonie, die sich gerade mit der erstarrten Kirchlichkeit verbindet, ankämpft, aber doch so, daß er erinnert an die erschienene Wahrheit oder goethisch geredet das „alte Wahre" neu anzufassen lehrt.

Es ist eine alte Sorge, die ich Deiner Lebendigkeit und Weite gegenüber habe, daß damit der entscheidende, erneuernde Gehalt zu Gunsten eines allgemeinen, formalen, geschichtsphilosophischen Prinzips geopfert wird. Diese Sorge gilt auch den andern Thesen gegenüber, so sehr ich z. B. These 4 u. 5 im Blick auf die Enge und leere Begrifflichkeit theologischer Zunftrede und kirchlicher Reaktion für wichtig halte. Diese Sorge bekommt noch durch eine Einzelheit eine besondere Note, die zusammenhängt mit dem Gespräch am 20. [8. 1936][4] abends. Ich meine, daß die Gefahr, die in den Thesen zum Ausdruck kommt, besonders darin liegt, daß die eigentliche Tiefe der Religion –: das „Wenn ich nur Dich habe, frage ich nichts nach Himmel und Erde" oder das augustinische alleinige Interesse in erschreckender Weise zu kurz kommt. In These I ist noch eine Erinnerung an das I. Gebot und an die persönliche Erfüllung durch die Erfahrung unbedingten Lebenssinnes, anders ausgedrückt, durch die Beziehung zu Gott. (Ewigkeit *in* der Zeit!!)

Du sprichst da von dem Glauben an den letzten Sinn, *den zu verwirklichen* Glück und Aufgabe des Menschen ist. Diese These kann durchaus im Sinn von Röm. 8 Schluß oder im Sinn von 2. Kor. 6 verstanden werden. Ist es Zufall, wenn im Punkt 7 bei den Verwerfungen falscher Lehren Sinnerfüllung, Güte und Glück wie drei *selbständige* Werte nebeneinander stehen und man unwillkürlich bei der dieser Verwerfung entsprechenden Position an ein rein auf diesseitige Wohlfahrt und Ordnung ausgerichtetes Ideal denkt, bei dem die religiöse Beziehung im obigen Sinn fehlen könnte und die Frage nach *pax* et *securitas* im Vordergrund steht? Ich bin natürlich darüber nicht im Unklaren, daß zu dem 1. Gebot das andere gehört, das dem gleich ist: Du sollst Deinen Nächsten lieben als Dich selbst, aber mein Einwand gegen die These ist derselbe wie in der Abendaussprache gegen den Fortschrittsglauben als Prinzip. Ich hoffe, daß diese Andeutungen genügen.

Ich stelle die Frage, ob nicht ein solcher Bund von vorneherein klar an die prophetisch christliche Verkündigung anknüpfen müßte, wobei dann eine Zusammenarbeit mit einer entsprechend alttestamentlichen Frömmigkeit möglich wäre, sofern sie den im Symbol des Kreuzes lebendigen Protest gegen religiöse und humanistische *hybris* und den Ruf zu einem Leben in der Hinkehr zum Geist der Wahrheit ehrlich anerkennen würde. Es ist unmöglich, zu den in Deinen Stichworten im einzelnen aufgestellten Thesen Stellung zu nehmen, schon deshalb, weil ich ohne Deinen ausführlichen Kommentar manches nicht mehr verstehe.

Zu Punkt 2 „Wirtschaft" würde ich unmittelbar bereit sein, Ja zu sagen, wobei ich die Frage stelle, ob nicht unter a) noch eine Fülle ungelöster Fragen versteckt ist. Ich erinnere etwa an Heimanns[5] letztes Agrarprogramm, in dem er m. E. noch grundsätzlich das Eigentum des Bauern anerkannte. Mir scheint deshalb die Frage, ob die Formel „öffentliches Eigentum" ausreicht, gestellt werden zu müssen und ob es nicht vielmehr darauf ankommt, jeden Mißbrauch des Eigentums durch entsprechende Gesetze auszuschalten.

Zum Teil I möchte ich noch einmal darauf hinweisen, daß ich – und das gilt dann von der Sicht des Ganzen – nicht verstehe, warum Du bei der Frage nach den spontanen, wieder bindenden Tendenzen die Wirklichkeit des Volkes und seiner Eigenart, das, was mit den dauernd mißbrauchten Worten wie Heimat und Vaterland gemeint ist, nicht erwähnst. Mir scheint, daß an diesem Punkt wir am wenigsten fertig geworden sind. Wir haben ja von der Frage „Volk" am 21. [8. 1936][4] die Treppe herauf uns unterhalten, und Du hast, wenn ich Dich recht verstanden habe, meinen Hinweis auf die Möglichkeit eines sozialistischen Volksstaates, der gewiß nicht völkisch ist im Sinn einer überstiegenen Gleichsetzung von Sprachgrenze und politischer Grenze, der aber doch um das Geheimnis der Eigenart der verschiedenen Völker usw. weiß, wohl mit dem gleichen Hinweis geantwortet, mit dem ich mich gegen den Fortschrittsglauben als Zielbegriff gewendet habe, daß durch die bewußte Pflege des Volkstums die Wirklichkeit romantisch verfehlt wurde. Statt dessen scheint Dein Bild ein Europa zu sein, in dem es zwar noch Nationalstaaten gibt, in dem aber die Machtorganisation überstaatlich in der Hand sozialistischer Gruppen läge. Ich halte dieses Bild, das doch wesentlich von der Beurteilung der Lage, wie sie in der Klassenkampfauffassung vorliegt, herkommt, sonderlich im Blick auf den Charakter der geschichtlich heute noch wirksamen sozialistischen Machtgruppen für kaum durchführbar, besonders aber, weil es die Bedeutung der irrationalen Grundlagen der verschiedenen Staaten fast ganz übersieht. In bin mir klar über die ungeheure Gefahr eines reaktionären und im Grunde antisozialistischen Faschismus, aber ich weiß nicht, ob der wirkliche Weg zu einem sozialistischen Europa nicht kürzer ist über die innere sozialistische Gestaltung in den bestehenden Nationalstaaten und ob es nicht unsere Aufgabe ist, diese sozialistische Tendenz überall zu stärken und uns dafür einzusetzen, daß auf der einen Seite die Dämonien eines imperialistischen Nationalismus und auf der andern Seite die Substanz zerstörende, einseitige ökonomische Betrachtung des Lebens, wie sie im alten Sozialismus vorliegt und in den verschiedenen sozialistischen Machtgruppen der verschiedenen Länder sicher noch nicht beseitigt ist, überwunden werden, so daß es darauf ankäme, in den westlich orientierten europäischen Ländern, wozu auch Amerika gehört, auf die Grenze und Einseitigkeit der rationalen und technischen Weltauffassung hinzuweisen und auf der andern Seite jede Romantik und jeden national getarnten Kapitalismus zu bekämpfen. Es würden also damit in dem Bund Menschen verschiedener „sozialistischer Konfessionen" Raum haben, die gegenüber den einseitigen nationalistischen oder marxistischen Systemen die berechtigten Elemente in der Auffassung der Gegenseite anerkennen und aufnehmen würden. Ich bin mir klar darüber, daß damit der Bund nicht den Charakter einer politischen Machtorganisation haben kann, ebensowenig wie das auf kirchenpolitischem Gebiete möglich wäre, sondern daß er politisch nur in einem weiteren, aber vielleicht entscheidend wirksamen Sinn sein könne. Er würde im wesentlichen für die Herrschaft Gottes über alle Ideologien sich einzusetzen haben und in prophetischer Kritik an der Wandlung und Auflockerung der verkrampften Strukturen arbeiten müssen und würde in der Aufrichtung eines Bildes, in dem die Wahrheitsmomente der beiden Seiten lebendig zusammengesehen werden, das Wort von der Versöhnung und die Überwindung des blinden Hasses verkündigen. Mir scheint dieser freilich ungeheuer schwierige und in keiner Weise für seine Träger erfreuliche Kampf wesentlicher zur Überwindung des Krieges beizutragen als eine grundsätzliche Kriegsächtung, die doch eigentlich im Widerspruch steht zu der wehrhaften, auch von Dir geforderten Machtorganisation. Ich würde alles das nicht sagen können, wenn ich nicht im Blick auf die deutsche Entwicklung unter dem Eindruck stünde, daß alle gegenwärtige Götzenanbetung nicht endgültig ist und kein wirkliches Verständnis dessen vermittelt, was hier vorgeht. Ich habe im Blick auf die Jugend und wesentliche Kreise der Arbeitsfront den Eindruck ehrlichen sozialistischen Wollens, ebenso daß neben der doktrinären, abstrakten Weltanschauung mit ihrer zum Teil jetzt schon langweiligen Schulung eine stillere Besinnung auf besonderen Auftrag und Eigenart sich vollzieht, die gewiß wie alles Pädagogische ihre Gefahr hat, aber im Blick auf die Spätzeit notwendig ist. Die Lebensformen der Jugend, Arbeitsdienst, Verschwinden der Korporationen u. a. sind Zeichen einer Haltung, die für echte sozialistische Verbundenheit der verschiedensten Gesellschaftskreise Bahn bricht und vielleicht eine positivere, umfassendere Solidarität heraufführt, als es durch die antibürgerliche Klassenkampfhaltung geschah. Wir sprachen in diesem Zusammenhang von der Judenfrage, ob nicht die Vorliebe für die marxistische Lösung und die Gegnerschaft gegen nationale Gestaltung und auch eine nationale, sozialistische Lösung (nicht identisch mit der jetzigen völkischen) mit dem Schicksal der Zerstreuung dieses Volkes zusammenhängt. So wertvoll diese Menschen als Korrektiv gegen falsche Romantik im Sinne prophetischen Protestes sind, ist mir doch fraglich, ob wir ihrer Neigung, die mit der Schöpfung gegebenen Gestalten gering zu schätzen, sich gleichsam für ihre Heimatlosigkeit an andern Völkern zu rächen, mitmachen dürfen.

Du hast auf die Gefahr hingewiesen, daß man Volk sagt und eine bestimmte einseitige Machtorganisation rechtfertigt, die dieses Wort benutzt. Wird nicht (in Rußland) die kommunistische Idee ebenso durch ihre Inanspruchnahme durch eine besondere Machtgruppe bedroht?

Schade, daß wir nicht mehr Zeit haben. Vielleicht schickst Du, falls Du dazu kommst, mir über Marianne Pallat, Haus Eranos, bei Frau Fröbe[6], eine Antwort, die sie mir mitbringen kann. Und nun leb wohl lieber Paul. Im letzten Wollen sind wir uns sicher eins. Wir wollen mit allem Ernst uns gegenseitig wacherhalten und auf unsere Gefahren aufmerksam machen und im übrigen, jeder an seinem Ort, weiter ernsthaft kämpfen.

Mit herzlichen Grüssen an Hannah und Erdmuthe

Dein H. S.

Schreib eine *hilfreiche Dogmatik!*
Das scheint für *uns* der *wichtigste* Dienst!!
Ebenso: Angriffsabwehr von Heyse: Idee und Existenz!
Laß Dir das Buch schicken!

ANMERKUNGEN

1 Tillich schwebte in diesen Jahren ein Bund vor, der die Menschen einer bestimmten, von ihm als „protestantisch" bezeichneten Auffassung sammeln sollte. Dabei dachte er keineswegs nur an Glieder einer protestantischen Denomination oder Kirche, wie aus seinen Diskussionsbeiträgen zum „Frankfurter Gespräch", vgl. S. X hervorgeht. Literarischen Niederschlag fanden seine Vorstellungen erstmalig in dem Vortrag: *The End of the Protestant Era*, in: *The Student World* (Genf), Jg. 30, Nr. 1, 1937, S. 49–57, später in: *Our Protestant Principles*, in: *The Protestant* (New York), Jg. 4, Nr. 7, 1942, S. 8–14. In deutscher Fassung finden sich diese Aufsätze mit weiteren zu diesem Thema in G.W. 7. Vgl. insbesondere G.W. 7, S. 159–170.

2 Die hier erwähnten sieben Grundsätze könnten inhaltlich – aber sicherlich nicht in der Formulierung – identisch sein mit den in An. 1 erwähnten *Protestant Principles.*

3 Vgl. Anm. 12 zu V, 5.

4 Die zwischen Tillich und Schafft geführten theologischen Gespräche fanden in den Tagen um Tillichs 50. Geburtstag (20. 8. 1936) in Ascona statt. Vgl. dazu das von Tillich geführte Tagebuch, das in seinen wesentlichen Teilen in G.W. Erg. Bd. 5 veröffentlicht ist. Siehe insbesondere die Seiten 265–274.

5 Eduard Heimann war Nationalökonom und gehörte in Berlin zum sogenannten Kairos-Kreis. Vgl. G.W. Erg. Bd. 5, S. 152 f. Später (1925) erhielt Heimann einen Ruf an die Universität Hamburg, wo er bis zu seiner Suspension vom Amt wirkte. Er emigrierte nach Amerika und fand eine neue Wirkungsstätte am *Union Theological Seminary,* wo er in enger Beziehung zu Tillich stand. Dies erklärt, warum sich zwischen Tillich und Heimann kein Briefwechsel entwickelte.

6 Frau Olga Fröbe-Kapteyn, die Begründerin der in Ascona alljährlich stattfindenden Eranos-Tagungen, hatte Tillich zu einem Vortrag eingeladen. Auf dieser Tagung lernte er Marianne Pallat kennen, von der Schafft wußte, daß sie nach Deutschland zurückkehren würde. Auf diese Weise konnte eine etwaige Kontrolle durch den Postweg vermieden werden.

VI.
PAUL TILLICH – EUGEN ROSENSTOCK-HUESSY

Als Tillich 1933 in die USA kam, traf er vor allem die Kollegen und Freunde aus der Frankfurter Zeit. So schreibt Tillich im zweiten Rundbrief vom Dezember 1933: „Neulich haben wir zum ersten mal den Kreis der *New School for Social Research* bei einem englischen Diskussionsabend kennen gelernt. Es waren einige alte Bekannte dabei, ... Die meisten dieser Professoren in dieser Fakultät, an die ich zuerst auch kommen sollte, wohnen weiter draußen in der Kolonie zusammen."[1] Max Horkheimer erinnert an die Fortsetzung der Frankfurter Gespräche: „Wir sind gleich miteinander zusammengekommen, als er [Tillich] in Amerika eintraf. Und die Diskussion, die wir in Frankfurt begonnen hatten, über philosophische und theologische Gegenstände[2], ist fortgesetzt worden, fortgesetzt in New York, später in Chicago ... "[3]

Gesprächs- und Korrespondenzpartner wurde Tillich einerseits für Sozialwissenschaftler wie Gerhard Colm, Hans Speier, Eduard Heimann und Adolf Löwe, die an dem von Horkheimer 1930 gegründeten und 1934 in den USA wiedererstandenen Institut für Sozialforschung *(Graduate Faculty* der *New School for Social Research* in New York) ihre Tätigkeit fortsetzen konnten. Andererseits stand er mit Ernst Bloch, Hannah Arendt, Thomas Mann, Eugen Rosenstock-Huessy, Erwin Piscator und später mit Bert Brecht im Gedankenaustausch. Mit den Mitgliedern des ehemaligen Berliner Kairos-Kreises hielt der „beurlaubte" Frankfurter Ordinarius für Philosophie und Soziologie die Verbindung ebenfalls aufrecht, auch wenn sie wie Arnold Wolfers an der Yale University, Karl Mannheim in London, Alexander Rüstow in Istanbul und Adolf Löwe (der erst 1940 an die *New School for Social Research* kam) in Manchester-London lehrten.

Der Austausch untereinander war nicht nur eine einfache Fortsetzung des in Europa vollzogenen Neuaufbruchs im Denken auf eine sozialistische Gesellschaft hin. Die europäische philosophische Tradition traf auf die pragmatische Denkweise in Amerika.

Tillich unterwirft jetzt noch eingehender das politische und ideologische System des Nationalsozialismus einer prinzipiellen Kritik.[4] Das führte dazu, die Geschichtsphilosophie des „Kairos" zu relativieren, da sie zu Fehlinterpretationen führen konnte, wie es sich bei Emanuel Hirsch gezeigt hatte.

Schon in den dreißiger Jahren hatten sich linksorientierte Intellektuelle von der Bildung gesellschaftlicher Systeme abgewandt. An deren Stelle trat die Hinwendung zum Menschen und seiner bedrohten Existenz. Der Briefwechsel zwischen Tillich und Rosenstock beleuchtet diesen Wandel des Denkens. Er ist Dokument der theoretischen Standortbestimmung der deutschen Emigration in den USA und zu ihrer Deutung mit heranzuziehen.[5]

ANMERKUNGEN

1 Vgl. Paul Tillich: G.W. Erg. Bd. 5, S. 207.

2 Vgl. unseren Text S. 256, Z. 7 v. u.

3 Vgl. Max Horkheimer in: Werk und Wirken Paul Tillichs. Ein Gedenkbuch, a. a. O. S. 17 f.

4 Vgl. Paul Tillich: G.W. 10, S. 121–145.

5 Vgl. die sich auf das Emigrantenthema beziehenden Aufsätze von Paul Tillich: G.W. 13.

LEBENSLAUF VON EUGEN ROSENSTOCK-HUESSY

Eugen Rosenstock wurde geboren am 6. 7. 1888 in Berlin als Sohn eines Berliner Bankiers jüdischer Herkunft. Er habilitierte sich 1912 nach einem Jurastudium, eben 24 Jahre alt, mit der Arbeit „Königshaus und Stämme", einer verfassungsgeschichtlichen Untersuchung, an der Juristischen Fakultät der Universität Leipzig. 1914 heiratete er die Schweizerin Margrit Huessy, deren Name nach Schweizer Sitte fortan in seinem Namen erscheint. Die Kriegsjahre, die er als Frontoffizier verbrachte, ließen in ihm die Konzeption der Erwachsenenbildung reifen. Aus dem Dialog zwischen dem Christen und dem Juden, zwischen Rosenstock und Franz Rosenzweig, erwuchs Rosenzweigs berühmtes Buch „Stern der Erlösung" (1921). 1917 – vor Verdun – reflektierte Rosenstock die Korrespondenz der europäischen Großmächte in ihren Revolutionen; danach stehen alle Etappen der bürgerlichen Revolution in innerem und äußerem Zusammenhang und bilden für die europäische Geschichte das zeitliche Gerüst. Die Wiedergewinnung der Kategorie Zeit, als tragende und bestimmende Wirklichkeit, verbindet sich mit diesen Erkenntnissen. Rosenstock stellte gegen die vom Raumdenken verblendete politische und ideologische Denkweise die Einsicht in die Bedeutung der Zeit und mußte so sehr bald nach dem Krieg in die Nachbarschaft des *Kairos*-Gedankens bei Tillich geraten. Als Leiter der Daimler-Benz-Zeitung in Stuttgart, in der Gründung der Akademie der Arbeit in Frankfurt 1921, als Ordinarius für Deutsche Rechtsgeschichte, bürgerliches Handels- und Arbeitsrecht an der Universität Breslau seit 1923, in der Teilnahme an den Löwenburger Arbeitslagern für Arbeiter, Bauern und Studenten wollte Rosenstock demonstrativ zum Ausdruck bringen, daß Wahrheit nicht „an sich" erfahren, als Einzeleigentum erworben, sondern nur in der Gemeinschaft, im Miteinandersprechen und -leben erfahren und vollzogen werden kann.

Nach der Enteignung und Vertreibung aus Deutschland 1933 werden diese Prinzipien im Gedankenaustausch mit Tillich – in der ungewohnten amerikanischen Umgebung – aufgegriffen und dem nationalsozialistischem Denken entgegengestellt.

Aber auch im Staat Adolf Hitlers bleiben die Gedanken Rosenstocks nicht ganz ohne Wirkung. Immerhin sind seit den schlesischen Arbeitslagern *Carl Dietrich von Trotha, Horst von Einsiedel* und *Helmut James Graf von Moltke* Freunde Rosenstocks, deren Namen im aktiven Widerstand gegen die Nazidiktatur wiederbegegnen. Der Kreisauer Kreis von 1940 ist das Ergebnis. Es ist das Verdienst des Kreisauer Kreises, das „tausendjährige" „Dritte Reich" als Intermezzo durchschaut zu haben. In den USA lehrt Rosenstock vorübergehend an der Harvard University und wird 1935 Professor für Philosophie am Dartmouth College (Massachusetts).

VI, 1 Eugen Rosenstock-Huessy an Paul Tillich

Cambridge Mass. Lowell House H 21
5. Februar 1935

Lieber Herr Tillich,

Es sind noch viele einfach sprachliche Mißverständnisse zwischen uns, und ich bitte Sie, sich die Mühe nicht verdrießen zu lassen, einfach zunächst festzustellen, wo wir uns verstehen und wo absolut nicht. In Sachen Universität sind wir deskriptiv einig, auch in Sachen Stamm. Ich darf noch – auch deskriptiv hinzufügen, daß der Kleinbürger als Klasse prophetisches Wissen innerhalb seines Horizontbereiches nur im Zungenreden einzelner – Hitler – vorzufinden braucht. Die großartige Institution eines vererblichen prophetischen Wissens*amtes* ist die komplexe Frucht einer Großmachtauseinandersetzung, nämlich von Staat und Kirche. Beides, Staat wie Kirche als Reproduktions-(institutionelle) Körper hausen jenseits des auf Verkauf über den Ladentisch eingestellten Mittelständlers und Handwerkers und Kleinbauern „auf steiler Höh". Für den kleinen Mann ist Hitler zur Zeit die deutsche Universität. Und sachlich kann das „niederdeutsche" oder „niedergedeutsche" Dritte Reich sehr wohl fünfzehn Jahre von den Vorräten leben, die sich vorfinden. Das Zerstören der geistigen Reproduktionsorgane wird erst dann fühlbar werden. Die Professoren waren 1920 genau so dumm wie jetzt, dumm im tiefen Sinne der Instinktlosigkeit. Und ich bin ja von dem unrettbaren Untergang des Universitätssystems seit 1919 durchdrungen, habe auch dieses Glaubens gelebt und es nur mit dem *Si fractus illabatur orbis*[1] halten wollen, weil ich 1923 in der Universität die einzige Überwinterungsstätte fand. (Die Desperados gingen ins Gefängnis, aber ich bin kein Revolutionär.) Ich kann die Schlußakte im Schicksal der Universität seit 32 – Korporäle kommandieren Instruktion, wie Sie treffend sagen, – nicht tragisch nehmen, weil die Tragödie eben im Anrollen war. 1866, 1890, 1918 sind die Etappen; 1914 (92 Kulturträger)[2] ist auch eine. Harnack wurde noch 1889 durch Bismarck gegen Kaiserin und Ev. Oberkirchenrat nach Berlin geholt, aber eben von Gießen, das heißt von *außerhalb!* Innerhalb Preußens wäre das selbst Bismarck nicht gelungen. Und da wir nun dank Herrn Frick reine Preußen sind, und die deutsche *Natio germanica* der Christenheit zu einem bloßen wenn auch großen Einzelstaat geworden ist, so ist die Universität für diesen einzelstaatlichen Körper zu gewichtig, und er gibt diese

Weltinstitution an die Welt zurück. In der Welt existiert sie natürlich auch keimhaft, aber nicht prinzipiell bisher. Columbia ist ein gutes Beispiel, wieviel sich einmalig durch ehrenvolle Nachahmung erreichen läßt. Aber gleich hier springt ein Unterschied unseres Denkens hervor. Obwohl wir deskriptiv einig gehen, sehe ich doch im Reformations-Deutschland eine *prinzipielle* Lösung, die in Columbia fehlt. Der Unterschied zwischen beiden ist der von mehraltriger – marxistisch ausgedrückt: reproduzierender Institution und einaltrigem bloß tatsächlichem „*happening*", reinem glücklichen Zufall. Es wäre wichtig, wenn wir an diesem relativ kleinen Punkt uns verständen. Dazu will ich helfen, indem ich natürlich die Unbeamtetheit des berufenen Sprechers (Schopenhauer, Marx – aber Marx war Europäer) für durchaus möglich halte, nur nicht immer, überall und allein. Ich glaube an Ämter, reproduzierende Institutionen. Das ist mein *Ausgangspunkt*. Doch erleichtert es vielleicht das Verstehen, wenn ich hinzusetze: Ich bin sehr kritisch hinsichtlich der Lebensdauer solcher Institutionen, weil ich den Verdacht habe, daß heute die Ökonomie universaler, die Bekenntnisse partikularer werden müsen. Ein weltweites Amt der europäischen Christenheit könnte also möglicherweise einfach daran heut sterben müssen, daß die universalen Ämter: Imperium, Sacerdotium, Studium, heut alle ruiniert werden, und die Ökumene ausdrücklich für eine Mehrzahl von Rassen, Glauben, Religionen, *Stämmen* sich kraft einer einheitsrepräsentierenden Ökonomie konstituieren muß. *Pax,* aber keine *Pax Romana,* sondern die *Pax* der Apokalypse mit ihrem seltsamen tempellosen Lebensbaum „*ad sanitatem gentium!*"[3].

Dies bringt mich zu einem ersten Mißverständnis: Die Geschichte vom Samariter stammt von Soederblom; dem sagte ein alter Bauer, daß die Zeit des Priestertums (Rom) und die des Leviten (Wittenberg) nun vorbei sei und daß nun die des Samariters einbräche. Priestertum ist aber – und da haben Sie mich nicht verstanden – lebenslängliche Aussonderung aus dem Volke als clerus, Elite, gentleman, Gebildete oder dergleichen. Jede solche Aussonderung verführt das Volk dazu – objektiv –, den Mitgliedern der Elite Geist kraft priesterlicher, klerikaler, elitemäßiger Aussonderung abzunehmen. Jede Dummheit von Winston Churchill oder von Max Weber war autoritär, weil jener ein Churchill und dieser ein deutscher Professor war und weil beides sakrale Eliten darstellten zu ihrer Zeit. Nach dem Kriege war vom deutschen Professor – wegen des Verschwindens der gesamten übrigen *Herrenschicht!* – nur noch dieser hohepriesterliche Heiligenschimmer übrig. In richtiger Erkenntnis, daß sie, die Professoren, nun der Rest der herrschenden Klasse *par excellence* geworden seien, stürzte sich die Leibgarde der Hohenzollern auf die Kriegsschuldlüge, um gleichsam durch das Objekt ihrer Tätigkeit den Mangel an funktionaler Herrschaft wettzumachen. So wurde das Amt des Professors ganz und gar zum Symbol der Zugehörigkeit zur herrschenden Schicht (alle Romanbücher, die etwas auf sich hielten, hatten deshalb einen deutschen Professor zu enthalten!), und damit wurde er priesterlich, weil der *Logos*träger nun von seiner Aussonderung als Klerus seine Autorisierung erhielt. Damit war das Ende des paulinischen Lehramtes da. Es war schon vorbereitet mit dem praktischen Erblichwerden des Pfarrerstandes, dieser *contradictio in adiecto* des allgemeinen Priestertums. Aber der dialektische Umschlag von weltweitem Paulus in national petrinisches Priestertum war erst mit dem sichtbaren Sturz der Fürstenklasse vollendet. Da erst spielte der Professor den Fürsten! Und so ist es die Tragik gerade der bewußten Streiter für die Universität, daß sie alle unter diesen priesterlichen Schein geraten sind. Das habe ich sagen wollen, wenn ich auch Sie selber nicht ausnehmen konnte, ebensowenig wie mich von dieser Verstrickung durch eine soziologische Fatalität. Wir erschienen als Hohepriester, als Klerus, als Elite, als herrschende Schicht. Sogar unsere Ferien und die Kolleggelder wurden als Privilegien einer Aristokratie mißverstanden! Demgegenüber war und ist es belanglos, *was* wir auf den Kathedern und in unseren Büchern gesagt haben. Das Wort und die Wahrheit haben eine andere Dignität, wenn sie der Priester spricht oder der Laie. Aber der Gegensatz Priester–Laie ist nicht der einzige Gegensatz. Im Luthertum war dem „sakralen" Fürstenamt, ein unpriesterliches, nämlich prophetisches Lehramt beigesellt worden, und der alte schwedische Bauer hat es ausgeplaudert: Es gibt, nach dem Priestertum, zwei weitere Möglichkeiten für die Verwaltung des Logos in institutioneller Art. Charisma, Prophetentum und all die Weberschen Kategorien sind unproduktiv, weil sie un*re*produktiv konzipiert sind. Was kommt es denn groß darauf an, ob Deborah *einmal* singt. Daß es eine ganze Epoche der Richter in Israel gegeben hat, ist das *Reproduktions*-Problem, das allein Gedankenarbeit, Denken erfordert. Die einmaligen Geniestreiche der Geschichte sind kein Thema für das Denken, sondern bleiben das, was sie eben wirklich sind: *Wunder!* Die Wunder der Bibel etc. werden ja nicht durch die rationalistische Aufklärung aus der Welt geschafft, sondern durch ihre *Reproduzierbarkeit*. In jedem Augenblicke gibt es *einmaliges, erstmaliges* Geschehen = *Wunder,* und reproduziertes, in seiner Geschöpflichkeit *vollendetes* Geschehen. Hierbei drückt das Wort *vollendet* besser als reproduzierbar aus, was dieser Lebenstatsache widerfahren ist: Sie ist einmal ganz und gar an ihr Ende gekommen und daher nun der Wiederholung fähig geworden, denn das Ende einer Sache ist nicht ihr einfacher Tod, sondern der Tod, der in die Wiedergeburt des nämlichen zurückleitet.

Der Levit ist zum Lesenden, Lehrenden und Zeugenden geworden, zu einem Daueramt in der – paulinischen – Neuzeit kraft des Elements der Forschung. Denn Forschen heißt, die Lehre vergessen können und wiedererkennen, und eben dadurch *vollendet* Forschung das Lehramt, weil sie den Kreislauf über Tod und Wiederauferstehung ermöglicht. Wittenberg ohne Bibelübersetzung und Melanchthons griechische Grammatik, Halle ohne die Wiedergeburt der protestantischen Ethik durch das Naturrecht der Thomasius-Schule, Jena ohne die Wissenschaftslehre wären nicht imstande gewesen, *vollendete* Gefäße der Reproduktion des Levitenamtes zu sein.

Seitdem die Forschung aufgehört hat zu *übersetzen* oder soweit sie aufhört zu übersetzen, hat sie sich mißverstanden, und statt der ewigen Erneuerung des Levitenamtes zu dienen, ist Forschung nun der Totengräber des Levitenamtes. Es hat seine Totengräberfunktion – welche nur die Erneuerung der speziellen zeitlichen Lehrform betraf –, mißverstanden als eine Funktion, durch welche Lehre überflüssig werde. Diese Forschung frißt sich und die Universität nun auf. Aus...! Nun also scheint es zu heißen: Ablösung vor! Ist die Repräsentation des Samariters in einer Institution nicht unmöglich? Ich beschränke mich auf eine Andeutung des sehr komplizierten, aber eben durch die Apokalypse gedeckten Tatbestandes: Das Wort ist im Samariter nicht etwa nur *incognito* im Kierkegaardschen Sinne. Bei K. ist ja *der* Christ *incognito*. Das heilsgeschichtlich-institutionelle Problem der Reproduktion des Logos hat aber nichts mit der Reproduktion der christlichen Persönlichkeit zu tun. Kirche und Christentum sind und bleiben ewig zweierlei, selbst im johanneischen Zeitalter unbenannter Kirche *und* unbenannter Christlichkeit. Unbenanntheit beider macht beide noch immer nicht identisch. Auch das Endjerusalem ist eine *Stadt*, auch wenn *kein Tempel* inmitten steht. Und eine *Stadt* ist ein Problem von Mehraltrigkeit und nicht von bloßer schlechter Existenz von Endchristen. Kurzum: die Stadt auf dem Berge muß auch reproduziert werden. Das kann sie, auch wenn der Funke des Geistes nicht mehr lebenslänglich (Klerus) oder, nach dem Seßhaftwerden des Talents = Habilitation, für ein Menschenalter an eine Person geknüpft wird.

Es ist merkwürdig, wie immer übersehen wird, daß ein Priester dem Begriffe nach (Unschuld, Jungfräulichkeit) und jede Elite kraft

Geburt, Erziehung, Genie, Anlage etc. *siebzig Jahre* sind, was sie sind, der Levit und Berufsträger in der Neuzeit aber nur ein *halbes* Leben lang, nämlich von seiner *Berufung* an! Für das johanneische Amt der Samariterlehre wird nun die Zeitspanne, während der das Wort an einen bestimmten Träger geknüpft erscheint, noch kürzer. Sie geht unter das halbe Menschenleben der Berufenheit hinunter in den Augenblick. Das habe ich ja in meinem Beitrag für Ihr Kairosjahrbuch[4] in ungewollter Zuspitzung auf Ihre eigene Lehre ausgeführt. Ich spreche dort davon, daß wir in jedem Augenblick die *socii aetatis Jesu* zu spielen hätten, mit wechselnden Rollen, niemand wüßte bis zum Ende, wer der Judas war, nur sei einer immer sicher der Judas, der das Drama eben durch seine Schwäche, Ungeduld oder Glaubenslosigkeit überstürze. Angewandt auf die Lehre bedeutet das ein Allmächtigwerden des *Logos* in allen Menschen. Durch die Massenbekehrungen jedes Jahrhunderts (Cluny, Kreuzzüge, Bettelmönche, Luther, Pietismus, Sozialismus) ist erneut jedem eine Seite der ewigen Wahrheit immer wieder zugänglich geworden und damit ist sie nun *allen* anvertraut. Die Situation des Jahres 30 ist auf den Kopf gestellt. Denn wenn der *Logos allenthalben* eingedrungen ist, so ist er nun *nirgends* mehr personifiziert! Er lebt im Intervall zwischen denen, die *alle etwas* von ihm gehört haben, und nun aus dem Zwiespalt von Glauben und Nicht-Glauben nur durch den *jeweiligen* Akt zwischen einander hinausgelangen können. Die Institution der *Una sancta,* der faktischen Einheit der Welt macht den *Logos* zum Geheimnis einer zwischenpersönlichen Situation. Wenn dies auszuführen wäre, so wäre daraus die schließliche Erlösung des Judas abzuleiten und aller Insassen der Hölle. Die andern Seelen tragen *vorübergehend* ihre Last. Dante ging bloß vorüber. Hingegen der barmherzige Samariter trägt den Blutenden vorübergehend. Aber, vergessen wir nicht das Gesetz, unter dem dieser Samariter steht: Er muß wieder in das Dunkel zurück, aus dem er kam. Wenn er Rote-Kreuz-Schwester wird oder Diakonissin oder Sozialfürsorger, so ist das etwas rechtes, aber hat nichts mehr mit *dem Amt des Samariters* zu tun. Es gehört zu dessen Wesen, daß sich seine Funktion wieder von ihm lösen muß. Ich sage: *muß.* Dies war und ist der Kerngedanke des Arbeitslagers[5], und Sie können gewiß sein, daß das Arbeitslager eher die Instruktionskorporäle wieder los wird als die Universität. Denn die Abschaffung des geistigen Eigentums ist die entscheidende Tatsache im Zeitalter des barmherzigen Samariters des Denkens, und sie ist bei gemeinsamer Arbeit natürlich.

Der Sozialismus mußte scheitern, weil er nicht mit der Abschaffung oder Entmächtigung des geistigen Eigentums angefangen hat. Alle

Sünden sind aber geistig. Da liegt wohl eine tiefe Differenz. Es kommt nicht nur *nicht* darauf an, *wer* etwas gesagt hat, sondern es ist sogar eine Beeinträchtigung *der* göttlichen Wahrheit, wenn man darauf achtet, wer etwas sagt. Das habe ich sagen wollen, als ich erwähnte, daß und wie stark ich plagiiert worden bin. Es *mußte so sein*, aber es tut trotzdem weh. In einer Welt, die noch immer auf geistiges Eigentum, ja, auf Ismen, das heißt auf Schulbildung aus ist, war die Vorwegnahme des „vorübergehenden" Denkens oft lebensgefährlich. Weil ja eben unsere ganze Lebens- und Wirtschaftsordnung auf das Levitenamt des Berufs – viel mehr als auf das Kapital – gebaut ist. Nicht zu beanspruchen, was man doch hatte, war also eine qualvolle Prozedur. Ich halte dies aber für genau so erforderlich wie die Abschaffung der sozialen Ungerechtigkeit in Geldsachen, – an die ich nur sehr relativ glaube, weil ja die Proletarier alle in Geld denken, also gar nicht frei von der Ungerechtigkeit sind. Mit meiner Forderung des Samariterdenkens wird oft verwechselt der Gruppenegoismus (eine Gruppe hat es gemacht, kein Individuum, Berneuchen, Patmos etc.). Ich leugne nicht, daß hier ein Versuch in der Richtung vorliegt, aber eben nur bei sofortiger Auflösung des Kreises oder der Gruppe, nach geschehener Begegnung.

Wenn nun die Formung des „vorübergehenden" Raumes der Bezeugung* die Aufgabe der Zukunft ist, die den Christen vom Heiden unterscheiden wird – der Christ weiß um die Offenbarung an alle im Zuge der Heilsgeschichte seit Christi Geburt und hat nun als einzige Kraft der Bezeugung, die Selbstüberwindung zu begehen und es „nicht als einen *Raub* zu erachten", daß vielleicht ein anderer besser als er selbst Gott bezeugt!!! – so ergibt sich meine Scheu, mit einem sozialen Bekenntnis mich Ihnen einfach anzuschließen. Das Leben Jesu Christi ist – auch das wieder ein Gegensatz zwischen uns – immer der Ausgangspunkt für all mein Denken gewesen, *niemals seine Lehre!* Im Alter der Kirche[6] finden Sie den IXTHYS, das heißt, das Leben Jesu als die einzige Institution der Kirche, aus der sich alle anderen erneuern. Gerade wegen meiner – nicht instuitiven, bitte! sondern *institutionellen*, nur am Reproduzieren interessierten Sehweise, hat mich nur die feste Grundlage des wirklichen Lebens und Sterbens des vollkommenen Menschen vor der Versteinerung und der Anbetung papistischer oder bolschewistischer Machtgötzen bewahren können. Wenn der vollkommene Mensch das Maß jeder Instituion ist, wenn

---

* Eigentlich: die Bezeugung der Formung des „vorübergehenden" Raumes.

vor allen Dingen auch für Ihre Zeitgemäßheit im Kairossinne, für die Erfülltheit der Zeit der Mensch, sein Vorhandensein, einzig entscheidet und niemals eine Idee oder ein Programm, so ist Ihr Gegensatz „dialektisch" und „intuitiv" nicht genug, um uns über einander aufzuklären. Ich empfinde Ihre Methode als griechisch und den Inhalt Ihrer Frohen Botschaft als messianisch-jüdisch. Das eigentlich christliche Element spüre ich nicht darin. Eine Verschweißung jüdischer Eifersucht auf das Endreich der sozialen Gerechtigkeit und griechischer Klarheit in Bezug auf die Dialektik alles ihm, dem Endreich Voraufliegenden, genügt meiner Seele keineswegs. Goethe, nicht Kierkegaard! Wenn ich im neunzehnten Jahrhundert wählen müßte, hielte ich Goethe − mit Goethe selber − für den besseren Christen als Kierkegaard − weil, ja weil eben das Wort Fleisch geworden ist und weil die Frage, *wann* der Mensch dies oder das zu sagen, zu tun, zu bekennen, oder zu lassen hat, die eigentliche Glaubensfrage an den Christen ist. Was ich Ihnen, dem Lehrer des Kairos, nicht zu sagen brauche.

Dank dem Kairos, ist es Ihnen möglich geworden, im griechischen Bereich weiterzudenken, weil Kairos dem biographischen Denken im Sinne Jesu eben am nächsten von allen Begriffen kommt. Aber entscheidend ist doch, daß das Wort Fleisch geworden ist. *Jesus hat alles, was er getan hat, zur rechten Zeit getan.* Und wenn ich das nicht glaubte, würde ich mich für keinen Christen halten können. Kreuz, Wunder, Weglaufen von Hause, Flucht nach Ägypten, Petri *Quo vadis?* . . . Christentum ist die Erfüllung der Zeit und deshalb etwas drittes jenseits von Judentum und Griechentum. Philo war kein Christ, er war bloß Jude und Grieche. Jesus spricht weder dialektisch noch intuitiv. Und ich bestreite energisch, daß ich intuitiv schreibe oder dialektisch zu schreiben hätte. Intuition und Dialektik, Poesie und Prosa darben beide der Gerechtigkeit der wirklichen und vollen menschlichen Sprache. Das Vaterunser und das Apostolikum liegen jenseits von Dialektik oder Intuition. Mit der Überwindung beider Halbheiten (hie Dialektik, hie Intuition) fängt das echte Denken *überhaupt erst an.* Vorher ist es ein schattenhaftes Denken, so gespenstisch wie Rosenzweig[7] es im ersten Teil des „Stern" beschreibt. Deshalb sind Sie ja auch Theologe! Denn Politik, Arbeit, der ganze Tagesdreck muß mit der Sprachkraft des Vaterunser „besprochen" werden. Das heißt Glauben! Wenn Jesus nicht mit dreißig Jahren gekreuzigt worden wäre, so würde man noch etwas eher sich einreden können, zu *wissen,* was man mit 50 in dieser Welt darzustellen hat. Aber so kann man selbst das nicht. Man muß, sogar mit 45, 50, 55 *glauben,* was sehr anstrengend ist. Und daher verstehen Sie bitte meine Zurückhaltung zu Ihrem Programm. Ich glaube, daß nach einem Jahrhundert des bürgerlichen Mannes und der Orgien der Geistesfreiheit und des geistigen Eigentums der Bürger und Mann von 40 oder 50 Jahren exemplarisch und paradigmatisch ins Leiden gerückt worden ist. Wir alle haben unter der Abschaffung des Bürgers als Jahrhundertgottheit zu leiden, ungeachtet unserer – vielleicht individuellen – Unbürgerlichkeit. Damit, mit dieser Verhaftung an mein Gesamtgenerationenschicksal, fühle ich mich aber persönlich freigesprochen. Es ist genug Leiden über mich als Gattungswesen verhängt. Als Vater meines Sohnes, als Bruder meiner Geschwister, als Sohn meiner Eltern, als Professor, kurzum in jeder einzigen meiner Beziehungen zu einer mehraltrigen reproduktiven Funktion bin ich ins Leiden gestellt. Das genügt. Ich lehne jede weitere, subjektivistisch-jugendliche Neigung und Bereitschaft, darüber hinaus zu leiden, als mir widerwärtig ab. Der junge Mensch in mir war immer leidenswillig. Der Nicht, – Noch-nicht-in-die-Volksordnung-Eingewachsene ficht oder leidet sich in sein Volk hinein. Das alles ist von unserer Generation genommen. Als Gattung, als Jahrgang, als Amtsträger verfolgt, denke ich nicht daran, mich jetzt für die Verwirklichung des Johanneischen Reiches einzusetzen. Dies ist mir eben *jetzt* durchaus unziemlich, während ich 15 Jahre lang von nichts anderem als von diesem besessen war. Deshalb nur habe ich bei Ihnen und mir einen Stellungswechsel (Theologe und Philosoph) vorausgesetzt, weil ich vermute, daß dies Gefühl für das unziemliche, jedes nicht im Gattungsmäßigen begründeten Leidens rein aus meiner individuellen Lage entspringen mag. Ihr Brief las sich doch etwas wie ein Aufruf. Wenn ich demgegenüber alles, was ich über das Lebensalter unserer Generation und über ihre Lage empfinde, an einem Bilde deutlich machen darf, so wäre es dieses. Ich empfinde wie Odysseus im neunten Buch der Odyssee, als er nach vielen Schwierigkeiten bei den Phäaken endlich, endlich anfangen darf zu reden. Und was sagt der göttliche Dulder? Bietet er ein Programm an? Identifiziert er sich mit den Phäaken, mit den Griechen, mit den Notleidenden, mit den Göttern? Kurz, ist er im Alter der Eschatologie und des Messianismus? Nichts von alledem. Er sagt – und ich glaube, es hat ihn innerlich lächeln gemacht –: „Ich bin Odysseus, der Sohn des Laertes, der in allen Listen den Menschen gegenwärtig bin *und dessen Ruhm den Olymp erreicht.*" Gerade so, denke ich, müssen wir jetzt im fremden Lande zunächst unsere Identität *mit uns selber* herauskehren, und darüber kommt die Identifizierung mit der leidenden Menschheit bei mir momentan erheblich zu kurz. Ich könnte für diese Wiederherstellung meiner Ganzheit sogar noch eine ausführliche Begründung liefern, aber ich bezweifle, daß diese mehr als die Rationalisierung meines Instinktes ist: Jetzt um gar keinen Preis individuell Leiden suchen. Wer so reden muß wie Odysseus bei den Phäaken, hat genug zu tun, diese Extravertierung innerlich auszubalancieren. Wollte er gleichzeitig noch jene durch jedes Leiden *Wollen* aufgenötigte innere Spaltung in sich befördern, so würde er wie ein Bovist zerplatzen.

Ich bin nun weit entfernt, daraus eine Regel für alle, die mit mir nach Amerika gekommen sind, abzuleiten. Ich vermute, daß für die meisten die Situation sich anders darstellt. Aber soweit noch *ein* Sinn für die *Geschichtlichkeit* des Christentums in uns lebendig ist, kann sie nicht von der rechten Zeit absehen, in uns und in Jesus ... Das macht uns zu seinen Brüdern. Und die Zeit hat ein anderes Gesicht für den Mann von 45, den Jüngling von 20, und den Bräutigam von 30. Der Inhalt meiner Lehre wird gewiß nicht so sehr erheblich von der Ihren abweichen. Ich habe eine soziale Trinität in einem oikodynamischen System dargestellt, mit der ich Comtismus und Marxismus beide zu befrieden und auf eine bloß menschliche Trinität zu beschränken hoffe, und Sie werden die Tragweite meiner Anthropologie leicht erkennen, wenn ich Ihnen sage, daß ich drei menschliche Zustände zugrundelege: den Menschen der *Temporality* in seiner Arbeit, den Menschen der Zeitlosigkeit in seiner Gattungshaftigkeit im Dienst der Art und die Person in ihrer *„Timeliness"* – womit ich Ihren *Kairos* subjektiviere und übersetze.

Aber dies ist nicht eigentlich wichtig für unseren Briefwechsel heute. Höchstens, daß es zeigt, daß es mir mit meinem wissenschaftlichen Denken jenseits Dialektik und Intuition bitterer Ernst ist und daß es ein solches drittes Denken gibt oder es gibt kein Christentum!

Aber das Wichtigere heut zwischen uns ist die Zeugenschaft. Ich habe 1919 gegenüber Ihnen definiert: Ein Lehrer des Gesetzes, aber ein Zeuge der Freiheit. Ich glaube, Sie haben gegen diese Definition heute nichts einzuwenden. Das Neue seitdem ist folgendes für mich: *Kairos,* zukunftsträchtig im Sinne der Weltgeschichte sind die johanneischen Formen. Von ihrer Anbahnung oder Verwirklichung bin ich aber innerlich und äußerlich abgelöst und ausgeschlossen. Ich empfinde mich in dem kurzfristigen Sinne des Zeitgeschehens als entaktualisiert. Ich entdecke also – und ich bin mir aller soziologischen Verursachungen dabei wohl bewußt – die zeitlose und relativ ewige Berechtigung auch des Levitenamtes wieder, damit die relative Möglichkeit der Kathederautorität. Da ich niemals Idealist gewesen bin, fühle ich mich unschuldig genug, Schelling, Hegel, Fichte auf dem Katheder zu traktieren. Die Repräsentation des Denkens ist also ohne mein Zutun aus dem im engsten Sinne zeitgeschichtlichen Ablauf (von Paulus zu Johannes, aus der Neuzeit in die Endzeit, aus dem Nationalismus in den Sozialismus) hinausgerückt in eine geschichtslosere Sphäre, zu der ja vielleicht Amerika im Ganzen gerechnet werden kann. Es ist eben alles immer gleichzeitig und zugleich jedes nur *einmal* als *geschehend* da. Irgend eine Erwartung, in Deutschland zum Zuge zu kommen, habe ich nicht. Da ich auch nicht Amerikaner werden kann, so bleibt die Zukunft ganz offen. Ich bin aber in Amerika nicht als Deutscher, nicht als Jude der Rasse nach, nicht als Christ, sondern als Europäer, der etwas durchexerziert hat, was erstens hier noch unbekannt ist, zweitens was hier überwintern muß um seiner Werthaftigkeit willen. Als *Europäer,* als Nietzsches guter Europäer, fallen gewisse Unbeholfenheiten der Situation „Amerika–Deutschland" dahin. Das Jahrhundert, in dem sich Deutschland und Amerika auseinandersetzten, ist vorbei. Nur als Europäer können wir die Amerikaner zwingen, gesamteuropäisches Dasein aufzunehmen, und, vielleicht, für die letzte Begegnung mit China und Indien zu erneuern. An diese Erneuerung unseres Glaubens im Ringen mit Laotse und Buddha glaube ich, aber dies ist ein Theorem, dessen Vitalität noch nicht unmittelbar wirksam geworden ist. Als Europäer ist meine Zeugenschaft nicht die des Märtyrers für eine politische Überzeugung in meinem engeren Vaterlande Deutschland. Dies ist keine die Amerikaner oder den Weltgeist (!!!! wer lacht da?) interessierende Angelegenheit. Dantes Florenz ist belanglos gegenüber der Tatsache, daß er der erste *Italiener* war. So sind wir die ersten Europäer, umso mehr, weil wir es uns nicht ausgesucht haben, es zu sein. Man ist nur das ganz, was man nicht mit dem bißchen Willen gewollt hat. Marx war es weniger als wir. Dies ist unser Unterschied – nicht in jedem Einzelfall, wie ich wohl weiß, aber durch den Zeitpunkt der Emigration gegenüber der Emigration der Italiener 1922 oder der Russen 1918. Wir kommen in dem ersten Augenblick amerikanischer Offenheit für die europäische Grundhaltung: Bußfertigkeit, Selbstkritik, dialektische Erneuerung. Das ist der christliche Kern Europas. Ihn zu bezeugen, sind wir genötigt, kraft unserer Art und Eigenart.

Daß sich daraus praktische Arbeitsaufgaben die Fülle herleiten lassen, steht mir ganz unmittelbar fest. Aber wir bezeugen das Leben, nicht den Tod, nicht ein Märtyrertum, sondern ein männliches, höchstpersönliches, wenn auch zum Spiel mit dem allzu persönlich – rein bürgerlichen, fähigen Europäertum.

Und deshalb ist die Lehre von der sozialen Gerechtigkeit mir im Augenblick und für Amerika – das sich an einem durch Sozialismus verbrämten riesigen *Graft* zu vergiften droht – von bedenklicher Aktualität. Wer ist denn hier Sozialist? Alle die, die nichts gelernt haben, die Abstrakten, die Kairosunfähigen. Wollen Sie sich wieder durch die kompromittieren, die unbelehrbar sind. Sie haben sich weiß Gott in Deutschland genug selbst damit geschadet. Alles, was von Ihnen in der Richtung der Selbstaufopferung und des bösen Scheins verlangt werden kann, haben Sie sich auferlegt. Weshalb nun nicht aus der Dialektik Deutschland–Amerika herausgehen, in die fruchtbare Europa–Amerika, in der Sie und ich sein dürfen und sein müssen, wozu uns der Herrgott geschaffen hat, ganz unangestrengt, ganz unverkrampft, bloß existenziell und in dem, was uns Spaß macht (soweit das Geld dazu reicht)?

Auf nach Europa in Amerika!

Und würden wir uns nicht mit jedem Schielen nach dem niedergedeutschten kleindeutschen Hitlerlande selber Lügen strafen? Wir waren nach Deutschland gestellte, delegierte Kinder Gottes und Europäer und waren es gewiß zufrieden, als Deutsche und in Deutschland die *Magnalia Dei* zu loben und zu preisen. Wir sind durchaus entgegensetzter Lage wie die 48er. Diese hatten für ihre Ideale – lies ihre Zukunft – in Deutschland gekämpft und verloren, und daher waren sie gute deutsche Aussaat hier in Amerika und die *Carl-Schurz-Foundation* hält diesen Dank an Deutschland für seine gute Aussaat fest. Wir sind, wenn überhaupt etwas, eher Ernte als Saat, sind schon an und in Deutschland fertig gewordene Menschen und Europäer, die eine übereilte Jungmenschheit verhindern konnte, in Deutschland weiterzuleben. Sie hat uns nicht unsere Ideale genommen. Was wäre denn das? Sie hat uns bloß für überlebt erklärt, und wir, wir erklären, noch nicht tot zu sein. Dann müssen wir aber eben das bezeugen. Leben bezeugt sich nur durch Unbefangenheit und Zukunftshaftigkeit. Deshalb mag ich nichts, wofür ich bereits gelitten habe. Es gibt doch noch so viel anderes zu bezeugen und zu leben, was ich vor lauter Gewissenhaftigkeit mir bisher nie erlaubt habe zu sein, zum Beispiel ein Gelehrter, ein Historiker, ein Reisender. *Ecce humanitas europaeana.* Nur so verhindere ich jene, mich überhaupt zu erreichen. Ich binde meine Klinge nicht mit ihnen. Sie können mir den Buckel herunterrutschen. Ich führe mit ihnen Krieg, soweit für meine Existenz nötig. Aber ich bestimme, ob ich kämpfe, und lasse mich nicht durch diese dummen Jungen herausfordern. Sie mögen schreien in ihren Wäldern Germaniens und sie werden schreien, bis sie wissen, daß sie vor ihrer eigenen Judenangst so schreien, aber ehe sie nicht und wenn sie nicht ihre Angst eingestehen, und ich weiß nicht, ob sie je so viel Christen-

tum in sich aufbringen, kann ich mit ihnen nicht reden. Auch nicht gegen sie. Es gibt ja Leute, die, wenn sie unter die Räuber fallen, dann durchaus die Räuber bekehren wollen, und manchmal soll das auch gelingen. Zu dieser Rolle aber finde ich nichts in mir vor. Ich glaube, dieser Typus gehört selber unter den des Samariters. Und eben der ist in Deutschland zur Zeit vertagt und in mir versiegt.
Also auf nach Europa in Amerika! Und in das erste richtige Europa!!

Ihr herzlich grüßender   Eugen Rosenstock

ANMERKUNGEN

1 Wenn der Weltbau krachend einstürzt, werden seine Trümmer einen Furchtlosen treffen.
2 Am 4. 10. 1914 erschien in der Presse ein „Aufruf an die Kulturwelt". Er war von Ulrich v. Wilamowitz-Moellendorff entworfen und redigiert, von 93 Professoren unterzeichnet und schließlich von 4000 Männern des öffentlichen Lebens unterstützt. Sie alle wehrten sich gegen die Verleumdungen der Feinde Deutschlands. Dieser „Aufruf" rief den Protest zahlreicher Wissenschaftler des Auslandes hervor.
3 Zum Heil der Menschen.
4 Der Protestantismus als Kritik und Gestaltung. Zweites Buch des Kairos-Kreises. Hrsg. Paul Tillich, Darmstadt 1929. Weitere Mitarbeiter neben Eugen Rosenstock waren: Ernst Lohmeyer, Theodor Siegfried, Heinrich Frick, Alfred Dedo Müller, Adolf Allwohn, Simon Frank, Max Wiener. Der Beitrag von Rosenstock lautet: „Protestantismus und Seelenführung", S. 219–260.
5 Mit dieser Thematik hat sich Rosenstock mehrfach publizistisch beschäftigt: Vgl. Eugen Rosenstock: Arbeitslager für Jungarbeiter, Jungbauern und Jungakademiker in Loewenburg vom 14.–31. 3. 1928, in: Freie Volksbildung III (1928) S. 217–224; ders., Hochschule und Arbeitslager, in: Mitteilungen des Verbandes deutscher Hochschulen VIII (1928) S. 101–105; ders., Das Arbeitslager. Berichte aus Schlesien von Arbeitern, Bauern, Studenten. Hrsg. mit Carl Dietrich v. Trotha, Jena 1931; ders., Arbeitslager, in: Handwörterbuch des deutschen Volksbildungswesens, Hrsg. H. Becker, G. A. Narciss, R. Mirbt, Breslau 1933.
6 Vgl. Eugen Rosenstock: Das Alter der Kirche, Kapitel und Akten. (Mit Joseph Wittig). 3 Bde., Berlin 1927/28.
7 Bezugnahme auf Franz Rosenzweig: Stern der Erlösung, Frankfurt/M. 1921.

VI, 2 Eugen Rosenstock-Huessy an Paul Tillich

Cambridge, 7. 2. 35[1]

Lieber Herr Tillich,
Beim Wiederlesen finde ich eine Anzahl von Punkten, die zu weiterer Ausführung einladen. Sowohl die methodologischen Fragen drängen zur Klärung. Nämlich: Muß das Denken erlöst werden, bevor die Welt erlöst werden kann, oder kann die Welt erlöst werden, trotzdem „unkairisches" (schreckliches Wort, aber es ist kurz) Denken, nämlich Philosophie noch existiert und sogar und gerade von den Christen (Barth!!!) nicht perhorresziert wird. Unkairisches Denken ist = Philosophie! Das Wesen der Philosophie von Thales bis Plotin und von Descartes bis Hegel – oder Heidegger und Scheler ist ihre *akairosis*. Deshalb war es nicht nur ein Bonmot, daß ich Ihre Theologie für Sie als jetzt konstitutiver denn vorher empfinde. Von 1918 bis 1933 schien es denkbar, daß Deutschland kairotisch zu denken lernen werde, ich meine als Volk. Mit 1933 ist das (– *zunächst!*) wieder verbaut. Heidegger hat gesiegt, indem er noch einmal das Thalessche und Parmenidessche Sein über den *Kairos* hat triumphieren machen, aber er hat es immerhin nur mit einem Betrug – daß er scheinbar doch auch *von* der Zeit spricht – tun können. Immerhin, Deutschland hat das Joch seiner Endzeitexistenz noch einmal abgeschüttelt und denkt nochmals neuzeitlich-räumlich. Damit fällt jener Rahmen fort, der Ihnen gestattete, sich als Philosoph mißverstanden sehn zu lassen. Jetzt müssen Sie mittels des Titels *Theologia* jene Berichtigung anbringen, die in einem kairotisch werdenden Volksleben weniger wichtig schien als der Verzicht auf das Unrecht des Theologieprivilegs. Es gibt eben beides: ein falsches Privileg der Theologen und ein falsches der Philosophen, und nach 1918 schien es wesentlicher, auf das des Theologen zu verzichten und das des Philosophen zu ertragen. Aber können Sie das jetzt noch?
Weil Ihr natürlicher Denkstil griechisch ist, müssen Sie sich nunmehr wieder von Ihrer Natur vermutlich distanzieren und das „Wir", das uns allen das Volk im Interregnum des Unglücks zur Verfügung stellte, durch das Wir der Theologie ablösen. Ich hingegen war 1918 verzweifelt und habe nie ganz an die Bekehrung des Volks als Volk, vielmehr an einen unvermeidlichen offenen Ausbruch des Wahnsinns geglaubt – den ich allerdings für ebenso unvermeidlich wie temporär halte. Das Paradox ist eben die Unvermeidlichkeit des Irrwegs. Des-

271

halb habe ich es nie ganz unterlassen können, durch Theologie Mißverständnisse zwischen Gottes Volk und deutschem Volk hintanzuhalten. Ich aber werde nunmehr ganz in die Philosophie geworfen, um in
ihr selber jene Umdenkung anzubahnen, durch die das scheinbar zeitlose Denken *über* die Welt zu einem Unterfall des kairotischen Denkens wird. Philosophie kann zeitlos anmuten, weil und insofern auch
2 + 2 = 4 als zeitlos erscheint. In Wahrheit ist in 2 + 2 = 4 die Zeit nur
langsamer, und daher vernachlässigbar, aber ein sterblicher Satz ist es
doch, und eben diese Fragen behandle ich gerade in der *„Human trini-
ty"*, meinem Anticomte und Antimarx. Aber wenn ich das richtig
spüre, so liegt also doch zwischen uns eine gewisse Abtauschung vor.
Ich will Sie damit nicht in irgend ein Schema pressen, mir liegt es
auch fern, Ihnen von mir aus irgend etwas aufzudrängen. Sondern es
scheint mir einfach so zu geschehen, ob wir wollen oder nicht, da das,
was wir mit uns angefangen haben, uns nun nach dem Wort des Johannes eventuell zwingt, dorthin zu gehen, wo wir *nicht* wollen.

Damit bin ich endlich bei dem „als auch" des „sowohl", mit dem
dieser Brief begann. In den sozialen Fragen habe ich wenig zu sagen.
Die deutschen Arbeiter haben von 1914 bis 1923 den Mittelstand −
die Arbeiter im Bunde mit den Unternehmern natürlich! − ausgebeu-
tet und die Kapitalisten exploitiert. Dafür sind sie nun kampfunfähig.
Da Marx vom Menschen nicht viel wußte und noch weniger von der
Offenbarung, so hat er zwei geschichtliche Phasen in eins gezogen, die
Diktaturstufe des sterbenden Einzelstaates und die Ansätze zu einer
Weltökonomie, jener *Una Sancta,* die eben kein Hauptwort *Ecclesia*
mehr in ihrem Namen hat, sondern anonym bleiben muß, um zur
Welt kommen zu können. Die neuen Stämme sind Hinweise − dialektische Hinweise auf diese *Una Sancta.* Staaten sind für die *Una sancta*
dereinst untragbar. Die Ökumenische Ökonomie hat als Gegenspieler
die Zahllosigkeit der Stämme. Die Stämme sind die zulässige Form des
Polytheismus der *Endzeit.* Bolschewismus ist Vorsprung, Vor- sprung
aus dem Staat heraus, wie Hussitismus Vor- springen aus der Kirche
im 15. Jahrhundert war. Luther war kein Hus! Da sieht man gut, wie
wenig es auf die Worte, Lehren, Theoreme ankommt. Hussitisches
Lehrgut macht Luther noch nicht zum Hussiten. Luther gelang es,
den Absturz des Staats in reinen Machiavellismus, der schon drohend
da war(!) aufzufangen und abzuwehren. Luthers Tat ist die des Auffän-
gers einer bereits *„vis consilii expers"*[2] gewordenen staatlichen „Eigen-
gesetzlichkeit". Luther kam, nachdem ein *Papst*[3] selber den Satz geschrieben: *Nobis persuasum est, armis regna acquiri, non legibus*[4] (Pius II.).
Da kam Luther im *Kairos* des letzten Augenblicks und gehört deshalb

in die Staatslehre als der, der dreihundert Jahre lang sowohl Machiavell[5] wie Bodin[6] nicht zu absoluter Herrschaft hat kommen lassen. Wir nun sind wieder in Nikolaus von Cusas Zeiten (freilich gegen den Staat statt gegen den Papst) gegen den Staat und doch auf den liberalen Staat (Amerika!) gegenüber dem machiavellistischen Stamm, angewiesen. Hitler nimmt den Stamm vorweg in ungereinigter Weise, wie Cesare Borgia den Staat vorwegnahm, auch ungereinigt, eben *vor* Luther. Der „Principe" ist zwei Jahre vor den 95 Thesen geschrieben! An diesem Verhältnis sieht man, was es mit der sogenannten Evolution auf sich hat, die ein Nacheinander allenthalben als ein *weiter* mißversteht. So, à la Machiavell, wäre es weiter gegangen – in der Türkei wurde denn auch 1520 das Abmurksen aller Prinzen des Sultanshauses als Staatsräson eingeführt – das ist nur die Logik ungetaufter Staatlichkeit – wenn nicht Luther gekommen wäre und mit der *Invisibilis*[7] einen Ausweg ermöglicht hätte. Auch dann hat es Don Carlos und die Spannung König–Kronprinz geben müssen (Friedrich II. und Katte!), aber die türkische Praxis blieb Europa durch den Glauben, der ein Verhältnis zwischen den Generationen von Fürst und Nachfolger ermöglichte, erspart. Die vierjährige Wahl des Präsidenten in Amerika ist eine letzte Tat des Protestantismus. Mohammed wird nicht reproduziert. Der Glaube an den *Kairos* der Wahlakte ist reproduktionskräftig.

Für die heraufziehende, unstaatliche Gesellschaftsordnung ist es noch zu früh. Es fehlen die Humanisten, die zu Evangelischen bekehrt werden könnten! (Das Erasmus-Luther-Problem ist ja nicht, daß Erasmus nicht mitmachte, sondern daß die Jugend dem Erasmus davonlief und zu Luther überlief. Damit das geschehen konnte, mußte natürlich Erasmus selber unbewegt stehen bleiben.) Heute fehlen die unstaatlichen Menschen. Wir werden – in Europa – alle aus Staatskassen bezahlt, und wenn es Pensionen sind! Deswegen sehe ich mit Grauen, wie die deutsche Emigration hier die *Brain-Truster* in Washington unterstützt; das verhindert – durch Staatskapitalismus – noch einmal den ökumenischen, unstaatlichen Durchbruch auf fünfzig Jahre mindestens. Denn in Amerika ist die Politik das Reich des Schwachsinns und der Bestechung, im Business steckt aller Geist, den dieses Land aufzuweisen hat. Aus bloßer schlechter deutscher Beamtenstaatsdenkmanier wird nun hier alles gefördert, was das Government tut, das doch eben gar nicht Staat ist, statt Reformen nur mit den Businessleuten zu machen. Die *Trade Unions* sind doch nicht nur ebenso steril wie die europäischen, sondern außerdem auch noch korrupt. Sie haben also nicht einmal die *Honnêteté* als Basis für Politik, und bloße Ehrlichkeit reicht gewiß nicht aus für ein politisches Wirken. Die *New School for Social Research* bringt es also vielleicht fertig, auch noch Amerika mit den Segnungen von Staatskapitalismus und Staatssozialismus bekannt zu machen. Aber heilsgeschichtlich bedeutet das noch eine weitere Versteifung und Verlangsamung der schließlichen Lösung. Diese Zwischenverlangsamung mag unvermeidlich sein. Ich säe aber meine Gedanken in eine Welt zwei Generationen von hier, und das erklärt Ihnen meine derzeitige *relative* Unzeitgemäßheit. Als „Nicht für sofortigen Gebrauch" wird eben auch Philosophie sinnvoll. Denn 1. hat sie dadurch einmal später ihren vollen Erdentag, und inzwischen kann sie in kleinen Dosen als Schutzimpfung gegen zu viel Aktualität zahllose überhetzte und ungeduldige Seelen dar- über trösten, daß es noch immer Grund zu eschatologischer Hoffnung gibt, trotzdem die, die die Eschatologie im Munde führen, sie gerade praktisch zu verhindern sich bemühen.

Also sowohl formal-methodisch wie material-inhaltlich sehe ich uns bedingt durch dieselben Umstände das Gegenteil kraft unserer entgegengesetzten Anlage ausbilden, ohne daß ich zu sagen wüßte, wie es anders sein könnte oder sollte. Mir würde es aber viel bedeuten, wenn Sie sagen könnten, daß wir eben beide den selben Dualismus „Erlösung des Denkens und der Welt" mit umgekehrtem Kräftespiel zu vertreten zu haben scheinen.

Nochmals Ihr   E. R.

ANMERKUNGEN

1 Handschriftlich von Rosenstock hinzugefügt: „Brief nach dem ersten zu lesen", d. h. nach dem vom 5. 2. Vgl. Vorwort S. 256 f. in diesem Band.
2 Kraft ohne Plan stürzt durch die eigene Wucht.
3 Enea Silvio Piccolomini versuchte als Papst Pius II. seine kirchenpolitische und literarische Vergangenheit (erotische Dichtungen) vergessen zu machen.
4 Wir sind überzeugt, daß Königreiche durch Waffen erlangt werden, nicht durch Gesetze.
5 Machiavelli, Niccolò. Seit 1498 Sekretär der zweiten Kanzlei und des Rates der Zehn in Florenz, war nach Rückkehr der Medici 1512 gezwungen, den Staatsdienst aufzugeben. 1519 gewann er zwar ihre Gunst, doch er erhielt nur relativ unbedeutende politische Aufträge. In den sieben Jahren völliger Zurückgezogenheit von 1512–1517 schrieb er *Il Principe* und die *Discorsi sopra la prima Deca di Tito Livio* (Wegweiser für das ohnmächtige Italien zu Stärke und Unabhängigkeit. Erstdrucke 1532 bzw. 1531).

6 Bodin, Jean, Staatstheoretiker, Vorkämpfer der Toleranz. Sein Denken basiert auf humanistischer Grundlage und bereitet die Aufklärung vor. Die Durchsetzung des Absolutheitsanspruchs einer Religionspartei wird durch eine humanistische Religionsphilosophie relativiert. Die Mutter der positiven Religion ist die natürliche Religion. Der Dekalog sei das allgemein gültige religiöse Grundgesetz. Seine Staatstheorie geht vom Naturrecht aus und vertritt den Gesellschaftsvertrags-Gedanken. Der Staat kann nur sittlicher Rechtsstaat sein und unterstellt den Fürsten dem sittlichen bzw. natürlichen Gesetz. Vgl. Bodin: *Les six Livres de la République* (1576); *Heptaplomeres*, hrsg. v. L. Noack, 1857.

7 Hinweis auf die „unsichtbare Kirche" bei Luther.

VI, 3 Paul Tillich an Eugen Rosenstock-Huessy

Lieber Herr Rosenstock,[1]

drei gewichtige Briefe[2] von Ihnen liegen vor mir: kurze Zeit auch die Korrekturbogen Ihres Briefwechsels mit Rosenzweig[3]; es ist aber vielleicht besser, daß ich auf sie nicht Bezug nehme, da sie einer anderen Periode angehören, und nach dem kurzen Blick, den ich auf sie werfen konnte, für mich sehr schwer zugänglich sind. So beschränke ich mich auf die Briefe, die ja auch so gefüllt mit Gedanken sind, daß die Antwort eine wissenschaftliche Arbeit ist, die ich auf die Ruhe meiner Chicagoer Wochen verschieben mußte.

Ich würde mich freuen, wenn wir in einen Briefwechsel kämen, da ich glaube, daß ich zu der Zwischensphäre zwischen Theologie und Philosophie – die für mich der wirkliche Lebensraum ist, während jene Worte für mich nur polare Grenzbegriffe bezeichnen – viel von der Fülle und Konkretheit Ihrer Gesichte lernen kann, während ich vielleicht imstande bin, Sie zu zwingen, meinem durch die philosophische Tradition vorgeformten Bewußtsein die Gesichte durch begriffliche Umgrenzung zu vermitteln. In diesem Satz liegt zugleich die Antwort auf eine persönliche Bemerkung Ihrerseits. Sie schreiben von einem zweiten Wechsel zwischen Theologie und Philosophie, bei Ihnen und bei mir. Ich bin mir eines solchen Wechsels so wenig bewußt, wie es Thomas gewesen sein mag, als er nach den Aristoteles-Kommentaren und der *Summa contra gentiles* die *Summa theologica* schrieb. Und auch die Tatsache des mehrfachen, mindestens dreifachen Fakultätswechsels beweist keinen realen Wechsel.

Soweit ich Ihre Idee der deutschen Universität verstanden habe, nicht einmal für Sie. Denn wenn die ganze Universität das autoritative paulinische Lehramt repräsentiert, so muß die theologische Fakultät als Exponent der *universitas litterarum* verstanden werden, nicht aber im Sinne von Barth als das „Ganz-Andere", das ein Fremdkörper in der Universität ist und bleiben soll. Demgegenüber habe ich mich z. B. in Frankfurt, wo es keine theologische Fakultät gab, was von allen Fakultäten als sinnwidrig empfunden wurde, als protestantischer Theologe in philosophischem Material gefühlt und dem in jeder Diskussion deutlich Ausdruck gegeben.

Es ist ja merkwürdig und spricht sehr für Ihre These vom paulinischen Lehramt, daß die Universitäten nur so weit *führen*, als sie manifeste oder latente Theologie vermitteln, und zwar vor allem als Grundlage volkserziehender Praxis (so wirkt Columbia-University jetzt durch die pragmatisch begründete Pädagogik Dewey's[4]). Daß diese Möglichkeit in Deutschland zerstört ist, glaube auch ich. Barth hatte seine Führerstellung nicht als wissenschaftlicher Theologe, sondern als prophetischer Kritiker von Theologie und Kirche. Theologisch blieb er immer ein Fremdkörper auf der Universität, ein Schweizer Landpfarrer. Aber selbst dieser Rest von Autorität führte zu seiner Vertreibung von der Universität. Heidegger, der die Nazibewegung von der Universität her interpretieren wollte, wurde in den Schwarzwald zurückgeschickt. Die Hofphilosophen wie Bäumler und Krieck – von den neueren Ernennungen zu schweigen – sind unter Universitätsdurchschnitt; und eine Scene wie die in Köln, wo ein Herr Dietrich, Pressechef, Hunderten von Professoren die philosophischen Leviten liest und sie sich das dumme Zeug – reiner historischer Unsinn nach allen Berichten – schweigend mit anhören, und dann in Deutschland ein großes Rumoren über die bedeutungsvolle Rede losgeht, – zeigt allerdings klar, daß der deutschen Universität alle Vollmacht genommen ist. Entscheidender Ausdruck dieser Tatsache war das Versagen der Rektorenkonferenzen im März 1933, wo es noch möglich gewesen wäre, die Unantastbarkeit des Lehramtes durchzusetzen. Nachdem das infolge des mangelnden Bewußtseins um die Funktion des Lehramtes versäumt ist, gibt es kein Halten mehr: Der Professor ist zum autoritätslosen höheren Lehrbeamten geworden.

Nun aber eine Frage: Gab es nicht neben dem Lehramt immer die Lehrfunktion, die sich nicht nur im Amte, sondern ebenso und wichtiger im unbeamteten, charismatischem Lehrer ausdrückte? Die weitaus wirksamste Verwirklichung fand die Lehrfunktion in unbeamteten oder – charakteristischer Weise – von der intendierten Beamtenlaufbahn ferngehaltenen charismatischen Lehrern wie Marx, Schopenhauer, Nietzsche, George, Wiechern, Bismarck. Die Spannung zwischen Geist, der charismatisch ist, und Lehramt, das auf den Geist angewiesen, selbst aber nicht des Geistes mächtig ist – es sei denn in glücklichen Zufällen – beherrscht die Geschichte des ursprünglichen wie des säkularisierten Christentums. Meine Frage ist nun: Meinen Sie, daß auch der charismatische Lehrer in die Anonymität der Stammesexistenz hineingesogen werden soll? Braucht nicht der charismatische Führer den charismatischen Lehrer, oder ist er es selbst, wie es zur Zeit aussieht? Jedenfalls vermisse ich diesen Typ in Ihrer Dreiheit von Priester, „Levit" = Beamteter Lehrer und „Samariter". Denn der Samariter ist doch von Ihnen nicht als der Charismatiker gemeint!

Zum „Samariter" zunächst einen kurzen Bericht: Etwa im Jahre 1924 haben Rudolf Otto und ich in Marburg eine Konferenz jüngerer Theologen abgehalten, in denen wir die Möglichkeit erwogen haben, daß einige von ihnen als voll ausgebildete Theologen nicht ins Pfarramt, sondern in die Betriebe oder in die soziale Arbeit als Kerne latenter christlicher Gemeinden gehen, sozusagen das petrinische und paulinische Amt in profaner Verhüllung auszuüben. Das ist z. T. auch geschehen. Doch gelang es nicht, eine feste Form dafür zu finden, wie Sie sie im „Arbeitslager" gefunden haben. Von mir selbst kann ich nur sagen, daß mein Beitritt zur SPD[5] ganz gleichen Motiven entsprang und daß der einzige Vorwurf, den ich mir mache, ist, daß ich nicht noch radikaler menschlich in sie einging. Dann hätte die geistige Kritik noch radikaler und wirksamer sein können. Ich war mir immer bewußt, daß ich dadurch an reiner Lehrautorität im Sinne der Universität viel einbüßte und habe mich darum lange dagegen gesträubt (bis 1929).

Nun aber sind alle, die in dieser Weise einen Teil ihrer Lehrautorität opferten, diffamiert und vertrieben, nachdem man ihre Gaben angenommen und verunstaltet hat! Was nun? Die Frage hat zwei Seiten: Einmal bezüglich der Vertriebenen, das Emigrantenproblem als geistiges Problem, und dann bezüglich der Gebliebenen: Stammesmythos und Lehre.

Zunächst zum zweiten: Ich habe Berichte aus Privatdozentenarbeitslagern, in denen irgend ein Nazi-„Feldwebel" nationalsozialistische Weltanschauung doziert, eine gerechte, aber grauenvolle Antwort auf die Tatsache, daß in Deutschland jeder sozialistisch erzogene Arbeiter politisch unvergleichlich gebildeter war als die Masse der Universitätsprofessoren, von den brüllenden Studienräten gar nicht zu reden. Aber so kann doch Lehre auf die Dauer nicht existieren. Es blieben also die „Samariter" vom Typus Hirsch oder gar Bäumler; aber niemand will sie, teils weil sie nichts zu geben haben, teils weil niemand sich als bedürftig fühlt, da im Führer ja alle Lehre inkarniert ist „voller Gnade und Wahrheit". Die älteren Lehrer aber, wie Feder, Rosenberg, Hitler (1. Auflage) werden beseitigt oder sekretiert (Verbot über Rosenberg zu diskutieren, Hitlers spätere Auflagen). Die Stellung suchenden Privatdozenten aber, die zu ihrer Untersuchung „Über den Gebrauch des S's[6] bei Herodot" ein Bekenntnisvorwort zur nationalen Erhebung schreiben und den deutschen Geist in der Welt stinkend machen, stehen noch *unter* dem „Feldwebel", der recht und schlecht das befohlene geistige Reglement ausführt. So würde ich sagen: Der „Lehr-Feldwebel" ist der Erbe der Universität im Dritten Reich, oder, was das gleiche ist: Lehre hat aufgehört und ist in Instruktionsstunde (die Nachfolge und Institutionalisierung der Propaganda) verwandelt worden. Das entspricht ganz dem militanten Charakter dieser Stammesreligion. Sie braucht Instruktion, um die Massen sturmreif zu machen, aber nicht Lehre, die immer Dialog und Dialektik einschließt. Daher gibt es Lehre allein noch in der Opposition.

Daraus scheint mir die geistige Aufgabe derjenigen Emigranten sich zu ergeben, die nicht einfach die Heimat gewechselt haben, sondern geistig zwischen den Räumen geblieben sind. Sie hat die opponierenden Vertreter der Lehre gegenüber der Instruktion zu unterstützen, und zwar im Sinne eines Typus, der auch in Ihrer Typologie nicht erwähnt ist: des Geistes in der Verbannung und im Verfolgungszustand. Er ist dem Charismatiker verwandt, aber er hat ein neues entscheidendes Merkmal, das Märtyrertum, das ihn zum Zeugen in besonderem Sinne macht. Es ist nicht zufällig, daß die Apostellegende alle Apostel als Märtyrer endigen läßt. Ihr Märtyrertum war die entscheidende Bekräftigung ihrer Zeugenschaft. So gibt es heute in Deutschland ein Märtyrertum für die Wahrheit, an dem die Emigration insofern teilhaben kann, als sie selbst um der Wahrheit willen Heimat und Sprache aufgeben mußte und zwar grundsätzlich, nicht im Sinne eines bloßen Heimatwechsels. Dieser Typus, mag er ursprünglich wie die meisten, Träger des Lehramtes gewesen sein, mag er sich dem Samaritertypus genähert haben, mag er Charismatiker gewesen sein, der Typus, der nun Zeuge geworden ist unter leiblichem oder seelischem Märtyrertum, ist gegenwärtiger Träger der Lehre.

Es scheint mir nun sehr klar zu sein, wo heut die Wahrheit liegt, die Märtyrertum in einem Ausmaß verlangt, wie es vielleicht nie in der christlichen Geschichte da war. Wenn wir in Ihrer Typologie bleiben, so würde ich sagen, daß das römische Reich heut durch die kapitalistische Gesellschaftsordnung und ihre relativ funktionierende Balance repräsentiert ist. Die *Pax Britannica*, deren Grundvoraussetzung die Balance Deutschland–Frankreich und Japan–U.S.A. ist, entspricht der *Pax Augustana*. Und es ist interessant, daß die Träger dieses kapitalistischen Friedens der Balance – die Arbeiterparteien sind, vor allem die englische, die, wie die SPD nach dem Krieg, in der Alternative: kapitalistischer Friede oder kommunistische Revolution für das erste votiere. Der deutschen Oberschicht entsprechen die Sadducäer als herrschende nationale Gruppe, die mit „Rom" paktiert und die kapitalistische Balance benutzt, um ihre Herrschaft zu sichern, dabei bereit ist, jedes religiöse, nationale und geistige Ideal zu verraten, wenn es um ihre Herrschaft geht. Sie wissen, daß ein Krieg gegen „Rom", d. h. gegen die vereinte Front der kapitalistischen Mächte erfolglos ist, sind aber jederzeit bereit, gegen „Stammesbewegungen" von innen und außen, gegen Revolutionäre und Barbaren zu Felde zu ziehen, z. B. gegen die „National-Bolschewisten" in Deutschland und gegen Rußland.

Die religiöse Stammesbewegung, wie Sie mit wesentlicher Zustimmung von mir die national-sozialistische Bewegung charakterisieren, ist repräsentiert durch den „Pharisäismus", eine radikal-nationalistische Gruppe kleinbürgerlicher Herkunft mit religiösem Fanatismus, Haß gegen die Oberschicht und Verachtung des bäurischen Proletariats. Diese Gruppe hat das jüdische Volk in den Vernichtungskrieg gegen Rom gestürzt, weil die Oberschicht zu zersetzt war, um Widerstand leisten zu können. Vor allem fehlte eine widerstandsfähige, von Rom wie heut vom Kapitalismus begünstigte Unterschicht, wie sie heute in den konsolidierten Arbeiterparteien vorliegt, (in Deutschland freilich durch die politische Kurzsichtigkeit der Oberschicht der Zerstörung seitens der Stammesbewegung preisgegeben ist).

Der soziologische Boden des Christentums war keine dieser Gruppen, sondern das ländliche Proletariat, das von Rom und der sadduzäischen Oberschicht ausgesogen und von dem mittelständischen, theokratischen Nationalismus ausgeschlossen war. Es ist selbstverständlich falsch, das Christentum einfach als eine Klassenbewegung dieser Gruppe zu bezeichnen. Aber die Fehlerhaftigkeit dieser primitiven Identifizierung kann ja an der Tatsache nichts ändern, daß die eschatologischen Bewegungen, aus denen das Christentum hervorging, sehr deutliche soziologische Voraussetzungen haben, die auch in der ursprünglichen Legenden- und Dogmenbildung ausgedrückt sind. Die Armen im Geiste, die bei Matthäus, und die Armen schlechthin, die bei Lukas selig gepriesen werden, sind bekanntlich die gleiche

Gruppe, nämlich das von den theokratischen Gütern, geistlichen wie ökonomischen, ausgeschlossene *am ha-arez*, „Volk des Landes". Es ist klar, daß der Anspruch, der in dieser Seligpreisung enthalten ist, nämlich in einer gerade durch die religiöse und ökonomische *Negativität der Existenz* bevorzugten Position gegenüber dem „Himmelreich" zu sein, die Theokratie beider Gruppen, der römisch-kapitalistisch gesinnten und der jüdisch-nationalistisch gesinnten gegen die Christen aufbringen mußte. Und so wurden alle ihre Zeugen Blutzeugen.

Ich glaube, wir sind in der gleichen Situation. Die Spiritualisierung der Seligpreisungen und mit ihnen der ganzen Reichsgottesbotschaft, deren sich die späteren christlichen theokratischen Gruppen in voller Übereinstimmung mit den jüdischen Christenverfolgern schuldig gemacht haben, muß zurückgenommen werden. Darum und *nur* darum geht das Märtyrertum für die Wahrheit heute und zwar, wie es scheint, in allen Ländern der Welt.

Das Verhängnisvolle ist nun, daß das städtische Proletariat sich außerhalb der Kirche politisch organisiert und in dieser Form in Rußland einen großen politischen Sieg errungen hat. Das ist verhängnisvoll, weil es den religiösen Sinn der Seligpreisung der „Armen" verdeckt und aus der Reichsgotteserwartung die politische Utopie macht. Und das wieder gibt den Kapitalisten und Nationalisten die Möglichkeit, mit Hilfe einer Gegenutopie die eschatologische Bewegung überhaupt niederzuschlagen. Und in diesem Falle sind die Opfer der sich dann erhebenden Verfolgung nicht einfach Märtyrer; denn zum Märtyrer gehört nicht nur das Leiden, sondern auch die Wahrheit, für die er leidet. Das Politische reicht aber nur mit einem Teil in die Sphäre der Wahrheit, was sich darin offenbart, daß der Unterlegene im Falle des Sieges ja auch den anderen verfolgt hätte; beide haben sich gleichsam die Verfolgung vorgegeben. Andererseits reicht das Politische mit einem Teil in die Sphäre der Wahrheit, und darum kann in dieser Verfolgung auch echtes Märtyrertum sich ereignen bei denjenigen, die nicht verfolgt hätten, wenn sie siegreich gewesen wären, sondern die einer neuen Verfolgung preisgegeben sind, nämlich durch die Sieger, mit denen sie gemeinsam gesiegt haben, weil sie durch den Sieg die Wahrheit verwirklichen wollten, während ihre Mitkämpfer die Wahrheit in den Dienst des Sieges stellen und darum verfolgen. „Eine Sache verlassen, wenn sie siegreich ist", ist nach Nietzsche die Forderung an den „höheren Menschen". Er war sich wohl kaum klar darüber, daß er damit den Unterschied des Märtyrers vom Unterlegenen kennzeichnet.

Dieser Gedanke darf aber nicht formalisiert werden: Der Unterschied in der Realität ist der: Der Sadduzäer und Pharisäer, der Theokrat als Kapitalist und als Nationalist verfolgt *per definitionem* – sein Prinzip, schließt den Willen zur Verfolgung ein – und damit das echte Märtyrertum als Möglichkeit aus. Der „Christ" und der „Sozialist" verfolgt *contra definitionem*. Sein Prinzip schließt den Willen zur Verfolgung aus und damit das echte Märtyrertum als Möglichkeit ein. Als die Kirche aufhörte, verfolgt zu sein und Verfolgerin wurde, zeigte sie, daß ihr Kampf gegen den römischen Staats-Sakramentalismus nicht *nur* ein Kampf für die Wahrheit war und daß nicht alles christliche Märtyrertum echtes Märtyrertum war. Immerhin hat die verfolgende Kirche zu allen Zeiten ein schlechtes Gewissen gehabt. Sie hat dem Staat die Ausführung überlassen mit dem formalen Recht, daß Ketzerei staatsrechtliches Verbrechen war. Dennoch hat sie damit ihre Wahrheit realiter verraten, was der verfolgende römische Staat nicht getan hat.

Der Sozialismus verrät seine Wahrheit noch nicht dadurch, daß er kämpft. Da er der christlichen Verkündigung objektiven Ausdruck in Institutionen sozialer Gerechtigkeit geben will und die Spiritualisierung der Reichsgottesidee ablehnt, so muß er um die Macht kämpfen, solche Institutionen zu schaffen. Die Kirche im Römischen Staat hat für ihre Situation genau den gleichen Kampf gekämpft: um die Schaffung einer hierarchischen Institution, in der auf religiöser Basis eine politische, ökonomische, rechtliche und kulturelle Organisation geschaffen wurde, die einen Staat im Staate darstellte. Es ist nicht zufällig, daß alle staatlichen Angriffe sich gegen die *politische Organisation* der Kirche richteten und daß diese Organisation im Zerfalls-Jahrhundert stark genug war, die Funktionen des Staates mitzuübernehmen. Dieser Weg war dem römischen universalen Polizeistaat gegenüber der einzig mögliche. In der Situation der demokratisch erzogenen Nationalstaaten und der kapitalistischen Desintegration kommt dieser Weg nicht in Frage. Die Reintegration kann nicht *neben* dem Nationalstaat und seinen ökonomisch-rechtlichen Institutionen unter Führung einer unabhängigen Hierarchie erfolgen. Die Mächte der Reintegration können nicht anders, als den Staat, der als Nationalstaat Angelegenheit jedes einzelnen ist, für die Reintegration in Anspruch zu nehmen. So hat es die „Stammesbewegung" getan, so muß es der christliche Sozialismus tun. Nicht, daß die Kirche als solche eine politische Bewegung werden soll. Was sie aber leisten muß, ist, der Ort zu sein, in dem die Kräfte auch der sozialen Reintegration konzentriert sind und von der sie in die politischen Bewegungen eindringen. Man kann sich dieser Notwendigkeit nur entziehen, wenn man die Kirche selbst als hierarchischen Organismus mit sozial desintegrierenden Kräften auffaßt. Das bedeutet Katholizismus. Mir scheint es aber die Schwäche des Katholizismus in der Gegenwart zu sein, daß er weder wie in der Antike eine eigne soziale Organisation aufbauen, noch wie im Mittelalter die politischen Dinge hierarchisch leiten kann. Sein geistlich-politisches Schwert ist stumpf geworden, weil es nur für den Gebrauch in einer anderen Sozialordnung geschmiedet war und dem nationalen und sozialen Bewußtsein der autonom gewordenen Völker gegenüber nicht mehr schneiden konnte. Das Luthertum zog die Konsequenz: Es zog sich heraus aus der Weltlichkeit und überließ sie ohne Anspruch auf ein richtendes Schwert sich selbst, d. h. den jeweiligen Mächten. Daher seine Ohnmacht und Gespaltenheit gegenüber dem, was jetzt geschieht, und der Rückzug auf die reine Transzendenz. Der Kalvinismus hat mit Hilfe der bürgerlichen Gesellschaft das Schwert zu gebrauchen versucht, hat sich dabei aber mit eben dieser Gesellschaft so verbunden, daß er die Kraft des Protestes gegen sie verloren hat. So drängt alles zu einer neuen Erfassung des Verhältnisses der Kirche zur sozial-politischen Wirksamkeit. Glücklicherweise ist das nicht mehr eine Sache der bloßen Forderung und Konstruktion, sondern es vollzieht sich ständig in der Wirklichkeit. Überall da nämlich, wo kirchliche Zeugenschaft durchstößt zur Identifizierung mit sozialistischer Zeugenschaft oder wo sozialistische Zeugenschaft durchstößt zu kirchlicher. Dabei bedeutet „sozialistisch" die innere Freiheit gegenüber jeder sozialistischen Verwirklichungsform – was nicht gleich Nicht-Zugehörigkeit ist. Und „Kirche" bedeutet die innere Freiheit gegenüber jeder kirchlichen „Verwirklichungsform" – was ebenfalls nicht gleich Nicht-Zugehörigkeit ist. Die Verfolgung in der Kirche, die wir heut erleben, ist für mich kein echtes Märtyrertum, solange die Märtyrer der sozialen Gerechtigkeit in Konzentrationslagern und Zuchthäusern sitzen. Diese aber sind keine wahren Zeugen, solange sie nicht wissen, daß sie Kirche sind und in einer höheren Einheit stehen als die ihrer politischen Kampfgemeinschaft. Erst wenn die Verfolgten der Kirche, die dann wahrhaft verfolgt würden, und die Verfolgten der sozialen Gerechtigkeit, die dann wahrhaft Sieger würden, eins wären, hätten wir den Anfang einer neuen Kirche in der Kraft neuer Zeugen. Alles andere halte ich für Romantik, die gern katholisch werden möchte, oder Liberalismus, der vor dem Punkt ausweicht, an dem heut Zeugenschaft verlangt wird.

Ein Wort zu Ihrem Vorwurf betreffend meine Gedanken über die Masse.[7] Wenn ich von der „dynamischen Masse" oder in höchst

paradoxen Formulierungen von der „Heiligkeit der Masse" gesprochen habe, so meinte ich nie, daß sich der Geist der Masse zu unterwerfen habe, jedes Wort von „Masse und Geist" sagt das deutlich.
Sondern ich meinte, daß Massen, die es ja nicht immer gibt, die
„Schafe ohne Hirten" genannt werden – was ich mit „Desintegration
der Massen" übersetzt habe – in ihrem dumpfen Sehnen nach Reintegration die Forderung an den Geist stellen, diesem Sehnen Ausdruck
zu geben – vielleicht gerade in scharfem Kampf gegen den Vorder-
grund-Willen der Massen. Das habe ich damals gesagt, und das würde
ich auch heut noch denken – als Gericht über Hitler und Goebbels.
Aber ohne solche Massenbewegung und sich selbst nur dunkel verstehende Massensehnsucht sind weder die Geschichte der Ausbreitung
des Christentums, noch die spätmittelalterlichen Laienbewegungen,
noch die Entstehung der nationalen Idee, noch die Gegenkräfte gegen
das 19. Jahrhundert zu erklären. Das Dekret romantisierender Intellektueller, daß diese oder jene Periode zuende ist, bedeutet gar nichts,
wenn nicht eine reale Massensehnsucht (oder ökonomische oder biologische oder astronomische Konstellation – das ist für mich alles dasselbe) vorliegt, die dem an sich leeren Ton der bloßen Reflexion die
füllende Resonanz gibt. Die paulinische Lehre von der „Fülle der
Zeit" besagt eben dieses.
    Sie sind erstaunt über meine bejahende Stellung zur Existential-
Philosophie.[8] Soweit ich Sie verstanden habe, interpretieren Sie sie als
eine Neuauflage des Idealismus, der gern priesterlich sein möchte. Ich
zweifle zunächst an dieser Charakterisierung des Idealismus. Er war –
um in Ihren Kategorien zu bleiben – Vollstrecker des paulinischen
Lehramtes in profanisierter Form, aber mit unverhüllter religiöser
Substanz. Infolgedessen hatte er die missionarische Aggressivität des
Paulinismus, mußte sie haben; und er hatte und mußte haben den
organisatorischen Willen, der bei Paulus und jeder missionierenden
Lehre gegeben ist. Das erste ist besonders an Fichte, das zweite an
Hegel sichtbar. Priesterliches sehe ich bei beiden schon deswegen
nicht, weil die Identitätsphilosophie, die den Idealismus vom Paulinismus substantiell unterscheidet, die priesterliche Vermittlung
ausschließt. Dieser Punkt ist es nun zugleich, von dem aus alle Kritik
am Idealismus auszugehen hat; und dieser Punkt ist es zugleich, wo
ich den entscheidenden Unterschied des existentialphilosophischen
Ansatzes vom Idealismus sehe. Darum halte ich Marx in nicht geringerem Maße für einen Existential-Philosophen als Kierkegaard. Beide
aber fallen unter die Kategorie, die ich vorher entwickelt habe: Die
des Zeugen. Wenn ich der Existential-Philosophie zustimme, so des-

wegen, weil in ihr der Philosoph Zeuge werden kann. Lesen Sie einmal die Jugendschriften von Marx im Vergleich mit Kierkegaards philosophischen Schriften, und Sie werden finden, daß in beiden Fällen der Wille zur „Zeugenschaft" den Angriff gegen Hegel leitet. Daß bei Heidegger nicht mehr viel davon übrig geblieben ist, liegt einmal daran, daß er die historische Existenz idealistisch formalisiert, ferner daran, daß er sich auch von Kierkegaards ethischer und kirchlicher Aggression fern hält und in eine Innerlichkeit zurückkehrt, die dann die Kategorien einer allgemeinen Ontologie abgibt und sich dadurch sozusagen ihrer verantwortlichen Existentialität entzieht. Ich akzeptiere also die philosophische Haltung der Existentialität, verneine aber ihre verstümmelte Durchführung. Was ich fordere ist: Der Philosoph als Zeuge.

In all diesen Ausführungen ist implicite eine Antwort auf Ihre Kritik an meiner Denk- und Sprach-Form gegeben. Lassen Sie mich auch das kurz explizieren.

Das Thema: „Der totale Staat usw."[9] war mir gegeben. Ich mußte also davon reden, und mir ist die Differenz von national-sozialistischem und staatlichem Denken nie zweifelhaft gewesen; ich habe darum vom „Mythos des Volkes oder Volkstums" gesprochen und die unzutreffende, aber unvermeidliche Übersetzung durch „Nation" mit Hülfe der Klammer „Volk" zu korrigieren versucht. Ihre Übersetzung von „Volk" durch „Stamm" radikalisiert diese Seite (ich fand übrigens neulich in der „Times" das Wort „tribe"-movement für die Hitler-Bewegung) und ich akzeptiere diesen Sprachgebrauch, obgleich er dem historischen Sinn des Wortes „Stamm" nicht ganz gerecht wird. Vor allem stimme ich nicht nur zu, sondern habe es als den Nerv meines ganzen Gedankenganges empfunden, daß diese Volks-Stammes-Bewegung eine religiöse ist, mit eigenem Mythos, Ritus und Priester-Führertum. Das alles kann aber die Tatsache nicht verdecken, daß sie zugleich von Anfang an eine machtpolitische Bewegung war, die den Staat erobern wollte, um mit Hilfe der staatlichen Macht Weltanschauung und Lebensform der Stammesbewegung integral durchzusetzen. Mag sein, daß Carl Schmitt[10] den Begriff „totaler Staat" von einer substanzlosen Staatsideologie aus – entsprechend seiner eigenen Substanzlosigkeit – erfunden hat. Jedenfalls hat der Begriff die Funktion gehabt, der Stammesbewegung die ideologische Möglichkeit ihrer politischen Selbstverwirklichung zu geben, und hat die Folge gehabt, den schweren Kirchenkonflikt herbeizuführen, an dem der Ansturm der Stammesreligion erstmalig zerbrochen ist. Ob auf die Dauer, hängt davon ab, inwieweit es dem Militär und der Bürokratie gelingt, der national-sozialistischen Bewegung nach den meisten übrigen staatlichen Funktionen auch noch die Erziehungs-Hoheit zu entreißen. Gelingt das nicht – und es scheint wenig ernster Wille dafür da zu sein, – so ist der ganze Erfolg des Kirchenkampfes zweifelhaft. Es würde sich dann zeigen, daß man nicht zugleich „Heil Hitler“ rufen und christlicher Zeuge sein kann, was meinem Glauben an das kommende echte Zeugentum entsprechen würde.

Wenn ich den Begriff der antidemokratischen, autoritativen und totalitären Tendenzen als ein gemeinsames Kennzeichen der spätkapitalistischen Massenintegration[11] hingestellt habe, so ist das nicht mehr, sondern weniger „monistisch“, als wenn Sie vom bürgerlichen 19. Jahrhundert als allgemeiner Qualifizierung einer geschichtlichen Epoche sprechen. Ohne allgemeine Begriffe gibt es überhaupt kein Denken und Verstehen: es kommt nur auf die richtige Spezialisierung an, und um die habe ich mich in meinem Aufsatz so konkret wie nur möglich bemüht. Aber im Hintergrund dieser m. E. unzutreffenden Kritik steht ein wirkliches Problem, die Frage der Denk- und Sprach-Methode. Ich würde den Unterschied von uns beiden, als den von dialektischem und intuitivem Denken kennzeichnen, wozu noch das induktive kommt, das für die mir bekannten Amerikaner typisch ist. Als Dialektiker habe ich keine Ruhe, ehe ich nicht eine Sache von ihren letzten Prinzipien aus vermittelst dialektischer Ableitung verstanden habe; dialektisch heißt „durch Dialog“, also durch Ja und Nein. So führt mein Denken mich immer wieder zu Dualitäten, Antithesen und möglichen Synthesen. – Der intuitive Denker sieht qualitativ selbständige Komplexe, die er nicht auflöst, nicht zurückführt, sondern benennt. Seine wichtigsten Denkmittel sind Analogie und Konstellation. Er erzielt dadurch überraschende Wirkungen, wie sie dem Dialektiker versagt sind. Er ist aber wehrlos gegen andere, ebenso überraschende Analogien und Konstellationen, während der Dialektiker in der kritischen Analyse eine Waffe dagegen in der Hand hat. – Der induktive Denker ist von der „Tatsache“ so in Anspruch genommen, daß er es nur selten und tastend zu allgemeinen Urteilen über Zusammenhänge und Tendenzen bringt. Er kann nie genug Tatsachen bekommen, ist aber wehrlos, wenn ein existentieller Angriff gegen ihn erfolgt, ausgehend von einer ihm ungewohnten Interpretation der Tatsachen, was weder bei dem dialektischen noch bei dem intuitiven Denker der Fall ist.

Wenn wir diesen seelischen Typen einen geschichtlichen Ort zuweisen wollen, so hätte es in folgender Weise zu geschehen. Der induktive Denktypus setzt für sein Existieren eine Sicherheit voraus, die es ihm erspart, existentielle Entscheidungen treffen zu müssen. Die große innere und ziemlich große äußere Sicherheit der englischen und amerikanischen Existenz hat die Herausbildung dieses Denktypus gefördert und trägt ihn auch heute. - Der kritisch-dialektische Denker gehört einer kämpferischen und seinem Wesen nach dynamischen Periode an. Darum konnte das Bürgertum die kritisch-dialektischen Methoden ausbilden und die Arbeiterschaft sie übernehmen. – Die intuitive Methode muß wegen ihres Verzichts auf die Analyse qualitativer Komplexe statischen Perioden oder der Sehnsucht nach neuer Statik zugerechnet werden. Ich habe immer eine Verwandtschaft zwischen Ihnen und der Phänomenologie empfunden, deren Ahnenreihe ja auf die mittelalterliche Vorstellung von konstanten qualitativen Hierarchien zurückweist.

Für das Denken im Sinne des Zeugen gibt es keinen besonderen Typus und keine eindeutige Zuordnung zu den genannten Typen. Das Denken des Zeugen enthält zwei notwendige Elemente: Bezeugung und Angriff. Die Wirkung des echten Zeugen ist darum immer zugleich Glaube und Ärgernis. Wenn nun der Zeuge Denker ist, so kann er es in dem einen wie in dem anderen Denktypus sein, wie Paulus durchaus dem dialektischen, Johannes dem intuitiven Typus angehört. Niemand kann seinen Denktypus, mit dem auch seine Sprache gegeben ist, unmittelbar verlassen. Er kann es nicht und er soll es nicht. Darum kann ich die Forderung, den dialektischen mit dem intuitiven Typus zu vertauschen, nicht anerkennen, weder für mich noch für unsere Zeit. Ich bin der Überzeugung, daß solange der Kampf um die Grundlegung einer besseren sozialen Gerechtigkeit weitergeht, der dialektische Typus im Übergewicht bleiben muß. Wo er von dem intuitiven abgelöst wird, ist im günstigen Fall auf Sehnsucht, im ungünstigen auf Reaktion zu diagnostizieren. Daß Sie unter dem Vorwurf zu leiden haben, durch Ihr Denken Reaktion zu fördern, wie ich unter dem Vorwurf „liberalistisch" geblieben zu sein, darf uns nicht stören, solange wir uns der Gefahr unseres Typus und unserer Sicht der Dinge bewußt bleiben und solange es unser Ziel bleibt, dem Zeugen den Weg zu bahnen, durch den ein neues „Zeitalter der Kirche" begonnen wird, ein Zeitalter, in dem die Kirche nicht mehr das falsche Ärgernis gibt, um dessentwillen ihr der Mühlstein ihrer Staats- und Gesellschaftsgebundenheit um den Hals gehängt ist: das Ärgernis, sich abseits oder im Gegensatz zum Kampf um die soziale Gerechtigkeit zu halten; sondern daß sie das echte Ärgernis gibt, das darin liegt, daß sie ihre Überweltlichkeit nicht in Bestätigung oder gar Weihung der jeweilig herrschenden sozialen Ungerechtigkeits-Formen betätigt, sondern in dem Ärgernis und Märtyrertum schaffenden Kampf gegen sie. Der Denker, der an diesem Kampf teilnimmt, wird als Denker zum Zeugen. Ihm den Weg zu bereiten, ist der Sinn, den ich meinem Denken heute geben muß.

Ihr P. Tillich

ANMERKUNGEN

1 Der Brief enthält eine handschriftliche, seitlich geschriebene Bemerkung „Von mir an Rosenstock, Rosenstocks Brief leider nicht verfügbar. Bitte zurück". – Er ist entweder Ende Februar oder Anfang März 1935 geschrieben.

2 Von den „drei gewichtigen Briefen" liegen nur die beiden vom 5. 2. und 7. 2. 1935 vor.

3 Studium zunächst der Medizin bis zum 5. Semester, dann der Philosophie und Geschichte (bei F. Meinecke) und der jüdischen Theologie an der Hochschule für die Wissenschaft des Judentums (bei H. Cohen) in Berlin. 1920 Gründung und Leitung des Jüdischen Lehrhauses in Frankfurt a.M. 1912 Promotion über „Hegel und der Staat". Nach dem Ende des 1. Weltkrieges Arbeit am „Stern der Erlösung", erwachsend aus dem Austausch mit Rosenstock. Mitte Januar 1922 Ausbruch der unheilbaren Krankheit: Amytrophe Lateralsklerose, dennoch Fortsetzung der literarischen Produktion. Allmähliches Versagen der Schreibfähigkeit. Tod am 10. Oktober 1929 in Frankfurt a.M.

4 Vgl. John Dewey: *Reconstruction in philosophy.* 1920; *Human Nature and Conduct,* and *Introduction to Social Psychology.* 1922; *Experience and Nature. Lectures upon the Paul Carus Foundation.* 1. series. Chicago–London 1926; *Philosophy and Civilisation.* 1931; *A Common Faith.* 1934.

5 Vgl. den Briefwechsel zwischen Paul Tillich und Karl Barth im Frühjahr 1933 über die Frage der weiteren SPD-Mitgliedschaft eines preußischen Beamten, in: G.W. Erg. Bd. 5, S. 191 ff.

6 Es blieb zweifelhaft, ob die handschriftliche Einfügung in den Schreibmaschinentext griechische oder lateinische Buchstaben einsetzen wollte. Näheres über Privatdozentenarbeitslager, Veröffentlichungen mit nachträglich formuliertem „Bekenntnis-Vorwort" zu einem Herodot-Thema oder Vortrags-Äußerungen dieser Art in einem Dozenten-Lager ließ sich nicht ermitteln. Die Buchstaben der Einfügung wurden als griechisches „*dé*", als Abkürzung für „*Spiritus*" oder für „*Symboulos*" („Warner") vorgeschlagen. Im Zusammenhang mit dem Stichwort „Warner" wurden zwei spätere Privatdozenten, die beide im Krieg gefallen sind, überprüft; der eine dieser beiden war im Oktober 1937, also fast drei Jahre später als Tillichs Brief, mit Eugen Gerstenmaier in einem Dozentenlager zusammen. Über einen Sachverhalt der von Tillich geschilderten Art konnte keine

Spur festgestellt werden. So werden diejenigen recht behalten, die annehmen möchten, Tillich habe vielleicht einen Tatbestand aus anderem Fach in die Herodot-Forschung versetzt oder überhaupt einen fingierten Fall erzählt (Walther Pachali).

7 Vgl. Paul Tillich, Masse und Persönlichkeit, in: G.W. 2 S. 36–56; ders., Masse und Geist. Studien zur Philosophie der Masse, in: G.W. 2, S. 35–90.

8 Bereits 1935 findet sich in *Natural and Revealed Religion* die Polarität „Frage der menschlichen Existenz" – „Antwort der göttlichen Offenbarung". Vgl. G.W. 8, S. 58. – Vgl. auch „Auf der Grenze", in: G.W. 12, S. 50 ff.

9 Vgl. Paul Tillich: Der totale Staat und der Anspruch der Kirchen, in: G.W. 10, S. 121–145.

10 Staatstheoretiker, der den nationalsozialistischen Staat rechtfertigte. Vgl. Carl Schmitt: Die Diktatur. 1921; Politische Theologie. 1922, 2. Aufl. 1934; Verfassungslehre. 1928, 2. Aufl. 1956; Der Hüter der Verfassung. 1931; Der Begriff des Politischen. 1932; Staat, Bewegung, Volk. 1934; Über die drei Arten rechtswissenschaftlichen Denkens. 1934.

11 Vgl. Paul Tillich, G.W. 10, S. 124 ff.

VI,4 Paul Tillich an Eugen Rosenstock-Huessy

99 Claremont-Avenue, New York City,[1]

Mein lieber Rosenstock!

Eben habe ich an Löwe geschrieben. An einem Punkt bemerke ich den Rückgang meiner Kräfte: An der häufig eintretenden pathologischen Unfähigkeit zum Briefeschreiben. Ich muß [das] auch Ihnen gegenüber, wie *allen* andern, denen ich seit Monaten nicht geschrieben habe, als Ursache, nicht als Entschuldigung meines Schweigens mitteilen. Es passiert mir dieses manchmal. Es ist wie eine Starre, die ich nicht lösen kann, obgleich ich weiß, daß ich damit Menschen in Verlegenheit bringe, verletze, verliere; obgleich ich ein wirklich schlechtes Gewissen habe, obgleich ich die Möglichkeit habe, mir Zeit dafür zu stehlen. Eine solche Starre lag seit Monaten auf mir und beginnt erst jetzt, sich langsam zu lösen. Aber freilich, die Kräfte sind völlig unzulänglich, etwas Ordentliches zu schreiben, neben den riesigen Anstrengungen, die sonst von mir verlangt werden. Als ich Ihnen damals von Chicago schrieb, war es, biographisch gesehen, *Kairos;* seitdem nicht wieder. Und da habe ich mindestens eine Woche lang an nichts anderem als an dem großen Brief gearbeitet. Darum heute nur weniges Persönliche als Zeichen, daß ich Sie, auch wenn ich nicht schreibe, immer im Bewußtsein habe.

Zunächst und vor allem habe ich zu danken: für den Brief über meine Europa-Reise[2], der von allem, was ich darüber gehört habe von anderen, weitaus das Treffendste enthielt: Der Gedanke, daß man noch einmal auswandern muß, wenn man noch nicht ganz ausgewandert ist. Es ist nun sehr wahrscheinlich geworden, daß ich im April-Mai-Juni zu Vorträgen und Kursen nach Holland und England fahre und dann in Askona von einer Anzahl Freunden besucht werde. Aber natürlich ist noch nichts Endgültiges entschieden.

Unser Sommeraufenthalt war nicht so ganz gelungen, da es sehr langweilig und mit den Leuten sehr unharmonisch war. Wir flohen dann noch für die letzten 4 Wochen nach Jersey ans Meer, was herrlich war. Inzwischen waren meine Bücher und ein großer Teil unserer Sachen gekommen, auch eine Vervollständigung der Emigration! Ich habe ein fabelhaftes *Office* im *Seminary* bekommen und kann nun, durch die Wände mit meinen eigenen Büchern von aller Welt abgesperrt, wieder arbeiten. In der Wohnung ist der eine beherrschende Mittelpunkt das Baby, das mit noch nicht 5 Monaten schon 20 Pfund wiegt, und der andere das Wohnzimmer mit unseren eigenen Sachen. Wir sind seitdem mehr hier als wir je waren.

Weiter habe ich Ihnen zu danken für den fabelhaften Glückwunsch mit dem heiligen Stephan.[3] Eigentlich haben Sie damit bestätigt, was ich in meinem Brief über den „Zeugen" geschrieben habe. Aber zeigt nicht die Entwicklung in Deutschland, daß man heut für die „reine Lehre" gar nicht mehr Zeuge werden kann, sondern nur für den Versuch von Realisierungen, z. B. der Gerechtigkeit und Kritik der Ungerechtigkeit? Alles andere ist schließlich eine Sache bürgerlicher Kompromisse. Einen „Stephanus" ergibt das nicht.

Wie steht es mit Ihren Verhandlungen mit K. L. Schmidt[4]. Ist die Sache irgendwie aussichtsreich? Kann er es jetzt nicht selbst in Basel durchsetzen? Ich würde mich sehr freuen!

Endlich habe ich Ihnen für die Rosenzweigschen Briefe[5] zu danken. Es ist ein Buch, *in* dem man immer wieder lesen muß, das man aber natürlich nicht durchlesen kann. – Dabei fällt mir ein, daß hier vor kurzem das Gerücht als ganz gesicherte Tatsache behauptet wurde, Buber wäre im Konzentrationslager. Haben Sie etwas darüber gehört? Nachforschungen unsererseits haben zu keinem Ergebnis geführt.

Für all dieses, was ich Ihnen zu danken habe, konnte ich als kleine Gegengabe nur die „Selbstdarstellung"[6] zuschicken lassen, die mir recht schwer geworden ist und über die ich gern etwas hören würde –

falls Sie nicht die gerechte Strafe einer sehr langen Briefsperre über mich verhängt haben. Ich habe noch die Möglichkeit, für den Druck einiges zu ändern. Ulich[7] hat mir auch einiges geschrieben, ihm verdanke ich auch Ihre Adresse.

Viele herzliche Grüsse!

Viel Dank und Bitte um Nachsicht   Ihr P. Tillich

ANMERKUNGEN

1 Der Brief wurde von Tillich Ende Oktober oder zwischen Ende Okt. und Anf. November 1935 geschrieben, wie aus der Bemerkung: „der eine beherrschende Mittelpunkt (ist) das Baby, (Stephen, René, Johannes) das mit noch nicht 5 Monaten schon 20 Pfund wiegt".

2 Es handelt sich hier um eine *geplante* Europareise Tillichs, denn *de facto* fand seine erste Europareise erst 1936 statt.

3 Der „Glückwunsch mit dem heiligen Stephan" bezieht sich auf die Geburt von Tillichs Sohn im Juli 1935. Rosenstock vermutet, daß sein Rufname *Stephen* ist.

4 Karl Ludwig Schmidt. Rosenstock versuchte durch die Vermittlung von Schmidt in der Schweiz Fuß zu fassen.

5 Vgl. Franz Rosenzweig und Eugen Rosenstock: Judentum und Christentum; Franz Rosenzweig: Briefe, Berlin 1935; S. 637–720 (Briefe aus dem Jahr 1916).

6 Vgl. Paul Tillich, *On the Boundary. An Autobiographical Sketch,* – Übers. eines deutsch. Ms. – Tillich hatte diese Autobiographie unter dem Titel, „Auf der Grenze", anläßlich seines 50. Geburtstages geschrieben und in Manuskriptform an seine Freunde verschickt. Sie bildet die Einführung in sein erstes in Amerika geschriebenes Buch: *The Interpretation of History.* New York, London 1936.

7 Heinrich Gottlob *Robert* Ulich, Philosoph und Pädagoge, war 1921–1933 Referent im Sächs. Volksbildungsministerium, 1928–1933 Prof. an der Techn. Hochschule Dresden, 1937–1960 Prof. an der *Harvard University.* In zweiter Ehe war er mit Elsa Brändström verheiratet.

70 Francis Ave. Cambridge, Mass. 4. 11. 35.

Lieber Freund,

Ihr reizender Brief „reizt" zu sofortigem Dank. Ich habe nur angenommen: Sie wollten eben nicht, und war betrübt. Aber übelnehmen
tue ich Ihnen gewiß nichts. Diesen Luxus können wir uns wirklich
nicht mehr erlauben, nachdem unser Vaterland am Übelnehmen zu
Grunde gegangen ist. Ihr Brief hat mich einfach wieder froh gemacht.
Ich sage Ihnen von dem großen Glück, das ich jetzt bei meiner
„Selbstdarstellung" in Harvard empfinde, am besten mittels der Zeilen an Ihren Freund Schmidt, die Sie gütig weitersenden wollen.

Wenn Sie über Ihr Manuskript[1] etwas zu wissen verlangen: Ich beginne mit Winzigkeiten: S. 3 Berufungsverhandlungen[2] und S. 5
Tabu[3] sind, glaube ich, beides keine Vokabeln, die man im „Freien"
denkt.[4] Diese Wichtigtuerei des deutschen Professorenmilieus, das
von Berufungsverhandlungen lebte, sollte auch nicht gestreift werden.
Gerade weil ich *weiß*, daß für Sie Berlin, Marburg, Frankfurt *Lebens*fragen waren und nicht solche der Karriere, wünsche ich mir an der
Stelle ein *tieferes* Wort.

Tabu sagt das Gegenteil von dem, was Sie sagen wollen. Tabus sind
Verbote, „unantastbar" ist doch ein schönes deutsches Wort. Doch
das ganz, ganz nebenbei, nur weil Sie fragen. Für das Ganze bin ich
kein Kritiker. Ich bin *Leser*. Ich habe vieles von Ihnen und über Sie
gelernt. Aber Sie sind mir durch das Lesen um keinen Zoll näher gekommen und um keinen Zoll ferner gerückt. Das ist tief in Ihrer so
großartig unhistorischen Natur begründet. Das Historische als Sündenfall ist Ihnen ja doch – trotz aller Ihrer geistigen Entdeckungen in
diesem Gebiet – substantiell unzugänglich. Sie haben die konstitutive
historische Unschuld jedes „reinen" Philosophen. Deshalb müssen Sie
fremde Schuldsituationen edelmütig auf sich, durch einen ethischen
Anschlußakt, mit beziehen. Wie Sie wissen, bin ich Ihr wahrster Anti-
pode in dieser Richtung. Meine Theonomie ist *Theonomy of the lost generation,* weil ich da mein eigenes, ganz persönlich historisches Schuldbewußtsein objektivieren kann. Der Denker muß, da er nie begnadigt
gewesen zu sein braucht, auch nicht Marxist werden. Die Sünde des
Denkens über Gott hängt mit dem ersten Gebot zusammen, und die
des Denkens über die Welt mit dem vierten, fünften, sechsten und sie-
benten. Und ich leide unter der Schuld des *Denkers*. So geht es bei mir

ja, in genau identischem Problem- und Lebenskreis, in allem umgekehrt zu: weg von Berlin, ist des Großstädters beherrschendes Problem, seelisch und geistig. So habe ich Ihnen gegenüber die Kraft, die mir sonst versagt ist, die der reinen Kontemplation, denn nirgends ist ein *Wort*, eine *Tendenz*, die sich berühren könnten. Das ist um so merkwürdiger, als ja auch keine „Gegensätze" denkbar sind, trotzdem wir überall über das selbe sprechen. Die Qualität dieser gegenseitigen Unberührbarkeit, Unbezogenheit ist in diesem Augenblick noch nicht formulierbar. Meine Vorlesung hier würde Ihnen wahrscheinlich den Schlüssel dazu liefern. Andererseits ist ja nicht gleichgültig, was wir beide in diesem Amerika tun und treiben. Sondern es besteht ein vernünftiger und einsehbarer Zusammenhang zwischen unser beider Anwesenheit. Ich möchte eines heute sagen: Die Wahrheit ist nie mehr in *einem* System darstellbar. Kooperation ist ein Anliegen des Geistes geworden. Gerade der Geist war im abgelaufenen Weltalter Privatbesitz, und seine Sozialisierung ist viel wichtiger als die des Kapitals (das den Copyright-Fluch der Wissenschaften und Künste nur *spiegelt*). Aber das tiefste Geheimnis der Kooperation wird nicht dort enthüllt, wo man sich versteht und als zusammengehörig weiß, nicht dort, wo man bereits zusammen *ist, bevor* man zusammen arbeitet. Sie wird auch nicht durch Abschaffung des geistigen Eigentums überhaupt bewirkt (obschon man daran denken könnte). Sondern die zentrale Abkehr von den Methoden des deutschen Idealismus (Schelling wider Hegel, Hegel wider Schlegel, Feuerbach wider Hegel, usw.) bestände darin, um das Aufhören des Systems so sehr praktisch zu wissen, daß man die heterogene Art als notwendig hinstellte. In Ihrer Darstellung der Grenze zwischen Heteronomie und Autonomie[5] fehlt mir die – Ihnen von Natur sehr selbstverständliche – Anerkennung des Geheimnisses, daß Gott stets deshalb heteronom und autonom, beides, bleiben muß, weil wir unsere Nächsten lieben sollen wie uns selbst. Des Bruders Gotteserlebnis, obzwar mir stets *heteronom*, ist *doch* ein Stück meines autonomen Gotteserlebnisses. Das ist doch die ganze Geschichte vom Wachsen des Reiches. Sie sind ja wirklich ein so guter Lutheraner, daß Sie kein Schicksal *in* der Welt haben können. „Gott und die Seele" bleibt Ihr Motto. Aber die Gottessöhne des ersten Jahrtausends sind ja eine Heeresfolge, die Ihnen teuer geworden ist in Ravenna.[6] Nun wohl, was aber sind die Heiligen als eine Armee von freien Einzelnen, von Erlösten, Brüdern, die ihren Triumph jeder allein errangen und dennoch nur alle zusammen siegten. Das leibliche Martyrium ist heut durch eine seelische Zeugenschaft ersetzt. Die Anfechtungen sind die gleichen. Der Sinn des Martyriums der gleiche, die Gemeinschaft in der Erfüllung der Aufgaben ist die gleiche. Wie die Märtyrer jeder für sich bleiben mußten wegen des καιρός und jeder so seinen Geburtstag für den Himmel gesondert finden mußte, so wäre es illussionistisch, in unseren Anhängern, unseren Lesern, unseren „Bewunderern", unsere *eigentlichen* Brüder zu sehen. Das Geheimnis liegt tiefer: Meine Anhänger, Ihre Anhänger sind sich Brüder, wie sie „anhängen".

Die Menschheit stößt aus einer Ordnung der *Länder* der *Welt* („Christliche Welt") zu einer Ordnung der *Stämme des Menschengeschlechts* vor. Die Signatur des 3. Jahrtausends werden nicht geographische, sondern ethnographische Ordnungen werden. Diese Völkerschaften des Menschengeschlechts können nur dann zu „Stämmen des Geistes" veredelt werden, wenn im Raum des Geistes die Geheimnisse *verschiedener* Geistesart vorgelebt und zusammengelebt werden können. Sie und ich gehören sicherlich zwei Stämmen des Geistes an, sind vielleicht sogar in der Gründerahnentafel. Dies Ahnherrengefühl oder dies Ahnherrenproblem streifen Sie nicht einmal. Sie sehen Ihre Einflüsse und Reize überwiegend im *Raum*, Kameraden, Mitstrebende usw. Ich sehe alles in der Zeit, als Glied der *geistigen* Generationen. Nietzsche war für den Knaben und Jüngling die Legende des Vorgängers. Unsere Existenz in diesem Schnittblumen-Lande Amerika scheint mir keine Existenz, es sei denn in dieser ancestralen [= angestammten] Problematik. Vor uns hatten wir Epigonen. Was anderes können wir also werden als Vor-fahren? Die Amerikaner haben ihre Revolution stets mit der Noahschen Bundesgründung und Völkertafel zusammengebracht. Das war und ist die *religiöse* Unterbauung der Union gewesen.

Mir scheint, daß wir im Reich des Geistes diese selbe Wirklichkeit repräsentieren, und da wir sie repräsentieren, auch willens sein sollten, es zu tun. (Denn der wahre Wille besteht ja nicht darin, *etwas* zu wollen, sondern das zu wollen, was schon da ist.) Unser Dasein hier hätte erst dann Tiefgang, wenn die Heteronomie zwischen uns und die Autonomie verschlungen wären in dem Sieg der Theonomie.[6]

Ihr Eugen Rosenstock

Vielleicht können Sie Schmidts[7] genaue Adresse anfügen. Ich lege eine Niederschrift bei, die ich *zurückerbitte*. Deshalb liegt ein Umschlag an mich mit im Briefe. Bloßes Mißtrauen!

Anmerkungen nächste Seite.

ANMERKUNGEN

1 Gemeint ist Tillichs Selbstdarstellung: Auf der Grenze, G.W. 12, S. 13–57.
2 In: Auf der Grenze, ist von Berufungsverhandlungen nicht die Rede.
3 In: Auf der Grenze, spricht Tillich auf S. 26 über die Brechung des „Tabus".
4 „‚Im Freien‘ denkt" bezieht sich auf eine Stelle in: Auf der Grenze, S. 16.
5 Vgl. in: Auf der Grenze, S. 26–29.
6 Vgl. in: Auf der Grenze, S. 42.
7 Gemeint ist Karl Ludwig Schmidt, der damals als Emigrant in der Schweiz lebte.

VI, 6 Paul Tillich an Eugen Rosenstock-Huessy

99 Claremont Avenue, N.Y.C.
(Dezember 1935)

Lieber Freund!

Eigentlich müßte ich meinen letzten Brief an Sie wiederholen; denn die Sünde, für die ich damals um Verzeihung bat, hat sich wiederholt, wie Sünden immer zu tun pflegen. Aber eben darum hat es auch keinen Sinn, sich nach der allgemeinen Beichte immer von neuem zu entschuldigen. – Ihr Mißtrauen, daß ich nicht einmal das kleine Manuskript „Vom anderen Ende"[1] zurücksenden würde, hat sich bestätigt. Ich habe heut zum dritten und vierten Mal gelesen und dabei festgestellt, daß schon von den ersten beiden Malen einiges in mich übergegangen ist; z. B. die Sache mit dem „Welt"-Krieg. Heute ist mir besonders wichtig der Gedanke, daß die Stellung der Kirche zur Welt eine andere geworden ist, nachdem es eine konkrete „Welt" als geschichtlich handelnde Einheit gibt. Die naive Ineinssetzung eines nationalen Selbstgefühls mit christlichem Berufungsbewußtsein sei in der Zeit „chinesischer Bischöfe" nicht mehr möglich. Daher treten die individuellen Eigenarten in den Vordergrund, und die Kirche muß sie als schöpferisch-dämonische Kräfte, die nicht aufgehoben werden können, anerkennen. Ist das ungefähr, was Sie meinen? Und ist es weiter Ihre Meinung, daß wir unter Verzicht auf universale Heilsverkündigungen, kirchliche und nichtkirchliche, bei der einfachen Weltlichkeit der individuellen Gruppen einsetzen sollen? Freilich wäre dann zu fragen: *Wie* sollen wir „am anderen Ende"[1] einsetzen? Der

294

Barthsche Gedanke einer reinen Sachlichkeit in den weltlichen Sphären ist ja, wie beiliegender Brief zeigt, von Barth[2] selbst aufgegeben worden. Er würde auch Ihrer Behauptung von dem dämonisierten Charakter der Gebiete widersprechen. Also muß man doch das Dämonische zu unterwerfen suchen – aber dann: Was ist der Unterschied zu einer Heilslehre? In ihrer Aufzählung dessen, was nicht mit der Kirche verbunden werden kann, vereinigen Sie Ordnungen und Übel. Bei den Übeln haben Sie recht; der Kampf gegen sie ist ja gerade der Sinn der Kirche. Aber die Ordnungen? Sie können nicht Kirche werden, aber sie können unter den anti-dämonischen Kampf der Kirche gestellt werden! Der Versuch der profanen oder papalen Heilslehren, eine weltliche Ordnung als Kirche zu etablieren, haben wir ebenso abzulehnen wie den Versuch der Katholischen Kirche, sich als weltliche Ordnung zu etablieren. Das entspricht sich, und darum nenne ich das Nazi-System gern „heidnischen Katholizismus" (daher sein notwendig viel schärferer Gegensatz zum christlichen Katholizismus als zum Protestantismus). Wenn wir daher auch solche Monismen ablehnen, so sehe ich doch noch nicht recht, was es heißt, am anderen Ende *anfangen*. Ich glaube, daß das Chalcedonense[3] heut sein „unvermischt" und „ungetrennt" auf das Verhältnis von göttlichem und menschlichem Handeln anwenden muß, das was vorher von der Person Christi gesagt war, vom Reich Christi gesagt werden muß. Über das monophysitische „Vermischen" sind wir einig, nicht so, scheint mir, über das antiochenische „Trennen". Sie scheinen mir in dieser Gefahr zu sein, was ich freilich wieder nicht verstehe, wenn Sie von Dämonisierung des Weltlichen reden. Barth hat diesen Begriff früher abgelehnt.

Für Ihre Bemerkungen zu meiner Biographie danke ich Ihnen herzlich. Nicht alles habe ich verstanden, z. T. infolge Schwierigkeiten der Handschrift-Entzifferung. Was Sie über eine Ordnung der „Stimme des Menschengeschlechts" sagen, hat meine volle Sympathie. Daß wir für diese Stimme verantwortlich sind, glaube auch ich. Aber ich sehe trotz vielen Nachdenkens noch keine Möglichkeit, dieses „wir" näher zu bestimmen. Ich selbst stehe mindestens in drei Kreisen: dem eigentlich kirchlich-theologischen, dem sozialistisch-kommunistischen und dem autonom-geistigen. Dem ersten gilt mein Beruf, und er gibt das Fundament für die beiden anderen, dem zweiten gilt mein letztes Verantwortungsgefühl, und er gibt mir den Willen zur Tat, dem dritten gilt meine Liebe und meine Produktivität. *Sie* begegnen mir im ersten und dritten Kreis, Wolfers nur im dritten, Goldstein (der mir hier am nächsten steht) im zweiten und dritten, Löwe wesentlich im zweiten, ich kann mich keinem dieser Kreise entziehen. Jeder Versuch dazu würde mich brechen, obgleich die Verlockung, dem zweiten zu entfliehen, fast groß genug ist. Aber ich wäre dann auch in den anderen Kreisen gänzlich wertlos. Mein Gewissen, z. B. gegen die Märtyrer in Deutschland, würde mir jede gläubige Mitarbeit unmöglich machen. Ich fürchte sehr, daß wir es infolgedessen zu keinem „Wir" bringen werden, das aktionsfähig ist. Aber ich will auch darin noch einen Versuch machen. Es ist jetzt so gut wie sicher, daß ich Mitte April nach Europa fahre, um Vorträge in England, Holland und der Schweiz zu halten und im Sinne Ihres Briefes Abschied von Europa zu nehmen. Ich werde dann mit allen, die überhaupt in Frage kommen, über die Möglichkeiten der Wir-Bildung reden. Es wäre aber gut, wenn wir das unter uns vorbereiteten.

Anbei sende ich Ihnen eine Abschrift des Abschiedsbriefes von Barth.[4] Ich bitte Sie, ihn, *sowie auch* meine Selbstdarstellung so bald wie möglich, an Wolfers weiterzugeben. Sie erhalten dafür von Wolfers eine der vielen Arbeiten, die ich in diesen Monaten gemacht habe, die mir wichtigste über christliche und marxistische Anthropologie, Diskussionsgrundlage für das wissenschaftliche Vorbereitungskomitee der 1937 Oxford Weltkirchenkonferenz.[5] Ich bitte Sie, *dieses an Ulich* weiterzugeben; die Selbstdarstellung und der Barthbrief an *Wolfers*. Sie selbst haben inzwischen die erste Nummer von „*Radical Religion*"[6] erhalten, Fortsetzung der Blätter für Religiösen Sozialismus. Bis Anfang Januar muß das Manuskript[7] für mein Buch bei *Scribners* fertig sein: I. Teil Die Selbstdarstellung, die *Vergislins Ferm* infolge Verlegerschwierigkeiten zu drucken außer Stande war, II. Teil meine wichtigsten deutschen Aufsätze, z. B. „Kairos"[8] und „Das Dämonische"[9] usw. unter dem Gesamttitel: „*The Interpretation of History*".

Wie geht es mit ihrer Doppelarbeit? Im März werde ich zu Vorträgen nach Boston kommen. Beiliegendes Bild für Weihnachten!

Ihnen und Ihrer Frau vieles Gute!

Ihr   Paul Tillich

ANMERKUNGEN

1 In der Bibliographie von Eugen Rosenstock-Huessy, Das Geheimnis der Universität, Stuttgart 1958, S. 307–315, war ein solcher Titel nicht nachweisbar. Ob: Die Kirche am Ende der Welt, in: *Credo Ecclesiam*, Festgabe zum 70. Geburtstag von D. Wilhelm Zöllner, Hrsg. H. Ehrenberg, Gütersloh 1930, gemeint ist, ließ sich nicht ermitteln.

2 Vgl. Anm. 4.
3 Bekenntnisinhalt des Konzils von Chalcedon.
4 Am 7. 10. 1935 war Barth auf Drängen Karl Immers noch einmal nach
  Deutschland zurückgekehrt und hielt in Barmen einen Vortrag über das
  Thema: Evangelium und Gesetz. „Dieser Vortrag wurde später als sein
  „Abschiedswort" an die Christen in Deutschland empfunden, und er be-
  schäftigte dann auf Jahrzehnte hinaus die theologische Diskussion." Vgl.
  Eberhard Busch: Karl Barths Lebenslauf, 3. Aufl. München 1978, S. 279.
5 Tillich schrieb (wahrscheinlich als Vorbereitung auf die Weltkirchenkonferenz in Oxford 1937) einen zunächst ungedruckt gebliebenen Aufsatz: Marxistische und prophetische Geschichtsdeutung, der ins Amerikanische übersetzt wurde: *Marx and the Prophetic Tradition,* in: *Radical Religion* (New York),
  Jg. 1, Nr. 4, 1935, S. 21–29. Das deutsche Manuskript wurde aufgenommen in G.W. 6, S. 97–108. Vgl. auch: Eine geschichtliche Diagnose: Eindrücke von einer Europareise 1936, in: G.W. 13, S. 238–248. Zur Mitwirkung Tillichs an der Oxfordkonferenz, vgl. G.W. Erg. Bd. V, S. 259 und
  270–274.
6 Vgl. Anm. 5.
7 Vgl. Anm. 6 zu VI, 4.
8 G.W. 4, S. 43–76.
9 G.W. 6, S. 42–71

VI, 7 Paul Tillich an Eugen Rosenstock-Huessy

New York, March 25, 1944

Lieber Eugen:

Dein Brief[1] macht mir viel Kopfzerbrechen. 1) können weder ich
noch Hannah noch meine Sekretärin den geschriebenen Teil ganz entziffern, und das bedeutet, daß gewisse Zusammenhänge nicht ganz
klar werden. 2) ist mir nicht deutlich geworden, inwieweit Dein Brief
eine Kritik des Textes meines Aufsatzes[2] ist. Den Vorwurf, daß ich
noch an Geistesgeschichte glaube, verstehe ich einfach nicht, da ich ja
die ganze gedankliche Entwicklung im Zusammenhang mit der Entwicklung der bürgerlichen Gesellschaft verstehe und die einzelnen Typen des existentialen Protestes gegen die Objektivierung der Welt gar
nicht auseinander ableite, sondern nur Analogien der Situation zeige.
Den Zusammenhang Deiner Kritik mit unseren biographischen Erlebnissen kann ich auch nicht durchschauen. Ich habe Kroner zu Hilfe
geholt, der meinem Aufsatz nicht sympathisch gegenüber steht, weil
er den Versuch der Existential-Philosophen, den Glauben philoso-

phisch zu fassen, überhaupt ablehnt. Er wendet sich immer mehr der theologischen Orthodoxie zu, aber er weiß nicht, ob dies auch der Sinn Deiner Kritik ist. Überrascht hat mich Deine hohe Wertung von Nietzsche. Ich selbst werte doch wohl von allen, die ich in dem Aufsatz charakterisiert habe, Marx am höchsten, weil er die soziologische Situation direkt begriffen und als solche angegriffen hat. In dem Sinne habe ich die religiösen Sozialisten oder genauer die Kairos-Philosophie in den Rahmen der ganzen Entwicklung hineingestellt. Daß ich das getan habe, zeigt durch sich selbst, daß ich mich in einer gewissen Distanz dazu weiß. Darin hast Du recht. Was Du über Heidegger und Rosenzweig sagst, gibt mir viel zu denken, aber ich kann nicht sagen, daß ich es verstanden habe. Ich wünschte, wir könnten Deinen Brief einmal zusammen durchlesen und an der Debatte über ihn unsere gegenseitigen Stellungen klären. Meinen Aufsatz habe ich trotz aller Interpretation, die ihm zu Grunde liegt, *historisch* gemeint und würde mich nicht direkt in ihn hineinstellen.

Um Dir zu zeigen, was ich jetzt tue, schicke ich Dir beiliegende Erklärung[3], die von einer Gruppe von politisch interessierten deutschen Emigranten seit November entworfen und unterschrieben ist. Vielleicht wird sie irgendwann einmal veröffentlicht. In unserer Gruppe sind alle Anti-Nazi-Gruppen von den Katholiken bis zu den Kommunisten eingeschlossen. Wie stellst Du Dich dazu?

Mit herzlichem Gruß   Paulus
(Prof. Paul Tillich)

P. S. Ich habe im lateinischen Lexikon vergeblich versucht, herauszufinden, was *„circumincedendus"* heißt. Soll es bedeuten: „Jemand, der beschnitten werden soll oder muß"?

ANMERKUNGEN

1 Dieser Brief Rosenstocks ist nicht vorhanden.
2 Aus den Ausführungen Tillichs geht hervor, daß es sich um seinen Aufsatz: *Man and Society in Religious Socialism*, in: *Christianity and Society* (New York), Jg. 8, Nr. 4. 1943, S. 10–21 (Vortrag vor der *Philosophy Group* anläßlich der *Week of Work*, veranstaltet vom *National Council on Religion in Higher Education*), handelt. Da dieser Beitrag nicht in die G.W. aufgenommen wurde, dürften die Hinweise Tillichs von Interesse sein.
3 Offensichtlich handelt es sich hierbei um eines der Dokumente anläßlich der Gründung des *Council for a Democratic Germany*. Vgl. G.W. 13, 313ff. Der *Council* wurde am 17. 6. 1944 gegründet. Tillich bittet Rosenstock, das „Programm für ein demokratisches Deutschland" mitzuunterschreiben.

VII.

PAUL TILLICH – KURT LEESE

Lebenslauf von Kurt Leese (1887–1965)

Als Paul Tillich am 22. Oktober 1965 starb, war ihm am 6. Januar des gleichen Jahres sein Freund Kurt Leese vorausgegangen. Der nur wenig um ein Jahr Jüngere wurde am 6. Juli 1887 in Gollnow (Krs. Naugard/Pommern, heute VR Polen) geboren.[1] Kurt Leese war Sohn eines Juristen. Kurt Leese besuchte das protestantische Gymnasium in Straßburg/E., wo er 1906 das Abitur bestand. Er wandte sich der Theologie zu und studierte 2 Semester in Rostock, 2 Semester in Straßburg/E. und 2 Semester in Berlin. Seine erste theologische Prüfung bestand er 1910, die zweite im Jahr 1912. Dazwischen wurde er als cand. theol. am 22. Juli 1912 zum Lic. Theol. in Kiel promoviert.

Im Winterhalbjahr 1912/13 wurden durch Lic. Dr. Paul Tillich, Pastor Dr. Richard Wegener und Pastor Eduard Le Seur apologetisch-theologische Diskussionsrunden organisiert.[2] Die scherzhaft „Vernunft-Abende" genannten Veranstaltungen wurden auf Wegeners Vorschlag in verschiedenen Berliner Privathäusern durchgeführt. Eine solche Diskussionsrunde fand auch bei Geheimrat Dr. Leese in Berlin-Charlottenburg statt, in der das „juristische Element" tonangebend war.

Bedenkt man, daß sowohl Richard Wegener und Eduard Le Seur von der Gemeinschaftsbewegung herkamen, aber auch bei Alfred Fritz die „missionarische" Hinwendung zum Mitmenschen die entscheidende Rolle spielte, so läßt sich ermessen, daß die theoretisch-theologische Begabung Paul Tillichs vor dem wissenschaftlichen Elfenbeinturm bewahrt blieb und von vornherein – nicht erst nach 1918 – zur „Methode der Korrelation", zur Entsprechung von „Botschaft" und „Situation" drängte.

Zu Beginn seines Studiums schloß sich Leese zunächst der DCSV[3] an. So veröffentlichte er am 5. Juli 1907 einen Artikel, in dem es u. a. hieß: „Das dringendste Erfordernis unserer Zeit..., daß die Studentenwelt für Christus gewonnen werde! Alle Bemühungen, alle Kämpfe sind aber aussichtslos, wenn wir DCSVer uns nicht alle als eine geschlossene Schar in felsenfestem Glauben als unsern Mittelpunkt sammeln. Laßt uns in echter Begeisterung kühn und mutig in völliger

Einigkeit des Geistes im Gebet stehen vor dem lebendigen Gott, damit wir eine Macht werden, die Deutschlands akademische Jugend in Bewegung setzt."[4]

Dem widerspricht nicht, wenn sich Leese in seiner Promotionsschrift mit Ludwig Feuerbachs Kritik am Christentum befaßt: „Die Prinzipienlehre der neueren systematischen Theologie im Lichte der Kritik Ludwig Feuerbachs."[5] Die Entstehungszeit der Dissertation (1910/11) fällt in die Jahre, als das Irrlehregesetz (16. 3. 1910) und der Fall Jatho die Gemüter erregte.

Angesichts der Entkirchlichung unter den breiten Massen der Bevölkerung, des Anwachsens der freikirchlichen Religiosität, aber auch der Gemeinschaftsbewegung, ergab sich für apologetische bzw. volksmissionarische Zielstellungen der theologische Versuch gerade innerhalb des freien Protestantismus, neben und über Ernst Troeltsch hinaus, der historisch-kritischen Theologie eine tragfähige systematische Gestalt zu verleihen. Als Doktorvater war für Leese der Ordinarius für Systematische Theologie Erich Schäder geeignet, der aus der Greifswalder Schule (Ernst Kähler) kam und mit dem Konzept der „Theozentrischen Theologie" 1909 hervorgetreten war. Leeses Dissertation wurde für die Feuerbachforschung insofern wichtig, als sie den Bruch in Feuerbachs Entwicklung betonte, wo sonst vom Übergang der junghegelianischen spekulativen Religionsphilosophie zur naturalistischen Religionsphilosophie der 40er Jahre die Rede war.

Nicht aber die wissenschaftliche Laufbahn, sondern das Pfarramt wird die nächste Station im Lebensgang Leeses. Nach der Ordination am 30. 11. 1912 finden wir ihn als 2. Vereinsgeistlichen des Provinzialvereins für Innere Mission in Danzig. In Kirch-Baggendorf (Kreis Grimmen) übernimmt er sein zweites Amt. Von hier aus wird er zum Kriegsdienst eingezogen. Er ist Militärgeistlicher in Seuchenlazaretten Rumäniens und an der Westfront. Nach dem Weltkrieg, von 1921–1932, ist Leese in Hamburg Inhaber der 3. Pfarrstelle an St. Georg. Er macht von sich reden, indem er öffentlich gegen die Einführung der Bischofswürde opponiert.[6] Im Hamburger Pfarramt faßt er schließlich den Plan, den philosophischen Doktorgrad zu erwerben, bzw. doch noch die wissenschaftliche Laufbahn einzuschlagen. Die philosophische Dissertation trug den Titel: „Von Jakob Böhme zu Schelling. Eine Untersuchung zur Metaphysik des Gottesproblems."[7] 1930 habilitiert sich Leese in Hamburg mit: „Philosophie und Theologie im Spätidealismus, Forschungen zur Auseinandersetzung von Christentum und idealistischer Philosophie im 19. Jahrhundert".[8]

Auf der akademischen Stufenleiter gelangt Leese 1935 noch bis zum nichtbeamteten ao. Professor. Er selber bestätigt es im Brief an Tillich vom 29. 3. 1936.

Daß sich Leeses Denken wie bei Tillich „auf der Grenze" von neuerer protestantischer Theologie und bürgerlicher Philosophie bewegt, verraten seine zahlreichen Veröffentlichungen.

Tillich weiß sich mit Leese in der Analyse der neueren bürgerlichen Theologie- und Philosophiegeschichte weitgehend einig. Er ist derjenige, der als Resident wichtiger Tillichscher Gedanken in Deutschland während der Abwesenheit des Freundes gelten darf. Um so mehr kümmert es den Freund, der jetzt am *Union Theological Seminary* in New York lehrt, daß sich Leese ganz von der Kirche entfernt, daß die „soziologische Seite des protestantischen Prinzips" vernachlässigt wird. Tillich spürt angesichts des Not- und Katastrophenstandes der protestantischen Kirchentümer in Deutschland, daß das reformatorisch-protestantische Prinzip dialektisch Protestation und Gestaltung – wie im Reformwerk Martin Luthers – zugleich sein muß, sonst endet „Protestantismus" nicht nur in der Zersplitterung der Sekten, in deutsch-christlicher Ideologie, sondern auch in einsamer Esoterik wie bei Leese. Die bereits von den Schülern Hegels getroffene Feststellung, daß eine religiöse Heilsanstalt für den bürgerlichen christlichen Staat überflüssig sei, trägt ihre Früchte. Tillich muß dem Freund bedeuten, daß nur gesellschaftlich relevante Fragen mit der Botschaft des Christentums in Korrelation treten können und daß die christliche Botschaft gerade angesichts von deutschchristlichem Heidentum und der hieraus resultierenden Barthschen supranaturalen Abwehrstellung eine soziologische bzw. gesellschaftliche Konkretion erfordert. Die von Leese aufgeworfenen Fragen wie die „Metaphysik des Gottesproblems" werden auch in der Gegenwart diskutiert; sie sind aber nicht nur in bürgerlicher Weise eine Frage des inneren Menschen.

Gemäß den Denkvoraussetzungen Karl Barths hätte sich bei Kurt Leese eine Annäherung an die deutsch-christliche Ideologie vollziehen müssen. Reichsminister Rust ging wohl von dieser Voraussetzung aus, als er ihn zum Professor mit dem Lehrauftrag berief, Vorlesungen und Übungen zur „Geschichte der deutschen Frömmigkeit" zu halten. Diesen Auftrag muß Leese jedenfalls nicht zur Zufriedenheit des Reichsministers erfüllt haben, denn 1940 wird ihm die Lehrbefugnis als Hochschullehrer entzogen. Seinen Frieden mit der „nationalsozialistischen Weltanschauung" vermochte Leese wie andere Dozenten um einer akademischen Karriere willen nicht zu schließen. Erst zum 1. 10. 1945 kehrt Leese zur Universität zurück. Er wird beim Neuauf-

bau der Hamburger Universität als planmäßiger a. o. Professor berufen. In diesem Amt blieb er bis zu seiner Emeritierung im Jahre 1955,
lebte dann noch fast 10 Jahre, in denen er im Sinne eines freien Protestantismus fruchtbar arbeitete.

Der Briefwechsel zwischen den Freunden beleuchtet Hintergründe
der Auseinandersetzung mit der deutschchristlichen Ideologie und der
Entstehung von Leeses bedeutendem Buch „Die Religion des protestantischen Menschen", das 1938 erschien.

ANMERKUNGEN

1 Angaben zur Person von Kurt Leese verdankt der Bearbeiter einer biographischen Skizze, die Walther Pachali dem Lebensgang Kurt Leeses gewidmet hat.
2 Vgl. Paul Tillich: G.W. Erg. Bd. 5, S. 62 ff.
3 Deutsch-christliche Studentenvereinigung.
4 Vgl. Kurt Leese in: Mitteilungen zur Förderung einer deutschen christlichen Studentenbewegung, vom 5. 7. 1907; wiederabgedruckt bei Karl Ku-
  pisch: Studenten entdecken die Bibel, 1964.
5 Leipzig 1912. IV, 58 S.; vollständig im Buchhandel ebd.; Kiel Theol. Dissertation vom 22. 7. 1912.
6 Vgl. Kurt Leese in: Christliche Welt, Jg. 40. 1926, S. 148.
7 Erfurt 1927, erschienen als: Wort und Tat, H. 10, Hamburg. Philos. Dissertation vom 22. 5. 1927.
8 Berlin 1929. Zugleich als Habilitationsschrift, Hamburg 1930.

VII, 1 Paul Tillich an Kurt Leese

                          99 Claremont Avenue, New York City [1934][1]
Lieber Kurt!

Statt einer Antwort auf meinen Weihnachtsbrief kam Dein Buch.[2]
Herzlichen Dank! Ich las es heut in einer Art Kampener Heide [Kam-
pen auf Sylt] auf einer Insel im Atlantischen Ozean, wo wir den Sommer über in einem wundervoll gelegenen „Bungalow" [Martha's
Vineyard Island] hausen. Ich freue mich, daß es *nicht* hält, was der
Titel zu versprechen scheint, eine der *ad-hoc*-Schriften zu sein, die mit
wenig Geist und viel nationaler Phraseologie die Konjunktur ausnut-

zen. Ich freue mich, daß Du dem theologischen Rassenschwindel klar und scharf auf den Leib rückst, besonders gut und kompromißlos im Schlußkapitel. Aber auch die 4 Beispiele bedeuten ja in Wahrheit eine vollkommene Destruktion des arischen Mythos. Infolgedessen finde ich am schwächsten den Versuch, Deine dionysische Theologie der *Agape* mit arischen Tendenzen in Beziehung zu bringen. Der Schicksalsgedanke ist im semitischen Kulturkreis stärker als im arischen. Die Naturmystik der Chinesen scheint die deutsche zu übertreffen. Der werdende Gott gehört dem theogonischen Bewußtsein aller Völker an und gehört philosophisch zu jedem konkreten Pantheismus; aber niemals ohne einen Punkt, der *nicht* im Werden steht, der transzendente Werden-Sinn, ohne den die Welt nicht einmal unter der einheitlichen Kategorie „Welt" gedacht werden könnte. Doch dieses nebenbei. Wichtig und sehr ernst ist mir folgendes: Du benutzest meine Begriffe „Kairos" und „Dämonisierung". (Daß Du mich bei den zahlreichen sonstigen Zutaten nicht zitierst, hätte ich vor 1½ Jahren überhaupt nicht bemerkt. Jetzt gehört es zu den Dingen, die ich unter eine klare ethische Norm stellen muß und mit Schmerz um Deinetwillen notiere – es sei denn, daß Du Dich auf Emanuel Hirsch berufen willst, der seine *ganze* neue Schrift mit meinen Begriffen bestreitet und sich dann hinter die Vorbemerkung versteckt, daß er niemand zitieren will. Da ist wenigstens die Todeserklärung von Heim[3] im Kolleg noch freundlicher, der sagt: „Gläubiger Realismus,[4] wie T. es *seinerzeit* formulierte". So daß am grünen Holz meiner Freunde geschieht – ein eschatologischer Weheruf!)

Doch nun zur Sache: Ich bin mit Dir überzeugt, daß der Begriff der Dämonisierung allein im Stande ist, den neuen Mythenschöpfungen und ihren praktischen Konsequenzen zu begegnen. In diesem Sinne hättest Du den Begriff in genauer Definition und rücksichtsloser prophetischer Schärfe verwenden müssen. Das aber tust Du nicht. Die Konfliktspunkte mit dem Rassenmythos kommen nicht heraus. Und die kritische Kraft des Christentums kommt nicht heraus. Daß Dein *Agape*-Begriff vom *Eros* her konzipiert ist, wenn er auch über ihn heraus geht, statt von Gerechtigkeit her wie der prophetische, macht ihn ohnmächtig zur Kritik. Und weil er ohnmächtig zur Kritik, zum harten Nein gegen die konkreten Dämonisierungen ist, ist er unfähig zur Gemeinschaftsbildung. Von hier aus muß ich Barth gegen Dich in Schutz nehmen. Wenn wir nicht den gekreuzigten Christus und seine prophetische Vorbereitung als den kritischen Punkt schlechthin ansehen, sind wir wehrlos jeder Dämonisierung der Liebe verfallen. Der antignostische Kampf um das Alte Testament war nicht umsonst ein

Kampf um Sein und Nichtsein des Christentums. Im Namen der Liebe (ohne Begründung in der Gerechtigkeit und Wahrheit) kann jeder Akt von Großinquisitoren und Diktatoren gerechtfertigt werden, sowie jedes blutige Opfer und jedes Opfer von Seelen und Geistern. Diese Einheit von Liebe mit Gerechtigkeit und Wahrheit finden wir aber nur im AT und NT. Darum und nur darum sind sie kanonisch. Der furchtbare Ernst der Lage, und *Deiner mehr als meiner fordert radikalen* theologischen Ernst. Und das bedeutet heute Opfer und vielleicht Märtyrertum. – Ich bleibe bis nächsten Mai *Visiting-Professor* am *Union Theological Seminary* in New York. Alles andere ist dunkel.

In Treue und mit mancherlei Schmerz

Dein Paul.

ANMERKUNGEN

1 Zur mutmaßlichen Datierung (1934) vgl. Anm. 1 zu V, 3.
2 Vgl. Kurt Leese: Rasse, Religion, Ethos. 3 Kapitel zur Lage der Gegenwart, Gotha 1934; ferner: Das Problem des „Arteigenen" in der Religion. Beiträge zur Auseinandersetzung mit der deutschen Glaubensbewegung, Leipzig 1935. Im erstgenannten Buch bekämpft Leese Alfred Rosenbergs: Mythos des 20. Jahrhunderts.
3 Karl Heim, ev. Theologe. Hauptwerk: Der evangelische Glaube und das Denken der Gegenwart. 6 Bde., Berlin 1931–1952. K. Heim schrieb 1933: Deutsche Staatsreligion oder Evangelische Volkskirche (Stimmen aus der deutschen christlichen Studentenbewegung 85), Berlin 1933.
4 „Gläubiger Realismus": Vgl. Paul Tillich: Gläubiger Realismus I in: G.W. 4, S. 77–87; Gläubiger Realismus II in: G.W. 4, S. 88–106.

VII, 2 Paul Tillich an Kurt Leese

7. Juni 1938

Mein lieber Kurt!

Eben ist die erste Ferienwoche vorbei, und schon habe ich Ruhe und Zeit gefunden, die es in New York schlechterdings nicht gibt, Dein Buch[1] gründlich durchzulesen. Ich stehe noch unter dem Eindruck des letzten Kapitels und freue mich, daß Deine Gotteslehre in allen Punkten mit der übereinstimmt, die ich hier im vorigen Jahr meinen Studenten gegeben habe. Vor etwa einem Jahrzehnt hat mal jemand gesagt, daß ich der Erbe der deutschen liberalen Theologie bin. Nach Deinem Buch muß ich Dir diesen Ehrentitel zusprechen. Ich freue mich, wie tapfer Du nach beiden Seiten fichtst, der „pseudodialektischen" Theologie, einen Terminus, den ich im Englischen übernehmen werde; und nach der Seite, die Du durch meinen ehemaligen Schüler Grabert[2] repräsentiert sein läßt. (Daß man sich mit solchem Dreck herumschlagen muß, der sofort wie Spreu verwehen würde, wenn etwas europäisch-amerikanische Zugluft herangelassen würde.) Dein Urteil, daß die große theologische Denkarbeit mit Harnack und Troeltsch abgebrochen ist, erkenne ich an und freue mich darum Deiner Anknüpfung an beide. Ich gebe Dir sogar für Troeltsch gegen mich Recht. Meine Interpretation des protestantischen Prinzips war immer mehr „pneumatisch" als „historisch". Mein Freund Pauck[3], Chicago, sagte mir neulich, daß Barths letzter Dogmatikband[4] ihm den absoluten Riß zwischen Reformation und Neuprotestantismus neu gezeigt hätte und die Unmöglichkeit der Barthschen Repristination auch. (Er gilt hier als Barthianer, wie auch ich.)

Das führt mich zunächst zu etwas Technischem: Ich bin mir nicht sicher, ob Dein Buch übersetzbar ist. Ich bezweifle es wegen seines intim deutsch-theologischen Hintergrundes. Es erscheinen viele kleine Größen der deutschen Katheder- (und Hof-) Theologie, und die ganze Diskussion hat so stark deutsches Lokal-Kolorit, daß es den Amerikanern, die per Europa denken, fremd bleiben würde. Aber ich werde noch 2 Experten fragen.

Deine nächste Aufgabe sollte sein, das Prinzip systematisch zu entfalten, das in den 10 Thesen und 4 Forderungen historisch-dialektisch gewonnen ist. Und bei dieser Entfaltung solltest Du Dich möglichst unabhängig von der Debatte mit nur innerdeutschen Größen machen. Eine solche „Systematische Theologie" ist hier aufs heißeste begehrt, und Dein Typ würde sehr gut hierher passen.

Und nun verlangst Du sicher eine systematische Kritik Deines Buches, für das ich Dir nur sehr dankbar sein kann. Ich möchte neben manchen Einzelpunkten, über die wir uns leicht verständigen würden, auf zwei zentrale Punkte kommen. Zuerst die Rechtfertigungslehre: Ich denke hier in zwei Beziehungen anders: Erstens glaube ich, daß Du Deine ganze Position gestärkt hättest, wenn Du die Lehre von der Rechtfertigung des Denkens, die ich in „Rechtfertigung und Zweifel"[5] entwickelt habe, berücksichtigt hättest. Was ich dort gewollt habe (z. T. unter dem Einfluß M. Kählers[6]), ist die Rezeption des Relativismus in das absolute Gottesverhältnis. Du tust das objektiv auch in der Lehre von der göttlichen Unerschöpflichkeit. Aber Du tust es nicht subjektiv als Frömmigkeitsvorgang. Es bleibt kritischer Denkvorgang neben der Frömmigkeit. Schelling hat wichtige Sätze über das Schreckliche des „Irrtums" gesprochen, demgegenüber im Prinzip die gleiche Problematik obwaltet wie gegenüber der Sünde und die in dem Begriff „außer der Wahrheit sein" identisch sind.

Die andere Seite ist das Problem des *„propter Christum"*. Ich gebe Dir zunächst Deine gesamte Kritik der traditionellen Lehre vor. Erst wenn alle objektiven Heilsmechanismen beseitigt sind, können wir anfangen zu reden; darin sind wir einig. Aber ich habe durch meine Lehre vom Dämonischen[7] einen neuen (und sehr alten) Zugang zu der objektiven Heilslehre gefunden. Es ist wirklich etwas geschehen, dadurch, daß sich das neutestamentliche Christusbild als Offenbarungsort im menschlichen Bewußtsein durchsetzte: Die Macht des Dämonischen ist im Prinzip gebrochen. Es ist ein antidämonisches Kriterium und ein antidämonisches Sein in der Geschichte erschienen. Und diesem Kriterium und diesem Sein würde ich allerdings Absolutheit zusprechen. Es ist das sinngebend-antidämonische Prinzip der Geschichte, das jenseits der Geschichte, auch seiner eigenen, der christlichen und protestantischen, steht. – Ich bin bereit, es mit Dir „die Liebe" im Sinne von *agape* zu nennen; aber nur, wenn zugleich klar wird, daß es die Eros- und Macht-Welt unter sich hat; also auch gutmütiges Verzeihen, sentimentales Verzichten auf Gerechtigkeit etc., kurz alle Dämonisierungen, auch die religiösen. Und an dieser Stelle steht das Kreuz als Negation auch des religiösen Machtwillens. Also ich lehne die Absolutheit des Christentums mit Dir ab; aber ich halte die Absolutheit des „neuen Seins" in Christus als Kriterium aufrecht. Und die letzten Ereignisse haben gezeigt, was solch Kriterium gegenüber neu-alten Dämonien bedeutet.

Damit komme ich zu dem zweiten Hauptpunkt: Was ich, wie Du Dir denken kannst, in Deiner ganzen Arbeit vermisse, ist die soziologische Seite des protestantischen Prinzips. Die Haltung, die Du zum Ausdruck bringst, ist die Haltung des der Autonomie fähigen, irgendwie höher entwickelten Individuums. Ich würde hier das typisch Bürgerliche Deiner Auffassung sehen; nicht weil ich das Bürgerliche an sich verurteile, im Gegenteil, wir haben heute für die typisch bürgerlichen Werte der Autonomie, Menschenrechte, Freiheit etc. einzustehen. Wohl aber, weil das Problem der Massenkultur zu Lösungen zwingt, die den von Dir geschilderten Typ, d. h. *uns*, in die Esoterik zwingen. Darum spreche ich von dem Ende der protestantischen Ära, d. h. einer Geschichtsperiode, in der der Protestantismus, wenigstens der Intention nach, das Gestaltungsprinzip einer Massenkirche ist.

Dazu ist es durchaus ungeeignet, nachdem es sich vom Reformatorisch-Evangelischen losgelöst hat; dieses aber in seiner Halbheit ist dem Massenproblem der Gegenwart nicht gewachsen. So entsteht die Frage nach einer Gestalt der Gnade, die diesem Problem gewachsen ist, ohne römisch-katholisch zu sein. Die jüngere Generation der Amerikaner fängt eben an, dies Problem zu realisieren und interessiert sich sehr für den „mittleren Weg" der englisch-bischöflichen Kirche.

Damit bin ich beim Kirchenproblem oder, was das Gleiche ist, beim Problem der „priesterlichen" Verwirklichung! Ohne eine solche würde die „gläubige Freiheit" der Protestanten nach zwei Generationen in Philosophie, Skepsis, Moralismus, Sentimentalität etc. sich verdünnen. Und in diesen Leerraum würden die paganen Dämonien einbrechen, wie es heut geschehen ist.

Aus diesen Gründen gebe ich meiner polaren Konstruktion *Gestalt und Kritik* heute eine soziologische Verkörperung: Autoritative, symboltragende, objektiv-sakramentale Großkirche und esoterische Gruppe mit gläubiger Freiheit im Sinne alles dessen, was Du ausführst. Daher nehme ich das erste genau so ernst wie das zweite. Denn das Objektiv-Sakramentale trägt das „neue Sein" in symbolischer Hülle von Generation zu Generation. Die prophetisch und rational eroberte Freiheit bricht jeweils daraus hervor, gewinnt aber nur in seltenen, günstigen Konstellationen der Geschichte, wie in der Periode des siegreichen Bürgertums, exoterische Gewalt – für relativ kurze Zeit und unter ungeheurer Traditions- und Substanz-Vergeudung. Daraus folgt für Deine Dogmatik die Notwendigkeit einer Lehre von der Kirche – (Ansatz R. Rothe[8]).

Schreibe mir doch über Deine Pläne. Du weißt gar nicht, wie schöne Stunden mir Dein Buch gemacht. Und die Kritik ist ja nur Zusammenarbeit auf gleicher Basis. Aber eines laß mich Dir sagen: *Vergiß das Soziologische nicht!*

Grüsse Deine Frau und Elisabeth, wenn Du ihr schreibst. Kommt sie nicht mal wieder nach Amerika? Wie schade, daß wir uns in London nicht gesehen haben. Nun jährt sich's bald!

Kannst Du mir nicht mal eine Liste der *ernsthaften* theologischen Werke seit 1930 geben, die ich besitzen müßte. Wie ist z. B. Lietzmanns „Geschichte der alten Kirche"?[9]

In alter Treue und Dank für die Treue,
die Du in Deinem Buch zeigst!   Dein Paul.

ANMERKUNGEN

1 Diese Bemerkungen und die folgenden Ausführungen Tillichs beziehen sich auf das Hauptwerk von Kurt Leese: Die Religion des protestantischen Menschen, Berlin 1938. 2. Aufl. München 1948.

2 Über ihn schreibt Leese: „Grabert (Herbert Grabert, Dr. phil.) ist von Hause aus evangelischer Theologe und ein unbedingter Anhänger der Gedankenwelt W. Hauers, zu dessen engerem Mitarbeiterkreis er zur Zeit der Abfassung seines uns interessierenden Buches gehört) kommt es darauf an, den Protestantismus der christlichen Ideenwelt zu entwinden und ihn für den Deutschen Glauben mit Beschlag zu belegen." Vgl. Kurt Leese: Die Religion des protestantischen Menschen, (vgl. Anm. 1), S. 151. Der Titel des hier von Leese kritisierten Buches von Grabert lautet: „Der protestantische Auftrag des deutschen Volkes. Grundzüge der deutschen Glaubensgeschichte von Luther bis Hauer", Stuttgart 1936.

3 Pauck, Wilhelm. Kirchenhistoriker, 1926 Doz., 1931 Prof. für Kirchengeschichte am Theological Seminary in Chicago; 1939 Prof. für historische Theologie und Neuere Geschichte an der Universität Chicago; seit 1953 Prof. für Kirchengeschichte am Union Theological Seminary in New York. 1948–49 Gastprof. in Frankfurt und Marburg. Gest. 1981.

4 Von der „Kirchlichen Dogmatik" war bis 1936 nur I, 1 (1932) erschienen, Bd. I, 2 kam erst 1938 heraus. 1935 erschien „Credo".

5 Vgl. Paul Tillich: Rechtfertigung und Zweifel. G.W. 8, S. 85–100.

6 Martin Kähler, Systemat. Theologe, gilt als sogenannter „Vermittlungstheologe". Auf Tillich übte er in dessen Studentenjahren in Halle großen Einfluß aus. Vgl. G.W. Erg. Bd. 5, S. 32–33. Werke: Die Wissenschaft der christlichen Lehre, Leipzig 1893, 2. Aufl. Leipzig 1905; Dogmatische Zeitfragen, 2 Hefte, Leipzig 1898, 2. Aufl. ebd. 1907/08.

7 Vgl. Paul Tillich: Das Dämonische. Ein Beitrag zur Sinndeutung der Geschichte (1926); G.W. 6, S. 42–71.

8 Richard Rothe, Prof. in Heidelberg, zeitweise in Bonn. Aus der Erweckungstheologie herkommend, überwand er die Schranken des Pietismus, wurde trotz des Gegensatzes zum Pietismus Mitglied des Protestantenvereins. Er vertrat ein „unbewußtes Christentum" der Unkirchlichen und sah die künftige Auflösung der Kirche im Staat, d. h. eine völlige Christianisierung des öffentlichen Lebens. Hauptschrift „Theologische Ethik", Wittenberg 1845–48, 2. Aufl. 1867–71.

9 Hans Lietzmann: Geschichte der Alten Kirche, Berlin und Leipzig 1932 (1. Bd.),
Bd. 1: Die Anfänge, 1932. 2. Aufl. 1937;
Bd. 2: Ecclesia catholica, 1936;
Bd. 3: Die Reichskirche bis zum Tode Julians, 1938;
Bd. 4: Die Zeit der Kirchenväter, 1944.

Hamburg 13, Hallerstr. 6 III
6. 8. 38

Lieber Paul,

es ist ein sehr heißer Augusttag. Es sind schon viele heiße vorangegangen. Aber es drängt mich, nun endlich, auf Deinen lieben, langen Brief vom 7. 6. zu antworten. Daß ich ihn sehr begierig entgegengenommen und in mich aufgenommen habe, wirst Du Dir denken können. Er war auch Gegenstand einer mehrstündigen Kaffeehausdiskussion zwischen mir und meinem Freund Max Behrmann[1], Deinem sehr an Dir hängenden Leipziger Schüler. Behrmann kann es nicht recht verknusen, daß ich Barth und die Kirche so schlecht behandle. Er ist Mystiker der Kirche, was ich so gar nicht bin. Und ich glaube auch nicht, daß ich es je wieder werde. Ich habe die Kirche gründlich und endgültig satt, ich meine die Institution, was nicht ausschließt, daß Theologen meine besten Freunde sind. Dadurch entsteht, wie Du mit Recht bemerkst, in meinem Buch[2] eine schwerwiegende „soziologische" Lücke. Ich weiß nicht, wie ich sie stopfen soll. Deshalb bleibt hier besser eine Aporie, eine ungelöste und nur im dynamischen Zug der Geschichte so oder so zu lösende. Deine Formel: „Autoritative, symboltragende, objektiv-sakramentale Großkirche und esoterische Gruppe mit gläubiger Freiheit" begegnet bei mir starker Skepsis. Beides schließt sich ja wesensmäßig aus. Denn eine autoritative Großkirche ist wesensmäßig römisch-katholisch und wird den freien Protestantismus immer niederknüppeln. Ich sehe hier keine „Dialektik", sondern nur einen „Dualismus". Auf diesem Dualismus beruht ja auch die schlechthinnige Tragik der gegenwärtigen deutschen kirchlichen Situation, die keinerlei Einigung, auch nicht im Sinne einer Spannungs-Einheit zustandekommen läßt. Folge: *Divide et – impera!* Der freie Protestantismus lebt in der Diaspora, in der Zerstreuung, in der Anonymität. Vielleicht ist es sein endgültiges Schicksal.

In der Frage der „Absolutheit" des Christentums sind wir, wie ich glaube, dicht beieinander. Die *agape* ist für mich, wie Du schreibst, „sinngebend-antidämonisches Prinzip der Geschichte", konkretanschaubar in der Christusgestalt des NT. Sie ist das „neue Sein in Christo", das ja gerade durch *agape qualifiziert* ist.

Was Du endlich die „Rechtfertigung des Denkens" nennst, ist mir nicht recht klar geworden. Aber ich werde darüber noch einmal Dein

„Rechtfertigung und Zweifel" einsehen. So viel zunächst über Deine Anstände.

Es ist mir eine tiefe Befriedigung und Genugtuung gewesen, Dir die Mittelpunktstellung in meinem Buch einzuräumen, die Du verdienst. Daß ich damit E. Hirsch und andere vollständig „ausgeknockt" habe, wird Dir nicht entgangen sein. Von den 1000 gedruckten Stücken sind bereits 400 verkauft, ein halbes Jahr nach Erscheinen. Eingehendere Besprechungen sind noch nicht heraus.

Was ich mache, lieber Paul? Abgesehen von meiner literarischen, führe ich eine sehr zurückgezogene, fast anonyme Existenz. Pläne habe ich gar keine. Studenten sind nur sehr wenig. Ich bin immer noch „außerordentlich" und „nichtbeamtet". Und werde es wohl auch bleiben. Dagegen sind wir gesund. Meine Elisabeth lebt zur Zeit wohlgemut in Paris. Das Tanzen hat sie aufgegeben.

Mein Vater[3] ist im April d. J. 79jährig verschieden. Von dem Ableben des Deinen hörte ich auch. Nun ist noch meine 80jährige Mutter übrig. Den September über wollen meine Frau und ich an die heilende Nordsee. Dort will ich im Strandkorb die „Offenbarung Johannis" lesen und meditieren.

Mit Kroner[4] (Berlin-Wannsee, Straße zum Löwen 21) „symphilosophierte" oder vielmehr „symtheologisierte" (Wandel der Zeiten!) ich mehrere Stunden lang am Vormittag des verflossenen Karfreitags im Charlottenburger Schloßpark. Es war sehr schön zwischen uns. Der Nimbus Hegels ist auch bei ihm stark verblaßt. Die Philosophie ist merkwürdig langweilig und belanglos geworden. Dagegen halte ich Nicolai Hartmann noch immer für den bedeutendsten und interessantesten Denker der Gegenwart. Heidegger scheint gänzlich verstummt zu sein. Er hatte uns ja auch nie Substanzielles zu sagen. Nietzsches „grünlich-bläulich schimmernder Fäulnis" (Kroner im Gespräch) gehe ich möglichst aus dem Wege. Alles in allem: viel Öde und gähnende, trostlos gähnende Leere.

Einige anhängliche und begabte Studenten, die durch meine Vorlesungen und Übungen gingen, kommen zu meinen „offenen Abenden". Das ist immer sehr schön.

So, lieber Paul, ob Dir dieser Stimmungsbericht etwas sagt? Ich füge eine Liste von Büchern bei (auch theologischen!), die ich mir nach gründlicher Auslese in den letzten Jahren angeschafft habe und die ich alle für schwerwiegend halte.

Kürzlich erfreute mich übrigens der Besuch von Prof. James Luther Adams[5] (Chicago), Unitarier, der sich in Amerika sehr für mich einsetzt. Auch nach Holland und der Schweiz habe ich sehr gute Beziehungen.

Hoffentlich geht es Dir und den Deinen gut, lieber Paul. Schreibe mir bald einmal wieder.

In alter Treue und Herzlichkeit grüßt Dich

Dein Kurt

ANMERKUNGEN

1 Geb. 1899 in Hamburg. Besuch des Herzogl. Friedrichs-Gymnasiums in Dessau, Frontsoldat in Flandern. Verwundung. Studium der Theologie in Halle und Tübingen. 1925 Vikariat in Roßlau bei Dessau, 1926 Ordination in Ballenstedt. Besuch von Tillichs Vorlesungen in Leipzig. 1931 Pastor einer jungen Großstadtgemeinde in Hamburg-Barmbek. 1943 Ausbombung, danach verschiedene Vertretungen in Hamburg, 1953 bis 1972 Krankenhauspfarrer am Marienkrankenhaus Hamburg.

2 Kurt Leese: Die Religion des protestantischen Menschen. Vgl. Anm. 2 zu VII, 1.

3 Der Geh. Reg.-Rat, vortragender Rat im Ministerium der öffentlichen Arbeiten, Dr. Leese.

4 Richard Kroner. Als Philosoph Rickertschüler und Neuhegelianer. 1912 Privatdozent in Freiburg i. Br., 1919 a. o. Prof. daselbst, 1927 o. Prof. an der Technischen Hochschule Dresden; dort Kollege von Tillich (vgl. Paul Tillich, G.W. Erg. Bd. 5, S. 171). Seit 1929 o. Prof. an der Universität Kiel. Die 2. Aufl. der RGG, Bd. III, S. 1325 schrieb über ihn: „Sein Werk ‚Von Kant bis Hegel' (1921–24) sieht in Kant die Ansätze zu dem in Hegel zur Vollendung kommenden Vernunftsystem, in Hegel die Versöhnung von Christentum und Griechentum und die Einigung von griechischem und deutschem Geist". Verfasser von: Die Selbstverwirklichung des Geistes. Prolegomena zur Kulturphilosophie, Tübingen 1928.

5 James Luther Adams. Studium in Deutschland und Frankreich (1927, 1935/38). 1936 Prof. für Psychologie und Philosophie an der *Meadville Theol. School*, Chicago, später Kollege von Tillich an der *Harvard University*, Übersetzer von Tillichs Schriften ins Amerikanische.

VII, 4 Paul Tillich an Kurt Leese

East Hampton, L.J.N.Y.
[vor dem 6. 7. 1957][1]

Mein lieber Kurt!

Nun folgst Du mir nach, fast ein Jahr später! Und ich folge Dir
nach, wenn auch nicht mit dem Glanz, den du für mich bereit hattest,
in Tat *und* Wort. Was kann ich sagen, nach dem, was Du so wundervoll in Deiner Rede gesagt hast! Ich kann nur von Dir sagen, was Du
von mir gesagt hast, daß es eins der wenigen großen Dinge ist, die im
Alter bleiben, daß man Freundschaften hat, die alle Krisen und alle
Weltgeschichte überdauert haben. Und zu diesen Freundschaften gehört die unsere, und dafür danke ich Dir noch einmal!

Und nun zu Dir selbst! Du kannst, wie ich, auf ein reiches Leben
zurückblicken, und eine reiche Ernte im Alter. Von Deinem ersten zu
Deinem letzten Buch[2] geht eine klare Linie durch all Dein Schreiben,
eine Linie, die zeitweise in den Hintergrund gedrängt war, die aber
alle Chancen hat, in der nächsten Zukunft wieder in den Vordergrund
zu kommen. Wir sind in vielen, sehr wesentlichen Dingen den gleichen Weg gegangen, und Du hast mir oft geholfen, meine Gedanken
zugänglich zu machen und zu objektivieren. Dennoch sind wir in zwei
Dingen eigene Wege gegangen. Du hieltest Dich fern von der Politik,
als ich den Religiösen Sozialismus schaffen half. Und Du bliebst der
Linie Schleiermacher-Troeltsch treu, als ich den großen Anstoß von
der Linie Kierkegaard-Barth erhielt. Aber wir beide hielten an der
Linie Böhme-Schelling-Bergson fest, und lebensmäßig an der Bejahung der Mystik, der Kultur und der Vitalität. Und darin widerstehen
wir den Angriffen beider, der liberalen und der orthodoxen.

Ich werde Dir die zweite, wesentlich veränderte und unendlich ver-
besserte Auflage der Systematik I[3], und sobald sie fertig ist in deutscher Übersetzung, die Systematik II[4] als nachträgliches Geburtstags-
geschenk schicken lassen. Bis jetzt habe ich noch keine wissenschaftlichen Reaktionen zu Band II in Englisch, nur eine halbpopuläre im
Time-Magazine. Von der ersten Auflage der Systematik in Deutschland
habe ich den Eindruck, daß sie totgeschwiegen ist. Sie paßt ebensowenig wie Deine Sachen in die gegenwärtige Stimmung. Und das,
worin sie sich ändert, kommt zunächst (mit Recht) der Bultmann-
Gruppe zugute.

Ich lebe hier stiller als in Hamburg und etwas, doch nicht viel, stiller als in Cambridge. Ich habe ein wildes Jahr hinter mir, so wild, daß ich nicht einmal die Briefe zum 70. Geburtstag beantworten konnte. Auch darin hat sich unser Leben verschieden entwickelt. Du bist früh in ein sehr ruhiges Fahrwasser gekommen. Ich bin – nach der Zwangsruhe der ersten Jahre in Amerika – in immer unruhigeres Fahrwasser (und immer breiteres) getrieben worden, und vielleicht war mein letztes Jahr mein wildestes.

Oft beneide ich Dich, oft bin ich froh meiner interkontinentalen Existenz. Immer aber denke ich, daß beide die ewige Dimension nicht verlieren dürfen; und vielleicht ist das Ringen darum das Wichtigste, was wir im Alter tun sollen.

Viele herzliche Wünsche, lieber Kurt!

In alter, ältester Freundschaft   Dein Paul

ANMERKUNGEN

1 Das Datum wurde aus der Tatsache erschlossen, daß Tillich zu Leeses 70. Geburtstag gratuliert.

2 Hier wahrscheinlich Kurt Leese: Recht und Grenze der natürlichen Religion, Zürich 1954.

3 Vgl. Paul Tillich: Systematische Theologie. Bd. 1. Zweite, vom Verfasser überarbeitete, Fassung, Stuttgart 1956.

4 Vgl. Paul Tillich: *Systematic Theology*. Bd. 2, Chicago: *University of Chicago Press* 1957; deutsche Übers.: Stuttgart 1958.

313

VIII.

DAS FRANKFURTER GESPRÄCH

Im Nachlaß fand sich die maschinenschriftliche Nachschrift eines
Rundgesprächs vom 27. Juni 1931.

Teilnehmer dieses als „privat" bezeichneten Treffens waren neben
Tillich Emil Blum, Emil Brunner, Martin Dibelius, Heinrich Frick,
Max Horkheimer, Karl Mannheim, Carl Mennicke, Friedrich Pollock,
Kurt Riezler, Herrmann Schafft, Hans Freiherr von Soden, Theodor
Wiesengrund und Lilly Zarncke. Neben den Theologen aus den Reihen der dialektischen Theologie und des religiösen Sozialismus setzte
sich der Teilnehmerkreis also aus jenen Philosophen und Soziologen
des von Friedrich Pollock 1923 mitbegründeten und später geleiteten
Institutes für Sozialforschung in Frankfurt/M. zusammen. Tillich
schreibt über den geistesgeschichtlichen Hintergrund des Unterneh-
mens, daß das Aufkommen des Proletariats und die Herausbildung
der autonomen Kultur an die moderne Christenheit eine eminente
Herausforderung bildet. Man geht auf sie ein, wenn man jede dieser
Gruppen sich selbst darstellend zu Wort kommen läßt: Die philosophische Tradition des Abendlandes, „die vor allem anknüpft an das
griechische Denken und von da aus die Gegenwart und die gesamten
Kulturformen beeinflussen möchte. Zweitens die Gruppe, die ausgeht
und mitten in der Diskussion steht von dem gemeinsamen Erlebnis
der proletarischen Situation und dem Sozialismus und diese Tatsache
zum Mittelpunkt auch ihrer gesamten Arbeit stellt. Drittens die Gruppe, die zunächst einmal zurückhaltend die Situation analysiert und uns
alle in den verschiedenen Gruppen in Konfrontation bringen will mit
unserer wirklichen realen Situation, und deren Kritik, von dem, was
in den andern Gruppen geschieht . . ." (Siehe S. 322 in diesem Band).

Heinrich Frick, zu dieser Zeit Ordinarius für Systematische Theologie in Marburg, war ein berufener Organisator einer solchen Zusammenkunft. Er hatte sich mit missionswissenschaftlichen, kirchen-
soziologischen, vergleichend religionswissenschaftlichen und praktisch
theologischen Fragen beschäftigt. In Anlehnung an Rufus Jones soll
über das Problem nachgedacht werden: Die säkulare Zivilisation und
die (Missions-)Aufgabe des Christentums.

Da die säkulare Kultur theologisches Thema eine ganze Generation lang, weit über den Zweiten Weltkrieg hinaus, bleiben wird, dürften die hier vorgetragenen Gedanken aufschlußreich sein. Der Teilnehmerkreis des Gesprächs setzte sich – abgesehen von den Theologen – aus jenen Gelehrten zusammen, die später als die sogenannte Frankfurter Schule bezeichnet wurde. Da man Tillich zu diesem Kreis unbedingt hinzurechnen muß, darf das hier wiedergegebene Gespräch als wichtiges Dokument dieses Denkens angesehen werden. Da es sich um eine Diskussion handelt, ist auch die Aufnahme in den Zusammenhang der wissenschaftlichen Korrespondenz Tillichs gerechtfertigt.

Teilnehmer:

Frick, Heinrich (1893–1952)
Prof. für allgemeine Religionswissenschaft, Praktische und Systematische Theologie, zuletzt (seit 1929) in Marburg im gleichen Amt. Mitherausgeber der „Neuen Allgemeinen Missionszeitschrift".

Blum, Emil (1894–1978)
Dr. phil., von 1919 bis 1921 an einer deutschsprachigen Diasporagemeinde der Westschweiz. Von 1923 bis 1933 Leiter (und Begründer) der Heimvolkshochschule Habertshof bei Schlüchtern bei Kassel. Schriftleiter (1923–1933) der Zeitschrift „Neuwerk", von 1934 bis 1960 Pfarrer in Bern.

Brunner, Emil (1889–1966)
Seit 1924 ord. Prof. für Systematische und Praktische Theologie in Zürich. Mitbegründer der dialektischen Theologie. Nach seiner Emeritierung 1953 drei Jahre Vorlesungen an der Internationalen christlichen Universität Tokio.

Dibelius, Martin (1883–1947)
Neutestamentler, von 1915 bis 1947 Prof. in Heidelberg. Er arbeitete an der theologischen Grundlegung der ökumenischen Bewegung mit.

Horkheimer, Max (1895–1973)
Philosoph, übernahm 1930 den Lehrstuhl für Sozialphilosophie und die Leitung des Instituts für Sozialforschung in Frankfurt a.M., emigrierte 1934 nach den USA und wurde dort Direktor des „*Institute of*

Social Research" an der Columbia Universität. 1949 Rückkehr nach Frankfurt a.M. als Prof. für Philosophie und Soziologie.

Mannheim, Karl (1893–1947)
Philosoph und Soziologie. Ab 1930 ord. Prof. für Soziologie in Frankfurt a.M., von 1933–1947 Dozent an der *„London School for Economics and Political Science".*

Mennicke, Carl (1887–1959)
Soziologe und Sozialpädagoge. Gehörte zum Kreis der religiösen Sozialisten, Herausgeber und Schriftleiter der „Blätter für religiösen Sozialismus". Von 1920–1930 Dozent an der Deutschen Hochschule für Politik in Berlin, von 1930–1933 Prof. für Pädagogik in Frankfurt a.M., von 1934–1952 Direktor der Internationalen Schule für Philosophie in Amersfoort/Holland.

Pollock, Friedrich (1894–1970)
Soziologe. Mitbegründer (1923), später Leiter des Instituts für Sozialforschung in Frankfurt a.M., das 1933 seine Tätigkeit in Genf und Paris, 1934 in New York fortsetzte und 1950 in Frankfurt wiederaufgebaut wurde. Ab 1950 Prof. der Nationalökonomie ebda.

Riezler, Kurt (1882–1955)
Dr. phil. Diplomatische Laufbahn von 1906 bis ca. 1926. Danach Honorarprofessor für Philosophie an der Universität Frankfurt a.M. Von 1928–1934 Vorsitzender des Kuratoriums an derselben Universität, ab 1934 Prof. an der *„New School of Social Research"* in New York.

Schafft, Hermann (1883–1959). Siehe S. 219 ff. in diesem Band.

von Soden, Hans Freiherr (1881–1945)
Neutestamentler, seit 1924 Prof. in Marburg für Neues Testament und Kirchengeschichte.

Wiesengrund (Adorno), Theodor (1903–1969)
Philosoph, Psychologe, Soziologe und Musikwissenschaftler. Habilitierte sich 1931 bei Tillich in Frankfurt. 1934–1938 Dozent an der Universität Oxford, von 1938–1951 an der Universität Princeton, danach Prof. am Institut für Sozialforschung an der Universität Frankfurt.

Das „Frankfurter Gespräch" 27. Juni 1931

Heinrich Frick:

Ich möchte zur Einleitung einige Worte sprechen, die in die Situation einführen sollen, und darauf wird Tillich die darauf beruhende grundsätzliche Formulierung aussprechen, zu dem Zweck, um den Blickpunkt zu zeigen, auf den hin unsere Aussprache zielen soll, deren Verlauf aber völlig frei steht. Bei diesem Gespräch zwischen Menschen über Grenzen und Mauern hinweg – ganz abgesehen von den Sachgrundgedanken – ist uns beiden das ein großes Anliegen, daß wir wieder einmal Gelegenheit haben, Tatbestände ins Auge zu fassen, die außerhalb dessen liegen, was für gewöhnlich in unserem gewöhnlichen und beruflichen Umkreis Tag für Tag ins Bewußtsein tritt. Es kommt darauf an, daß wir etwas von einer bestimmten Not, die gegenwärtig die Welt bewegt, und direkt und indirekt uns mit, besser sehen.

Zunächst einige Worte über die Vorgeschichte dieses privaten Treffens: Ich habe seit vielen Jahren nicht aus beruflichen Gründen, sondern aus privater Liebhaberei Beziehungen zur evangelischen Missionsarbeit und dadurch ziemlich früh das internationale Zentrum dieser Arbeit, nämlich den Missionsrat in London und New York kennen gelernt. Von diesem Zentrum aus werden viele Dinge anders gesehen als von irgendeinem einzelnen Standpunkt. In den allerletzten Jahren ist von diesem Zentrum her gesehen etwas wirklich geworden, das von Jahr zu Jahr zu immer größerer Not, wenn nicht Katastrophe zu werden droht. Dies ist am leichtesten zu beschreiben, wenn man an den Tatbestand erinnert, der mit der Jerusalemer Konferenz 1928 zusammenhängt. Der internationale Missionsrat ist ungefähr das, was die *„congregatio de propaganda fidei"* ist; der Missionsrat kann allerdings nur konsultativ wirken. Dieser Rat hat 1928 mit Referenten aus allen Ländern und Rassen eine erweiterte Sitzung gehabt. Das Ergebnis dieser Tagung war nach einer Seite hin überwältigend. Bei den Vorarbeiten hat Rufus Jones, ein führender Quäker, einen Vortrag geliefert mit dem Titel: „Die säkulare Zivilisation und die Aufgabe des Christentums". Er öffnete den Missionskreisen die Augen für eine Tatsache. Traditionell beschäftigen sich die religiösen Kreise in der ganzen Welt, sofern sie aus innerer Überzeugung heraus im absoluten Bewußtsein standen, immer mit der Frontlage: hier meine Überzeugung und da drüben die andern, also: hier Christentum und dort die andern. Rufus Jones und mit ihm andere machen deutlich, daß diese Frontlage sachlich überholt ist, daß diese Schilderung der religiösen Weltlage schlechterdings nicht den Tatbestand wiedergibt. Es sieht vielmehr so aus, daß eine neue, mit ungeheurer Werbekraft sich durchsetzende, geistige religiöse Weltmacht da ist, die der Amerikaner zunächst als säkulare Zivilisation formulierte. Deren markante Momente sind die unwiderstehliche Ausbreitung der Technik, dann die diese Technik tragende wissenschaftliche Weltanschauung und die für die Praxis des Pädagogen entscheidende, mit Technik und Wissenschaft zusammenhängende bestimmte Art der Lebensauffassung und -weise, eine bestimmte Schau des Menschen von sich selbst. Das, was von da her, in diesem Sinne über die Welt werbend dahinzieht, läßt sich abkürzend in das Evangelium kleiden: Es gibt keinen Gott auf dieser Welt außer dem Menschen und die Maschine ist sein Prophet. Von daher gesehen ergab sich seit 1928 mit immer wachsender Klarheit ein doppeltes Verständnis der Krise, der äußeren und der inneren Krise, die in der gegenwärtigen Weltmission spürbar ist. Ich will den Nachdruck auf die äußere Krise legen, weil die Wellen weit über die engeren Missionskreise hinaus in andere Bezirke gehen – unter den kolonisierenden Mächten hat die organisierte Mission, ganz besonders der christliche Kirchenkörper, eine ungeheure Bedeutung. Etwa 29 000 Berufsarbeiter stehen in der Welt, die von Europa und Amerika ausgeschickt werden, und die zwei- bis dreifache Ziffer beträgt die Zahl der Berufsarbeiter aus den betreffenden Ländern selbst. In Afrika sind etwa 95 Prozent aller Schulen Missionsschulen; Spitäler und Wohlfahrtseinrichtungen hängen damit zusammen. Hier äußert sich gegenwärtig überall ein Umbruch, weil den Kreisen, die diese Arbeit einst aus spontanem religiösen Antrieb in Szene setzten, die Arbeit über den Kopf gewachsen ist. Die Schulen werden verstaatlicht oder Kommunalschulen. Und damit ändert sich die pädagogische Einstellung. Dies hat große Konsequenzen in Bezug auf die Rassenfrage, z. B. in Afrika, und ihrer zukünftigen Gestaltung. Die kulturellen Beziehungen zwischen Nationen und Rassen lassen sich vielleicht einem unterirdischen Netzwerk eines Bergwerks vergleichen. Wenn ich in meinem Stollen arbeite, kann es mir einerlei sein, wenn in einem andern Stollen Zusammenbrüche erfolgen – dieser Standpunkt ist aber kurzsichtig. Der Zusammenbruch oder der Umbruch an einer fernen Stelle wird mich selber in Mitleidenschaft ziehen. Abgesehen davon geht mit der äußeren Krise zugleich eine innere vor, und diese ist das Thema, auf das wir eigentlich hinaus wollen mit unserer Besprechung.

Zunächst vorläufig theologisch ausgedrückt und formuliert: Es stellt sich heraus, daß das Verhältnis von Religion und Kultur doppelseitig ist. Nehmen Sie die Rassenfrage! Das Missionsunternehmen als solches, wie es heute vom Christentum in der Welt geübt wird, ist zunächst unleugbar eine bestimmte Äußerung der Lebenshaltung des Weißen. Die Frage ist nicht, wieweit der weiße Missionar das bewußt tut oder nicht, wieweit er in Rassenkategorien bewußt denkt oder fühlt – Tatsache ist, daß der Farbige diese ungeheure religiöse kulturelle Werbearbeit zunächst auf sich zukommen sieht als Arbeit des weißen Mannes. Prinzipiell von innen her gesehen kann es für die Mission keinerlei Rassenfrage geben. Sehr oft ist der Missionar der einzige Weiße, der für die Farbigen Partei ergreift oder sich unglücklich zwischen beiden Seiten befindet.

Hier möchte ich ein persönliches Wort über Herrn Oldham einflechten. Es ist sehr symptomatisch gewesen, daß 1928, als das englische Parlament die große Kommission nach Ostafrika schickte zum Studium der dortigen Probleme, damals Wert darauf gelegt wurde, einen Teilnehmer zu haben, der alle Vorschläge nur prüfen sollte unter dem Gesichtspunkt einer Rückwirkung auf die Eingeborenen. Diesen Auftrag bekam Herr Oldham und führte ihn dann aus.

Formuliere ich nun das Grundsätzliche, so komme ich zu dem Satz: Die Missionskreise leben unter einem Urmotiv, das abseits aller kulturellen Probleme liegt. Sie sind aber zur kulturellen Macht geworden und sehen sich zu ihrem Entsetzen verflochten mit dem Schicksal der allgemeinen Kultur. Hier kommt man zu dem grundsätzlichen zweiten Punkt. Hier tut sich eine Problematik auf, die für beide Seiten, für den, der darin, und den, der draußen steht, wichtig ist. Denn sowohl von der kulturellen Gestaltung her und deshalb von allen den Kreisen her, die irgendwie mit beruflicher und persönlicher Existenz daran interessiert sein müssen, kann es nicht unwichtig erscheinen, wie sich das schließlich gestalten wird, und erst recht denen, die religiös positiv an der Debatte beteiligt sind, kann es nicht einerlei sein, was dabei herauskommt.

Es handelt sich um die Frage des inneren Verhältnisses von religiösen Urmotiven und der kulturellen Weltgestaltung, die als Not verstanden wird, und alle, die darin arbeiten, arbeiten mit beunruhigtem Gewissen. Nun folgt eine private Exegese: Wenn ich recht sehe, ist das allgemein Bewegende an dieser kurzen internen Vorgeschichte dies: Es wird hier an einem konkreten Ort gegenwärtiger religiöser und kultureller Arbeit eine Not empfunden, von der viele von uns sagen werden, es ist auch ihre eigene; es ist die Frage, die sich an der

Stelle erhebt, wo religiöse Urmotive zusammentreffen mit dem Problem der Weltgestaltung. Da heute tatsächlich die Weltgestaltung in der Hauptsache eine Angelegenheit des öffentlichen Gemeinwillens ist, so werden hier Fragen akut, die sofort unsere ganz persönlichen und erst recht beruflichen, unsere eigenen sind. Es ist eine ganz allgemeine Angelegenheit, mit der sich die Mission von ihrer Seite her zu befassen hat, eine, die die ganze Welt bewegt. Die Mission hat für sich entdeckt, was andere längst wußten – die Tatsache eines öffentlichen Gemeinwillens, der wesentlich areligiös ist – wobei ich die verschiedenen Abstufungen vom Toleranzgedanken bis zur antireligiösen Polemik auf sich beruhen lassen will.

Alle Menschen, die heute leben, auch der Missionar und der ganz besonders, sind berührt von einem Vorgang, der fast mit der Macht eines Naturprozesses scheinbar unwiderstehlich unser Leben formt. Ich erinnere an einen Terminus aus Tillichs Schrift: „die in sich ruhende Endlichkeit"[1]. Die Macht, die ich vorhin genannt habe, die Technik, Wissenschaft und die dem entsprechende wirkliche oder ideologische Lebensgestaltung sind alle zusammenfaßbar als ein Versuch, die in sich ruhende Endlichkeit zu bekennen und zu gestalten, und es kommt hinzu, daß das Spezifikum an diesem Versuch die gegenwärtige Unsicherheit des Versuchs selbst ist. Die Erschütterung dieses Versuchs führt zu der eigentümlich tragischen oder nervösen Erscheinung, daß die Menschen wie verhext zwar Technik und Wissenschaft wollen müssen, aber mit einem Gefühl innerer Unruhe, mit einer offenen Frage. Diese Frage würde ich meinerseits formulieren als die Frage nach der Problematik der profanen Kultur.

Ich kehre zum Ausgang zurück. An und für sich könnte man vermuten, daß die religiösen Kreise und ganz besonders die Mission es doch eigentlich ziemlich leicht haben müßten mit der Antwort. Man könnte vermuten, daß diese Leute zwei Chancen haben: die der Abkehr von diesem ganzen Prozeß zunächst, wobei diese Abkehr wieder in tausend Varianten auftreten kann – von asketischer Flucht bis hin zu bewußter Polemik –; diese Möglichkeit ist jedoch grundsätzlich für die Evangelischen ausgeschlossen, selbst wenn da und dort einzelne Missionare und Strömungen das wollen. Es ist nicht die Lösung, die Aussicht hat, sich durchzusetzen. Es bleibt dann nur die zweite Möglichkeit, sollte man vermuten: die Möglichkeit einer nachträglichen Sanktion des Geschehenden, von der im Verlauf der Kirchengeschichte immer wieder Gebrauch gemacht worden ist, – die Möglichkeit, sich abzufinden und zu versuchen, das Religiöse zu verstehen als ein an ein Natürliches herangetragenes Moment der Weihe. Man könnte denken, und ich will es typologisch behaupten, daß weite Kreise des Katholizismus dies tun würden, „sich mit den Tatsachen abfinden", und dem Ganzen hinterher einen Schimmer einer religiösen Glorie geben. Aber dies scheidet grundsätzlich aus; für die verantwortlichen nachdenkenden theologisch bewußten Kreise ist eine Lösung weder in der ersten noch in der zweiten Richtung möglich.

Uns scheint es – und das ist der Grund, warum wir gewagt haben, mit diesem internen Problem vor Sie alle zu kommen – möglich, eine reale und fruchtbare Lösung in einer dritten Richtung zu legen. Dies ist der Versuch, den protestantischen Willen zur Profanität zu üben, wobei der Wille zur Profanität, das Ja-Sagen zum Säkularen abgehoben wäre, charakterisiert wäre gegenüber allem andern durch einen Willen aus Gehorsam. Es handelt sich um die Aufgabe der Gestaltung als „prophetisches Zeigen", als das, was in ihrer Art die Propheten des Alten Testaments meinten, wenn sie sehr konkret ein Gebot, einen Auftrag erkannten als einen Auftrag Gottes. Dies alles ist aber nichts als ein Hinwinken mit Worten nach einer etwa möglichen Lösung, ein Versuch, die Richtung anzudeuten, in der wir blicken. Und so kommen wir heute nun mit einem Wir zusammen zu Ihnen mit der Mitteilung dieser Situation und mit der Frage, ob im Gespräch unter uns bestärkend oder widerlegend dies Hinwinken nach der dritten Aussicht eine Lösung zu werden verspricht oder nicht. Es ist für mein Gefühl so überaus glücklich, daß in den führenden Missionskreisen längst überholt ist das Stadium von Selbstbewußtsein, das wir leider so oft bei uns in theologischen und religiösen Kreisen finden, das sich der allgemeinen Solidarität in Schicksal und Not enthoben meint. Es ist vielmehr beinahe die Gefahr der Überbetonung vorhanden, der Übersolidarität, mit fremden Religionen z. B., wie weit ist die dort aufgebrochene Not symptomatisch für das, was wir selber als Not und Aufgabe sehen, und wie weit enthält dies Hinwinken zur dritten Lösung etwas, was zur weiteren Vertiefung weist? Im Falle des Widerspruchs und begründeten Widerspruchs ist der Gewinn aus einem solchen Gespräch ungeheuer. Nichts kann der Sache mehr dienen, als wenn Gegnerschaft, aus allen vorläufigen Ressentiments gehoben, zur sachlichen Diskussion bewußt gemacht würde.

Paul Tillich:
Als Herr Frick und Herr Oldham[2] mich zu diesem Gespräch aufforderten, war es für mich sehr wertvoll zu vernehmen, daß die entscheidenden, stoßkräftigsten Kreise des anglo-amerikanischen Protestantismus, die missionarischen Kreise, auf das Problem gestoßen sind durch

ihre eigene, innere Entwicklung, auf das wir als protestantische Theologen seit Jahrzehnten gestoßen waren und auf das ich ganz besonders
durch meine theologische Entwicklung und dadurch, daß ich verhält-
nismäßig früh im Krieg und nach dem Krieg auf die Situation des
Protestantismus im Verhältnis zum Proletariat gekommen bin, stieß.
Diese doppelte Begegnung mit dem Proletariat einerseits und der autonomen Kultur andererseits hat mich bestimmt und hat mich in eine
Situation gestellt, die genau dem entspricht, was in jenen anscheinend
mir so fernen Kreisen entgegentritt. Auf Grund dieser Tatsache beschlossen wir, diesen Kreis zusammenzurufen, und ich möchte gleich
etwas über die Struktur dieses Kreises sagen.

Er ist dadurch zustandegekommen, daß diejenigen Theologen, die
mir von Herrn Frick genannt wurden und von denen wir glaubten,
daß sie in der gleichen Lage stünden, in der Problematik der Gegenwart im Zusammenstoß von Protestantismus und autonomer Kultur,
berufen wurden, und die anderen, die eigentlich aus meinem „Frankfurter Gespräch"[3] hervorgegangen sind, nämlich aus dem Gespräch,
das ich hier nach drei Seiten hin vor allem zu führen hatte. Die eine
Seite ist die, die ich als die interphilosophische bezeichne, die vor
allem anknüpft an das griechische Denken und von da aus die Gegenwart und die gesamten Kulturformen beeinflussen möchte. Zweitens die Gruppe, die ausgeht und mitten in der Diskussion steht von
dem gemeinsamen Erlebnis der proletarischen Situation und dem Sozialismus und diese Tatsache zum Mittelpunkt auch ihrer gesamten
theoretischen Arbeit stellt. Drittens die Gruppe, die zunächst einmal
zurückhaltend soziologisch die Situation analysiert und uns alle in den
verschiedenen Gruppen in Zusammenhang bringen will mit unserer
wirklichen realen Situation, und deren Kritik, an dem, was in den
anderen Gruppen geschieht, für mich von entscheidender Bedeutung
geworden ist.

Es ist nicht möglich, in einem solchen Kreis und bei so beschränk-
ter Zeit eine zentral theologische oder philosophische Debatte in Bewegung zu setzen. Wohl aber kann etwas geschehen. Zunächst einmal,
wenn ich zunächst als Theologe spreche, würde ich sagen: Wir, die
wir der protestantischen Kirche mit Bewußtsein angehören, trotz der
Position, in der wir stehen und die ein Stehen an der Grenze ist,
möchte hören und zwar in absoluter Radikalität, ohne jede Hemmung,
was die andern, die nicht so unmittelbar im Protestantismus stehen,
sondern nur in der leidenschaftlichen Frage um die Möglichkeit der
Existenz, in der wir augenblicklich stehen, daß die uns sagen, was sie
auf dem Herzen haben in Bezug auf den Protestantismus. Wir wollen

wissen, wie wir, die protestantische Kirche einschließlich derer, die an der Grenze stehen, im Bewußtsein, im geistigen und gesellschaftlichen Bewußtsein der gegenwärtigen Gesellschaft, säkularen Gesellschaft dastehen. Und dann hoffe ich, daß wir dafür eine kleine Gegengabe geben können, Ihnen zeigen können, warum wir noch an der Grenze stehen, und nicht diesen Protestantismus verlassen, sondern aus tiefem Bewußtsein um die profane Situation heraus an diesem Protestantismus festhalten. Von der radikalen und offenen Aussage von beiden Seiten her ist viel zu erwarten.

Karl Mannheim:

Ich möchte sprechen als ein Beispiel für einen Menschen, den Sie zu bekehren hätten, wenn Sie von Mission reden, ausdrücklich als einer, der nicht weiß, was er von dieser Bekehrung haben könnte und Ihnen mitteilen möchte, wofür er etwas haben will. Das Wort, das mich ergriffen hat und wodurch ich sofort den Anschluß zu den Ausführungen fand, ist, daß religiöse Urmotive heute in allen Kreisen in aller Welt aufbrechen und daß wir in der Tat eine allgemeine Situation vor uns haben, in der das geschieht, und zwar geschieht das interessanterweise nur atomisiert. Jeder hat es für sich, es ist noch nicht zusammengeschlossen zu einer Bewegung, sondern in jedem steigt es aus der identischen oder verwandten Situation auf. Zunächst ein Seitenblick als Soziologe: Man kann zunächst an die politische Funktion dieser Dinge denken, und diese Frage muß einmal erledigt werden. Wenn der fortschreitende Strom alles dessen, was wir entweder politische Linksbewegung nennen oder Aufklärung oder Industrialisierung, alle jene Einbrüche, die aus den neuen Faktoren der Weltgeschichte kommen, in eine bestimmte Richtung zur Polarisation treibt, so müssen diejenigen Kreise, die das entweder nicht mitmachen wollen, aus ihrer Lagerung heraus, oder können, gleichfalls sich sammeln auf Grund der Polarisation. Man könnte sagen, daß diese religiösen Urmotive nur reaktionären Wert hätten. In hohen Prozentsätzen der Fälle entsteht es wohl aus diesem Impuls heraus. Handelt es sich um diese Symptome, steht jedenfalls [der] Mensch, der eine andere Welt will, eindeutig auf der andern Seite. Aber diese religiösen Urmotive kommen nicht nur von diesem politischen Quellpunkt her. Das Politische sehe ich jedenfalls in dieser Funktion und lehne es ab und will nicht mehr darüber diskutieren; aber ich sehe ein Element, das unabhängig von dieser Lagerung ist, gerade in Menschen auftauchen, die mit diesem Lebenselement nichts politisch Rückläufiges haben wollen, keine Herstellung einer früheren Sekurität, sondern gerade den neuen

Menschen von dieser Seite her anfassen wollen. Es ist die Frage (und das ist die des zu Bekehrenden), warum soll ich diese aufbrechenden religiösen Urmotive nicht aus meiner eigenen Situation neu formen? Die Antwort würde sein: Die geistigen und religiösen Gehalte können nur in traditioneller Sprache gefaßt werden. Der positive Sinn dessen, was sie mir entgegenbringen, ist: Mit diesen Urmotiven kannst du nicht fertig werden, ohne dich anzulehnen an Vorstellungen, die in früheren Zeiten geworden sind, und das könnte eine säkularisierte Religion, die sich von der Kirche sehr weit unabhängig hält, dir bieten. Was sind denn diese religiösen Urmotive und was bedeutet denn Tradition? Jeder Mensch, der die Rationalisierung ganz radikal mitgemacht hat, und als Soziologe habe ich das, hat die Tendenz so zu handeln wie jener Weinbergbesitzer, dem ein Hagelschlag den Weinberg zerstörte und der anfing, dreinzuschlagen und kaputtzuhauen: Wir wollen sehen, wer es eher fertig bekommt – er will rational zu Ende denken, er will schnell zu Ende kommen. Es gibt sicher Erlebnisformen, bestimmte Auseinandersetzungsformen, bestimmte Selbstklärungsformen, bestimmte Arten der Möglichkeit, den anderen anzusprechen und angesprochen zu werden, die mit dieser industriellen, rationalen, soziologischen Welt verschwinden; aber der Mensch ist mehr als diese rationalisierte Welt, und diese verdrängten Elemente haben eine latente Präsenz in uns und suchen nach einer Form, und es gehört eigentlich gar nicht zum modernen Menschen, daß er auch diese Elemente verdrängt. Die eigentümliche Art und Weise, wie man in den anderen Menschen hineinschaut, kann von der Psychoanalyse doch nicht gefaßt werden. Aber die alte Gestalt, in der mythologisierenden Sprache, dies zu fassen, ist nicht mehr möglich. Wenn man das Rationalisieren zu Ende getrieben hat, sieht man, daß die religiösen Urmotive einfach existentiell da sind und auch Probleme für die späteren Menschen bilden können. Ist es wirklich so, daß im Menschen alles nur von rückwärts her sich entfaltet? Diese Seite der Sache ist so oft betont worden, daß man auf die andere Seite notwendigerweise Nachdruck legen muß. Bei der Neuentdeckung der vergangenen Elemente ist der Leitstern niemals in der Vergangenheit enthalten, sondern in dem Neuen, was in uns wird – und dies nenne ich das utopische Element in uns. Im Sehen jedes einzelnen Gegenstandes ist schon die Ausgerichtetheit nach Form konstitutiv. Für das, was aus der Vergangenheit herausgeholt werden kann, ist nicht die Vergangenheit bestimmend, sondern das, was aus der gegenwärtigen Lebensnot als Antrieb nach vorwärts in uns bereits präsent ist. Würde ich das sprechen lassen wollen, was an religiösen Urmotiven vorhanden ist, würde es eine Gefahr sein, wenn ich die durch frühere religiöse Erlebnisse gebildeten Begriffe übernehme; lieber will ich stottern als etwas übernehmen, was das Phänomen frühzeitig für mich erledigt. Wenn ich also frage, was kann mir der religiöse Mensch geben, der irgendwie in der Tradition steht, (dies ist zunächst abstrakt gesagt), oder: was kann der protestantische Theologe geben, würde ich in meinem Verdacht und meiner Ablehnung so fürchten: das, was er mir geben kann, ist das Gefährlichste, die Worte, die aus einer anderen Situation stammen, und die Heutigen sollen lieber stottern. Wenn sie mit ihren Irrtümern ringen, haben sie mehr, als wenn sie die frühere Formgebung übernehmen. Dies ist das erste, was entgegenzuhalten war.

Carl Mennicke:

Mit dem Letzten, was Mannheim gesagt hat, fühle ich mich grundsätzlich ganz einig; dagegen angehen ist nicht nötig. Nur einige Bemerkungen zur historisch-soziologischen Klärung der Lage, wie sie namentlich in den Ausführungen Fricks schon gegeben worden ist, und ich möchte von da aus einige Akzente aufsetzen, die mir notwendig erscheinen, wenn wir das Bild der Lage wirklich klar sehen wollen. Es war mir wichtig, daß gerade herausgearbeitet wurde, wie man gerade von der Mission her das Problem der säkularen Gestaltung immer deutlicher sieht, wie das Bewußtsein dafür, daß man es bei aller religiösen Verkündigung mit diesem Problem zu tun hat, größer wird, und immer aufmerksamer wird darauf, daß dieses Problem sich als unausweichlich auch für das religiöse Bewußtsein hinstellt. Dies ist deshalb so wichtig, weil ich immer deutlicher zu sehen glaube, daß das ganze überlieferte christliche Bewußtsein in einer tiefen Einheit in Zusammenhang steht mit einer völlig anderen Grundhaltung zur Welt, nämlich einer Grundhaltung, die ausgeht von dem bereits Gestaltetsein der Welt, von einer Ordnung, die da ist in den gegebenen gesellschaftlichen Formen und in den gegebenen gesellschaftlichen Beziehungen, und daß diese Formen – die Theorien sind leise verschieden bei Thomas und Luther – aber im Grunde immer da waren. Daß diese Formen gottesgesetzlichen Charakter tragen und an diesen Formen sich das religiöse Bewußtsein in doppelter Weise bildet. Ich vereinfache allerdings sehr stark, nämlich einmal in der Weise, daß sich an der Welt der Formen und an der gesetzten, autoritär gesetzlich gesetzten Form das Sündenbewußtsein entwickelt, daß das Bewußtsein, in der Sünde zu stehen, sich doch im wesentlichen an dieser Form entwickelt und von da her seine dauernde Nahrung nimmt, so daß also das Bedürfnis nach Gnade und nach Erlösung sich mitversteht aus dem realen Schicksal, in dem der Mensch in der Welt der gewordenen und gewachsenen und autoritär beglaubigten Form steht. Das entwickelte dogmatische Bewußtsein faßt die Dinge nicht so grob, und das Fragwürdige der Form sieht es deutlich und nimmt die eigentliche göttliche Ordnung zum Ausgangspunkt des religiösen Denkens. Aber das religiöse Bewußtsein der Masse, des Kirchenvolkes hat sich an dieser Gesetzlichkeit entwickelt, und nur von da aus kann das religiöse Leben in den ganzen alten Kirchen wirklich verstanden werden. Das andere ist dies, daß mit dieser Welt der gegebenen Formen, die mehr nach außen gerichtete religiöse Praxis des Vorsehungsglaubens und des Gebets in einem inneren Zusammenhang steht. Die ganze religiöse Gebetspraxis der christlichen Gemeinde, soweit sie nicht auf Sünde und Gnade, sondern Vorsehung und göttlicher Hilfe und Leistung der Hilfe geht, soweit sie das christliche Herz in Bewegung setzt und Liebestätigkeit auslöst, ist auch an dieser gewachsenen Ordnung orientiert und darauf abgestellt, die Lücken, die diese Ordnung läßt, auszufüllen. Dies kommt in der Praxis einigermaßen aus, weil diese Lücken nicht zu erheblich sind. Die Entwicklung in der neueren Zeit ist dadurch gekennzeichnet, daß nach beiden Seiten, in beiden Hinsichten eine völlige Änderung der Lage eingetreten ist, am deutlichsten in der einen Hinsicht, daß die Gebetspraxis den Grund und Boden verloren hat, daß der Vorsehungsglaube und damit die Liebestätigkeit vollkommener Unsinn werden. Man organisiert die Liebestätigkeit auch von der christlichen Gemeinde aus, aber heute schon sehr deutlich und fühlbar unter Zuhilfenahme der von der Gesellschaft aufgestellten Gesichtspunkte: Totalität, Hygiene und dergleichen. Man erwartet also und muß erwarten die Hilfeleistung von der Organisation und infolgedessen werden Sozialpädagogik und Wohlfahrtspflege als Organisation der Gesellschaft der Anlaß dafür, daß im Bewußtsein der Masse die christliche Gebetspraxis sich als erledigt erweist, sie hat keine Stelle, keine Voraussetzung mehr. Die christliche Gemeinde sieht sich selbst veranlaßt, ihre Organisation der Liebestätigkeit in diesem Sinn umzustellen. Die katholische Kirche steht grundsätzlich in einer günstigeren Situation, weil sie den Orden hat, eine Zunft von Menschen, die die Liebestätigkeit als Beruf betreibt, daher hat ihre Liebestätigkeit noch stärkere Wucht. Da ist für das Gemeindebewußtsein auch noch eine Stelle, wo sozusagen die Liebestätigkeit lebendig in die Gesellschaft einwirkt. Die protestantische Gemeinde ist auf Freiwilligkeit angewiesen, denn die Gemeindeglieder stehen unter dem Einfluß der Übergewichtigkeit der wirtschaftlichen Interessen. Dies belastet den christlichen Liebeswillen, macht die Leistung schwieriger und läßt sie als unerheblich erscheinen. Wo die protestantische Kirche sich an die Organisationen der Wohlfahrtspflege angleichen kann, gleicht sie sich restlos an. Die andere Seite der Sache ist vielleicht schwieriger zu fassen. Auch das urchristliche Sündenbewußtsein entwickelte sich ausdrücklich an einer vorgeformten Welt, die beherrscht war vom jüdischen Gesetz, die autoritär gesetzt war, und der Bruch des Gesetzes war ein anschauliches und anschaulich zu machendes Erlebnis. Infolgedessen hat das Sündenbewußtsein einen anschaulichen Grund für die große Masse. Es ist wohl richtig, daß diese anschauliche Gesetztheit immer stärker verloren geht, daß von Setzung in diesem Sinn in unserer Welt immer weniger die Rede ist, daß also die Erfahrung des Bruches immer unmöglicher wird, daß es also tatsächlich einer dogmatischen Besinnung bedarf, wenn man begreifen will, was Sünde ist, und diese dogmatischen Thesen sind natürlich dem großen Kreis der Menschen absolut unzugänglich. Wenn man diese Tatsache zusammenhält mit der Erfahrung der Gesellschaft, daß sie auf Organisation angewiesen ist, um die Organisation kämpfen muß, damit die Gesellschaft möglich ist, versteht man die Tatsache, warum das religiöse Bewußtsein tatsächlich immer mehr an den Rand der Situation rückt und warum der Mensch von den religiösen Urmotiven als solchen immer weniger bewegt wird und warum das religiöse Bewußtsein immer mehr privaten Charakter bekommt. Dies ist noch zu erläutern an dem, was Frick gesagt hat. Es ist richtig, daß das religiöse Gemeindebewußtsein diese Lage immer stärker spürt. Es gibt zwei Strömungen in dieser Situation: Eine: Wir müssen den individuellen Willen, den privaten Charakter des religiösen Bewußtseins betonen und dürfen uns um die Welt nicht kümmern. Die andere Forderung ist die der Missionskreise, die sagen: Wir müssen uns also der Gestaltungsfragen annehmen und den Beweis führen, daß vom religiösen Bewußtsein her zu den Gestaltungsfragen beigetragen werden kann, daß die Gestaltung der Welt vom religiösen Bewußtsein abhängig ist. Diese Position ist mit großen Schwierigkeiten belastet. Ich persönlich habe diese Schwierigkeiten immer mehr am eigenen Leib erfahren. Die Schwierigkeiten sind folgende: Die Fragen der Organisation, um die es sich handelt, sind außerordentlich komplizierte Sachfragen und können im allgemeinen nicht zur Lösung gebracht werden, nur gefordert werden. Oder aber sie werden gefordert oder nicht durch die politischen Machtverhältnisse, und das religiöse Bewußtsein spielt nach beiden Seiten hin eine klägliche Rolle und muß sie spielen. Es ist nicht ausgeschlossen, daß das religiöse Bewußtsein sich nicht nach der einen oder anderen Seite hin manifestiert. Es war ein Glücksfall, daß es sich so manifestierte, daß damit der Eindruck entstand: Jetzt hat Gott einen Schritt getan, jetzt haben religiöse Kräfte einen Beweis ihrer Kräftigkeit im Zusammenhang der Weltgestaltung gebracht. Weil diese Schwierigkeit besteht, erscheinen mir all diese Versuche fragwürdig. Es ist gleich, ob man die Bielefelder Konferenz oder die Stockholmer Botschaft[4] ins Auge faßt, so erscheint das als hoffnungsloses und klägliches Nachdenken, und es berührt als lächerlicher und grotesker Anspruch, wenn von solchen Botschaften gemeint wird, hier beweist die christliche Gemeinde wieder einmal, daß Gott in ihr wirksam ist. Und weil diese Diskrepanz besteht, halte ich diese Chance, einen Beweis des Geistes und der Kraft zu bringen, für außerordentlich klein und bin darin der Meinung von Mannheim, daß die religiösen Urmotive in der freien Auseinandersetzung walten müssen und erst von da aus zu Macht und Leben kommen können.

Kurt Riezler:

Ich muß gestehen, daß diese Seite der modernen Problematik nicht diejenige ist, von der mir die Problematik unseres Lebens zu begegnen pflegt. Wenn ich zu den drei Chancen etwas sagen darf: Diese Wahl zwischen den drei Chancen begegnet ja nicht nur dem Religiösen, dem auf der Kirche oder dem protestantischem Boden Stehenden, sondern dem Menschen überhaupt, ob er gegenüber der profanen Welt Askese üben will oder ob er eine besondere Weihe von außen heranbringen, als eine extra Beleuchtung sichern will, oder ob er diese profane Situation selber als Auftrag akzeptiert. Aber dieser dritte Weg ist zweifellos der einzig mögliche. Das gebe ich zu. Wenn man den akzeptiert, kommt man ja erst in die ganze Problematik herein, indem man sagt: Was ist eigentlich diese Profanität, die hat ja ungeheuer viele Seiten. Wir können die kulturelle Gestaltungsnot, die in der Weltgestaltung liegt, ja nicht fassen, das ist ja selber ein Kampffeld. Wenn wir irgendetwas als Auftrag akzeptieren, müssen wir uns darüber schlüssig werden, welche Seite, was empfinden wir als Auftrag? Dies, was wir als Auftrag akzeptieren, begegnet uns [als] nicht auf protestantischem Boden Stehenden ebenso wie Ihnen, nur daß die erste Frage, ob überhaupt Auftrag oder nicht Auftrag, schon beantwortet ist und wir vor der Frage stehen: Welche Seite? Wenn ich etwas zu der allgemeinen Situation und zu dem durchaus laienhaften Bilde, das ich mir vom Wesen des Protestantismus machen kann, sagen darf, scheint mir in großen Zügen, allerdings sehr vereinfacht, folgendes vorzuliegen. Die eigentliche Situation des Protestantismus ist doch das Protestieren gegen eine irgendwie autoritativ eingerichtete Welt im Sinn eines ursprünglichen In-Beziehung-Setzens dieser Welt zu dem Menschen und seiner radikalen Existenzfrage überhaupt – eine gewisse Ursprünglichkeit in der Haltung des Zurückfragens und des In-Frage-Stellens, die an und für sich nur möglich erscheint innerhalb einer objektivierten, gestalteten Welt, deren Gestaltung sich zu entleeren beginnt. Die spezifisch protestantische Haltung hat immer eine Funktion gehabt (z. B. Augustin). Nun scheinen wir in einer seltsamen Situation zu stehen, als wir gar nicht in einer solchen durchgeformten Welt leben, sondern in einem Trümmerfeld. Einzelne Fassaden mögen noch aufrecht stehen oder sonstige halbgeborstene Säulen der Vergangenheit. Sehr viele von der modernen geistigen Bewegung, und dazu rechnet auch die Fragestellung der Soziologie, scheinen die Tendenz zu haben, dies Trümmerfeld so radikal wie möglich vor sich zu haben und dann das Aufbauen aus diesem Trümmerfeld als Benutzung alter Fassaden hintanzuhalten respektive die Ansätze zunächst unter gewissen Verdacht zu stellen als doch nur relativ, also doch irgendwie den absoluten Anspruch eines Neuen, das entstehen könnte, von vornherein hintanzuhalten. Wir sind also in einer nihilistischen Situation. Wenn der Protestantismus seinem Wesen nach Protest gegen eine gestaltete, aber beziehungslos gewordene Welt ist, was tut er dann in einer Situation bei einem solchen Trümmerfeld? Ja, das kommt dann darauf an, und das kann ich nicht beurteilen. Ist der Protestantismus eine dieser übergebliebenen Fassaden, die noch aufgebaut oder zurecht gestutzt werden sollen, oder gehört sein Wesen zu dem Boden neben anderem, ist sein Wesen dem Boden verankert, aus dem ja auch das Neue schließlich werden soll.

Ich möchte sagen, aber ich bitte, das als eine Lösung eines Mannes, der mit keinen besonderen Kenntnissen behaftet ist, zu nehmen, daß mir die spezifische protestantische Situation dies scheint, sich zunächst in diesem Trümmerfeld auf eine gewisse Ursprünglichkeit zu besinnen, das, was man mit Echtheit, Eigentlichkeit bezeichnet oder radikaler Frage, um jedenfalls gegenüber dem Zustand des Trümmerfeldes oder des Nihilismus daran zu erinnern, daß das Zerbrechen und Behaupten der Relativität aller Standorte selber der Fundierung bedarf. Also, wenn der Protestantismus sich selber fähig glaubt, Wurzeln hinunterzutreiben bis in die Existenz überhaupt oder bis in die Ursprünglichkeit des menschlichen Daseins, ganz unabhängig von der spezifisch christlichen Interpretation, oder diesen lebendigen Bezug zu halten, so wird er vermutlich auch fähig sein, in den neuen Gestaltungen, die kommen können und müssen, seine Rolle zu spielen. Aber das Wesentliche scheint mir immer zu sein, ob er genügend Wurzeln hat oder wieder Wurzel fassen kann, was ich nicht zu beurteilen vermag. Ob er nun Partei ergreift in den Kämpfen dieser Profanität gegeneinander, die und welche Partei er zu ergreifen hat, dafür wird im Protestantismus weder eine Traditionsbindung noch eine besondere vorliegen. Er wird wahrscheinlich, wenn er diesem seinem Auftrag treu bleibt, in all den verschiedenen Gestaltungen den Auftrag der Ursprünglichkeit oder des ursprünglichen Fragens als seinen spezifischen Auftrag aufzufassen haben. Ich möchte nur aufmerksam machen auf die Unsicherheit, die in der Profanität selbst ist. Soweit dies Lebensideale sind, sind ja alle diese Formulierungen schwach und unsicher, z. B. ist die Tugend der *efficiency* ein sehr seltsamer Begriff, der auch in dieser Form, wie er jetzt interpretiert wird, gemessen an dem Dollar, sich doch in keiner Weise wird halten können. Diese profane Welt bedarf ja selber der Fundierung, ist ja selber ein Trümmerfeld.

Max Horkheimer:

Ich möchte nur ganz kurz den Eindruck sagen, den ich eben durch die Worte von Frick und Tillich gewonnen habe, und sagen, wie ich darauf reagiere. Ich bitte Sie jetzt schon, das Barbarische an meiner Erklärung von vorne herein in Kauf zu nehmen, denn ich reagiere relativ barbarisch. Dies sind die Thesen, ganz brutal, etwas übertrieben: Zunächst glaube ich nicht, *cum grano salis*, daß wir ein Trümmerfeld vor uns haben. Wovon ist eigentlich dabei die Rede? Wenn ich in meinen Kategorien reden darf, würde ich sagen, der Kapitalismus ist kein Trümmerfeld, im Gegenteil, er schickt sich an, eine Welt einzurichten nach Methoden, die gar nicht radikal neu sind, in eine neue Phase zu treten. Gewisse „Konstanten" werden wohl bleiben. Daraus würde ich weiter folgern: Was ist eigentlich die Not, unter der wir alle leiden? Diese Formulierung möchte ich für meinen Teil nicht so ohne weiteres akzeptieren. Leiden wir alle an der gleichen Not, ist es die Not der Problematik der profanen Kultur, die die Menschen quält? Die Menschen sind von viel realeren und brutaleren Dingen gequält, und auch diese Qual ist nicht eine neue Qual aber dies Leid, dies materielle, materialistische Leid der Menschen ist es zunächst, was mich quält heute, und da ist es in der Tat wichtig, wenn man sich dazu stellt. Von hier aus gesehen kann ich nicht anders, als in diesem Kampf eine gewisse Partei zu nehmen und zu glauben, daß es darauf ankommt, ihn so zu führen, daß die sinnlose Qual, soweit sie sinnlos ist, behoben wird, soweit sie aufgehoben werden kann. Wenn ich sinnlos sage, meine ich etwas anderes als die meisten hier. Ich verstehe darunter die Qual, soweit sie in Anbetracht der dem Menschen zur Verfügung stehenden geistigen und materiellen Kräfte nicht nötig ist. Ich habe die Vorstellung und kann mich von der Theorie der Welt, die ich habe, nicht befreien, daß die Organisationsform und zwar die gesellschaftliche Organisationsform, die heute die beherrschende ist, wesentlich dies Leid und diese reale Qual bedingen. Als ich zur Universität ging, hat man mir gesagt: Ja, die Menschen müssen immer leiden, die Natur ist knapp. Diese Wendung hat sich inzwischen, wenn ich sage als falsch herausgestellt, so bin ich sehr höflich gewesen. Es ist in keiner Weise so, und alle Gelehrten sagen, daß es lediglich an der Organisationsform der Menschheit liegt. Wieweit das mit geistigen Dingen zusammenhängt, ist ein ungeheures Problem. Ich würde nur sagen, wenn ich mich in diesen Kampf hineinstelle, und nun kommt das für mich Wichtigste, ist es dann so wichtig, ob die Führung dieses Kampfes von mir aus gesehen mit religiösen Urmotiven zusammenhängt oder nicht? Ich möchte fast, an einen Gedanken von Spinoza anknüpfend, sagen: Ich habe so wenig Zeit dazu, das Problem an mich zu stellen: Gibt es eine Philosophie oder religiöse Anschauung, die diese, meine Haltung in diesem Kampf als die adäquate legitimiert? Ich habe jüngst gesagt, man könnte vielleicht sagen, daß der Metaphysiker oder der religiöse Mensch nicht genug ergriffen seien von den aktuellen Leiden, nicht genug Liebe haben zu dem vergänglichen Menschen. Für die klare Zeichnung der Probleme danke ich Herrn Frick, aber ich weiß nicht, ob all das so wichtig ist, ob die säkulare Zivilisation so beschrieben werden kann: Technik, die die Technik tragende Weltanschauung, die Schau des Menschen von sich selbst – so sieht man diese Dinge, wenn man ihren Gegensatz zum Religiösen heraushebt – ist der aber wirklich das Entscheidende? Ich bin überzeugt, daß diese Verhimmelung der Maschine eine ganz ephemere Erscheinung ist. In Rußland dort sicher in ganz anderem Sinn als in Amerika. Als Ökonom möchte ich sagen, Amerika und Rußland auf diese Weise in eins zu fassen, ist eine oberflächliche Feststellung. Eine ganze Reihe von Tatsachen, die eben erwähnt worden sind, scheinen daher zu kommen, daß die Theologie, auch viele andere von uns, sich zu wenig um diese Realitäten kümmern und hier nur den Gegensatz von Religion und Weltlichem sehen, von dem ich nicht weiß, ob er das rechte Wort in dieser Zeit ist.

Theodor Wiesengrund:
Horkheimer hat mir schon viel vorweggenommen. Ich will versuchen, zum Thema Profanität zu formulieren. Folgendes scheint vorzu-

liegen: – ich bediene mich hier der Terminologie Tillichs – die Stellung der Profanität zum Protestantismus ist ja von ihm als dialektisch bezeichnet worden, d. h. sie ist von der Art, daß auf der einen Seite das, was es an Theologischem gibt, um sich überhaupt als echt zu bewähren, uneingeschränkt und vollständig in die Profanität eingehen muß, auf der andern Seite ist der Profanität gegenüber die Forderung erhoben [worden], daß sie, weil sie selber eben einen anarchischen, chaotischen Charakter hat, ein Trümmerfeld ist, des Religiösen bedarf. Ich glaube, daß man, solange man bei dieser Konzeption stehen bleibt, mit der Forderung der Profanität nicht so radikal ernst macht, wie es notwendig wäre, wenn man wirklich einmal den Gedanken des Profanen als des Schauplatzes der Wahrheit gefaßt hat. Das religiöse Motiv, das jedenfalls in Tillichs Auffassung als das einzig Tragende zugrundeliegen würde, ist das der Entdämonisierung, das ich Entmythologisierung[5] nenne. Das ist aber ein Motiv, und das scheint das Entscheidende zu sein, das selbst sich nicht herleiten muß aus irgendwelchen vorgegebenen Motiven der positv vorhandenen Theologie, sondern das vollständig in die Profanität eingegangen ist. Ich könnte mir vorstellen, daß die Funktion des Protestantismus sich in diesem entscheidenden Moment tatsächlich geschichtlich zugleich erfüllt und erschöpft hat, daß diese Überführung des Gemeinten in die profanen Kategorien gelungen ist, daß die Forderung der Entmythologisierung vollständig in die Profanität übergegangen ist. Wenn das der Fall ist, könnte es möglich sein, daß die theologischen Kategorien selber, soweit sie noch verbleiben, nichts anderes sind als Hülsen, leere Hülsen, von vergangenen geschichtlichen Stadien dieses Entmythologisierungsprozesses, die heraufgeholt werden in Absichten, die ich nicht durchweg als gut bezeichnen kann. Ich weiß genau, daß in Tillichs Theorie das Verhältnis nicht so einfach liegt, d. h. daß der Prozeß der Entmythologisierung nicht ein blanker, sondern ein dialektischer ist, daß das Mythische nicht einfach ausgetilgt werden kann, sondern je und je wieder begegnet, und daß die eigentlichen Produktivkräfte der Geschichte genau aus diesen als mythisch zu bezeichnenden Beständen folgen, dies würde ich zugestehen. Aber ich würde dagegen sagen, daß dies Moment des Rückgriffs selber, das des Mitnehmens von Mythischem, keineswegs mehr lokalisiert ist in der Sphäre der expliziten Religion, sondern daß dieser Rückgriff des Mythischen seinen entscheidenden Ort in der Profanität hat. In dem urgeschichtlichen Phänomen des Hungers scheint genau das zu stecken an dämonischer Macht, was immer wieder eingestellt werden muß, damit das Dämonische gebrochen werden kann. Deswegen rede ich lieber von

Entmythologisierung als von Entdämonisierung: Entmythologisierung ist dialektisch. Dagegen gibt es ein Stück Natur, mit dem irgendwann die Menschheit sich versöhnen kann. Die Möglichkeit des Versöhnens scheint in der Sphäre der Profanität gelegen zu sein, dagegen das Moment der notwendigen Mythifizierung fortzufallen, weil es selbst genauso gut in der Profanität gelegen ist. Dagegen glaube ich radikal verlangen zu sollen, daß man aus den allgemeinen positiven Formen des Kirchlichen herausgeht, wenn man einen solchen Begriff des Protestantismus akzeptiert wie Tillich und Frick. Etwas im einzelnen: die religiösen Urmotive. Hier ist eine sehr fragwürdige Äquivokation. Wenn darunter nichts anderes verstanden wird, als daß etwa im Sozialismus etwas Religiöses als etwas Mythisches steckt, das immer wieder auftaucht und worauf man rekurriert, würde ich sagen, daß diese religiösen Urmotive nichts anderes sind als fragwürdige Dämonisierungen, die zu bekämpfen sind (z. B. Stepun, Leninkult). Diese Motive als sogenannte religiöse Urmotive sind davon schlechterdings auszuschalten. Im Augenblick, wo man den Sozialismus auf solche Momente reduzieren will, knüpft man gerade an das an, was im Sozialismus radikal zu kritisieren ist. Dies gilt in gleicher Weise für die Fetischisierung wie den Kult der Maschine, die mit der Grundvorstellung des Sozialismus, mit der ontologischen Entwicklung des Sozialismus schlechterdings unvereinbar ist. Wenn von solchen religiösen Urmotiven die Rede sein soll, können Sie nicht dort stehen, wo in der profanen Sphäre sich religiöses Gut versprengt wieder vorfindet, sondern dort, wo es am allerprofansten ist, und jeder Versuch, sie von dort wegzunehmen als durchscheinende religiöse Ideen, scheint ein Abweg. Es ist so, daß mir etwa ein Ausdruck wie der religiöse Mensch, der etwa im Sozialismus sich betätigen könnte und anderswo, daß mir eine solche Formulierung im höchsten Grade verdächtig ist. In Wahrheit ist der religiöse Mensch wahrscheinlich der unreligiöse Mensch, wenn man Religion im Hinblick auf Entmythologisierung versteht.

Martin Dibelius:
Ich will zuerst auf Mannheim eingehen. Es handelt sich um die Frage, warum unsereiner in der Situation ist, die Tillich beschrieben hat, nämlich an der Grenze, aber im protestantischen Christentum steht, und zwar warum er das behauptet gerade in der gegenwärtigen Zeit und angesichts der gegenwärtigen Krise. Es kommt also nicht darauf an, hier zu reden einfach von der Tatsache des Glaubens, von dem Nicht-anders-Können, von dem Irrationalen, was sich der Dis-

kussion entzieht, denn das hätte ja keine Beziehung gerade zum gegenwärtigen Kreis. Ein solches Nicht-anders-Können ist ja natürlich jedem Menschen, der irgendeinen über die Diskussionsmöglichkeit hinausgehenden Glauben vertritt, eigen. Sondern es handelt sich um die Frage, warum unsereiner in dem protestantischen Christentum etwas sieht, was nicht einfach nur festzuhalten ist, als eine Antwort auf die uns gestellte Aufgabe.

In der Tat ist das eine Situation an der Grenze, das aber wenigstens von mir aus nicht so gemeint ist, als ob ich nun mit dem einen Bein schon draußen stünde, sondern so, daß diese Grenze dadurch entsteht, daß sehr viele Kreise des Protestantismus diese Situation noch nicht sehen, und daß ich der Meinung bin, mit der Ausgestaltung des Protestantismus gerade seinen wesentlichsten Inhalt oder seine Grundtendenzen zu einer neuen Wirkung in der Welt und zwar zu einer durch die Welt verlangten Wirkung zu verhelfen. Ich darf ausgehen von dem Bilde des Hagelschlags. Gerade wenn wir die Situation der modernen Welt zu Ende denken, also eine Entwicklung von Jahrzehnten theoretisch vorwegnehmen, gerade dann drängt sich unserem Bewußtsein auf, daß dieser Weltorganismus sich schließlich zugrunderichtet oder im Nihilismus endet, soweit er nicht schon drin ist. Das protestantische Christentum, abgekürzt und thetisch ausgedrückt, erscheint unsereinem als eine Möglichkeit, das ist die Möglichkeit – das hängt eben mit der Situation des glaubenden Menschen zusammen – zu dieser Welt ein Ja zu sagen, ein unbedingtes und nicht bloß apologetisches, und doch zu wissen von einer andern Welt und von der Begrenztheit dieser Welt, und, christlich gesprochen, davon, daß diese Welt unter der Sünde steht, was nicht behauptet, daß wir sie davon reinigen können und eine andre Welt an ihre Stelle setzen könnten. Sondern es bedeutet, daß wir mit vollkommener Illusionslosigkeit, aber doch mit einer unbedingten Bejahung ihrer Profanität in ihr stehen. Herr Mannheim hat richtig gefragt, wenn die religiösen Urmotive, soweit sie im Protestantismus wirksam sind, diese Stellung geben sollten, warum müssen sie dann in einer traditionellen Weise sich sammeln? Ist es nicht geboten, daß diese religiösen Urmotive in der Vereinzelung sich auswirken? Ich glaube, das ist das Ideal einer vergangenen Zeit. Es ist ein liberalistisches Ideal, und ich habe mich offen gestanden etwas gewundert, daß Herr Mannheim so sehr der Meinung Ausdruck gab, daß alle Setzungen in dieser Welt heute eigentlich keine Gültigkeit hätten. Mir scheint, wir kommen gegenwärtig immer mehr in ein Durcheinander von ideologischen Setzungen hinein. Wir befinden uns in der Tendenz zu einer unheimlichen

Zusammenballung zwischen lauter einander bekämpfenden Kollektivismen, wenn ich recht sehe. Das Ende der individualistischen Erkenntnis, der Möglichkeit, daß ein Mensch von sich aus und seinem Erkennen aus allein ohne ein Kollektivum versucht, die Welt zu verändern, dies Ende scheint mir sehr deutlich vor Augen zu stehen, und schon darin würde eine Rechtfertigung liegen dafür, daß Menschen, die in den religiösen Motiven des Protestantismus eine Portion der kritischen Weltbejahung sehen, daß diese Menschen zusammentreten und nun ihrerseits in dieser Welt der Setzungen auch eine Setzung versuchen. Die Arbeit dieser Menschen in der säkularisierten Welt kann aber gar nicht darauf ausgehen, einen Beweis des Geistes und der Kraft zu liefern. Ich glaube, man macht sich die Sache zu bequem, wenn man an diese Botschaften von Stockholm, Bielefeld erinnert. Alle solchen Botschaften sind nur für die Zeitungen da, um gedruckt zu werden. Damit erledigen sie sich, wenn sie in Druckerschwärze gekommen sind. Solche Botschaften sind nur journalistisch zu werten. Die eigentlichen Aufgaben werden ganz anderswo gelöst als in solchen Gremien, die den Ernst der Situation gar nicht begriffen haben vielleicht. Die eigentlichen Aufgaben müssen von den protestantisch denkenden und glaubenden Menschen auf einem ganz anderen Gebiet gelöst werden, einmal der Einzelarbeit, d. h. der verhältnismäßigen Kleinarbeit, und auf dem Gebiet der einheitlichen Willensbildung. Die einzige und unmittelbar wirksame Folge der Stockholmer Konferenz scheint mir die Gründung des Sozialwissenschaftlichen Instituts in Genf,[6] wo die Dinge der Welt durch Arbeit durchaus auf dem Boden der Profanität den Kirchen nahegebracht werden sollen. Dort ist eine wirkliche Begegnung der Profanität der Welt mit der protestantischen Kirche möglich, scheint es mir. Hier ist die fruchtbarste Aufgabe des Protestantismus an der Weltgestaltung; aber ich glaube nicht, daß sich der Protestantismus erschöpft im Protest gegen eine Setzung. Denn das ist doch schließlich bloß die eine Seite an der Entstehung des Protestantismus, sondern das Positive liegt eben gerade darin – und das unterscheidet ihn vom Katholizismus –, daß hier mit der Welt ganz ernst gemacht wird, ohne daß der Anspruch erhoben wird, eine heilige Welt innerhalb dieser Welt zu schaffen oder dagegenzusetzen. Das gilt auch für den Orden. Der Orden ist eine sehr bequeme Weise, aber eine, die sich um die Profanität zu drücken scheint. Dies mußte ich zur Abgrenzung jeglicher protestantischer Welthaltung und -gestaltung von andern Weltgestaltungen sagen. Es kommt natürlich dem glaubenden Protestanten meist nicht primär darauf an, daß er ein Ziel erreicht, sondern daß er einen Befehl ausführt, d. h. die Motivierung liegt in keiner Art von Opportunismus, sondern im Gehorsam. Der Auftrag aber, der uns gegeben ist, braucht nicht Gesetz zu werden, denn er liegt in der Welt selbst. In einer ganz verschieden bedingten Entwicklung haben Tillich und ich immer versucht, mit dieser Welt ganz ernst zu machen und sie uns nicht von vornherein apologetisch zu verfälschen, aber Herr Riezler hat nun auf ein großes und bedrückendes Problem aufmerksam gemacht: daß, wenn Protestanten sich in der bürgerlichen Welt betätigen, gar nicht gesagt ist, welche Einzelposition sie in dem Kampf einnehmen. Das ist für den Katholizismus wesentlich leichter, während der Protestant es in diesem Sinn nicht einheitlich wissen darf. Hier gehen die Meinungen vorläufig so auseinander, daß zumal in den politischen Fragen in Deutschland – anderswo ist es anders – sich eine traditionelle Verquickung mit einer bestimmten politischen Haltung dauernd weiter auswirkt und dazu geführt hat, daß manche Leute einfach eine Verwechselung einer traditionellen politischen Haltung mit protestantischem Christentum vornehmen. Wenn sich für diese Dinge auch Leute von der anderen Front interessieren, nicht nur um zu diskutieren, sondern auch um durch Anteilnahme von der anderen Seite des Grabens her die Auseinandersetzung zu fordern, dann ist zu hoffen, daß das gerade die Ehrlichkeit dieser Auseinandersetzung weiterbringt und daß damit die wirklich protestantisch-christlichen Motive in diesem Kampf allmählich doch durchgetrieben werden durch das Bewußtsein traditioneller Vorstellungen, die in Deutschland dem protestantischen Christentum noch anhaften. In Deutschland fehlt die Konkurrenz freier, großer, anders gearteter protestantischer Kirchengestaltungen, wir haben nur territorial verschiedene Kirchen.

Hans von Soden:
Zunächst möchte ich für diese Veranstaltung danken. Für unsereinen, der sich als Theologe mit dem modernen Menschen auseinandersetzt, ist es wichtig, diesen modernen Menschen einmal in *concreto* zu sehen und nicht bloß aus dem Nicht-zur-Kirche-kommen, Nicht-Bibel-Lesen schließen zu müssen, wie der wohl ist. Wenn Frick gesagt hat, daß wir zusammenkommen als solche, die an der Grenze stehen, verstehen Sie das so: Wir stehen an der Grenze unserer Kirche, aber nicht an der Grenze des Protestantismus, weil wir von der Frage bewegt sind, ob unsere Kirche protestanisch ist. Dies ist wichtig für die deutsche protestantische Lage im Unterschied zum Ausland, da hier die Spannung zwischen Glauben und Kirche ganz besonders stark ist. Die stärkste Kritik an der Kirche kommt nicht von denen, die in der

Kirche den Glauben bekämpfen, den sie vertritt, sondern von denen, die den Glauben, den die Kirche nicht vertritt, aber vertreten sollte, bekämpfen. Barth z. B. redet von der Not der evangelischen Kirche.[7] Unter den Skorpionen Barths sehnen sich sicher manche Leute nach den leichten Geißeln der Liberalen zurück. Mannheim wies darauf hin, daß ein Teil der religiösen Motive Anknüpfungspunkt für eigentümliche Stimmungen und Forderungen einer gewissen politischen Reaktion ist. Dies sehen wir aufs Stärkste, und wir, Dibelius, Tillich, Frick und ich, so verschieden wir unter uns sind – es hält keiner den andern für einen ganz richtigen Theologen – sind darin einig, daß diese Verwechselung von politischer Reaktion und Religion oder Protestantismus, diese eigentümliche Relation von Bürgerlichkeit und Kirche zu bekämpfen ist, so verschieden wir uns auch in unseren politischen Betätigungen verhalten mögen. Wenn ich dies aufs Schärfste zugebe, werden Sie verstehen, wenn ich ebenso stark die Gefahr betone, welche die Einkleidung solcher religiöser Motive in fortschrittliche oder revolutionäre Gedanken, die viel oder wenig mit der Kirche zu tun haben, mit sich bringt. Ein Stück der Kritik an der überlieferten Religion ist vielleicht mehr Kritik an einer Revolution, die sich der Religion als Stütze versichern will. In der Frage des religiösen Sozialismus ist das deutlich. Hier stimme ich Wiesengrund sehr zu. Mein Hauptbedenken gegen vieles, was gesagt wurde, ist, daß man über diese Dinge nicht reden kann, ohne daß konkret auf die Frage des Inhalts der religiösen Motive eingegangen wird. Man kann nicht von diesen Dingen sprechen mit der Bevorwortung: „Ich spreche nicht von Gott". Es ist berechtigt, daß der moderne Mensch gegenüber einem ständigen und zwar deistischen Gebrauch des Wortes Gott energische Zurückhaltung proklamiert hat, das ist eigentlich immer nötig, damit sich dieses Wort (und ähnliche andere) erholen kann. Aber man kann nicht ganz davon abgehen, und dies kommt zur Erwägung, wenn Riezler den Protestantismus Protest gegen eine gestaltete, aber entleerte Welt nennt. Das ist Protestantismus ohne Luther. Es ist eine Verwechselung mit gewissen Entwicklungen nach dem 18. Jahrhundert, wo eine antiprotestantische Reaktion, historisch gesprochen, eine Neuscholastik von Bedeutung gewesen ist. Zu Mennickes Behauptung, daß die Schwierigkeit für uns darin liegt, daß das Sündengefühl nicht anschaulich ist, möchte ich sagen, daß es ein großer Irrtum ist, daß das Sündengefühl den Leuten zur Zeit des Neuen Testaments unmittelbar anschaulich gewesen ist, vielleicht hätte er es nicht so gemeint. Auch mit der Gebetspraxis scheint nicht alles zu stimmen. Wenn Wiesengrund gesagt habe, für diese Dinge den theologischen Ausdruck zu finden, sei *cura posterior,* so müsse er gestehen, er habe sich oft gefragt, ob er die Theologie lassen solle – was neben der Philosophie die fragwürdigste Beschäftigung sei – aber am liebsten wünsche er es so: mit der Erinnerung und dem Bewußtsein meines früheren Lebens als Theologe irgend etwas anderes zu sein in der profanen Arbeit. Wenn Dibelius die Stockholmer Botschaft als journalistisch bezeichne, so sei das etwas zu wenig, er hat zwar recht, wenn er diese „Psychoanalyse" angedeutet hat (soweit man von Psychoanalyse reden kann), und das Sozialwissenschaftliche Institut würde ich vielleicht gar nicht so viel höher schätzen als die Botschaften. Im übrigen ist dies ja noch entwicklungsfähig. Wenn ich an das Hagelschlagbeispiel anknüpfen darf: Der Mann, der auf seinen Weinberg losschlägt, ist gottlos. Der Unterschied ist, ob man seinen Weinberg selber zerschlägt oder ob man still hält, wenn Gott ihn zerschlägt. Es handelt sich gerade im Protestantismus um nichts Geringeres als um bessere Erfassung dessen, was eigentlich mit Glauben an Gott, Ergebung in Gott und dergleichen gemeint ist. Das Entscheidende ist, daß man einen Augenblick stillhält und fragt: Was können wir eigentlich in dieser Beziehung (eine neue Welt schaffen wollen) tun und was dürfen wir tun? Es handelt sich nicht darum, daß das vor uns Liegende, das, was wir schaffen wollen, selbstverständlich bestimmt ist durch das hinter uns Liegende, sondern um eine Begrenztheit durch das schlechthin über uns Liegende. Die Sünde des Liberalismus ist, daß er alles Vergangene als von Gott gewollt hinstellte. Umgekehrt ist es ebenso Sünde, alles zu Schaffende als von Gott gewollt hinzustellen. Dagegen richtet sich der Protest des Protestantismus, wenn ich es richtig verstehe. Das Spezifische des Menschen, daß er nicht Gott ist, ist uns völlig verlorengegangen, weil die Theologie sich einer Sprache angepaßt hat, die von der Philosophie stammt. Hier liegt die eigentliche Frage, und insofern ist das Gebet keineswegs erledigt. Es kommt ja bei der Gebetspraxis und der Liebestätigkeit gar nicht darauf an, daß man an den Inhalt oder die Wirksamkeit von Formeln glaubt, daß man die für wertvoll hält, die können ja höchstens ganz schwache Träger des echten Betens sein, einer echten Unterwerfung unter Gott. Die christliche Liebestätigkeit sei durch Organisation erledigt? Was so erledigt worden ist, war nie spezifisch christliche Liebestätigkeit. Immer wird in der Welt der unmittelbare Akt der Liebestätigkeit, d. h. das Helfen des einzelnen Menschen da sein. Nicht in der Situation liegt der Auftrag (dies zu Riezler), sie ist nur der Ort des Auftrags. Die Situation ist stumm oder mehrdeutig. In der Situation kann man nicht den Auftrag vernehmen, wenn man ihn nicht als Befehl vernimmt. Es handelt sich nicht darum, Auskunft zu geben darüber, was der Protestantismus in einer anderen Form leisten könnte – es ließe sich gewiß einiges modernisieren. Die kirchlichen Formen können in jedem Augenblick von neuem Geist erfüllt werden, aber an diesem fehlt es. Es handelt sich darum, ob der moderne Mensch sich dem, was man Gott nennt, unterwerfen will oder nicht. Es handelt sich schlechterdings um die Auseinandersetzung mit der Macht im urreligionsgeschichtlichen Sinn. Ich vermisse in der bisherigen Aussprache, daß dieser Punkt nicht als der springende Punkt behandelt wurde. Säkularisation ist ja Entgottung. Das ist das Bedenkliche, wenn Wiesengrund Tillichs Entdämonisierung in Entmythologisierung verwandelt. Er hat recht, wenn er meint, daß die religiösen Kategorien, die Tillich benützt, einigermaßen dünn und fragwürdig sind, aber sagt er es prinzipiell, ist es falsch – das Motiv der Endzeitlichkeit, das die Endgültigkeit relativiert, ist uns im Lauf der christlichen Entwicklung völlig verloren gegangen, das müßte man zurückgewinnen. Dies ist wohl auch die eigentliche Intention Luthers.

Lilly Zarncke:

Eine Frage: Wenn man sich klar gemacht hat, daß Protestantismus etwas anderes ist als nur allgemeine Religiosität und allgemeiner Protest, daß die christlichen Inhalte unbedingt festgehalten werden müssen, wenn man sich als Protestant bezeichnet, dann muß man sich drei Möglichkeiten zur Weltlichkeit klar machen. Nicht nur die des ganz Draußenbleibens besteht, oder die des Hineingehens, sondern es ist auch so, daß der einzelne Mensch Kraft bekommt und dann in die Welt hinausgehen kann, um dort mitzuarbeiten, d. h. also indirekte Beteiligung des Protestantismus. Wenn man das will, müßte man den Protestantismus wieder schaffen in einer Form, durch die es gelingen kann, daß er wieder Kraft geben kann.

Emil Blum:

Daß der moderne Mensch, soweit er religiöses Bewußtsein hat, nicht gern von Gott spricht und daß für das religiöse Bewußtsein Gott inhaltlich bestimmt ist, scheint mir Voraussetzung zu sein, weil, soweit in der Gesellschaft des autonom geprägten Menschen überhaupt religiöse Worte Zugang haben, es sich immer um einen beglaubigten Gott handeln kann, aber für den modernen Menschen ist dieser Gott ein verborgener und kein offenbarer Gott. Man kann nicht an den Menschen fordernd herantreten, sich der Macht Gottes zu unterwerfen, wo er kein Bild dieses Gottes glaubt. Das Wort von der in sich ruhenden Endlichkeit scheint mir das Gegenteil dessen zu sein, was im Neuen Testament die eschatologische Haltung meint, den Abbruch der Zeit vor dem Reich Gottes. Die Lage des modernen Menschen kann man so beschreiben: Sie verläuft nur in einer Ebene und nicht in zweien, in der Welt, die wir begreifen und machen, aber nicht mehr gibt es eine Welt dahinter. Darum hört ja der moderne Mensch gar keinen Befehl, das ist ihm ganz unverständlich. Darum hat er auch kein Sündenbewußtsein. Gerade darum wird die Not des Menschen heute (Arbeitslosigkeit, Mangel an Kleidung, Nahrung) schwerer getragen als in religiösen Perioden, weil da aus dieser hinterschichtigen Welt ein Sinn hereinströmt auch in diese Not. Für den modernen Menschen klingt das nicht mehr. Er bemüht sich nicht mehr um eine Nachfolge Christi in diesem Sinn. Ich zweifle sehr, ob eine Haltung wie die Tillichs in der „Religiösen Verwirklichung" wirklich bezeichnet werden darf als die wirklich historische protestantische Haltung. Ich sehe hier eine Konsequenz, das protestantische Prinzip zu Ende zu führen, eine Haltung, von der aus ein Gespräch mit modernen Menschen möglich ist. Ich bezweifle aber, ob historisch gesprochen das eigentlich Protestantismus ist. Ich möchte dies „historisch gesprochen" verneinen. Die Rechtfertigung aus dem Glauben gilt nicht nur für Tun, sondern auch für Erkenntnis, auch für religiöse Erkenntnis, sagt Tillich. Soweit ich die Dogmengeschichte kenne, hat der Protestantismus gleich zu Beginn einen festen dogmatischen Inhalt: der Glaube an Jesus Christus und seinen Tod und den Weg durch ihn, niedergelegt in symbolischen Büchern. Ich muß sagen, ich, der ich an der Grenze der Kirche stehe, bleibe in der Kirche, weil ich hier den Ort sehe, wo das Wissen erhalten ist von der Zweischichtigkeit des Lebens, aber ich stehe mit einem schlechten Gewissen in dieser Kirche, weil aus dem Gefühl der Unehrlichkeit heraus, weil in der kirchlichen Verkündigung doch eine Mythologie verkündigt wird, die der moderne Mensch nicht teilen kann. Wenn es möglich wäre, eben auf der Basis, wie sie die Gestalt Tillichs repräsentiert, die Auseinandersetzung mit der Welt zu führen, würde ich verlangen, daß wir diese Dinge innerhalb der Kirche in einer schrankenlosen Deutlichkeit sagen, und ich bezweifle, daß die Kreise, welche die Kirche organisatorisch repräsentieren, dies noch als Protestantismus anerkennen werden.

Hermann Schafft:

Ich möchte von einer etwas einfachen Praxis ausgehen, die mein Leben im wesentlichen bestimmt hat, versuchen, etwas zu der gestellten Frage zu sagen. Zunächst eine Vorbemerkung: Ich würde als Protestant grundsätzlich die Unterscheidung von profaner und religiöser Sphäre ablehnen und die Frage stellen, und kann daher die ganze Scheidung, die dauernd Voraussetzung der Debatte ist, nicht anerkennen, weil ich überzeugt bin, daß es keinen heiligen Bezirk gibt und daß die letzte Wirklichkeit nicht ihr Wasser über Mühlen laufen zu lassen genötigt werden kann, die wir etwa Kirche nennen. Ich möchte die Fragwürdigkeit dieser hypothetischen Unterscheidung betonen. Ein Wort zu der profanen Situation, um diese Unterscheidung für jetzt anzuerkennen und zum Protestantismus und abschließend zur Frage, was bedeuten sich diese beiden heute? Das erste bezieht sich auf Wiesengrunds Position, soweit ich sie verstanden habe. Was sehen wir heute? Wir sehen eine Lebensbewegung, die ohne jede Beziehung zu der in irgendeinem Winkel stehenden Kirche vorwärtsgetrieben wird von Leidenschaften, über die sie sich selbst nicht klar ist, und von denen sie nicht einheitlich weiß, wohin es geht. „Der Mensch ist Gott und die Maschine sein Prophet", darin steckt etwas Richtiges. Der Mensch ist schlechthin auf sich selber gestellt, und in irgendeiner Weise sucht er sich durch das Leben zu schlagen. Nun scheint mir aber das, was Wiesengrund sagte, hier durchaus nicht einzutreten, daß nämlich innerhalb dieser Sphäre es so etwas gebe oder am Werden sei wie eine gemeinsame Sinngebung des Lebens, daß man unter dem Eindruck stehen könnte, es entsteht ein Bild des Menschen und der Welt, bei dem es zu einer sinnvollen Gestaltung des Lebens kommt, daß also der religiöse Gehalt entmythologisiert etwa eingehen würde in die von der rationalen Profanität herkommende von uns versuchte Weltgestaltung, und daß es nicht mehr nötig sei, sei es in der Form religiöser Symbole oder der Kirche, einen ausdrücklichen Ort zu schaffen, wo man sich auf solche Sinngehalte besinnen könnte. Von den Menschen her, denen ich in Arbeitervierteln Tag für Tag begegne, habe ich den Eindruck einer völligen verzweifelten Ratlosigkeit gehabt, was das Leben eigentlich soll. Hier ist allerdings die Maschine und das Von-Gott-Verlassen-Sein schlechthin Grundgefühl und bestimmend für das Leben dieser Leute. Wenn dieser Mensch sich fragt: „Wozu bin ich da?", so wird ganz sicher das, was Marx gesagt hat, ganz elementare Bedeutung für ihn haben, und das „erst kommt das Fressen und dann erst die Moral" ist ein ernst zu nehmender Ausdruck seiner Situation. Aber daneben ein unendlich tiefes Unbefriedigtsein und ein Sehnen nach Sinnerfüllung dieses Lebens, das über das Biologische hinausgeht und auch über die gesellschaftliche Befreiung. Gerade von Leuten aus der KPD kann man höchst seltsame

Dinge berichten über plötzliches, ausdrückliches Verlangen nach dem Gebet. Dies ist nicht mit einer Handbewegung abgetan, es handelt sich da um Leute, die mitten in der Bewegung stehen und gesessen haben. Aber bei dem, was Mennicke der Kirche vorgeworfen hat, nämlich die Bindung an eine bestimmt geformte gesellschaftliche Wirklichkeit, an die man sich einfach bindet und von der man alles erwartet und sich damit über alles tröstet, scheint mir das Problem der Kirche in säkularisierter Form vorzuliegen, noch außerkirchlich und ohne die letzten Gehalte, die im Religiösen tatsächlich noch da sind. Ich sehe keinen Weg durch die einfache Formel: Das geht ein in die unbewußte Substanz der Kultur. In Freidenkerversammlungen wird ja der Kirche kapitalistischer Mißbrauch vorgeworfen, die Substanz der Kirche leugnet man also nicht. Nun ein Wort zur kirchlichen Situation: Wir sind in der ungeheuren Gefahr, daß hier tatsächlich ein Bezirk, sei es durch eine traditionelle gesellschaftliche Bindung, sei es durch eine Sicherung des eigenen Bestandes, sich dem Auftrag entzieht und dem Leben weigert, zu dem er berufen ist. Trifft das in höherem Maße ein, so ist diese Kirche zum Tod verurteilt von Rechts wegen. Die neuen Bewegungen haben sich immer so vollzogen, daß ein Mensch auftrat und die betreffenden kirchlichen Gruppen beim Wort nahm und von da die empirische Gestalt der Kirche kritisierte. Solange eine Kirche oder irgendeine religiöse Gemeinschaft sich nicht der Kritik verweigert hat, war noch die Möglichkeit des Lebens für sie da. Die Gefahr des Christentums sehe ich darin, daß es sich als ein einen Bestand Haltendes der profanen Situation verschließt und Absolutheit gegenüber anderen religiösen Situationen von vornherein behauptet und die Problematik gegenüber der profanen Situation nicht sieht. Sind nicht in dem uns anvertrauten Gut letzte, sich im Chaos der Gegenwart neu bewährende, lebendige, sinngebende, hinweisende Wahrheiten, sowohl für die Deutung wie für die Gestaltung des Lebens entscheidend wichtig? Ich bin überzeugt, daß hier vielleicht nicht deutlich genug sichtbar gewordene letzte sehr einfache Grundmotive sind. Sieht man den Buddhismus, Nietzsche, Sozialismus und Christentum – ich sehe sie noch in einer Ebene, was das Ethos anlangt –, wird klar, daß es unveräußerliche Dinge gibt. Hier sieht man die Würde des Menschen vor sich, auf den die Kirche hinweist, der um Ehrfurcht und Begrenztheit weiß, um Verantwortung in Bezug auf schöpferische Genialität auch, um Geworfensein, um Solidarität, ein Mensch, der um Bruderschaft ringt und um Weltgestaltung, und der den Sinn von Staat und Wirtschaft von diesem Ringen her sieht. Wenn wir unsere politischen Entwürfe, ökonomischen

Theorien zu absoluten machen, setzt der Protestant Einspruch dagegen, diese Dinge sind in Frage zu stellen, sobald sie Absolutheitsanspruch erheben. Das Gebet bedeutet nicht eine Lückenbüßerangelegenheit, sondern die Haltung des erschütterten Menschen, der hört auf die als lebendig in jedem Augenblick ihn in Frage stellende Wirklichkeit, die seinen ganzen Schmuckkasten von Ideologien kaputtschlägt und in konkrete Begegnung mit anderen Menschen bringt, allerdings mit dem Geschenk dabei, daß in Christus die letzte sinngebende Wahrheit durchbricht in der Liebe, die das Böse in der Kraft der vergebenden, erlösenden Liebe überwand. In dieser Haltung, daß der Mensch mit dem anderen Menschen um Not weiß, und zugleich wieder erfüllt und berufen weiß, ist der tiefste Lebensimpuls, ohne den eine Welt in Scherben geht, auch mit der tiefsten und schönsten Profanität. Ich möchte sagen: Kirche und Profanität sollten ihr Aufeinander-angewiesen-Sein doch sehen und man sollte sich klar machen, inwiefern können Menschen helfen zur Neugestaltung, wenn sie in beiden Sphären um Formen der Vergegenwärtigung ringen, in denen in der Sprache der Gegenwart etwas gesagt wird von dem Sinn des Lebens in der heutigen Welt.

Heinrich Frick:

Es ist schwer, nach Herrn Schafft zu sprechen, weil er ein Bekenntnis gesagt hat und inhaltlich viel vorweggenommen hat. Eine Bemerkung zur Methode der Diskussion: Wir müssen jetzt wirklich, wenn wir nicht von theologischer Seite her in Gefahr kommen wollen, apologetisch zu werden, auf das Inhaltliche kommen. Der Weg dazu ist in verschiedenen gesprochenen Worten bereits gebahnt. Als protestantischer Theologe habe ich die Worte „von der andern Seite" durchaus nicht als Worte von der andern Seite empfunden, sondern als unerhört protestantische Worte. Freilich ist bis jetzt nur negativ geredet worden. Herr Mannheim hat sich berufen auf die religiösen Urmotive, und es war zu fragen: Was ist das eigentlich, um was handelt es sich da? Dibelius sagt, es handele sich da vielleicht um Reste eines liberalen Denkens. Es könnte aber etwas ganz anderes sein, ein Rückzug auf eine religiöse Urposition, mit der wir es zu tun haben. Dibelius seinerseits hat sich zurückgezogen auf die Unbegründbarkeit des Glaubens. Dem gegenüber ist zu sagen: Handelt es sich da nicht um das Gleiche, was Dibelius Mannheim vorgeworfen hat, um private religiöse Dinge oder um den Glauben als der Sache des Menschen? „Religiöse Urmotive" − wurde es auf beiden Seiten formuliert − haben es beide miteinander zu tun und was oder nichts?

Friedrich Pollock:

Ich könnte nur in vergröberter Form etwas hinzufügen, aber was
von den letzten Rednern von der protestantischen Seite mit so außer-
ordentlichem Können in jeder Hinsicht und so viel wirklichem
menschlichem Pathos gezeigt worden ist, zwingt mich das doch, noch
ein paar Worte hinzufügen, die gegenüber solchen Ausführungen wie
denen Schaffts oder anderer unglaublich platt erscheinen, und trotzdem fürchte ich, daß der große Vorstoß, der gerade in der Rede von
Schafft gelegen ist, ins Leere stößt, wenn diese platten, üblen, gemeinen und nichtsnutzigen Dinge nicht genügend bedacht werden. In der
protestantischen Kirche gibt es sicher noch ähnliche Leute, die sich
mit Einsatz der Person daran begeben, und trotzdem sind sie einig,
daß die Kirche nicht wirkt. Es wurde am Anfang und auch jetzt
wieder viel über religiöse Urmotive gesprochen, und die Form, wie die
Frage von Mannheim behandelt worden ist, hat in mir zunächst einfach den Gedanken hervorgerufen, ja, wie das behandelt wird, das ist
eine Frage, die ein paar Menschen angeht, sechs oder sieben Prozent
aller Erwerbstätigen, deren Einkommen über dreitausend Mark beträgt. Die 63 Prozent, deren Einkommen unter 1200 Mark liegt, beschäftigen sich gar nicht damit, und ich fürchte, daß man hier in der
Regel zu tauben Ohren reden wird. Schafft hat auf kommunistische
Arbeiter hingewiesen, die Bedürfnis nach Gebet gezeigt hatten, oder
sinnvollem Leben. Gewiß, in solchen verzweifelten Kreisen sind sehr
starke religiöse Impulse vorhanden, wobei ich offen lasse, was das
eigentlich ist. Aber ob dies befriedigt werden kann durch die Lehre
des Protestantismus, da habe ich einige Zweifel. Es scheint wahrscheinlich zu sein, daß diese Ratlosigkeit aus der Situation der Menschen kommt, die als bestes hoffen können, acht Stunden wieder eingestellt zu werden, etwas für sie Sinnloses zu tun, und das ist das
Höchste, was sie sich denken können. Die Problematik der modernen
profanen Kultur, von der geredet wurde, scheint nicht zu liegen in
der Vergottung der Maschine oder des Sportes, sondern darin, daß
eine ungeheuere großartige Maschine aufgebaut worden ist, die den
allermeisten gar nichts nützt. Die Maschine tritt den Menschen nicht
als Gott gegenüber, sondern als Teufel. Zu dem, was heute von theologischer Seite gesagt wurde, haben die religiösen Sozialisten eine
Zwischenstellung eingenommen. Mennicke scheint das Entscheidende
hervorgehoben zu haben: Was kann das religiöse Bewußtsein in einer
solchen Bewußtseinslage überhaupt tun? Wem kann man mit christlichem Glauben irgendwie helfen? Was tun, damit die Religion nicht
Museumsangelegenheit ist? Was tut sie konkret? Alles, was gesagt

wurde, sind zu Herzen gehende Dinge für Menschen, deren Mägen einigermaßen gefüllt sind. Es wird immer von der Aufgabe der Kirche geredet, als ob es selbstverständlich wäre, daß sie allen gleichzeitig helfen kann: dem zugrundegehenden Mittelstand, dem Bauern, der in Deutschland auch proletarisiert werden wird, und dem Handwerker und dem Arbeiter, der noch in der Produktion steht, und dem zur technologischen oder strukturellen Arbeitslosigkeit Verurteilten. Ich verstehe auch nicht ganz, wenn ein so unerhört scharfsinniger Redner wie von Soden sagt, es komme jetzt alles darauf an, gegen die Säkularisierung, gegen die Entgottung der Welt zu kämpfen, ohne hinzuweisen, woher diese Entgottung kommt, und wie man diesen Kampf führen kann. Es könnten doch Dinge hier zugrunde liegen, zu denen man von theologischer Seite überhaupt keinen Zugang hat, zu denen Ausflüge ins Soziologische nötig sind. Es wurde schließlich darauf hingewiesen, trotz alledem, die Gebetstätigkeit und die christliche Carität könne und müsse hier doch irgendwie helfen, und hier muß ich als Soziologe fragen: Ja, welche gesellschaftliche Funktion hat denn die Reduktion der heutigen kritischen Lage auf derartige Dinge? Sie scheint mir unter anderm vielleicht die gar nicht gewollte Funktion zu haben, die heutige Situation zu verwischen. Dadurch diskreditiert man die eigentlichen Motive, seien sie noch so anständig und christlich.

Emil Brunner:
Nur eine Frage: Wir gingen aus vom Zusammentreffen religiöser Urmotive und der Frage nach der Möglichkeit kultureller Weltgestaltung. Aus der Notwendigkeit der kulturellen Weltgestaltung ist im Laufe der Diskussion die Frage nach der Möglichkeit geworden. Liegt nicht die ständige Gegenwärtigkeit des protestantischen Prinzips darin, daß ich als dieser konkrete einzelne Mensch, der ich jeweils in jedem Nu meines Daseins bin, Protest erhebe gegen eine dauernde und nie verschwindende positive Setzung?

Kurt Riezler:
Ich bin etwas erstaunt über die Trennung „profan" und „religiös". Ich empfinde dies als nicht ganz richtig, daß auf der einen Seite als das Religiöse die protestantisch-christliche Form und auf der anderen Seite *das* Profane steht, und möchte eine Frage stellen: Wie stellt man sich zu der profanen Welt mit einem prophetischen Auftrag? Das ist ja in Rußland in einer sehr eigenartigen Weise gelöst, oder wenigstens ist dort ein Versuch einer Lösung unternommen. Ich kann nicht zugeben, daß hier ohne weiteres die dortige Welt, das, was dort ge-

schieht, das Leid, was angetan und ertragen, genommen wird als profan, wenn es sich nicht in religiösen Formen vollzieht. Folgenden Zustand haben wir: Es ist nicht wahr, daß die Menschen dort leben um ihres eigenen Vorteils, ihrer gegenwärtigen Wirklichkeit willen. Es ist niemals in der Welt bewußt so viel Leid angetan und ertragen worden um eines Zieles willen, das keiner von denen zu erleben glaubt, auch nicht um ihrer Kinder willen, die ja weitgehend von der Familie gelöst sind. Hier ist die Grenze von profan und religiös verwischt. Der russische Bauer hat einen religiösen Fundus; ob er gerade christlich sich betätigen muß, steht dahin. Es braucht aber nur talentierte christliche Religionsstifter oder Sektierer zu geben und einen Beschluß der herrschenden Macht, und die materialistische Auffassung ist weg. Die rationalistische Begründung ist ja nur aus einer bestimmten Ideologie erwachsen und beruht auf dem Glauben, daß hinter der Religion sich immer verbirgt die Klassenherrschaft der Besitzenden und deswegen keine religiöse Strömung zugelassen werden darf, weil auf diesem Umweg die Bourgeoisie wiederkommen will. Wenn diese Angst überwunden ist, so fällt die Bindung an die materialistische Anschauung fort.

Max Horkheimer:
Ich will aufs entschiedendste zustimmen. Die Psychologie, die bisher zugrunde lag, ist zu einfach gewesen, als ob der Mensch lediglich nach ökonomischen Bedürfnissen handele. Die Schwierigkeit, die die protestantische Kirche durchschauen muß, liegt darin, weil die Menschen für ganz andere Dinge heute sterben als für Protestantismus und Religion. Ich möchte aber den Materialismus etwas retten. Es wäre ein flacher Materialismus in der Gestalt, wie wir ihn heute haben, wenn es hieße, daß der Mensch nur nach ökonomischen Tendenzen handelt – eine solche primitive Auffassung hat er nicht. Ideelle Motive, die nicht einfach Hunger sind, die Liebe, Solidaritätssinn, gibt es durchaus. Ist es nötig, daß ein Mensch dadurch, daß er mit anderen an der Verbesserung der Welt arbeitet, wirklich der Religion bedürftig ist? Was soll er gewinnen, wenn es heißt, sein Handeln geschehe auf einen Auftrag hin? Was soll er da gewinnen, wird er dadurch besser, wenn er mit seiner Klasse handelt und das Glück der Solidarität genießt durch den Hinweis auf jenen Auftrag? Und noch eine andere Frage: Der Protestant soll nicht alles sanktionieren, was war und Neues wird, sonst hört er auf, Protestant zu sein? Aber wo ist das Kriterium dafür? Und wenn es diese konkrete Unterscheidung gibt, frage ich, wie weit kann ich dann konkret mit ihm gehen und wie

sieht es in der gegenwärtigen politischen Situation aus? Wie Riezler sagt, finden sich aber durchaus in dieser Profanität Motive, die nicht rein materialistisch-kommunistisch sind.

Hans von Soden:
Herr Riezler hat recht, daß die Bolschwisten jeden Augenblick anstelle ihrer materialistischen Ideologie eine religiöse setzen könnten. Aber hier liegt wieder jener eigentümliche formalistische Begriff des Religiösen vor.

Heinrich Frick:
Ich kann nicht zugeben, daß die psychologische Situation des Gespräches so wäre, daß wir zwei Lager wären. Ich bin durchaus der Meinung von Herrn Horkheimer und Herrn Riezler. Was soll die Mission tun? Die Hungrigen speisen und nicht Reden machen. Die Tat muß aber nicht nur richtig gezielt, sondern auch richtig getan werden, und das fehlt beim Kommunismus, weil man da begründen muß, was er tut. Es handelt sich nicht bloß um eine zur Tat hinzugedachte Ideologie, sondern um den eigentümlichen Identitätspunkt von Wahrheit und Wirklichkeit oder von Wort und Tat oder von Deutung und Vision. Mit andern Worten: Was ich fürchte, sind zwei Möglichkeiten: die erste, daß unter der Flagge „Schutz von Kultur und Christentum" nicht nur das konkrete russische Experiment kaputtgemacht wird und auch die daran interessierten anderen Kreise – die viel schlimmere Gefahr ist: Ich könnte mir denken, daß die Religion in einer romantisierten Form, die Sozialpolitik und eine eigentümliche, durch Schwäche erzeugte Nachgiebigkeit der sozialistischen und kommunistischen Tendenzen die Welt so häuslich einzurichten versuchen, daß der bekannte letzte Mensch von Nietzsche sich ganz wohl darin fühlt, diese Welt zu ändern, bin ich brennend interessiert. Ich finde, daß Sie und ich identisch sind, wenn dies verhindert werden soll und in den gesamten Weltprotestantismus aus der deutschen Situation etwas besonderes Lösendes und Erlösendes herauskommen soll, nämlich eine Synthese, die die Tat und das Wort vereint, wobei ich mit Synthese nicht meine, daß ich mir konstruktiv etwas zusammenreime zwischen den Dingen, sondern etwas, was man bei gewissen ausländischen Quäkerkreisen findet. Ich finde, es ist für Deutschland ein Verhängnis, daß wir diese Kreise nicht haben. Wir müssen dazu kommen, daß der verkannte, immer wieder unterdrückte Protest wieder herauskommt, und das geht nur, wenn etwas Quäkerhaftes herauskommt in Deutschland. Dies ist der Punkt, auf den es ankommt, meine ich. Daß

es das einzig Nötige sei, daß die Hungrigen gespeist werden, wie Horkheimer sagt, ist richtig. Aber für ihn ist gewissensmäßig die Frage nach dem Wie der Tat wichtig. Die Anthropologie, mit der Sie arbeiten, ist falsch, und weil sie falsch ist, gefährdet sie Ihre Tat. Ich würde den Missionaren sagen: Ihr müßt das Wort, das Ihr sagt, hörbar und glaubhaft machen durch eine diesem Wort gemäße Tat, und den Tätern ist zu sagen: Irrt Euch nicht, daß Ihr einer richtigen Vision auf falschem Wege nachjagt.

Theodor Wiesengrund:
Frick brachte die radikale Formel, die auch die Gegensätze klar und extrem herausbrachte. Der Unterschied liegt beim Begriff des Menschen. Die Angst, die Herr Frick vor der Nietzscheschen Karikatur des rationalen Menschen hat, setzt bereits voraus einen ganz bestimmten Entwurf des Wesens Mensch überhaupt, der wesentlich orientiert ist an Begriffen wie Endlichkeit, sinnvoll erfüllte Existenz, die als konstitutiv gedacht werden für das Wesen Mensch. Ob diese Kategorien, die dahinterstehen, eine letzte Verbindlichkeit haben, ist fraglich, und daß sie eine solche nicht haben müssen, scheint sich darin zu zeigen, daß das Bild des letzten Menschen, das Herr Frick als letzte Konsequenz aus dem Sozialismus zu zeigen meinte – wobei er Kapitalismus und Sozialismus in eine Ebene setzte – keineswegs mit Sozialismus und historischem Materialismus zu tun hat. Das Bild als solches liegt im Dunkel. Der bloß rationale, atomisierte, sinnlose Mensch scheint wesentlich gebunden zu sein an die Bedingungen des abstrakten wahren Kalküls, unter dem gerade das kapitalistische System steht, und über die Form, die das Wesen Mensch annehmen kann in einer richtig organisierten Gesellschaftsform, kann man nichts sagen. Dies ist in exaktem Sinne, nicht bloß psychologisch, eine *cura posterior.* Größer als die Gefahr des letzten Menschen scheint mir zu sein die Gefahr, die Karl Kraus in seinen Worten über die letzten Tage der Menschheit gezeigt hat.

Carl Mennicke:
Ich möchte davon ausgehen, daß unsere Debatte anfänglich einen sozusagen informatorischen Charakter hatte; dann ging die Debatte immer mehr in prinzipielle Fragen über und das wohl nicht von ungefähr. Ich möchte zur Lage sprechen und einiges verdeutlichen. Das, was ich mit Setzung bezeichnet habe, kann in keiner Weise angewendet werden auf die Setzung von Ideologien in der heutigen Situation. Es war etwas völlig anderes: Die Setzung einer gültigen Welt von Ge-

setzen und Formen, und an dieser Setzung entwickelt sich das Sündenbewußtsein, und zwar in der Gemeinde, weil nämlich in der Gemeinde das Sündenbewußtsein sich nur an einer in diesem Sinn anschaulich gegebenen Welt entwickeln kann. Natürlich richtig, daß das Urchristentum nicht ohne weiteres hereintrat in eine Welt solch gültiger Setzungen. Wenn heute das Sündenbewußtsein entstehen soll, muß gleichsam eine theologische Diskussion geführt werden. Die christliche Kirche ist deshalb in eine schwierige Position geraten, wenn sie das will, was sie wollen muß ihrem tiefsten religiösen Ansatz nach. Wenn gesagt worden ist, daß der Christ in Erscheinung tritt in der Sphäre der Weltgestaltung als der, der Kraft hat, dann scheint mir das nur ein anderer Ausdruck für dieselbe Schwierigkeit zu sein. Natürlich ist es für den Einzelnen eine Möglichkeit, psychologisch zur Kraft und zur positiven Haltung zur Welt zu kommen durch das spezifisch christliche Erlebnis. Aber es scheint mir eine unverkennbare Tatsache, daß unzählige Menschen heute zu einer Kraft und auch zu einer ruhigen und stetigen Kraftbewährung in der Sphäre der Gestaltung des Lebens kommen von ganz andern Grundlagen aus, daß sie dafür die christliche Gemeinde in keiner Weise brauchen und diese ihre Kraft überschätzt, wenn sie meint, die Menschen brauchen sie, um Kraft zu beweisen im Leben. Dies ist ein Irrtum. Unzählig viele Menschen bekommen diese Kraft an der Gestaltungsaufgabe, die ihnen in der Welt entgegentritt, und wenn Schafft sagt, daß in der Gestaltungssphäre das Gefühl des Mangels, ja unter Umständen das der Sinnlosigkeit und Verzweiflung so oft begegnet, so ist das ohne weiteres zuzugeben. Es wäre ja geradezu unbegreiflich, wenn dies Gefühl des Mangels und der Verzweiflung in der heutigen Situation nicht allenthalben vorhanden wäre, denn die Welt, in der wir leben, ist ja für unendlich viele Mesnchen eine unsinnige Welt. Aber die Idee von der Sinnerfüllung, das ist das Entscheidende, kommt für diese Menschen realerweise und kann ihnen nach den ganzen seelisch-geistigen Voraussetzungen, die für sie wirklich sind, nur kommen aus dem Mitarbeiten an einer Gestaltung, aus dem Zugehen auf eine Gestaltung. Denn wenn es richtig ist, daß die Lage so und so vieler Menschen es unmöglich macht, den Weg zu einer freien und klaren Haltung überhaupt zu finden, dann stellt sich diese Haltung als eine Verzweiflungshaltung dar, und es ist eine vollkommene Verkennung der Situation, wenn man meint, daß die christliche Verkündigung, auch wenn die Kirche sie noch so sehr reinigt, daran etwas ändert. Sie steht diesen Dingen gegenüber vollkommen quer, und es bedürfte geradezu einer Verwirklichung eines Gottesreiches auf Erden im Laufe weniger

Jahre, wenn das für das Bewußtsein der Masse der Menschen anders werden soll. Ich bin aus meinen Erfahrungen heraus genau gegen Schafft. Je ausdrücklicher die Menschen in der Situation sich finden, daß sie nur in der Teilnahme an der Gestaltung zu einer tiefen Besinnung der Grundlagen menschlichen Seins und Werdens kommen können, desto größer ist die Möglichkeit, daß sie dazu kommen. Je mehr die kirchliche Verkündigung ihnen in die Quere kommt, desto kleiner ist die Chance, daß sie dazu kommen. Ich würde Bedenken tragen, das allzu vorschnell mit dem Terminus „religiöse Urmotive" zu belegen. Hier muß man konstatieren, daß die religiöse und die profane Sphäre in sich eins sind, daß aber kein Mensch aus der religiösen Sphäre heraus kann – das ist natürlich allerinnerste Deutung.

Karl Mannheim

Bevor wir überhaupt über inhaltliche Dinge reden können, muß man einigermaßen die Bedenken widerlegen, die aus der Gruppe kamen, die sagte: Wie kann man sich überhaupt mit der Frage der religiösen Urmotive abgeben, wenn die Menschen draußen hungern? Ich bin in einer schwierigen Situation, denn ich werde später über religiöse Urmotive reden müssen und in diesem Zusammenhang auch über das Gottesproblem, und der moderne Mensch ist in der eigentümlichen Schamsituation, daß er über Subjektivitäten ohne Hemmung spricht, aber über Gott nur schwer. Die Hilfsbereitschaft und die Solidarität mit dem Proletariat versteht sich von selbst, und es soll gesagt werden. Aber man darf mit dieser Argumentation nicht alles erledigen. Es ist das Wichtigste, aber sich darauf zu berufen, ist seine Grenze. Und für mich ist die Sache dann gefährlich, wenn man mit diesem, was sich von selbst versteht, jede konkrete Problematik zu stoppen sucht. Ich möchte zur weiteren Verteidigung der Möglichkeit, über die Urmotive zu sprechen, sagen: Wenn diese Problematik durch mein Leben gestellt ist, zwar in säkularisierter Form, so ist es falsch, zu fragen: ist es eine *cura posterior?* Ich glaube, es gibt absolute Evidenz, daß man über Dinge reden kann, nämlich, ob sie einen brennen, ob sie einen beschäftigen, ob sie einem aufgegeben sind. – Die 7 Prozent (die Worte Masse und Elite sind falsch), diese kleine Zahl, die schicksalhaft geworden ist aus einem soziologischen Prozeß, hat und kann sich legitimieren. Sie hat heute keine Legitimation, wenn sie sich nicht von den übrigen her versteht, wenn sie nicht weiß, daß sie ein repräsentatives Leben für andere lebt, – ob man das nun in der aristokratischen Form tut mit Kultiviertheit oder in der der „Seelenvertiefung" – in dem Sinne, daß man diese Mußezeit statt zum Tanz ausnützt zum Erreichen anderer seelischer Schichten – das ist eine repräsentative Funktion, deren man sich nicht zu schämen braucht, in dem Bewußtsein, daß sich darin ein Menschentum formiert, in das alle, wenn sie höheres Einkommen haben, auch kommen können. Wenn man sich das so vorstellt, ist es klar, daß man nur ein Vorposten ist, der früher mit bestimmten Problemen fertig zu werden hat, die andere auch mal erreichen werden. Dieses soziale gute Gewissen kann ich mir leisten, wenn ich das andere ernsthaft mitmache. Aber es gibt eben auch die Tatsache, daß ich früher hereingebracht werde in manche Dinge als die andern. Die Intelligenz muß sich nicht unbedingt dadurch legitimieren, durch ein sich selbst Ironisieren als geistige Canaille, die von sich aus gar nichts leisten kann für die Menschheit. In dies Extrem soll sie nicht verfallen; sondern, was sie entgegenbringen kann, will ich hören und weitergeben, um es in kollektivem Kampf weiter zu verwenden. Man muß Mut zu seiner Situation haben, denn sie ist eine Vorpostensitutation. Dies gleichsam als Vorspiel, als *captatio benevolentiae* der einen kleinen Gruppe.

Jetzt kommt die andere Gruppe, mit der es mir schwer fällt zu reden im gleichen Sinn, der Gehemmtheit der Terminologie wegen zugleich. Man müßte über Gott reden, und dem will ich auch nicht aus dem Wege gehen. Ich glaube, die Frage Gottes muß hier ganz extrem gestellt werden. Scheler hat gesagt, und das muß ich mitmachen: Wenn es einen Gott gibt und der mich wirklich etwas angehen soll, dann kann es im Sinn der Erfahrungsmodi nur ein persönlicher Gott sein. Denn die höchste Form, in der ich angesprochen werden kann, ist weder Geist noch Maschine, noch Naturgesetz, noch irgendetwas ganz Sublimes, sondern das Urerlebnis der Persönlichkeit. Ich muß mit ihm sprechen können, er muß mich anreden können, dies Gefühl habe ich unbedingt, vielleicht von der Kindheit her, vom Erbgut her, aus den Begegnungsarten, die man als Mensch hat. Entweder Gott oder keinen – und wenn, dann ein personaler Gott. Ich muß mich vor ihm entschuldigen können, zu ihm beten können, er muß diese persönliche Qualität haben. Ich kann die Zwischenstufen, die zwischen Gott und Person stehen, nicht annehmen, die doch bereits im Protestantismus angelegt sind. Die Entwicklung zum Hegelischen Weltgeist ist in diesem Rückzugsgeist entstanden, die Spiritualisierung entstand gerade zugunsten und den Intellektuellen zuliebe, für die die personale einfache Vorstellung sehr schwer zu verteidigen war und die sich Gott nur zurechtlegen konnten in dieser pantheistischen Form. Ich kann mit diesem spiritualisierten Gott nichts anfangen. Einerseits ist es das historische Verdienst des Protestantismus, daß er diesen Prozeß vollzogen hat, andererseits ist es eine Einbuße an absoluter Evidenz und Gestaltungskraft. Wenn ich nun auf diese Urproblematik zurückgreife, entweder persönlicher Gott oder keiner, kann ich zu nichts anderm kommen als: Ich weiß nichts. Aber eines weiß ich: Ein persönlicher Gott hat mich noch nie angesprochen – ich habe wohl Erlebnisse gehabt, die Sie religiöse nennen würden. Aber dies so erleben, daß mir ein persönlicher Gott begegnet sei, könnte nur ein Mann aus dem Mittelalter. Das, was ich Selbstbegegnung nenne, das kann ich phänomenologisch genau beschreiben, nur als Zurückgeworfensein auf meine Einsamkeit, auf den Quellpunkt in mir, der aus mir heraustritt, ekstatisch ist – aber nicht so, daß eine fremde Stimme in mich hineinspricht, wie ein mittelalterlicher Mystiker sagen würde. Weil ich in diesem Sinn exakt sein will (und das ist der moderne Mensch) und weil ich es so erlebt habe, kann ich nicht sagen, daß ein persönlicher Gott gesprochen hat, und schweige darüber. Direkt habe ich ihn nicht gehabt, aber in Ordnung ist es damit nicht. Und mit der Welt ist es nicht in Ordnung, bei dem immer weiter Auflösen (siehe Hagelschlag) stimmt etwas nicht, es kommt etwas dabei nicht heraus. Ich sehe auch nicht, wie mein Verstand zu einem Punkt kommen könnte, wo er sagen kann, daß nichts dahinter ist. Deshalb schäme ich mich, darüber zu sprechen.

Je radikaler ich die Hagelschlagsache vollziehe, rational-funktional die Welt durchdenke, so ist das ein aufregendes Spiel, die Welt immanent und soziologisch zu verstehen. Je mehr ich nun den Teufel bzw. den Gott austreibe aus der Welt, entdecke ich, daß ich auch den Menschen austreibe. Das ist das erste, wo mir die religiösen Urmotive aufbrechen, und zwar entdecke ich, daß in dieser ganzen Erklärungsform eine bestimmte Denkschematik arbeitet, daß man von der ganzen Welt nur die Reaktionsapparatur erforschen will. Der moderne Mensch braucht das. Unsere Beziehungen werden immer flüchtiger, werden zu Handlungsreaktionen, weil wir nicht Zeit genug haben, mehr auf den andern zu schauen. Dieser Faktor hängt mit der Industrialisierung zusammen. Mit dieser Art der Denkweise, auf Reaktionen eingestellt zu sein und sie zu berechnen, wird mir alles durchsichtig, aber ich verdränge immer mehr das, was wir Begegnungsarten nennen, und diese sind in der religiösen Welt unglaublich reichhaltig und registriert, zwar in einer Terminologie, die ich nicht akzeptieren kann, nämlich auf das theologische System hin. Aber es ist evident, daß die Modi der Begegnungsarten, wie der andere Mensch sich mir gibt, immer ärmer werden. Wenn wir mit der Hagelmethode Gott ganz ausgetrieben haben werden, werden wir sehen, was alles draußen geblieben ist. Dies Erlebnis, mit andern in einer bestimmten Begegnungsart zu begegnen, ist nicht bloß reaktiv, und dies ist in den Formen des religiösen Welterlebens enthalten gewesen. Das möchte ich mir zurückwünschen. Ich möchte für diese Begegnungsart Termini finden, weil ich das Gefühl habe, mit der alten bekommen wir eine zu frühzeitige Befriedigung.

Hans von Soden:
Ich glaube, wir haben jetzt eine Art Begegnung gehabt. – Ich will eine Frage von Pollock beantworten: wie die Welt zur Entgottung kam. Der Begriff „Gott" war inhaltlich bestimmt durch eine Weltanschauung, die von der Kirche festgehalten worden war, als ob sie die Religion wäre, und mit der Kirche fiel das. Das, was Gott ist, ist gerade von Mannheim gesagt worden. Dies war immer die Sache einer Minorität. Auch früher sind sehr wenige Menschen wirklich Christen gewesen. Der Unterschied ist, ob Gott ein Stück einer selbstverständlichen Kosmologie gewesen ist oder ob man Gott in der Weise einer Begegnung hat. Ein weiterer Grund ist das Versagen derjenigen, die glaubten, ihn zu glauben und davon nicht zu zeugen vermochten. Man muß nun die Furcht vor der Terminologie nicht dahin treiben, daß man nun nicht mehr mit Namen nennt, was religiöse Sache ist. Die Fragestellung: „Wozu nützt dies alles?" ist ganz unmöglich. Der religiöse Mensch ist erst überzeugt von der Wahrheit der Religion, und dann erst findet er den Wert der Religion. Hier käme das Offenbarungsproblem zur Sprache, wozu es nicht mehr Zeit ist. Von hier aus wäre auch die Sanktionsfrage (Auftrag...) zu beantworten. Dies alles wird natürlich von Wiesengrund abgeschnitten, wenn er sagt, es ginge erst darüber zu sprechen, wenn... Man müßte sich auch darüber verständigen, ob man mit Religion einen formalen Begriff für Begegnung mit sich selbst oder etwas anderes meint.

Friedrich Pollock:
Es ist nicht so, als ob ich zu Gericht gesessen habe vom Standpunkt des Proletariats über die Intellektuellen. Das ist mir gar nicht eingefallen. Sogar die 7 Prozent erscheinen mir etwas zu hoch. Ich wollte nur darauf hinweisen, daß der ungeheuer größere Teil der Menschheit gar nicht in die Lage kommt, sich damit auseinanderzusetzen. Dies sollte keinerlei Werturteil sein über die, die es tun.

Paul Tillich:
Die Beschäftigung mit einem Problem, sofern sie Ergebnisse zeitigen würde, wäre von zentraler Bedeutung auch für den proletarischen

Kampf, nicht nur für nachher, wenn die Dinge siegreich durchgekämpft sind, für das dann stattfindende Privatleben, sondern für den gegenwärtigen Kampf. In dem Akt, der zwischen Menschen sich abspielt, etwa in der Partei oder Gewerkschaft oder in der großen Politik oder im Familienleben des Proletariers, sind immer außer der sogenannten sozialen Struktur Elemente wirksam, die nicht einfach auf diese Struktur reduziert werden können, sondern darüber hinausragen, nicht zu einem „Allgemein-Menschlichen" im abstrakten Sinn, sondern, was als konkrete Realität sich durch weite Zeiten hindurch als menschliche Wirklichkeit dargestellt hat. Das Verhältnis zu Frau und Kindern ist in jeder proletarischen Familie nicht ganz abhängig von der soziologischen Situation. Sondern es ist auch eine menschliche Haltung, die sich darin äußert, denn auch dort gibt es sehr entgegengesetzte Haltungen bei gleicher soziologischer Struktur. In der Frage nach der Erwartung bin ich mit Wiesengrund der Meinung, daß sie eine wichtige Kategorie der Entmythologisierung ist. Es ist wichtig für jede Haltung, ob der Erwartungscharakter geklärt ist. Ich glaube, daß in jedem Moment des Handelns von Menschen miteinander die gesamte Deutung der Menschen, die handeln, in all ihre Beziehungen, wie sie den Raum sehen, die Zeit erleben, eingeht, daß all dies Dinge sind, die unmittelbar in einem wirksam sind, und nicht nur, weil es des Menschen, wie wir ihm begegnen, würdig ist, sondern auch, weil es konstitutiv für ihn ist, so daß er, wenn auch nicht reflexiv sein eigenes Handeln deutet, es doch in den instinktiven Reaktionen seines alltäglichen Gemeinschaftslebens deutet. Das ist unser Anliegen, darum glauben wir, daß es sinnvoll ist, diese mögliche Formung oder Deutung (Formung kann man zuweilen nur weitergeben durch Deutung) explizit zu machen. Beispiel mit Kind: Der Pädagoge kann nur deutend einführen in das, was man tut. Die menschliche Formung und Deutung ist auch für die Situation des Proleatariats von eminenter Wichtigkeit. Hier würde ich Mannheim sagen, daß vielleicht nur wenigen, vielleicht nur denen, die am weitesten fern von der konkreten Situation stehen, von dem Handelnmüssen, es erlaubt ist, in dieser Weise den Weinberg zu zerschlagen. Für die andern ist es gedeutet aufgrund der Möglichkeit, die sie noch haben, den Weinberg zu pflegen, an diese Gestaltungsprobleme konkret heranzugehen. Man muß handeln, ehe man zu Ende gedacht hat, ehe man sich zu Ende bereinigt hat. Obwohl ich reden kann aus der Erinnerung von einer direkten gegenständlichen Begegnung mit einem persönlichen Gott, ist für mein gegenwärtiges Leben dies nicht das entscheidende religiöse Urphänomen, sondern dies ist für mich auch nicht der absolute Geist oder der spiritualisierte Gott, aber das unter einer unbedingten Forderung Stehen, dieses Wissen, und zugleich unter einer unbedingten Sinngebung Stehen, die nicht inhaltlich ist und die nichts bedeutet als das transzendente Ja, daß ich überhaupt leben darf. Dies ist das Erbe, das ich als Protestant mitgebracht habe und von dem ich glaube, daß das für alle religiöses Uranliegen ist.

Ich möchte hier unterscheiden, Pollock, es gibt einen physiologischen Zustand, in dem einem der liebe Gott und die Frau und das Kind absolut gleich sind, weil man nicht da ist. So ein Phänomen kann soziologische Bedeutung bekommen, wenn Massen in einen solchen Zustand geraten. Diesen physiologischen Extremzustand darf man aber nicht zum Normalzustand der 93 Prozent machen. Mittendrin in den Akten, in denen diese Menschen leben, wenn sie nicht physiologisch betäubt sind, in dem Verhältnis zum Kind etwa, liegt ein Problem, das nicht gelöst werden kann dadurch, daß man alles abschiebt auf das Problem des einfachen Hungers. Es entsteht die Frage: Können wir als Protestanten etwas helfen, um in dieser Situation Antwort zu geben? Wir können das noch. Es ist möglich, den Protestantismus loszulösen von allen Fragen, die Blum als dogmatische Grundlage des Protestantismus herausgestellt hat. Es ist möglich, das protestantische Prinzip herauszuarbeiten und in direkte Beziehung zur gegenwärtigen konkreten Situation zu bringen. Eine besondere Aufgabe ist hier die entscheidende. Im Protestantismus liegt als Element das radikale Fragen, das Sich-an-die-Grenze-Stellen. Dieses Prinzip, wenn es auch nur von einer kleinen Gruppe vertreten wird, muß hindurchgerettet werden durch die über uns herrschenden Heteronomien. Unsere Situation läuft in drei, vier Heteronomien aus: die kommunistische, faschistische, katholische und vielleicht auch die protestantisch-orthodoxe. Zu diesen vier Sicherungstendenzen, die alle die Autonomie kaputtmachen, darf das protestantische Prinzip nicht als vierte Heteronomie, wie die Orthodoxie es will, hinzutreten, sondern soll als wirklich kritische Frage, nicht als rational-kritische, sondern als religiös-kritische in den verschiedenen Gruppen sich als Protestantismus betätigen. Nicht in dem Sinn der protestantischen Kirche kann man daran herangehen. Die Frage, die gestellt wurde: „Was glaubt Ihr denn geben zu können?" finde ich sehr berechtigt. Aber daß es protestantische Laien gibt – Philosophen oder Professoren der Theologie – die auch als Laien in den verschieden sich als heteronom sichernden Gruppen die protestantische Frage stellen, dies ist Aufgabe des Protestantismus. Man braucht gar nicht konfessioneller Protestant dazu zu sein; alle, die in dieser Situation stehen, auch Mannheim gehört dazu, weil er, der nicht aktiv gestaltend sein kann, warnen kann, Dinge hereinzubringen, die Gerümpel und Ideologie sind. Dies wäre aber das Ziel eines gegenwärtigen protestantischen Arbeitens und meines profanen autonomen philosophischen Arbeitens.

Martin Dibelius:
Ich hatte beim Abendbrot den Eindruck, man sei zu nahe an ein vorschnelles Verstehen geraten. Das hängt damit zusammen, daß wir von Anfang an keinen Unterschied gemacht haben in der Diskussion zwischen religiösen Urmotiven, sowie christlichem Glauben und protestantischer Haltung. Die ganze Frage, um derentwillen der Christ seine Religion, nicht sofern er religionsvergleichend vorgeht, sondern sofern er selber Christ ist, entnimmt dem Vielerlei der Religionen und von seiner etwas aussagt, das er von andern eben nicht aussagt, diese Frage ist natürlich die Offenbarungsfrage. Hier stößt man auf die Christologie. Ich bin aber nicht imstande, für das Wesentliche die ontologisch-christologische Frage zu halten, sondern für das Wesentliche, nicht nur für heute abend, und die Frage des Sozialismus und der Politik, sondern überhaupt für das Wesentliche halte ich die mit dem Neuen Testament oder der Offenbarungskenntnis gegebene normierende Sinngebung des Lebens oder Orientierung des Lebens. Wenn ich einen Satz aus dem, was heute abend gesagt wurde, mit besonderer Begeisterung aufnahm, ist es der von Tillich, von dem Handeln, ehe man zu Ende gedacht hat. Das scheint mir die konkrete Situation zu sein, die gerade dem modernen Menschen auferlegt ist, daß ihm in einer kleinen privaten oder großen öffentlichen Welt dauernd Aufgaben, nicht nur Fragen, sondern Aufgaben gestellt werden, die er lösen muß, ehe er ein System zu Ende denken kann. Ich möchte mir das anschaulich machen an einem sehr einfachen und vielleicht platten Beispiel: daß die wichtigsten großen Entscheidungen, die der Mensch heute fällt, gefällt werden am Telefon, während früher der Mensch die Möglichkeit hatte, mindestens noch eine Nacht darüber zu schlafen. Wir können nicht in diesem Falle ein System zu Ende denken. Die Situation des protestantischen Christen ist nicht so, weil er eben jene von Tillich geschilderte Einstellung hat, nicht so, als sei er eingegliedert in einen *Corpus,* wie z. B. der Katholik, der es am Telefon leichter hat, da er gleichsam eine Telefonverbindung zum Vatikan hat. Die Situation des protestantischen Christen ist so: Er wird am Telefon niemals die Entscheidung finden, wenn er nicht immer täglich, stündlich vor Gott steht und sein Leben danach normiert. In dem Moment, sich christlich zu orientieren, wo die Frage gestellt wird, das geht nicht

mehr, das ist zu spät. Entweder er spricht aus seinem Christsein heraus oder er wird es auch in dem Moment nicht können. Mir scheint,
daß der Pseudokatholizismus oder die Heteronomie, die den Protestantismus gefährdet, ist, daß viele Menschen diese Situation nicht
sehen. Es gilt mehr denn je, ein Dauerchrist zu sein, mit Sonntags-
christentum ist gar nichts zu machen. Entweder man steht durchge-
hend vor Gott, was nicht heißt, daß man ein heiliger Mensch ist, sondern daß man diese absolute Verantwortung empfindet, oder man
wird in allen Entscheidungen des Lebens eine wirklich christliche
protestantische Haltung nicht einnehmen können. Dies ist das eine.
    Das andere ist die Frage, wie dies nun in der Welt wirken kann, ob
dies einen Nutzen hat oder Sinn geben kann in der Welt. Wer die entscheidende Begegnung mit dem Neuen Testament gehabt hat, wird
es natürlich ablehnen, danach im *gegebenen* Augenblick die Sinngebung
des Lebens einzurichten, sondern er hat diese zunächst maßgebend
und richtet dann danach sein Handeln. Das Handeln ist niemals Beweis, aber auch nicht Mittel. Es handelt sich bei der Undeutlichkeit
der Situation, in die das protestantische Christentum sich selber gebracht hat, undeutlich gegenüber der katholischen, sozialistischen,
auch der faschistischen Haltung, es handelt sich, glaube ich, um Dinge
nicht im wesentlichen religiöser Natur, sondern um die Zerschlagung
der bürgerlichen Sicherheit, die mit Christentum verwechselt worden
ist, zumindest in Deutschland. England, das so etwas wie eine christliche Revolution erlebt hat, steht insofern anders da. Dagegen hat der
Protestantismus in Deutschland eigentlich die Bedeutung gesicherter
Bürgerlichkeit, und mit der Zersetzung dieser bürgerlichen Sicherheit
ist die ganze protestantische Lebensgestaltung ins Wanken geraten.
Diese bürgerliche Welt − von der einige Gesangbuchstrophen ein
lebendiges Bild geben − lebte in gewissen Schichten unseres Volkes
bis 1914. Sie ist mit der Zerstörung der kleinkapitalistischen Existenz-
sicherheit auch ins Wanken gekommen. Diese Zerstörung ist für diese
Schichten sehr wichtig. Nun sitzen sie da und finden nicht in eine
Welthaltung hinein, weil sie vorher keine hatten und verschreiben
sich gegenwärtig dem Faschismus. In den Verheißungen des Dritten
Reiches liegt ein ungeheures Sicherheitsversprechen, weniger eschato-
logisch als: Morgen wird es als ein Verein gegründet und sie wollen
sich voranmelden. Jeder Gruß beruhigt einen − man gehört mit dazu.
Darum meine ich, genau wie Tillich, es ist jetzt gar nicht für einen
Protestanten die Frage, soll er nicht erst mal sein System zu Ende
denken, sondern es ist uns einfach aufgegeben, die protestantisch-
christliche Haltung zur Welt und in der Welt zu haben und danach zu

handeln, mögen wir so wenig sein wie wir sind. Es ist unsere Aufgabe, diese Haltung zu verwirklichen in der Welt. Ich glaube aber, daß diese Möglichkeit uns Deutschen sehr erleichtert wird dadurch, daß es in andern Ländern ein viel fragloseres und von der Pein des erst zu Ende-Denken-Müssens viel befreiteres Christentum gibt. Der Hinweis von Frick auf die Quäker ist vielleicht falsch verstanden worden. Er meint: Vorbildlich erscheint uns, daß die ganze theoretische Problematik nicht eine Schranke ist vor dem Handeln, sondern daß die Verwirklichung einer Haltung in der Welt das Selbstverständlichste und Fragloseste ist, was es gibt auf der Welt, weil man eben die normierende Orientierung des Lebens vom Neuen Testament her und nicht erst durch tausend Vermittlungen einfach erfaßt hat. Mir sind die Quäker in diesem Punkt vorbildlich. Es sind aber nicht bloß die Quäker, sondern es gibt noch in andern Ländern und Kirchen eine Haltung, die viel weniger als bei uns belastet ist durch diese Koppelung mit der kleinbürgerlichen Welt und darum immer weniger in Gefahr gewesen ist, verwechselt zu werden mit einer Haltung, die nichts mit Religion zu tun hat.

Max Horkheimer:

In der Tat kann die Soziologie etwas leisten in der Welt, und es ist eine respektable Wissenschaft. Aber eine Vorzugsstellung vor anderen Wissenschaften möchte ich ihr doch nicht zugestehen. Tillich hat gesagt, daß der Soziologe vor der Aufnahme von Gerümpel bewahren kann; das kann jede Wissenschaft tun. Jedenfalls, warum soll das Ziel, das die Soziologie verfolgt, in irgendeinem Sinne näher zu religiösen Dingen hinführen? Der Nachweis von Zusammenhängen zwischen irgendeiner Ideologie und Weltanschauung mit einem gesellschaftlichen Interesse kann prinzipiell nichts über ihre Wahrheit ausmachen. Das habe ich gesagt, um das zu zerstören, was eine vorschnelle Vereinigung von Soziologie und Religion zu sein schien. Ich glaube aber, daß Herr Tillich immer noch eine etwas einfache Psychologie hat. Die Tatsache, daß ein Mensch getrieben ist, jetzt irgend etwas zu trinken und zu essen, das ist eine Naturtatsache, wie auch die, daß er jemand liebt, und dort, wo er nicht mehr getrieben ist zu essen und zu trinken, fängt doch nicht das religiöse Problem an. Ich kann mich zur Frau usw. anständig verhalten, ohne daß ich religiös bin im Sinne, wie es der Protestantismus versteht. Das Wissen um die Vergänglichkeit des Vergänglichen, um die Endlichkeit des Endlichen, um die Bedingtheit unserer Wissenschaft, all das haben wir areligiösen Menschen auch – aber darüber hinaus ist es doch etwas, was der Protestantismus geben will. Auch die Offenbarung, was von Soden gesagt hat, verstehe ich. Aber wenn die Offenbarung als normierende Sinngebung . . .

Martin Dibelius: . . .

Karl Mannheim:
Die kommunistische Theorie kann das auch leisten.

Martin Dibelius:
Ich behaupte ja nicht, daß das Christentum die einzig mögliche Sinngebung ist, das ist dann ein anderer Inhalt.

Paul Tillich:
Jetzt ist die Gefahr einer ungeheueren Vereinfachung. Horkheimer sagt: Wenn schon Offenbarung – dicke Sache, verstehe ich. Ich sehe, das geht mich dann nicht an. Diesen Gegensatz würde ich allerdings für eine absolut verkehrte Wendung des ganzen Gesprächs und der Situation halten.

Martin Dibelius:
Dadurch wird ja gerade die eigentümliche und, wie die Gegner sagen, fragwürdige Stellung des Protestantismus gegenüber dem Katholizismus klar: daß wir jetzt in diesem Ringen und dieser typischen Doppelheit stehen, indem wir auf der einen Seite in der Gefahr sind, a-theistisch autonomistisch zu werden und auf der andern Seite heteronomistisch, die Offenbarung als heteronom zu begreifen. Daß die Anklagen so prompt gekommen sind, das zeigt bloß, daß ich die Situation des Protestantismus nicht ganz falsch gezeichnet habe. Diese Fragen müssen dann kommen. Es ist so, daß die Offenbarung, das meinte ich mit dem Telefonbeispiel, eben nicht an die Hand gibt eine heteronome Regelung des Lebens, wie es die alten „Stichbibel"-Christen machten, die, wenn sie nicht wußten, ob sie ein Mädchen freien sollten, durch einen Nadelstich eine Seite erlosten, die die Antwort geben sollte. Nun ergibt sich aus dieser Verantwortung vor dieser Sinngebung eine Stellung im Leben, die eine eigene Entscheidung fordert, also insofern autonom ist und nicht heteronom. Die Haltung im Leben ist also dann doch in jedem konkreten Falle eine vom Menschen selbst zu gewinnende. Ich rede einfach von politischen Fragen: Dabei müssen die Portestanten verschiedener Meinung sein, die Ka-

tholiken aber nicht. Tillich hat recht mit dem Wort autonom, obwohl es eine transzendent bedingte Autonomie ist, aber im Leben ist es doch keine Heteronomie wie die andern. Die Offenbarung bedingt grundlegend das Lebensverständnis, aber nicht seine Entscheidung etwa bei der Reichspräsidentenwahl.

Max Horkheimer:
Sie beziehen sich dabei einfach auf ihre Verantwortung vor Gott bei dieser Wahl, weil wir nicht wissen, was mit dieser Verantwortung los ist.

Martin Dibelius:
Bei der letzten Wahl habe ich die meisten Prügel gekriegt. Meine Entscheidung für Marx war so momentan, „am Telefon", war bedingt durch eine innere Dauerhaltung, die ich als aus der letzten Verantwortung vor Gott entsprungen erklären will.

Max Horkheimer:
Ich frage, was kann diese transzendente Autonomie für einen sein, für den die Offenbarung nichts bedeutet?

Martin Dibelius:
Ich habe ja nicht verlangt, daß Sie einsehen sollen, sondern zunächst sollen Sie nur sehen.

Max Horkheimer:
Ich dachte doch, daß es mit ein Zweck dieser Unterhaltung ist, daß wir zumindest einsehen sollen, wo die entscheidende Hilfe des Protestantismus aus der Not liegt, in der wir gegenwärtig sind, und hier würde ich sagen: Inwiefern soll ich sehen, daß das die wesentliche Hilfe aus der Not ist.

Martin Dibelius:
Ich würde unterscheiden zwischen den zwei Zwecken dieses Gesprächs, dem einen, daß Sie sehen, wenn es gelingt, wo des protestantischen Christen letzter Angelpunkt ist. Das können Sie nur sehen, aber nicht einsehen, denn dann sind Sie der unsere. Das andere aber ist die Frage, welchen Nutzen könnten die protestantischen Christen in der gegenwärtigen Krise der Weltgestaltung leisten? Wir dürfen das nicht durcheinander bringen, wir haben ja erklärt, daß wir nicht deshalb protestantische Christen sind, weil man glauben kann, daß

wir in der gegenwärtigen Situation diesen Dienst leisten könnten. Mit einem Beispiel: Ich widerspreche da vielleicht von Soden. Daß die christlichen Kirchen, die nicht römisch-christlichen Kirchen jetzt in Beziehung miteinander treten in der ökumenischen Bewegung, das ist zunächst nicht eine Angelegenheit sozusagen eines geistlichen Völkerbundes, sondern das ist zunächst entstanden aus der allerdings im Krieg ja sehr stark offenbar gewordenen Tatsache, daß das Verhältnis der Christen zueinander, gemessen gar nicht am Nutzen der Völker, sondern am Evangelium, ein Skandel ist. Wenn man dies erkannt hat, spät genug, dann ist es einfache Pflicht der Christen, an der Beseitigung dieses Skandals mitzuarbeiten. Nun bringt diese Arbeit mit sich, daß gerade in sehr kleinem Rahmen Theologen und auch andere Christen der verschiedenen nicht nur Kirchen, sondern auch der verschiedenen Länder, der ehemals feindlichen, miteinander nicht nur in theologische Gespräche, sondern auch in eine Lebensgemeinschaft kommen wie diese Konferenzen. Daraus ergibt sich die Möglichkeit, auch über politische Dinge zu sprechen. Nun sind dies vielleicht sehr unwichtige Personen, aber eins zieht das andere nach sich. Es kommt zum unmittelbaren politischen Nutzen. Die Sache ist nicht um deswillen angefangen, aber sie trägt diese Frucht. Natürlich ist, wenn es sich um Begegnung zwischen Christen handelt, auch von außen her eine gewisse Plattform da. Nun ist das zweifellos ein Nutzen der ökumenischen Bewegung, den viele politische Behörden einsehen, aber doch nicht der Zweck. Dies können Sie auf die gesamte protestantische Welthaltung anwenden. Wir sind nicht protestantische Christen, weil es vielleicht den oder jenen Nutzen für die Welt hat. Die Antwort, ob es Nutzen hat, ist völlig unabhängig von der Frage, warum bin ich protestantischer Christ.

Emil Blum:

Was ist der Unterschied, wenn der protestantische Christ bei einer Entscheidung denkt: Ich entscheide aus der Verantwortung vor Gott, und der Nichtprotestant: Ich entscheide aus der Verantwortung vor mir selbst?

Martin Dibelius:

Der von absoluter und relativer Verantwortung.

Theodor Wiesengund:

Ich betrachte es als gewisses Manko der Diskussion, daß der eine entscheidende Punkt nicht gesagt worden ist. Das, was uns eben elementar scheidet, ist die Frage der Göttlichkeit Jesu. Ich möchte nur an zwei isolierten Punkten ansetzen. Das eine ist der von Mannheim in die Diskussion gebrachte Garten. Er hat das Beispiel natürlich ironisch eingeführt, aber daraus ist Ernst geworden, von dem ich glaube, daß er eigentlich die ganze Problemstellung außerordentlich verdeckt hat. Denn dieses Modell, das von Herrn Mannheim für das Verhalten von uns schlechten Rationalisten und Modernisten aufgestellt worden ist, scheint dem tatsächlichen Verhalten gegenüber der Realität in Wirklichkeit nicht zu entsprechen. Ich glaube, man müßte sehr genau zuschauen, worin im Falle der einzelnen Betrachtungsart die Funktion der angeblich so freien destruktiven Ratio eigentlich besteht, und könnte unter Umständen dahinterkommen, daß die Funktionen, die scheinbar durch die Rationalität wegfallen, bei der Ratio „aufgehoben" sind, statt daß sie umstandslos der dämonischen Seite überlassen werden können. Die Funktion des Bewußtseins ist nicht die, daß es alles, was es an sinnhaftem Geschehen in der Welt gibt, auflösen will, es ist auch nicht das, was man das radikale Fragen nennt, sondern überhaupt nur, daß man nicht blindlings sich einer vorgegebenen Form unterwerfen will. Der andere Punkt ist der der Heteronomie. Es sind mehrfach Parallelen gezogen worden, nämlich die von Bolschewismus und Katholizismus. Die Übertragung des Prinzips der Heteronomie auf den Kommunismus scheint in keiner Weise zuzutreffen. In der heutigen Diskussion der kommunistischen Avantgarde wird gerade das Prinzip der Heteronomie nur von ganz bestimmten Schichten von Intellektuellen vertreten (Tretjakow), die Parteiinstanzen vertreten es nicht. Nicht das Recht zur Frage und Erkenntnis hat sich geändert gegenüber dem Bürgertum, sondern das Verhältnis zwischen Theorie und Praxis. Das ist nicht einfach zu beschreiben, sondern es liegt in der ganz konkreten Situation ein dialektisches Ineinandergreifen vor, das aber prinzipiell an der Erkenntnisstruktur sehr viel ändert und zwar so, daß es dem, was die Theologen von der theologischen Erkenntnispraxis verlangen, sehr nahe steht, nur in anderem Material. Wenn in der heutigen russischen Praxis das Autonomieprinzip ausgeschlossen wird, stellt man sich das übertrieben vor. Die theoretische Diskussion in Rußland ist unverhältnismäßig viel freier als man uns hier erzählt, und die Tabuierung bezieht sich nur auf Momente des ganz konkreten politischen Kampfes, wie es in Deutschland genauso ist. Der Unterschied ist sehr gering. Es gibt Komplexe, die schlechterdings tabuiert sind, z. B. das Sexuelle und Familienleben betreffend.

Weiter noch die Frage nach der Möglichkeit des realen Eingreifens des Protestantismus in die Situation. Mir scheint folgendes sehr evident zu sein, daß auch unter der Voraussetzung des reinsten Wollens, selbst unter dieser Voraussetzung angesichts der Mächtigkeit der tatsächlichen Wirtschaftsverhältnisse die Möglichkeit des Eingreifens der protestantischen Bewegung außerordentlich beschränkt ist und zwar in einer berechenbaren Weise beschränkt ist. Es ist nicht so, daß er auf irrationale Weise sich hinter den Kulissen doch durchsetzen konnte. Er kann nur in einem beschränkten Raume wirken und könnte radikal wirken nur, wenn das System selbst und nicht vereinzelte Symptome zur Kritik stünden. Diese Kritik des Systems aber wird abgelehnt aufgrund theologischer Gründe: die Welt sei nicht das Himmelreich... Man dürfe nicht den Maßstab, der auf die Totalität geht, anlegen. Damit würde Radikalismus der gesellschaftlichen Kritik unterbunden und die protestantische Kritik bleibt prinzipiell im Rahmen des gegenwärtig herrschenden Systems.

Paul Tillich:
Diese letzte Frage wäre die entscheidende für den religiösen Sozialismus. Der Protestant muß aufrechthalten, daß, wenn Transzendenz überhaupt in Frage gezogen wird, der Ton des Unbedingten nicht mehr im absoluten Sinn auf eine bestimmte begrenzte Erscheinung fallen kann. Wo in der Immanenz ein absoluter Ton, eine unbedingte Forderung in Bezug auf irgendetwas Bestimmtes gesetzt wird, ist dies definitorisch Utopie und muß mit dem enden, was ich metaphysische Enttäuschung[8] nenne.

Theodor Wiesengrund:
Diesen Radikalismus würden wir gar nicht in Anspruch nehmen, sondern nur, daß die politische Kritik des religiösen Sozialismus sich auf das System als Totalität erstreckt und nicht bloß auf Symptome. Aber gerade diese Konsequenz hat nach meiner Kenntnis der religiöse Sozialismus nicht gezogen.

Paul Tillich:
Ihre Kenntnis muß sehr gering sein, denn Eckert[9] und die Gruppe um ihn hat diese Konsequenz so radikal wie möglich gezogen und vom protestantischen Prinzip aus ist nicht das geringste Hindernis zu sehen. Heute haben wir die Dämonie des Kapitalismus, und jede prophetische Bewegung innerhalb des Protestantismus hat diesen Kampf gegen ihn aufzunehmen. Eine andere Frage ist, ob dieser Kampf eine Entscheidung für eine bestimmte Partei ist oder nicht. Diese Entscheidung kann weder vom religiösen Sozialisten noch von einem völ-

lig areligiösen eindeutig bestimmt werden. Hier steht also zwischen dem religiösen Prinzip und der wirklichen Entscheidung die individuelle politische Einsicht.

Max Horkheimer:
Bloß kann der Protestantismus nie und nimmer begründen, daß der Kapitalismus dämonisch ist.

Paul Tillich:
Das kann er, Sie können nicht prinzipiell sagen: „Das ist unmöglich!"

Emil Blum:
So gut wie es kein geschlossenes protestantisches Urteil geben kann, so ist doch die Haltung, die Wiesengrund für unmöglich hält, nämlich, daß man das System angreift, durchaus möglich.

Martin Dibelius:
Es ist keineswegs so, daß das protestantische Urteil jene radikale Veränderung der Welt in dieser gegebenen Situation hindert, denn es wäre ja wieder Heteronomie, wenn man sagen wollte, das wird in der Bibel nicht gelehrt. Es wird eben nichts von dem, was in der konkreten Situation ist, in der Bibel gelehrt. Sondern da tritt die Autonomie ein, daß das konkrete Verhalten in der Welt gemessen werden muß unter der denkbar höchsten absoluten Verantwortung, aber eben doch mit Einsatz der Urteilskräfte, die dem Einzelnen zur Verfügung stehen, wobei Erbmasse usw. eine große Rolle spielt. Nur möchte ich mit allem Nachdruck behaupten, warum in aller Welt soll der Protestant nicht die Möglichkeit haben, zu der radikalsten Veränderung der Gesellschaft zu kommen?

Theodor Wiesengrund:
Ich kann nur empirisch antworten, ich habe viel in Publikationen der religiösen Sozialisten gelesen, und ich bin den Eindruck nicht los geworden, daß überall dort, wo das Moment der Paradoxie eintritt, daß es dann überall die Funktion zu haben scheint in der Realität, zunächst einmal die gesellschaftliche Theorie um ihre Schärfe zu bringen.

Paul Tillich:

Ich würde mich von Dibelius noch etwas unterscheiden: So als ob aus den neutestamentlichen Prinzipien für den einzelnen Protestanten nur die Verantwortung fließt, dies scheint mir ein wenig zu wenig. Im Neuen Testament wird nichts über den Kapitalismus gesagt, aber in ihm sind Prinzipien enthalten, die das kapitalistische System unter dem prophetischen Aspekt eindeutig als dämonisch erscheinen lassen, so daß eine Entscheidung für das kapitalistische System eine für den ganzen Protestantismus schuldige Abweichung von der ihm immanenten Norm erscheinen läßt. – Wir meinen, Ihr könnt von uns lernen, wir meinen wirklich, daß aus dem, was wir im Unterschied von Euch zu wissen glauben, daß darin bestimmte Gesichtspunkte einer echt begründeten Kritik des gegenwärtigen Sozialismus in Theorie und Praxis bestehen. Aber daß diese Kritik Hemmung des prophetisch-revolutionären Schwunges ist, der sich gegen die Dämonie des Kapitalismus richtet, ist falsch, sondern wir stehen durchaus in der Tendenz und in dem Schwung wie Marx, bei dem Alttestamentliches durchklingt nach meiner Überzeugung, und weil der Protestant zurückgreift auf gewisse alttestamentliche Dinge, müssen wir es heute wieder gegen das bürgerliche Christentum als Gesamterscheinung machen, und wir glauben, daß wir für das, was eigentlich im Sozialismus gemeint ist, eintreten. Wir sehen die Gefahr, daß bei der gegenwärtigen Auffassung vom Menschen, die im Sozialismus vorliegt, die Konsequenz dahin führt, die de Man[10] empirisch gezeigt hat. Es liegt in den notwendigen und prinzipiellen Grundlagen des protestantischen Prinzips, daß heute, nicht zu allen Zeiten – der Mensch ist nicht ewig –, diese Entscheidung eindeutig gefordert wird und wir feststellen können, daß Leute, die den Kapitalismus stützen, von uns als Vertreter des Protestantismus im echten Sinn nicht angesprochen werden können.

Lilly Zarncke:

Aber die Anerkennung des Sklavenprinzips war doch vorhanden, und bringt das nicht eine Unsicherheit?

Martin Dibelius:

Es handelt sich natürlich hier um eine innertheologische Diskussion. Horkheimer macht darauf aufmerksam, daß es eben heute auch Nationalsozialisten gibt usw., welche mit der gleichen oder ähnlichen Ausschließlichkeit sagen: Wenn Du ein protestantischer Christ sein willst, mußt Du doch wie wir politisch sein. Es genügt nicht, diese als

„falsche Propheten" zu bezeichnen. Die Schwierigkeit liegt darin, die wesenhaft christlichen Momente zu sehen und die natürlich auch mit dieser Erscheinung des Neuen Testamentes gegebenen weltgebundenen Elemente zu sehen und nicht für wesenhaft zu halten. Man muß sich vor dem Fehler hüten bei der christlichen Apologetik, mit dem Scheinwerferlicht hineinzuleuchten, gleich, ob man einen Haupt- oder Nebenpunkt trifft. Genau so ist es hier. Diese Sklavenregel gehört durchaus zu der vom Augenblick der eschatologischen Erwartung bedingten Einstweilen-Ethik. Sogar die Obrigkeitsmahnung gehört dazu bei Paulus. Er nimmt damit ein Element der Stoa auf, das des Ertragens, weil es ja nur noch kurze Zeit ist. Es hat damals Tendenzen gegeben, die mit dem Christentum die Emanzipation der Sklaven forderte. Paulus sagt: Es bleibe einstweilen jeder in dem Stande, in dem er berufen ist, weil die Gestalt unmittelbar vergeht. Das ist nicht ein Ertragen einer sogenannten Schöpfungsordnung, sondern das Ertragen eines augenblicklichen, noch während bösen Äons, von dem man im Grundsatz schon los ist, und Paulus kann daher sagen: In Christus gibt es weder Herren noch Sklaven. Er kann *cum grano salis* die alte stoische Belehrung der Haustafeln aufnehmen, die zum Teil geradezu bloße gesellschaftliche Werte verkündet: „Es ist wohlgefällig", „Es gehört zur Gesellschaftsordnung". Isoliert man aber das, so kommt eine Karikatur des Urchristentums heraus.

Emil Blum:
   Ich muß dagegen protestieren, weil es sich hier nicht um eine Zufälligkeit handelt wie bei den Beispielen mit Krippe und Harfe, sondern es leuchten eine ganze Reihe von Blitzlichtern auf, die eine ganz bestimmte Haltung charakterisieren und die die Sklavenfrage mit einschließt. Von der Bergpredigt bis hin zu Paulus zeigt sich ein Verzicht auf menschliche Tat. Es ist mir immer ungemütlich, wenn die Theologen der liberalen Richtung sagten, die Eschatologie sei zeitgebunden. Damit fällt die ganze radikale Ethik, wie sie in dem roten Faden zum Ausdruck kommt, einfach sein Kreuz auf sich zu nehmen, ohne zur Tat zu greifen. Daß dies wegfällt, ist mir ungemütlich. Hier scheint es eine Haltung zu geben, die auf eine Gestaltung des Daseins in bewußter Tat verzichtet.

Martin Dibelius:
   Auch dies ist nur ein Scheinwerferlicht, denn es werden zwei ganz verschiedene Dinge zusammengebunden, der Radikalismus der Bergpredigt, der Feindschaft überwindet mit Liebe, und der soziale Kon-

servativismus der paulinischen Haustafeln, der nicht radikal ist, sondern bloße Anpassung an die bestehende Weltsituation, während sich die Bergpredigt zu dieser Welt in schärfsten Gegensatz setzt. Die ganze Bergpredigt ist ja in sich, in den Menschenzuständen, die sie schildert, wenn man sie mißt an der konkreten Welt, ein Aufruf zur Veränderung. Dagegen ist in den paulinischen Haustafeln von dieser Empörung gar keine Rede. Das Stichwort „Verzicht auf Tat" scheint beides zu binden, dies ist aber ein Irrtum.

Lilly Zarncke:

Aber aus dem Radikalismus kann man ja herauslesen, daß es ein Radikalismus des Leidens ist.

Martin Dibelius:

Sie empfinden richtig, daß man die Bergpredigt auch so gebrauchen kann. Deshalb kann es in der Tat eine verschiedene politische Haltung vom Neuen Testament aus für den Protestanten geben. Es ist eben tatsächlich die Bergpredigt kein Reformprogramm, sondern die radikale Zeichnung einer völlig anderen Welt. Es kann Empörung, Entsetzen auslösen, aber ob man dazu übergeht, diese Welt zu verändern durch eine politische Tätigkeit oder ob man alles von Gott erwartet, oder ob man dies reformierend anfängt, das steht nicht darin. Das ist eine Frage der autonomen Entscheidung. Aber die Sklavengeschichte ist nicht damit zusammenzubringen. Es ist das eine Mal: das Pathos des Einstweilen und das andere Mal: das Pathos des Andersseins. Ich persönlich würde unterschreiben, daß für den gegenwärtigen Moment ein Aufruf aus dem Neuen Testament gegen den Kapitalismus liegt. Wenn ich nicht die Konsequenz ziehe, religiöser Sozialist zu sein, so liegt es daran, daß ich nicht aus politischen Gründen nicht Mitglied der SPD werden kann. Das darf aber nicht hindern zu erkennen, daß es Menschen gibt, die aus dem Neuen Testament etwas ganz anderes heraushören. Ich unterscheide mich vielleicht von Ihnen, weil ich nicht zu sagen wage, daß das nicht christlich ist.

Max Horkheimer:

Eine Frage immer noch: inwiefern der Protestantismus in der Tat verhindern kann und gerade der Protestantismus verhindern kann, daß es zum letzten Menschen kommt und inwiefern er eine besondere Anthropologie hat?

Heinrich Frick:

Wenn wir reden von Metaphysik, Transzendenz usw. und ob der Protestantismus helfen kann, als wenn wir die Nutzbarkeit messen könnten- es handelt sich doch um die Frage des richtigen Handelns. Wir sagen nicht, daß wir einen möglichen Standpunkt haben, sondern daß wir den Anspruch haben, er sei richtig. Ich behaupte, daß das andere falsch ist. Ob Sie das Heteronomie „Heteronomie" oder „Autonomie" nennen – darin liegt doch das Werturteil, daß das alles falsch sei. Ihre ganze falsche Anthropologie haben Sie, weil Sie nicht an Gott glauben, würde ich sagen.

Theodor Wiesengrund:

Wir haben nichts von Gott gesagt, sondern von der Auffassung des Menschen.

Heinrich Frick:

Thema des Protestantismus ist nicht die Gottheit Jesu, sondern die These von der Christlichkeit Gottes. Sinn der Offenbarung ist: Begegnung mit einem Gott, der sich zu erkennen gibt. Ich kann die Frage nicht beantworten, weil ich einen geschichtlichen Realismus setzen möchte gegenüber dem anthropologischen. Wir machen zu rasch große Urgegensätze. Sie unterscheiden edles und unedles Unglück, sinnvoll und sinnlos; die biblische Linie führt über diese Unterscheidung hinaus.

[Hier bricht die Diskussion ab.]

ANMERKUNGEN

1 Vgl. Paul Tillich, Kairos II. Ideen zur Geisteslage der Gegenwart (1926), in: G.W. VI, S. 35 ff.

2 Joseph Houldsworth Oldham, englischer evangelischer Theologe. Nach dem Studium in Edinburgh und Oxford (1896/97) Sekretär der christlichen Studentenbewegung in England und 1897–1900 des CVJM in Lahore (Indien). Zusammen mit dem Friedensnobelpreisträger John R. Mott (1865–1955) bereitete er die Weltmissionskonferenz von Edinburgh 1910 vor, wurde Sekretär des Fortsetzungsausschusses bis zur Gründung des Internationalen Missionsrates und war von 1921–1938 dessen erster Generalsekretär. Mit seinen späteren Ämtern in der ökumenischen Bewegung gehörte er zu den aktivsten Förderern des ökumenischen Gedankens auf englischem Boden.

3 Vgl. Werk und Wirken Paul Tillichs. Ein Gedenkbuch, a.a. O., S. 29.

4 Vom 19.–30. 8. 1925 fand die „Allgemeine Konferenz der Kirche Christi für Praktisches Christentum" *(Life and Work)* in Stockholm statt. Ihr offizielles Dokument bestand in der „Botschaft an die Christenheit", in der die Pflicht der Christenheit anerkannt wurde, das „Evangelium auf allen Gebieten des menschlichen Lebens zu der entscheidenden Macht zu machen – im industriellen, sozialen und politischen Leben". Zugleich verzichtete man auf „genau formulierte Lösungen" und votierte „daß die Kirche Grundsätze und Ideale aufzustellen hat, es aber dem einzelnen Gewissen und den Gemeinschaften überlassen muß, mit Liebe, Weisheit und Mut nach der Anwendung jener Grundsätze zu suchen". Fragen der Lehre waren damit zwar ausgeklammert. Doch sollte die praktische Zusammenarbeit den ersten Schritt einer umfassenderen Einheit der Kirche bilden.

5 Diesen von Rudolf Bultmann 1941 zum programmatischen Begriff erhobenen Ausdruck, der in der Folge zum Stichwort für eine weitausgedehnte theologische und kirchliche Debatte wurde, begegnete bereits 1930 bei Hans Jonas, Forschungen zur Religion und Literatur des Alten und Neuen Testaments, Jg. 44, 1930, S. 68.

6 Der mit der Weiterführung der Konferenzarbeit von Stockholm betraute Fortsetzungsausschuß wurde 1930 zu der aus vier Sektionen bestehenden ständigen Körperschaft, dem „Ökumenischen Rat für Praktisches Christentum". Als Forschungs- und Informationsstelle war in Genf von Prof. Adolf Keller das Internationale Sozialwissenschaftliche Institut gegründet worden. Es befaßte sich eingehend mit Fragen des Staates und der Gesellschaft. 1929 wurde dort Hans Schönfeld Studienleiter, dem 1931 die Forschungsabteilung des Ökumenischen Rates für Praktisches Christentum übertragen wurde. Adolf Deißmann und Martin Dibelius – unser Gesprächsteilnehmer – leiteten Studienkonferenzen, um die Grundlagen der Bewegung zu vertiefen (z. B. in Genf 1932: Kirche, Bekenntnis und Sozialethos). Vgl. hierzu auch eine Geschichte der Ökumenischen Bewegung. Tillich nahm 1937 an der Weltkonferenz in Oxford teil.

7 Am 31. Januar 1931 hielt Karl Barth in der neuen Aula der Universität Berlin den Vortrag „Die Not der evangelischen Kirche" und kreuzte mit Otto Dibelius die Klingen. Der Vortrag wurde in Bremen und Hamburg wiederholt.

8 Vgl. aus dieser Zeit Paul Tillich: Klassenkampf und Religiöser Sozialismus (1928/30), in G.W. 2, S. 189.

9 Vgl. Paul Tillich, Zum Fall Eckert. Eine Stellungnahme (1931), in: G.W. 13, S. 166–167.

10 Vgl. Henrik de Man: Zur Psychologie des Sozialismus, 1925. 2. Aufl. 1927; Sozialismus und Nationalfaszismus. Potsdam 1931.

FUNDORTE

I, 1, I, 2, I, 3	Elfriede Büchsel, Hannover
I, 4, I, 5	handschriftl. Kopie im Paul-Tillich-Briefarchiv in Düren
I, 6, I, 7	Hessisches Staatsarchiv, Marburg.
II, 1, II, 2, II, 3	Gisela Walker, Stuttgart.
III	Amerik. Paul-Tillich-Archiv, Cambridge/Mass.
IV, 1–IV, 6	Emanuel Hirsch / Paul Tillich: Briefwechsel 1917/18. Hans-Walter Schütte. (Hrsg.) Spur-Verlag, Berlin und Hamburg–Schleswig-Holstein 1973. Die Originale der Briefe von P. Tillich an E. Hirsch befinden sich im „Nachlaß Emanuel Hirsch", die Originale der Briefe von E. Hirsch an P. Tillich im amerikanischen Paul-Tillich-Archiv.
IV, 7	Theol. Blätter, Jg. 13, Nr. 11, 1934, Sp. 305–328.
IV, 8	Hanseatische Verlagsanstalt Hamburg 1934.
IV, 9	Theol. Blätter, Jg. 14, 1935, Sp. 117–120.
V, 1	Hermann Schafft: Ein Lebenswerk. Hrsg. Werner Kindt, Johannes Stauda-Verlag, Kassel 1960, S. 147–151.
V, 2–V, 8	Hanna Schafft–Sommer, Immenhausen 5. Die Kopien der Briefe befinden sich im Paul-Tillich-Briefarchiv in Düren.
VI, 1–VI, 7	Amerik. Paul-Tillich-Archiv, Cambridge/Mass.
VII, 1, VII, 2	Nachlaß Kurt Leese, kopiert von Maria Rhine, von ihr dem Deutsch. Paul-Tillich-Archiv überlassen.
VII, 3, VII, 4	Amerik. Paul-Tillich-Archiv, Cambridge/Mass.
VIII	Schreibmaschinen-Kopie im Paul-Tillich-Briefarchiv in Düren.

Verlag und Herausgeber danken nochmals allen Personen und Institutionen, die Briefe und Unterlagen für diesen Band zur Verfügung gestellt haben, ebenso den Verlagen für die Erlaubnis der Nachdrucke.

Evangelisches Verlagswerk

WICHTIGE ADRESSEN

Deutsche Paul-Tillich-Gesellschaft e.V., Geschäftsstelle:
David-Hilbertstraße 15, 3400 Göttingen.
Deutsches Paul-Tillich-Archiv, Universitätsbibliothek, Krumbogen 29, 3550 Marburg.
Deutsches Paul-Tillich-Briefarchiv, Lessingstraße 9, 5160 Düren. (Wird später ins Paul-Tillich-Archiv nach Marburg gegeben.)
Das „Amerikanische Paul-Tillich-Archiv" befindet sich in der Andover-Harvard Theological Library, 45 Francis Avenue, Cambridge, Massachusetts 02138, USA.
Eine Geschichte der aus dem Englischen ins Deutsche übersetzten Texte befindet sich in französischer Sprache in:
L'Existence et le Christ, Théologie Systématique in der Reihe: *L'Age d'Homme.* Lausanne 1980. Die Dokumentation liegt im „Deutschen Paul-Tillich-Archiv", Marburg. Siehe auch Band 14 der G.W.

CORRIGENDA UND ADDENDA

Nachdem mit diesem Band die gesamte Tillich-Edition des Evangelischen Verlagswerks zum Abschluß gekommen ist, werden nachstehend die inzwischen angefallenen Corrigenda und Addenda zum Gesamtwerk Tillichs im Evangelischen Verlagswerk aufgeführt.

G. W. I   S. 336, Z. 8 v. u.: statt „er" lies: „sie".

G. W. V   S. 152, Z. 10: Am Zeilenende setze Komma!

G. W. VII   S. 153, Z. 22: statt „Demominationen" lies: „Denominationen".
            S. 169, Z. 7 v. u.: ... bedeuten würde, dann entsteht die Frage: Gibt es einen dritten Weg ... (so auch in: Der Protestantismus, S. 283)

G. W. VIII S. 394, Sp. 2, Z. 11: statt „Hartmann, Nikolai 307 lies: „Hartmann, Eduard v. 307".
            S. 352, Sp. 1, nach Z. 14 ergänze: „Klemens von Alexandrien 107, 245".

G. W. X   S. 70, Z. 2 v. u.: statt „Christengemeinde" lies: „Christengemeinschaft".

G. W. XIII S. 394, Z. 12 v. u.: streiche „mit" (sonst ist der Satz sinnlos). Engl. Text: „Here again, scientific research into the historical development of sacred literature would come into conflict with such an idea of revelation."

G. W. XIV S. 217, Z. 13: statt „Paris" lies: „Frankfurt a. M.".
            S. 283, Titel 18: statt „Grundlagen" lies: „Grundlage".
            S. 284, Titel 13: statt „1934" lies: „1943".
            S. 339, Z. 6 v. u.: statt „187" lies: „196".
            S. 192, Bibl. Nr. (382) Die Zeitschrift heißt „*In* Context", nicht zu verwechseln mit „Context", das bei der Divinity School in Chicago erscheint.

Ergänzungen zur Bibliographie, enthalten in G. W. XIV.

Die Bundesentwicklung der letzten drei Semester, ihre Ursachen und ihr Resultat. Ein Appell an die Philister
In: Wingolfs-Blätter. 36. Jg. 1907. S. 83–85 (vgl. auch G.W. XIV, 284).

Zur Alkoholfrage
In: ebd. 36. Jg. 1907, S. 109–110.

Zur Klärung
In: ebd. 36. Jg. 1907. S. 125–126.

Die Bundeslage nach der Wartburg 1909 und die Arbeit der nächsten Zeit mit besonderer Berücksichtigung der Verhandlungen des II. Ch.–C.
In: ebd. 38. Jg. 1. 11. 1909.

Die „neuen Bestrebungen" im Wingolf
In: ebd. 43. Jg. 1914. S. 115–118.

Wingolf und Korporation
In: ebd. 43. Jg. 1914. S. 329–330.

Barth und Tillich (Ein Briefwechsel. 29. 3. und 2. 4. 1933)
In: Evangelische Kommentare 10. Jg. 1977, Nr. 2. S. 111–112.

Weitere Corrigenda

G. W. Erg. Bd. 5
S. 46, Z. 5 v. u.: Die Anmerkungsziffer „30" muß „30 a" werden.
S. 50: Die Anmerkung „30 a" muß hier mit folgendem Wortlaut eingescho-
      ben werden: „Häfele ist mit an Sicherheit grenzender Wahrscheinlich-
      keit der Spitzname für den Studenten Friedrich Banzhaf."
S. 56, Z. 14: Der Satz von „Als ... bis ... vergeben" ist zu streichen; statt
      dessen: „Es war zum Jubiläum der brandenburgischen Reformation
      von 1539 für Arbeiten aus allen Gebieten gestiftet worden."
S. 109, Z. 4: Anmerkungsziffer „18" streichen.
S. 169, Anm. 1 ist wie folgt zu ergänzen: „Die im nicht kursiv gedruckten
      Text in Anführungszeichen gesetzten Passagen las Poelchau wort-
      getreu aus den erhaltengebliebenen Briefen an seine damalige Braut
      vor."
S. 185, Z. 7 v. u.: statt „Rudolph" lies: „Rudolf".
S. 186, Z. 14: statt „Rudolph" lies: „Rudolf".
S. 383: Am Schluß der Seite einfügen:
      „Dohrmann, Franz
      evang. Feldbischof
      geb. 1881 Großlübbichow
      gest. 1969 München 95
      Das Fragezeichen auf S. 95, Z. 19 streichen.
S. 384, Sp. 1: nach Z. 12 einfügen: „Dürselen, Mathilde siehe Tillich".
S. 386, Sp. 2, Z. 17: statt „nicht ermittelt" lies: „geb. 1892 Dresden".
S. 387, Sp. 1, Z. 6: statt „1885" lies: „1895".
S. 391, Sp. 2, Z. 12 v. u.: statt „1896" lies: „1895". Fragezeichen streichen.
S. 392, Sp. 2, Z. 15 v. u.: Ergänze nach dem Namen „jr.", zwei Zeilen weiter:
      Daten streichen, statt dessen: „geb. 1917".

Systematische Theologie
Bd. 1: S. 79, Z. 14: statt „das" lies: „die".
      S. 119, Z. 19 v. u.: statt „Polarität" lies: „Konflikt".
      S. 132, Z. 15: statt „sie" lies: „es".
      S. 209, Z. 14: statt „Es" lies: „Sie".
      S. 230, Z. 6: Füge als drittes Wort ein: „die".
      S. 272, Z. 8 v. u.: statt „Er" lies: „Sie".
      S. 300, Z. 11 v. u.: statt „derselben" lies: „dieselbe".

Bd. 2: S. 52, Z. 21: statt „Sprung" lies: „Übergang".
      S. 147, Z. 2 v. u.: statt „Christen" lies: „Christus".

NAMENSVERZEICHNIS

Zur Erläuterung: Bei Hochschulprofessoren wurde die Fachrichtung angegeben: z. B. „Neutestamentler", „Syst. Theologe", was einschließt, daß es sich um Professoren handelt. „Pfarrer" bedeutet evangelischer Pfarrer, „ev. Theologe" bedeutet, daß der Betreffende evangelische Theologie studiert hat, aber nicht im Pfarramt tätig ist.

Es war leider nicht möglich, trotz umfassender Recherchen, von allen in diesem Band erwähnten Personen, alle entsprechenden Daten zu bekommen. In der Regel wurden Namen ohne Vornamen nicht in das Register aufgenommen – es sei denn, daß aus dem Inhalt der Betreffende zu identifizieren war.

v. *Häring, Theodor*
Syst. Theologe
geb. 1848 Stuttgart
gest. 1928 Tübingen   11

v. *Harnack, Adolf*
Kirchenhistoriker
geb. 1851 Dorpat
gest. 1930 Berlin   46, 93, 95, 259, 305

v. *Hartmann, Eduard*
Philosoph
geb. 1842 Berlin
gest. 1906 Groß-Lichterfelde   99

Hauer, Jakob Wilhelm
Indologe und Religionsphilosoph
geb. 1881 Ditzingen (Württ.)
gest. 1962 Tübingen   222, 228, 241, 243,
245, 308

Hegel, Georg Wilhelm Friedrich
Philosoph
geb. 1770 Stuttgart
gest. 1832 Berlin   16, 27, 31, 50, 77, 91,
94, 105, 114, 123, 130, 131f., 148, 169,
183, 193, 267, 271, 283f., 287, 292, 301,
311, 351

Heidegger, Martin
Philosoph
geb. 1889 Meßkirch/Baden
gest. 1976 Freiburg/Br.   148, 157f., 185,
186, 271, 276, 284, 298

Heim, Karl
Syst. Theologe
geb. 1874 Frauenzimmern b. Heilbronn
gest. 1958 Tübingen   138, 176, 303f.

Heimann, Eduard
Nationalökonom
geb. 1889 Berlin
gest. 1967 Hamburg   252, 255f.

Gerhard Heinzelmann
Syst. Theologe
geb. 1884 Coswig/Anhalt
gest. 1951 Halle/Saale   26, 29, 80, 83

Heitmüller, Wilhelm
Neutestamentler
geb. 1869 Döteberg (Hannover)
gest. 1926 Tübingen   47

Herakles
Held der altgriech. Sage   50

Herder, Johann Gottfried
Schriftsteller u. Geschichtsphilosoph
geb. 1744 Mohrungen/Ostpr.
gest. 1803 Weimar   31, 79

Herodot von Halikarnaß
»Vater der Geschichtsschreibung«
geb. ca. 484 v. Chr.
gest. 410 v. Chr.   278, 287

Herrigel, Hermann
Pfarrer in Baden
geb. 1876
gest.?   244

Hermann, Wilhelm
Systematischer Theologe
geb. 1846 Melkow/Altmark
gest. 1922 Marburg   35–37, 46, 48f., 56,
59–61, 67, 80, 82, 85, 93

Hess, Rudolf
NS-Politiker
geb. 1894 Alexandria/Ägypten   239

Heyse, Hans
Philosoph
geb. 1891 Bremen   254

Hirsch, Emanuel
Syst. Theologe
geb. 1888 Bentwisch (Westprignitz)
gest. 1972 Göttingen   80–85, 87, 95
97f., 104f., 114, 127, 135–142, 175–178,
203, 212–217, 219, 227–229, 236, 242,
244f., 257, 278, 303, 310

Hirsch, Rose
Ehefrau von Emanuel Hirsch
geb. 1887 Suhl
gest. 1973 Göttingen   80, 82

Hitler, Adolf
geb. 1889 Braunau/Österr.
gest. 1945 Berlin   138, 210, 239, 258f.,
278, 283

Hoch, Fritz
Regierungspräsident
geb. 1896 Zürich   223

Holl, Karl
Kirchenhistoriker
geb. 1866 Tübingen
gest. 1926 Berlin   11, 95, 113f., 138, 176

Holtzmann, Heinrich Julius
Neutestamentler
geb. 1832 Karlsruhe
gest. 1910 Baden-Baden   25, 27, 46f.

Homer
griech. Dichter
um 800 v. Chr.   54

Horkheimer, Max
Philosoph u. Soziologe
geb. 1895 Stuttgart
gest. 1973 Nürnberg   256f., 314f., 330f.,
346–348, 359f., 365, 367

Horn, Friedrich Otto
Vater von Gertrud Fritz, Pfarrer,
geb. 1853 Berlin
gest. 1931 Berlin-Lichterfelde   75

Horn, Gertrud
zweite Frau von Alfred Fritz
Ausbildung: Soziale Frauenschule
geb. 1883 Merzwiese
gest. 1961 Teltow   75, 82

Hoskyns, Sir Edwin Clement
Theologe in Cambridge u. Liverpool
geb. 1884
gest. 1937   12

Hossenfelder, Joachim
Pfarrer
geb. 1899 Cottbus   222

Hus, Johann
tschech. Reformator
geb. um 1369
gest. 1415 Konstanz   272

Husserl, Edmund
Philosoph
geb. 1859 Proßnitz/Mähren
gest. 1938 Freiburg i. Br.   90, 92–94, 99,
101, 104

Huessy, Margret
Ehefrau von Eugen Rosenstock-Huessy
nicht ermittelt   257

Immer, Karl
Pfarrer
geb. 1888 Manslagt bei Emden
gest. 1944 Barmen-Gemarke   245f., 297

Joachim v. Floris (Fiore)
Abt des Zistersienserklosters Corazzo
geb. ca. 1130
gest. 1202   250

Jaspers, Karl
Psychiater u. Philosoph
geb. 1883 Oldenburg
gest. 1969 Basel   147f., 157, 185f.

Jatho, Karl
Pfarrer, 1911 amtsenthoben
geb. 1851 Kassel
gest. 1913 Köln   300

Johannes
Evangelist   12f., 25f., 268, 272, 286

Johannes der Täufer
237

Jonas, Hans
Philosoph
geb. 1903 Mönchen-Gladbach   369

Jones, Rufus
nicht ermittelt   314, 317, 318

Jung, Carl Gustav
Psychologe u. Psychiater
geb. 1875 Keßwil/Schweiz
gest. 1961 Küßnacht   156

Kähler, Ernst
Kirchenhistoriker
geb. 1914 Duisburg-Meiderich   300

Kähler, Martin
Syst. Theologe
geb. 1835 Neuhausen
bei Königsberg/Ostpr.
gest. 1912 Halle/S.   11, 20, 27–29, 79,
104, 305, 308

Kalthoff, Albert
Pfarrer
geb. 1850 Unterbarmen
gest. 1906 Bremen   30, 61

Kant, Immanuel
Philosoph
geb. 1724 Königsberg
gest. 1804 Königsberg   14, 16f., 31, 56,
65, 78f., 84, 91, 93, 99, 113, 116, 123,
183, 210f., 311

v. Katte, Hans Hermann
preuß. Leutnant
geb. 1704 Berlin
gest. 1730 Küstrin   273

Kautsky, Karl J.
Schriftsteller, Sozialist
geb. 1854 Prag
gest. 1938 Amsterdam   30, 61

Keller, Adolf
Leiter d. ökumenischen Seminars, Genf
geb. 1872 Rüdlingen/Schweiz
gest. 1963 Los Angeles/California   369

385

PAUL TILLICH

Systematische Theologie

Band I   1. Teil: Vernunft und Offenbarung – 2. Teil: Sein und Gott.
352 Seiten, Leinen, DM 34.80 (ISBN 3 7715 0003 6)

Band II   3. Teil: Die Existenz und der Christus
196 Seiten, Leinen, DM 19.80 (ISBN 3 7715 0006 0)

Band III 4. Teil: Das Leben und der Geist
5. Teil: Die Geschichte und das Reich Gottes
534 Seiten mit Register für alle drei Bände, Leinen,
DM 48.– (ISBN 3 7715 0044 3);
brosch. DM 33.– (ISBN 3 7715 0188 1)

„Tillich begreift sich nicht nur als Religionsphilosophen, sondern auch und vorzüglich als christlichen Theologen. Davon zeugt das umfangreiche Werk mit dem Titel ‚Systematische Theologie‘. Hier wird in weitgespanntem Bogen des Gedankens, in kritischer und produktiver Aufnahme der Tradition sowie in eigenständiger Denkweise und Sprache der Gehalt der christlichen Lehre entfaltet. Die Hauptthemen sind: Vernunft und Offenbarung, Sein und Gott, die Existenz und der Christus, Leben und Geist, Geschichte und Reich Gottes. Umspannt so die ‚Systematische Theologie‘ das Ganze der christlichen Dogmatik, so kapselt sie sich doch nicht in die innertheologische Problematik ein. Ihre eigentümliche Lebendigkeit erhält sie daraus, daß sie, nicht anders als die Religionsphilosophie Tillichs, durchgängig auf die allgemeinen Probleme der Gegenwart Bezug nimmt.

Prof. Wilhelm Weischedel

Die religiösen Reden

1. Folge: In der Tiefe ist Wahrheit
176 Seiten, engl. brosch. DM 12.80 (ISBN 3 7715 0002 8)
2. Folge: Das neue Sein
164 Seiten, engl. brosch. DM 12.80 (ISBN 3 7715 0005 2)
3. Folge: Das Ewige im Jetzt
176 Seiten, engl. brosch. DM 12.80 (ISBN 3 7715 0027 3)

„Die Predigt", schreibt Trillhaas, „kann überhaupt aus dem Werk Tillichs nicht hinweggedacht werden. Sie war für ihn unmittelbarste Form der Aussage, persönlichstes Zeugnis, dergestalt, daß viele Vorträge Tillichs zur Predigt hin konvergieren, wie umgekehrt eben diese seine Predigt ganz und gar aus der Kraft des Gedankens lebt."

Evangelisches Verlagswerk · Frankfurt